Jim al-Khalili

Im Haus der Weisheit

Die arabischen
Wissenschaften als Fundament
unserer Kultur

*Aus dem Englischen
von Sebastian Vogel*

Büchergilde Gutenberg

Lizenzausgabe für die Büchergilde Gutenberg,
Frankfurt am Main, Zürich, Wien
www.buechergilde.de
Mit freundlicher Genehmigung
des S. Fischer Verlags, Frankfurt am Main
Die englische Originalausgabe erschien 2010
unter dem Titel ›Pathfinders. The Golden Age of Arabic Science‹
im Verlag Allen Lane, Penguin Group, London.

Graphiken: Peter Palm, Berlin
Satz: Druckerei C. H. Beck, Nördlingen
Druck und Bindung: CPI – Clausen & Bosse, Leck
Printed in Germany 2011
ISBN 978-3-7632-6486-5

Für Julie

Wer einen neuen Weg findet, ist ein Wegbereiter,
selbst wenn andere später den Pfad noch einmal finden müssen;
und wer seinen Zeitgenossen vorausgeht,
ist ein Vorreiter, auch wenn noch Jahrhunderte vergehen,
bevor er als solcher erkannt wird.
Nathaniel Schmidt, *Ibu Khaldun*

Inhalt

Vorwort

Sargon, König von Akkad, Wächter von Ishtar, König von Kish, gesalbter Priester von Anu, König des Reiches; er besiegte Uruk und riss seine Mauern nieder. Während dieser Schlacht nahm er Lugalzaggisi, König von Uruk, gefangen und brachte ihn an einer Hundeleine zum Tor von Enlil.
Antiker Text

Eine Autostunde südlich von Bagdad liegt die Ortschaft Hindiyya. Dort verbrachte ich meine letzten glücklichen Jugendtage, bevor ich den Irak 1979 endgültig verließ. Seinen Namen trägt der Ort nach dem Hindiyya-Staudamm, der 1913 von den wenig später abgedankten Osmanen quer über den Euphrat gebaut wurde. An die Brücke habe ich eine dauerhafte, eindringliche Erinnerung. An kühlen Herbsttagen schwänzte ich nachmittags zusammen mit meinen drei besten Freunden Adel, Khalid und Zahr il-Din die Schule, dann gingen wir über die Staumauer zu dem Touristenhotel am gegenüberliegenden Ufer. Dort kauften wir uns ein Sechserpack *Farida*-Bier und setzten uns ans Wasser, um über Fußball, Philosophie, Filme und Mädchen zu diskutieren.

Jene glücklichen Tage stehen in dramatischem Gegensatz zu einem zweiten Bild, das sich eindringlich in mein Gedächtnis einprägt hat. Das geschah 1991, während des ersten Golfkrieges. Ich weiß noch genau, wie ich in einer Nachrichtensendung der CNN Aufnahmen von einem Feuergefecht in Hindiyya sah: Eine einsame, verängstigte Frau war über die Staumauer gegangen und dabei zwischen die Fronten geraten. Für die meisten Zuschauer war dies sicher nur eine von vielen Szenen, die den Schrecken des Krieges in einem weit entfernten Land zeigten. Ich aber erkannte die Szenerie sofort wieder, und damit wurde das Elend des Landes, das ich zwölf Jahre zuvor hinter mir gelassen hatte, traurige Realität. Ich selbst war Dutzende von Malen an der Stelle vorübergegangen, an der diese hilflose Frau jetzt stand.

Aber das war am anderen Ende der Welt. Bis heute, da ich diese Zeilen schreibe, war ich noch nicht wieder im Irak. Ich sage »da ich diese Zeilen schreibe«, denn ich schließe eine Stippvisite irgendwann in der Zukunft, wenn ich alter Feigling es für ausreichend ungefährlich halte, nicht aus.

Ich verließ den Irak in einem für die islamische Welt folgenschweren Jahr. Damals, 1979, unterzeichneten der Ägypter Anwar Sadat und der Israeli Menachem Begin in Washington einen Friedensvertrag; im Iran wurde die erste islamische Republik ausgerufen, nachdem der abgesetzte Schah nach Kairo geflüchtet war; die heilige Stadt Mekka erlebte ein Feuergefecht, mit dem ein fundamentalistischer Aufstand niedergeschlagen und Hunderte von Pilgern getötet wurden; die Sowjetunion besetzte Afghanistan; und in der US-Botschaft in Teheran begann die iranische Geiselkrise. In diesem Durcheinander hatte Saddam Hussein das Präsidentenamt im Irak von Feldmarschall Muhammad Hassan al-Bakr übernommen, wodurch das Leben für den Großteil der Bevölkerung im Land erheblich trostloser wurde. Meine Angehörigen und ich trafen Ende Juli – genau zwei Wochen nach Saddams Machtübernahme – im Großbritannien Margaret Thatchers ein. Wie sich herausstellte, waren wir gerade noch rechtzeitig entkommen, denn wenige Monate später erklärte Saddam dem Iran den Krieg. Hätten wir das Land in jenem Sommer nicht verlassen, mein Bruder und ich wären zweifellos eingezogen worden und hätten in jenem sinnlosen, entsetzlichen Krieg kämpfen müssen. Dass ich dann heute noch am Leben wäre und meine Geschichte erzählen könnte, bezweifle ich. Mit unserer britischen Mutter und unserem schiitisch-muslimischen Vater, der persischer Abstammung war und in den 1950er Jahren im Irak mit der kommunistischen Bewegung geliebäugelt hatte, waren mein Bruder und ich als »unerwünscht« gebrandmarkt, und wir wären sicher zu entbehrlichem Kanonenfutter geworden.

Seither ist es offenbar mit dem Leben im Irak ständig bergab gegangen. Seit meiner Jugend in den 1960er und 1970er Jahren, als das Leben dort für ein Kind aus der Mittelschicht angenehm und relativ einfach war, haben sich die Verhältnisse dramatisch gewandelt. Mein Vater, ein in Großbritannien ausgebildeter Elektroingenieur, war als Offizier in der irakischen Luftwaffe tätig. Da er an verschiedenen Orten im ganzen Land eingesetzt wurde, waren wir es gewohnt, regelmäßig umzuziehen. Anfang der 1970er Jahre jedoch verfügte die herrschende Baath-Partei, man könne Irakis mit britischen Ehefrauen in den Streitkräften plötzlich nicht mehr trauen. Nun musste mein Vater, der mittlerweile im Rang eines Majors stand, zum ersten Mal in seinem Erwachsenenleben eine zivile Arbeit finden. Er bekam schon bald eine Stelle als leitender Ingenieur bei dem Chemieunternehmen Ma'mal al-Harir in Hindiyya, das Rayon-Kunstfasern herstellte. Wir wohnten ein paar Jahre in Bagdad, bevor wir schließlich nach Hindiyya zogen, um meinem Vater das tägliche Pendeln zu ersparen. Für mich war das kein Problem. Ich fand schnell Freunde und gründete meine neue Fußballmannschaft, die Rayon Dynamos (das schäbige Trikot mit der Nummer 9, das ich damals trug, habe ich heute noch). Zusammen mit meinem Bruder schaltete ich am Samstagnachmittag den BBC World Service ein, um die englischen Fußballergebnisse zu hören. Der World Service bildete in unserem Haus sogar eine mehr oder weniger ständige Geräuschkulisse. Wenn möglich, besuchte ich regelmäßig die Bibliothek des British Council in Bagdad und besorgte mir Nachschub an englischen Büchern. Außerdem wuchs ich in dem Wissen auf, dass das Leben in einer Diktatur erträglich war, solange man den Kopf gesenkt hielt und nicht einmal im privaten Kreis die Regierung oder die Baath-Partei kritisierte.

Es war immer ein fröhlicher Ausflug für meine Familie und mich, wenn wir zu den hängenden Gärten von Babylon eine Autostunde südöstlich von Hindiyya fuhren. Die Ruinen dieses mythischen Ortes hatten für mich kaum etwas Geheimnisvolles, war ich doch bei Klassenfahrten schon oft dort herumgestreunt. Aber trotz der nicht gerade eindrucksvollen Ruinen und meiner aus Vertrautheit geborenen Gleichgültigkeit verlor ein solcher aufregender, unterrichtsfreier Tag nie seinen Reiz, und die archäologische Stätte strahlte nach wie vor etwas Machtvolles aus – flüsternd erzählte sie vom Glanz einer Zeit, die so unbegreifbar lange vergangen war. Einmal stießen wir bei einem Familienausflug – ich war gerade erst im Teenageralter – auf zwei Backsteinbrocken. Sie waren jeweils so groß wie eine Faust und trugen auf einer Seite eindeutig antike Keilschriftzeichen. Die Frage, ob mein Bruder, meine Mutter oder ich die Steine aufhob, ist bis heute Gegenstand eines humorvollen Familienstreits. Jedenfalls versteckte meine Mutter sie ganz unten in unserem Picknickkorb, und wir schmuggelten sie nach Hause.

Das klingt jetzt vielleicht nach einem empörenden Fall von Altertumsdiebstahl. Natürlich hätten wir einen solchen nationalen Schatz den örtlichen Behörden oder sinnvollerweise vielleicht besser dem Museum in Bagdad übergeben sollen. Aber wir behielten sie. Zu unserer Verteidigung kann ich anführen, dass ähnliche mit Keilschrift versehene babylonische Ziegelsteine überall um uns verstreut waren. Und im Vergleich mit den Schäden, die später in den Ruinen von Babylon angerichtet wurden – in den 1980er Jahren durch Saddam Husseins erstaunlich vulgären Wiederaufbau des Ishtar-Tores und 2003 durch die US-Streitkräfte, die einen ganzen Abschnitt einer der kostbarsten archäologischen Stätten der Welt dem Erdboden gleichmachten, um einen ebenen Landeplatz für Hubschrauber und einen Parkplatz für schwere Militärfahrzeuge zu schaffen – erscheint unser Diebstahl relativ harmlos.

Erst vor kurzem bat ich meinen Bekannten Irvine Finkle, den Kurator für das antike Mesopotamien am British Museum, sich die beiden Brocken einmal anzusehen. Er bestätigte, dass sie aus dem 7. Jahrhundert v. u. Z. und der Regierungszeit des Königs Nebukadnezar II. stammten, also aus der Periode, in der die Hängenden Gärten gebaut wurden. Die Symbole sind offenbar Bruchstücke einer häufig vorkommenden Inschrift, die da lautet: »Nebukadnezar, König von Babylon, der für Esagila und Ezida sorgt [die Tempel der babylonischen Götter Marduk und Nabu], ältester Sohn von Nabopolassar.«

Das 7. Jahrhundert v. u. Z. mag sich für Europäer und erst recht für Amerikaner sehr altertümlich anhören, aber nach den archäologischen Maßstäben des Irak ist die Regierungszeit Nebukadnezars eigentlich das Mittelalter. Manchmal kann man es sich kaum vorstellen: Das Erbe derer, die sich heute im Irak darum bemühen, etwas Ähnliches wie ein normales Leben zu führen, reicht über 7000 Jahre bis zur Geburt einiger der allerersten Zivilisationen auf der Erde zurück. Die Überreste der Ubaid-Kultur im südlichen Irak wurden von Archäologen auf die Mitte des 6. Jahrtausends v. u. Z. datiert; die nachfolgende Uruk-Zivilisation, in deren Verlauf das Rad erfunden wurde und die auch andere technische Fortschritte wie das Verschmelzen von Metallen, die Töpferscheibe, das Siegel, die Form für Ziegelsteine und den Plan des Tempels miterlebte, wurde auf ungefähr 4100 v. u. Z. datiert. In Uruk machten die Menschen auch eine Erfindung, die vielleicht noch wichtiger war als das Rad: Hier gab es zum ersten Mal eine Schrift.

Der Rest ist, wie man so sagt, Geschichte.

Der erste mächtige Vorfahre der heutigen arabischen Bevölkerung des Irak war Sargon, der Semitenkönig der Akkader, der im 24. Jahrhundert v. u. Z. die Sumerer besiegte. Über Sargon weiß man nur wenig, aber vermutlich gründete er nicht weit vom heutigen Bagdad die neue Hauptstadt Akkad.

Schon wenig später erstreckte sich sein Reich vom Mittelmeer im Westen bis nach Persien im Osten, und er trug den Titel »König der vier Weltteile«.

Auf die Akkader folgte die Dynastie von Ur. Die Stadt Ur im Süden des Irak war nach Schätzungen um 2000 v. u. Z. zur größten Stadt der Welt herangewachsen und hatte mehr als 60 000 Einwohner. Von dort stammte angeblich Abraham, der Patriarch der drei großen monotheistischen Religionen: Judentum, Christentum und Islam.

Die erste Dynastie der Babylonier nahm ihren Anfang nicht lange danach. In ihrem Verlauf begegnet uns der größte aller antiken Könige im Irak: Hammurabi, der mehr als 40 Jahre lang regierte, nämlich von 1792 bis 1750 v. u. Z. Während seiner Herrschaft gab es die ersten Schulen der Welt und das erste geschriebene Gesetzbuch. Von allen großen Herrschern, die auf Hammurabi folgten – und das waren viele – reichte 1000 Jahre lang keiner an seine Leistungen heran; mit ihm vergleichbar war erst der Assyrerkönig Assurbanipal, der in der Nähe der heutigen Stadt Mosul im Norden des Landes die große Bibliothek von Ninive gründete.

Der Niedergang der irakischen Eigenherrschaft begann einige hundert Jahre vor der Geburt Christi und war der Beginn von mehr als zwei Jahrtausenden einer nahezu ununterbrochenen Besetzung von außen: durch Perser, Griechen, Mongolen, Türken und für kurze Zeit – von 1917 bis 1921 – die Briten; danach wurde der moderne irakische Staat geboren. Das große Abassidenreich, das von 750 bis 1258 u. Z. erhalten blieb, sollte man sicherlich nicht als Besatzungsmacht betrachten. Seine Kalifen waren aber über lange Zeit hinweg nur die Marionetten ausländischer Königshäuser, insbesondere im 10. und 11. Jahrhundert der persischen Bujiden und der türkischen Seldschuken.

Die erste persische Herrschaft in dem Land, das Mesopotamien genannt wurde (vom griechischen »Land zwischen zwei Flüssen« – Tigris und Euphrat – was im Wesentlichen dem heutigen Irak entspricht), endete 333 v. u. Z. mit der Niederlage gegen Alexander den Großen. Nach dem Tod Alexanders teilten seine Generäle das große Reich unter sich auf: Ägypten fiel an Ptolemäus, der von Alexandria aus herrschte, Asien kam unter die Herrschaft von Seleukos, der im Nordwesten Syriens seine neue Hauptstadt Antiochia errichtete. Die Stadt spielte später eine entscheidende Rolle für die Weitergabe wissenschaftlicher Kenntnisse von den Griechen an die Araber.

Als Anfang des 7. Jahrhunderts u. Z. der Islam aufkam, war der Mittlere Osten, wie wir ihn heute nennen, zwischen dem persischen und dem byzantinischen Reich aufgeteilt. Mit der von Arabien ausgehenden Ausbreitung der neuen Religion entwickelte sich jedoch ein mächtiges Reich, und mit ihm kamen eine blühende Zivilisation und ein prachtvolles Goldenes Zeitalter.

Die Geschichte der Region – und auch des Irak selbst – ist angesichts derart langer Zeiträume eine viel zu große Leinwand, als dass ich sie bemalen könnte. Stattdessen möchte ich mit diesem Buch etwas anderes tun: Ich mache mich an die ohnehin ehrgeizige Aufgabe, eine bemerkenswerte Geschichte zu erzählen; es ist die Geschichte eines Zeitalters, in dem große Genies die Grenzen des Wissens derart erweiterten, dass ihre Arbeiten die Zivilisation bis heute prägen.

Schon seit einiger Zeit ist es mein sehnlicher Wunsch, diese Geschichte einem größeren Publikum zu erzählen. Dass ich es jetzt tue, liegt an meiner Überzeugung, dass sie heute besonders zeitgemäß ist und großen Widerhall finden kann: Wir sollten untersuchen, was das kulturelle und wissenschaftliche Denken des Abendlandes den Arbeiten zu verdanken hat, die arabische und persische, muslimische, christliche und jüdische Denker und Wissenschaftler vor 1000 Jahren leisteten. In den Zeittafeln, die man in populärwissenschaftlichen Berichten über die Wissenschaftsgeschichte findet, haben in der Regel zwischen der Zeit der alten Griechen und der europäischen Renaissance keine größeren wissenschaftlichen Fortschritte stattgefunden. In dieser Zwischenzeit, so erzählt man uns, befanden sich Westeuropa und – so wird damit unterstellt – auch die übrige Welt 1000 Jahre lang im dunklen Mittelalter.

In Wirklichkeit war das Arabische für eine Zeit von 700 Jahren die internationale Sprache der Wissenschaft. Es war die Sprache des Korans, des heiligen Buches des Islam, und damit auch die Amtssprache des riesigen islamischen Reiches, das sich Anfang des 8. Jahrhunderts u. Z. von Indien bis nach Spanien erstreckte.

Ich muss auch von vornherein darauf hinweisen, dass ich es mir nicht zur Aufgabe gemacht habe, die Wissenschaftsgeschichte der ganzen Welt zu behandeln. Mir ist sehr wohl bewusst, welche reichhaltigen, vielfältigen wissenschaftlichen Errungenschaften in anderen Regionen – insbesondere in China und Indien – erzielt wurden; über diese beiden prachtvollen Kulturen wurden schon viele Bücher geschrieben – und viele weitere werden zweifellos noch verfasst werden. Aber das ist nicht meine Geschichte.

Für mein Vorhaben war es eine große Hilfe, dass ich kürzlich die BBC-Fernsehserie *Science and Islam* produzieren konnte. Anders als in der Serie genieße ich aber in diesem Buch den Luxus, sowohl die wissenschaftliche Seite als auch die damit verbundenen sozialen, politischen und historischen Einflüsse und Folgen gründlicher untersuchen zu können. Die umfangreichen Reisen, die ich während der Produktion der Serie in der islamischen Welt unternahm, waren in zweierlei Hinsicht nützlich. Erstens – und das war vermutlich am wichtigsten – machten sie das Thema für mich auf eine ganz andere Weise lebendig als die vielen Bücher und Fachartikel, in denen ich zuvor gewühlt hatte. Und zweitens verschafften sie mir die Gelegenheit, Wissenschaftler und Historiker aus ganz unterschiedlichen Umfeldern kennenzulernen und meine Gedanken mit ihnen zu diskutieren. Ich hoffe, ich lasse ihnen in diesem Buch Gerechtigkeit widerfahren.

Natürlich wird manch einer den Verdacht hegen, dass ich, der ich im Irak aufgewachsen bin, die muslimische Welt durch eine rosarote Brille sehe, dass ich ein voreingenommener Parteigänger bin und allen zeigen will, was für eine großartige, aufgeklärte Religion der Islam ist. Als Atheist habe ich aber am Islam kein spirituelles, sondern ein kulturelles Interesse. Wenn also das Glaubenssystem des Islam ohne den Ballast der falschen Vorstellungen und Fehlinterpretationen vieler heutiger Muslime und Nichtmuslime in meinem Bericht in einem positiven Licht erscheint, dann ist es eben so.

Der Begriff »Islam« weckt heute zweifellos in den Ohren vieler Nichtmuslime auf der ganzen Welt ein bequemes, negatives Klischee, das im Gegensatz zu unserer abendländisch-säkularen, rationalen, toleranten, aufgeklärten Gesellschaft steht. Vor dem Hintergrund einer solchen bequemen Einstellung mag man unter Umständen nur schwer anerkennen, dass vor 1000 Jahren die umgekehrte Rollenverteilung herrschte. Man denke nur an die Kreuzzüge: Welche Seite war damals die aufgeklärtere, die kultivierte, die »gute«? Selbst jene in der westlichen Welt, die sich des Beitrages der muslimischen Welt zur Wissenschaft vage bewusst sind, neigen häufig zu dem Gedanken, dort seien nur Wissenschaft und Philosophie der Griechen noch einmal aufgekocht worden, wobei ein seltsames kleines bisschen Originalität hinzukam und wie ein orientalisches Gewürz den Geschmack verbesserte. Ein dankbares Europa hätte demnach eifrig sein Erbe wieder für sich beansprucht, nachdem es in der

Renaissance des 14. und 15. Jahrhunderts aus seinem langen Schlaf erwacht war.

Ich werde viele Fragen behandeln, von denen Wissenschaftshistoriker schon lange fasziniert sind. Einige davon lauten: Wie viele wissenschaftliche Kenntnisse besaßen die Araber tatsächlich? Wie wichtig waren die Beiträge von persischer Kultur, griechischer Philosophie und indischer Mathematik? Wie und warum erlebte die wissenschaftliche Gelehrsamkeit unter der Schirmherrschaft mancher Herrscher eine solche Blütezeit? Und, vielleicht am interessantesten: Warum und wann ging dieses Goldene Zeitalter zu Ende?

Als praktizierender Wissenschaftler und Humanist bin ich überzeugt, dass die »wissenschaftliche Methode«, wie wir sie nennen, und das Wissen, dass die Menschheit aus der rationalen Wissenschaft bezieht, uns viel mehr zu bieten haben als nur »einen Weg, die Welt zu betrachten«. Der von Vernunft und Rationalität getragene Fortschritt ist definitionsgemäß etwas Gutes; Wissen und Aufklärung sind stets besser als Unwissen. Während meiner Kindheit im Irak lernte ich in der Schule große Denker wie Ibn Sina (Avicenna), Al-Kindi und Ibn al-Haitham (Alhazen) nicht nur als entfernte historische Gestalten kennen, sondern als meine geistigen Urahnen. Im Westen haben sicher viele schon einmal beispielsweise von dem persischen Gelehrten Ibn Sina gehört. Viele andere große Namen jedoch sind mehr oder weniger in Vergessenheit geraten. Selbst im Irak begegneten mir diese Gestalten nicht im naturwissenschaftlichen Unterricht, sondern im Fach Geschichte. Der Grund: Auch in der muslimischen Welt werden Naturwissenschaften heute nach abendländischen Prinzipien unterrichtet. Dass Kinder in Europa lernen, Kopernikus, Galilei und Kepler seien die Väter der Astronomie gewesen und vor ihnen habe es nichts Erwähnenswertes gegeben, ist nicht verwunderlich; enttäuschender ist es aber, dass man den Kindern in der muslimischen Welt das Gleiche beibringt. Würden sie nicht vielleicht die Ohren spitzen und dem Unterricht aufmerksamer folgen, wenn sie erfahren würden, dass die meisten Sterne, die wir am Nachthimmel sehen, arabische Namen tragen? So sind beispielsweise die Namen von fünf der sieben Hauptsterne im Sternbild des Großen Bären (auch Ursa Maior oder Großer Wagen genannt) arabischen Ursprungs: Dubhe, Megrez, Alioth, Mizar und Alkaid.

Die Wissenschaftler, die in diesem Buch vorkommen, waren sowohl im buchstäblichen wie auch im übertragenen Sinn wahre Wegbereiter. Das Zitat zu Beginn des Buches über den Gelehrten Ibn Chaldun lässt sich aber auf alle anwenden, deren Geschichten und Leistungen ich erwähne. Sie alle betraten Neuland, indem sie das Wissen der Menschheit vorantrieben, und doch sind die meisten von ihnen vergessen.

Die Weitergabe wissenschaftlicher Erkenntnisse, insbesondere in Mathematik und Astronomie (die von den Historikern als »exakte« Wissenschaften bezeichnet werden), ist eines der leistungsfähigsten Hilfsmittel, wenn man Beziehungen zwischen unterschiedlichen Kulturkreisen aufbauen will. Andere Bereiche unseres Denkens, darunter Religion und Philosophie, werden langsamer übermittelt und dringen erst allmählich in eine Kultur ein, um sie zu beeinflussen. Die exakten Wissenschaften dagegen erfordern die unmittelbare Nutzung von Abhandlungen und anderen geschriebenen Arbeiten, so dass wir aus ihnen viel über die Verhältnisse der jeweiligen Zeit erfahren können. Und auch wenn meine Motive, ein vollständiges Bild der arabischen Wissenschaft zusammenzustellen, sich nicht von denen eines Historikers unterscheiden, sollte ich doch betonen, dass mein Hauptinteresse dem Ursprung und der Entwicklung von Wissenschaft selbst gilt. Aus diesem Grund kümmert es mich eigentlich nicht, ob die fragliche Wissenschaft von Griechen, Christen, Muslimen oder Juden betrieben wurde. Ich werde zwar ein Kapitel der Frage widmen, wie das islamische Reich die Wissenschaft der Griechen und anderer Kulturen erbte, vor allem aber geht es mir in diesem Buch um die Gedanken auf den Gebieten von Naturwissenschaft, Medizin, Philosophie und Mathematik, die im Islam des Mittelalters entstanden und heranreiften.

Für mich als theoretischen Physiker, der vor allem mit der inneren Funktionsweise des Atomkerns vertraut ist, war dies eine erfreuliche, erfrischende Unternehmung. Besonders freut es mich, dass ich viele Tatsachen aufdecken konnte, die andere entweder übersehen haben oder sie einer breiten Leserschaft nicht beschreiben mochten.

Die Entstehung dieses Buches dauerte drei Jahre. Während dieser ganzen Zeit befand ich mich auf einer unbarmherzig steilen, aber auch ungeheuer bereichernden Lernkurve. Bei den Recherchen und bei der Weiterbildung halfen mir viele Menschen; manche von ihnen sind Experten für arabische Wissenschaft, andere steuerten nachdenkliche Kommentare und hilfreiche Ratschläge bei. Sie alle lieferten Beiträge zu diesem Buch und halfen mir, es zu einem Werk zu machen, auf das ich ungeheuer stolz bin. Zuallererst danke ich meiner Frau Julie für ihre unermüdliche Ermutigung und Begleitung. Große Dankbarkeit schulde ich auch meinem Agenten Patrick Walsh und Will Goodlad, meinem Lektor bei Penguin Press; beide teilten meine Begeisterung für das Thema und halfen mir, meine anfangs schwerfälligen, zaghaften, vorläufigen Entwürfe zu einem selbstsicheren Endprodukt zu machen, das, so hoffe ich, sowohl wahrheitsgetreu als auch lesbar ist. Weiterhin danke ich Afifi al-Akiti, Ali al-Azzawi, Nader al-Bizri, Salim al-Hassani, Faris al-Khalili, Salima Amer, Amund Bjørnøs, Derek Bolton, Paul Braterman, Anna Croft, Misbah Deen, Okasha El Daly, Kathryn Harkup, Ehsan Masood, Peter Pormann, George Saliba, Mohammed Sanduk, Simon Schaffer, Andrea Sella, Paul Sen, Karim Shah, Adel Sharif, Ian Stewart, Rim Turkmani, Tim Usborne und Bernardo Wolf. Ihnen allen bin ich zutiefst dankbar.

Eine Anmerkung zu arabischen Namen

Viele Personen, die uns in diesem Buch begegnen werden, haben beeindruckend lange Namen; diese bestehen nicht nur aus dem Vor- und Familiennamen, sondern dazwischen stehen auch die Namen von Vater und Großvater. Außerdem tragen sie häufig einen *laqab* (Spitznamen) oder eine *nisba* als Hinweis auf Charakter, Beruf oder Herkunft; wer aus Bagdad stammt, nennt sich dann vielleicht »al-Baghdadi«. Manche sind sogar unter dem Namen ihres ältesten Sohnes bekannt. Das Wort *Abu* bedeutet »Vater von«. Hat ein Mann keine Kinder, wird sein Vorname häufig mit einer bekannten Gestalt aus der arabischen oder islamischen Geschichte in Verbindung gebracht, die einen Sohn hatte. Bei vielen schiitischen Muslimen wird der Name *Ali* immer mit dem Imam Ali und seinem Sohn Hussein in Verbindung gebracht. Wenn ein Mann also Abu Hussein heißt, trägt entweder sein ältester Sohn den Namen Hussein, oder er ist einfach ein Ali ohne Söhne.

Der Mathematiker al-Khwarizmi heißt zum Beispiel mit vollem Namen Abu Abdullah Muhammad ibn Musa al-Khwarizmi; sein Vorname lautet demnach Muhammad, aber sein Sohn heißt Abdullah, und der Name seines Vaters ist Musa (Moses), *ibn* bedeutet »Sohn des«. Manchmal wird er auch als Muhammad ibn Musa bezeichnet, bekannter ist er aber unter dem Namen al-Khwarizmi, der an seinen Geburtsort Khwarizm (das heutige Chiwa in Zentralasien) erinnert.

Die gemeinsame Sprache, die heute in der ganzen arabischen Welt gebräuchlich ist, wird als Hocharabisch bezeichnet. Es ist das Arabisch des Korans und der gebildeten Schichten. Die Dialekte sind aber von Land zu Land sehr unterschiedlich. Manche Buchstaben werden anders ausgesprochen: Das *j* wird im Irak »dsch« ausgesprochen, in Syrien wie im französischen *bonjour* und in Ägypten wie ein g. Die arabischen Dialekte unterscheiden sich aber nicht nur in der Aussprache, sondern oft enthalten sie auch ganz verschiedene Wörter. Das Wort für »ja« lautet im Irak beispielsweise *ii* und in Ägypten *aywa*; im Hocharabischen lautet es *na'am*. Ich erwähne das, weil sich das Hocharabische als Sprache des Korans seit 1400 Jahren nicht verändert hat, so dass die Schriften der frühen arabischen Gelehrten heute ebenso einfach zu verstehen sind wie damals.

Für die Zeitangaben gibt es mehrere Konventionen; ich habe diejenige gewählt, deren sich heute die meisten Historiker bedienen. In den ersten Kapiteln, in denen ich über die Wissenschaft der Antike berichte, musste ich die Abkürzung »v. u. Z.« (vor unserer Zeitrechnung) verwenden. Zahlen, die nicht diese Kennzeichnung tragen, bedeuten »u. Z.« (unserer Zeitrechnung). Aus Gründen der Straffung habe ich die muslimischen *Hijri*-Jahreszahlen – nach dem Kalender, der 622 u. Z. beginnt – nicht aufgeführt.

Eine Bemerkung zum Begriff »arabische Wissenschaft«

In diesem Buch gebrauche ich den Begriff »arabische Wissenschaft« in einem sehr weit gefassten Sinn. Ich meine damit nicht nur die Wissenschaft, die von Menschen arabischer Abstammung betrieben wurde, und verzichte deshalb ausdrücklich darauf, sie als »Wissenschaft der Araber« zu bezeichnen. Damit würde ich die Erörterung zwangsläufig auf die Bewohner Arabiens (des heuten Saudi-Arabien sowie des südlichen Syrien und Mesopotamiens) beschränken, von denen viele außerhalb der Städte ohnehin einfache Wüstenstämme und Beduinen sind. Mit »arabischer Wissenschaft« meine ich, dass sie von Menschen betrieben wurde, die politisch unter der Herrschaft der Abassiden standen: Ihre Amtssprache war Arabisch, oder zumindest fühlten sie sich verpflichtet, ihre wissenschaftlichen Texte auf Arabisch zu verfassen, der Lingua franca der Wissenschaft im Mittelalter. Zu einem großen Teil fanden die wissenschaftlichen Arbeiten anfangs (im 9. und 10. Jahrhundert) im heutigen Irak statt, genauer gesagt in den Städten Basra, Kufa und – am wichtigsten – Bagdad.

Viele Wissenschaftlerpersönlichkeiten, die uns auf unserem Weg begegnen werden, beispielsweise Al-Biruni und Ibn Sina, waren Perser und empfanden oftmals eine Abneigung gegen die Araber. In unserem Zusammenhang ist aber von Bedeutung, dass auch sie den größten Teil ihrer Werke nicht auf Persisch, sondern auf Arabisch verfassten. Wir können noch nicht einmal feststellen, dass sämtliche wissenschaftlichen Arbeiten von Muslimen ausgeführt wurden, und das trotz der unbezweifelbaren Tatsache, dass eine solche rasante Zunahme der Kreativität ohne die Ausbreitung des Islam nicht möglich gewesen wäre – warum, werde ich später genauer erläutern. Viele wichtige Beiträge stammten insbesondere in der Anfangszeit der Abassidenherrschaft, als viele griechische Texte übersetzt wurden, auch von Christen und Juden. Aber auch sie teilten mit ihren muslimischen Herrschern eine gemeinsame Kultur, zu der Sitten, Denkweisen, Erziehung und Sprache gehörten.

Wenn ich von »arabischen« Wissenschaftlern spreche, meine ich damit also nicht, dass sie unbedingt in den heutigen arabischen oder arabischsprachigen Ländern geboren und aufgewachsen waren und sich selbst als Araber betrachtet hätten. Was sie einte, war vielmehr die arabische Sprache. Deshalb beziehe ich auch die großen persischen Wissenschaftler in meine weitgefasste Definition mit ein.

Ein schönes Beispiel, an dem dieser Punkt deutlich wird, ist der Astronom Ptolemäus aus Alexandria, der um 150 u. Z. das *Almagest* verfasste, einen der wichtigsten astronomischen Texte aller Zeiten. Wer bezweifelt, dass die Arbeit von Persern wie Al-Biruni und Ibn Sina zu Recht als Teil der arabischen Wissenschaft betrachtet wird, kann die Arbeiten eines Ägypters wie Ptolemäus nicht der griechischen Wissenschaft zurechnen. In Wirklichkeit ist aber allgemein anerkannt, dass Ptolemäus' Arbeiten nicht weniger zur Wissenschaft des antiken Griechenland gehören als die eines Euklid, Archimedes oder Aristoteles.

Natürlich kann man die Frage stellen, ob es eher angemessen wäre, nicht von arabischer, sondern von islamischer Wissenschaft zu sprechen. Das habe ich aus drei Gründen nicht getan. Den ersten habe ich bereits genannt: Nicht alle wichtigen wissenschaftlichen Fortschritte wurden von Muslimen erzielt. Bevor der Islam sich im 7. Jahrhundert ausbreitete, war der Mittlere Osten vorwiegend christlich. Die beiden wichtigsten Glaubensgemeinschaften waren dabei die Nestorianer (vorwiegend in den Städten Hira im Süden des Irak sowie Edessa und Antiochia im Norden Syriens) und die Monophysiten (die über ganz Syrien, Anatolien und Ägypten verbreitet waren). Darüber hinaus praktizierte man in großen Teilen der Region vor dem Islam die alten Religionen des Mazdaismus und Zoroastrismus oder sogar den Buddhismus. Deshalb waren viele führende Gestalten im Goldenen Zeitalter der arabischen Wissenschaft keine Muslime. Hunayn ibn Ishaq, der größte aller Übersetzer in Bagdad, war Nestorianer und konvertierte nie zum Islam. Weitere christliche Wissenschaftler, die im 9. Jahrhundert in Bagdad lebten, waren der Astronom Yahya ibn abi Mansur sowie die Ärzte Jibril ibn Bukhtishu und Yuhanna ibn Masawayh. Auch viele jüdische Philosophen und Wissenschaftler, unter ihnen der Übersetzer Sahl al-Tabari, der Mediziner Ishaq ibn Amran und der Astronom Masha'allah, leisteten wichtige Beiträge zum Geistesleben von Bagdad. Ebenso wenig können wir außer Acht lassen, wie viele Beiträge jüdische Gelehrte aus Andalusien vom 8. bis 11. Jahrhundert und in späterer Zeit leisteten, beispielsweise der große mittelalterliche jüdische Philosoph und Arzt Maimonides, der in Córdoba geboren wurde, den größten Teil seines Lebens aber in Ägypten verbrachte.

Der zweite Grund ist die Tatsache, dass der Islam heute von mehr als einer Milliarde Menschen auf der ganzen Welt praktiziert wird. Die Thematik dieses Buches erstreckt sich aber nicht auf das wissenschaftliche Erbe muslimischer Staaten wie Pakistan oder Malaysia, die auch von der indischen und chinesischen Wissenschaft beeinflusst wurden. Mein Thema ist enger gefasst.

Natürlich können wir die arabische Wissenschaft nicht in ihrem Zusammenhang verstehen, wenn wir uns nicht mit der

Frage beschäftigen, in welchem Umfang die Religion des Islam das wissenschaftliche und philosophische Denken beeinflusste. Die arabische Wissenschaft war während ihres gesamten Goldenen Zeitalters untrennbar mit der Religion verbunden; das Bedürfnis der ersten Gelehrten, den Koran zu interpretieren, war sogar ihre Triebkraft. Außerdem wurde die Politik in Bagdad zu Beginn der Abassidenherrschaft von den Mu'taziliten beherrscht, einer Bewegung islamischer Rationalisten, die Glauben und Vernunft in Einklang bringen wollten. Dies führte zu einer Atmosphäre der Toleranz, in der wissenschaftliche Forschung gefördert wurde.

Vielfach wurde die Ansicht vertreten, die wissenschaftliche Kreativität sei in der islamischen Welt so kurzlebig gewesen, weil sie innerhalb der islamischen Gesellschaft mit den religiösen Lehren in Konflikt geriet, eine Entwicklung, die ihren Höhepunkt in den Arbeiten des muslimischen Theologen al-Ghazali fand (der, was seine Bedeutung für die islamische Lehre angeht, die gleiche Stellung einnimmt wie Thomas von Aquin für das Christentum). Die Blütezeit vieler wissenschaftlicher Disziplinen jedoch, darunter Mathematik, Medizin und Astronomie, setzte sich noch lange nach al-Ghazali fort.

Der dritte Grund, warum ich der Versuchung widerstehe, mein Thema als islamische Wissenschaft zu bezeichnen, ist die unglückselige wissenschaftsfeindliche Haltung mancher heutiger Muslime (die sich aber natürlich nicht auf Muslime beschränkt). Es ist ein trauriger Gedanke, dass eine Minderheit der islamischen Gelehrten unserer Zeit offensichtlich nicht mit dem wissbegierigen Geist ihrer Vorväter ausgestattet ist. Für die Gelehrten im Bagdad früherer Zeiten standen Religion und Wissenschaft nicht in Konflikt. Die damaligen Denker hatten eine klare Vorstellung von ihrem Auftrag: Der Koran verlangte, dass sie *al-samawat wa-l-ard* (Himmel und Erde) studierten, um den Beweis für ihren Glauben zu finden. Der Prophet selbst hatte seine Anhänger angehalten, »von der Wiege bis zum Grabe« nach Wissen zu streben, ganz gleich, wie weit die Suche sie führen würde: »Wer sich zur Suche nach Wissen auf die Reise begibt, wandert auf Allahs Weg zum Paradies.« Natürlich war mit diesem Wissen (*'ilm*) vor allem die Theologie gemeint, aber in der Frühzeit des Islam bestand nie eine klare Trennung zwischen religiösen und nichtreligiösen gelehrten Bestrebungen.

Die scheinbar so bequeme Vereinbarkeit von Wissenschaft und Religion während der Abassidenherrschaft steht in krassem Gegensatz zu den Spannungen zwischen rationaler Wissenschaft und vielen verschiedenen Glaubensrichtungen in der Welt unserer Tage. Unsere modernen Ängste gab es im Bagdad der Frühzeit nicht. Man kann natürlich die Ansicht vertreten, dass die Wissenschaft jener Zeit selbst nicht sonderlich weit vom Aberglauben entfernt war – eine Mischung aus Metaphysik und Volksglauben, die sich einfacher in theologische Gedanken einbauen ließ. Wie wir aber noch genauer erfahren werden, hatten die arabischen Wissenschaftler im Vergleich zu vielen griechischen Philosophen viel weniger abstrakte Vorstellungen; sie standen vielmehr auf einer Grundlage, die stark der modernen naturwissenschaftlichen Methode ähnelte: Man vertraute auf handfeste empirische Befunde, Experimente und die Überprüfbarkeit von Theorien. Viele von ihnen lehnten beispielsweise Astrologie und Alchemie ab: Diese seien kein Teil der wahren Wissenschaft und etwas ganz anderes als Astronomie und Chemie.

Klar ist, dass es in der muslimischen Bevölkerung unserer Zeit ein breites, kontinuierliches Spektrum verschiedener Einstellungen gegenüber der Naturwissenschaft gibt; und alle diese Einstellungen sind zweifellos ehrlich gemeint. Diejenigen, die die Bedeutung der Wissenschaft erkennen und sie von der Religion trennen können, würden behaupten, dass »der Koran uns sagt, wie man in den Himmel kommt, aber nicht wie der Himmel funktioniert«. Viele gläubige muslimische Naturwissenschaftler halten es für ihre religiöse Pflicht, sich aus einer empirischen, rationalistischen wissenschaftlichen Perspektive um Kenntnisse über das Universum zu bemühen. Ausgestattet mit solchen neugefundenen Kenntnissen, können sie dann zu den Worten des Korans zurückkehren und darauf hoffen, für diese ein weiter reichendes, tiefgreifenderes Verständnis zu entwickeln als vor ihrer wissenschaftlichen Erleuchtung. Damit habe ich kein Problem, denn in diesem Fall hat der Glaube keinen Einfluss darauf, wie sie ihre wissenschaftliche Arbeit betreiben. Erst wenn der Prozess sich umkehrt, läuten die Alarmglocken: Wenn man das Argument hört, es sei nicht notwendig, die Welt um uns herum unter wissenschaftlichen Gesichtspunkten zu verstehen, weil alles, was wir jemals wissen müssen, ohnehin bereits im Koran geschrieben steht.

Letztlich kann es so etwas wie eine *islamische* oder *muslimische* Wissenschaft nicht geben. Wissenschaft lässt sich nicht durch die Religion derer charakterisieren, die sie ausüben, wie die Nazis es versuchten, als sie im Deutschland der 1930er Jahre Albert Einsteins große Errungenschaften als »jüdische Wissenschaft« verächtlich machten. Mit dem Begriff »islamische Wissenschaft« könnten diejenigen, die ähnlich rassistische Vorstellungen haben, ihre Bedeutung herunterspielen. Genau wie es keine »jüdische Wissenschaft« oder »christliche Wissenschaft« gibt, kann es auch keine »islamische Wissenschaft« geben. Es gibt schlicht und einfach nur *Wissenschaft*.

Im Zusammenhang mit dem von mir gewählten Begriff »arabische Wissenschaft« habe ich (abgesehen davon, dass er bei der Bevölkerung des heutigen Iran, Usbekistan oder Turkmenistan, die alle im Goldenen Zeitalter die Heimat großer Gelehrter waren, unpopulär sein könnte) nur eine Befürchtung: Selbst wenn man ein wissenschaftliches Zeitalter nach der Sprache benennt, die damals zur Kommunikation diente, ist das problematisch.

Schließlich bezeichnen wir auch die wissenschaftlichen Errungenschaften der europäischen Renaissance nicht als »lateinische Wissenschaft«. Und noch seltsamer wäre es, die Wissenschaft unserer Zeit »englische Wissenschaft« zu nennen. Dennoch ist es mein Eindruck, dass »arabisch« im Vergleich zu »islamisch« ein ehrlicheres, weniger problematisches Attribut für diese Wissenschaft ist. Und irgendeinen Namen muss ich ihr geben, um sie von der griechischen Wissenschaft, der indischen Wissenschaft oder der Wissenschaft der europäischen Renaissance zu unterscheiden – die Bedeutung all dieser Begriffe ist ganz klar; ständig von der »Wissenschaft, die von den Gelehrten im Goldenen Zeitalter des Islam praktiziert wurde« zu sprechen, ist – da wird mir wohl jeder zustimmen – ein wenig umständlich.

Das Abassidenkalifat zu Beginn des 9. Jahrhunderts
Donau
Atlantischer Ozean
Ebro
Korsika
Sardinien
Konstantinop
BYZANTINISCHE REICH
UMAYYADEN
Cordoba
Guadalquivir
Sizilien
Tunis
Kairouan
Mittelmeer
Kreta
IDRISIDEN
Fez
AGHLABIDEN
Alexandr
0 200 400 600 km

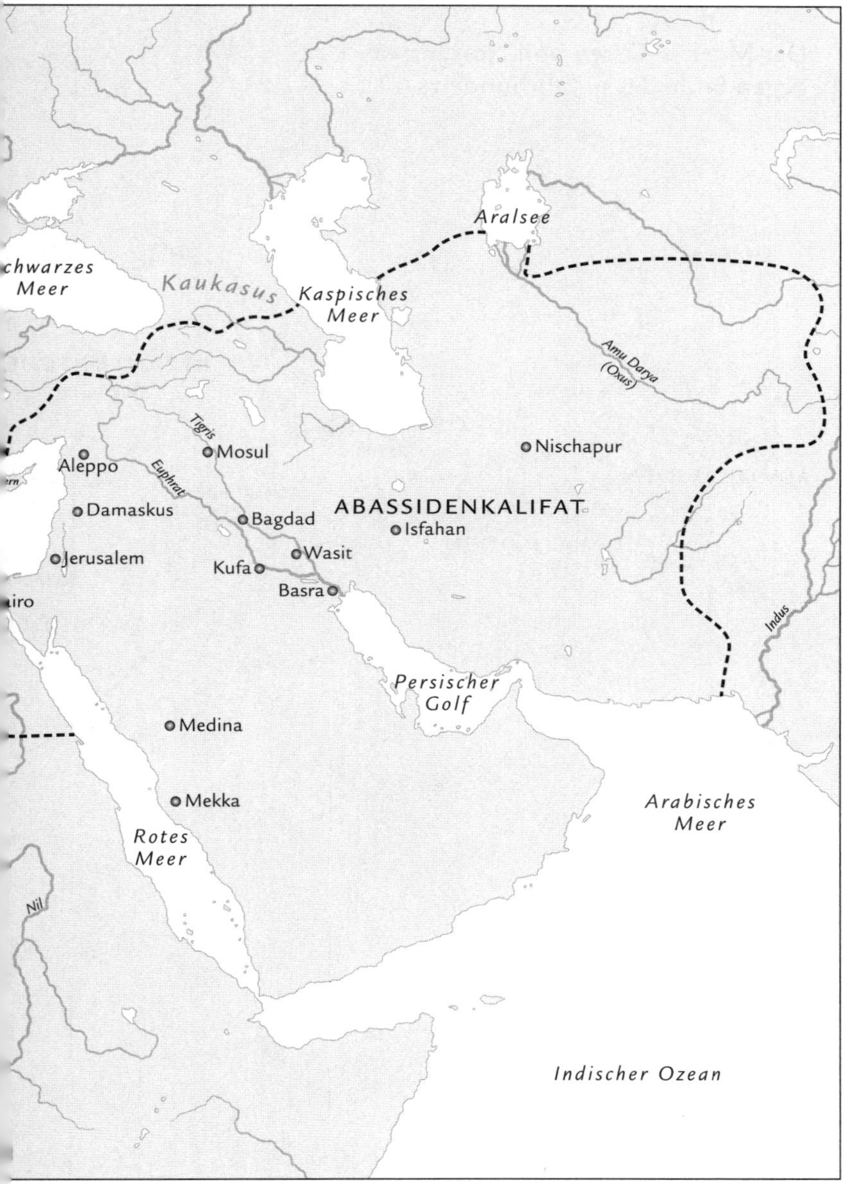

chwarzes
Meer
Kaukasus
Kaspisches
Meer
Aralsee
Amu Darya
(Oxus)
Tigris
Mosul
Aleppo
Euphrat
Nischapur
Damaskus
ABASSIDENKALIFAT
Bagdad
Isfahan
Wasit
Jerusalem
Kufa
Basra
iro
Indus
Persischer
Golf
Medina
Mekka
Arabisches
Meer
Rotes
Meer
Nil
Indischer Ozean

Der Mittlere Osten und Nordafrika
gegen Ende des 11. Jahrhunderts
Donau
Atlantischer
Ozean
Donau
Ebro
Korsika
Konstantinop
Toledo
Sardinien
BYZANTINISCHE
REICH
Valencia
Cordoba
ZIRIDEN
Sizilien
Sevilla
Guadalquivir
Granada
Tunis
Bijaya
ALMORAVIDEN
Kairouan
Kreta
Mittelmeer
Mahdiyya
Fez
Tlemcen
FATIMIDEN
Marrakesch
Alexandr
FATIMIDEN
0 200 400 600 km

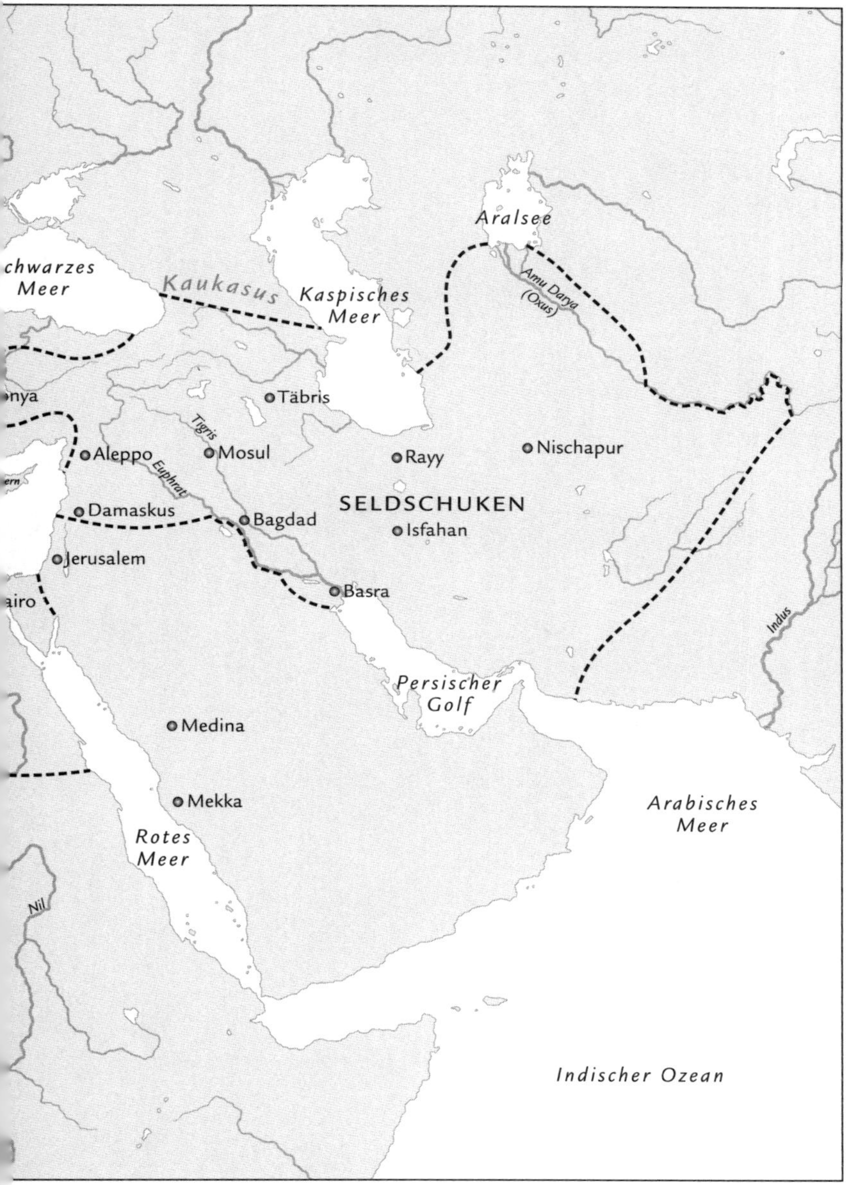

chwarzes Meer
Kaukasus
Kaspisches Meer
Aralsee
Amu Darya (Oxus)
nya
Täbris
Tigris
Aleppo
Mosul
Euphrat
Rayy
Nischapur
Damaskus
SELDSCHUKEN
Bagdad
Isfahan
Jerusalem
airo
Basra
Indus
Persischer Golf
Medina
Mekka
Rotes Meer
Arabisches Meer
Nil
Indischer Ozean

I

Ein Traum von Aristoteles

Man behauptet ... der Kalif Harun al-Rashid habe in der Nacht einmal seinen Wesir gerufen und ihm gesagt: Wir wollen miteinander in die Stadt gehen und hören, was es in der Welt Neues gibt; wir wollen die Leute über die Urteile der Richter ausfragen und den absetzen, über den man sich beklagt, und den belohnen, den man lobt.

Aus der ›Geschichte der drei Äpfel‹,
Tausendundeine Nacht

Der Bezirk Bab al-Sharqi im Zentrum Bagdads verdankt seinen Namen – er bedeutet »Osttor« – den mittelalterlichen Befestigungen der Stadt. Er war ein Teil der Mauer, die vermutlich ungefähr in der ersten Hälfte des 10. Jahrhunderts errichtet wurde. Während der kurzen britischen Herrschaft am Ende des Ersten Weltkrieges diente das Torhaus als Garnisonskirche (und die Briten bezeichneten es als Südtor, weil das einzige andere erhaltene Tor, das *Bab al-Mu'azzam*, weiter nördlich lag). Von den mittelalterlichen Mauern und dem Osttor ist heute nichts mehr übrig; mir ist Bab al-Sharqi als heißer, stinkender, lauter, belebter und vom Verkehr verstopfter Platz in Erinnerung geblieben, mit schäbigen Lebensmittelbuden und Secondhand-Schallplattenläden rund um den Busbahnhof und die Taxistände. Aber der Name erinnert noch daran, wie diese stolze Stadt sich in den Jahren, nachdem man sie 762 u. Z. als neues Machtzentrum des Abassidenreiches gegründet hatte, ausweitete und wandelte. Bagdad ist gewachsen und geschrumpft und erneut gewachsen, wobei der Regierungssitz sich im Laufe der Jahrhunderte von einer Seite des Tigris zur anderen verlagerte, weil verschiedene Herrscher jeweils den geeignetsten Platz zum Bau ihrer prächtigen Paläste suchten. Wenn wir uns in die Geschichte der Stadt vertiefen, stellen wir fest, dass ihre heutigen Bewohner mit dem, was sie an Leid erdulden müssen, in guter Gesellschaft sind. Keine andere Stadt auf Erden musste über die Jahrhunderte so viel Tod und Zerstörung aushalten wie Bagdad. Andererseits war sie als Hauptstadt eines der größten Weltreiche auch ein halbes Jahrtausend lang die reichste, größte, stolzeste und auch hochmütigste Stadt der Erde.

Genau 1200 Jahre nach ihrer Gründung kam ich in einer Bagdader Klinik zur Welt. Sie liegt in Karradat Mariam, einem Schiitenviertel mit einer großen christlichen Gemeinde, nur einen Steinwurf entfernt von der heutigen »Grünen Zone« am anderen Ufer des Flusses. Das Krankenhaus liegt ein paar Kilometer südlich von der Stelle, wo einer der berühmtesten Herrscher Bagdads im Jahr 786 u. Z. geboren wurde. Er hieß Abu Ja'far Abdullah al-Ma'mun. Dieser rätselhafte, faszinierende Kalif, halb Araber, halb Perser, ist in meiner Geschichte eine zentrale Gestalt: Er sollte in der langen Reihe der islamischen Herrscher zum größten Schirmherrn der Wissenschaft werden und sorgte dafür, dass die beeindruckendste Phase der Gelehrsamkeit seit der griechischen Antike ihren Anfang nahm.

Um zu verstehen, wie und warum es zum Goldenen Zeitalter kam, müssen wir uns ein wenig näher mit den Motiven und der Psyche der frühislamischen Gesellschaft und ihrer Herrscher beschäftigen. Wir müssen genau untersuchen, welche inneren und äußeren Faktoren die Periode prägten und beeinflussten. Aber bevor wir uns ernsthaft auf den Weg machen, möchte ich diesen bemerkenswerten Herrscher vorstellen.

Al-Ma'mun war nicht der einzige Kalif, der Gelehrsamkeit und Wissenschaft förderte, aber mit Sicherheit war er der kultivierteste, leidenschaftlichste und begeisterungsfähigste. Wie kein anderer islamischer Herrscher vor oder nach ihm schuf er ein Umfeld, das originelle Gedanken und freimütige Diskussionen begünstigte. Er war der Sohn des zumindest im Westen noch berühmteren Kalifen Harun al-Rashid (763–809) – der Name bedeutet übersetzt »Aaron der Gerechte« –, der in den *Geschichten aus 1001 Nacht* sehr häufig vorkommt (siehe Farbtafel 2). Al-Rashid erweiterte das Abassidenreich im Norden bis nach Konstantinopel und unterhielt diplomatische Beziehungen zu China sowie zu dem europäischen Kaiser Karl dem Großen, mit dem er häufig Gesandte austauschte. Sie erkannten einander als mächtigste Männer ihrer jeweiligen Kulturkreise an, und die diplomatischen Verbindungen zwischen ihnen trugen zum Aufbau enger Handelsbeziehungen bei. Karl der Große schickte »friesische« Stoffe nach Bagdad und glich damit das »Zahlungsbilanzdefizit« aus, das durch die europäische Vorliebe für Seide, Bergkristalle und andere Luxusgüter aus dem Abassidenreich entstanden war. Al-Rashid seinerseits ließ Karl dem Großen zahlreiche Geschenke zukommen, unter anderem einen Elefanten und eine komplizierte Wasseruhr aus Messing, beides Objekte, über die der europäische Kaiser verblüfft gewesen sein muss. Über al-Rashids Reichtum gibt es viele Geschichten; insbesondere seine Schmucksammlung war legendär.[1] Für eine berühmte Perle namens *al-Yatima* (»Waisenperle«) soll er 70 000 Golddinare bezahlt haben. Karl der Große seinerseits schenkte ihm den vermutlich größten Smaragd der Welt.

Al-Rashid hatte ein persönliches Interesse an den vielen Feldzügen gegen das benachbarte byzantinische Reich, gegen das er während seiner gesamten Herrschaft militärisch vorging. Im Jahr 797 erklärte sich die unterlegene Kaiserin Irene bereit, als Zeichen ihrer Unterwerfung eine große Geldsumme an al-Rashid zu bezahlen. Als ihr Nachfolger, der Kaiser Nikephoros I., die Zahlung einbehielt, erklärte al-Rashid ihm erneut den Krieg, und 805 siegten die arabischen Streitkräfte in der Schlacht von Krasos in Phrygien (westliches Anatolien) gegen den byzantinischen Kaiser. Im folgenden Jahr drang al-Rashid noch einmal nach Kleinasien vor, dieses Mal mit mehr als 135 000 Mann. Nikephoros wurde derart gedemütigt, dass er sich bereitfand, einen jährlichen Tribut von 30 000 Nomismata (byzantinischen Goldmünzen) zu bezahlen.[2]

Einem weiteren Bericht zufolge schickte Nikephoros 50 000 Dirham[3] an al-Rashid als Lösegeld für eine Sklavin, die dieser während der Invasion von 806 gefangen genommen hatte. Die Frau war offenbar mit Nikephoros' Sohn verlobt, und das Angebot des Kaisers an Bagdad war Teil einer größeren Austauschaktion, in der es auch um Brokatstoffe, Falken, Jagdhunde und Pferde ging.

Zu Hause in Bagdad war al-Rashid jedoch ein schlechter Verwalter; seinen Erfolg verdankte er der Tatsache, dass die Staatsangelegenheiten von einer mächtigen persischen Familie gelenkt wurden, den Barmakis (im Westen Barmakiden genannt). Unter al-Rashids Herrschaft erlebte das islamische Reich seine größte Machtfülle; viele Historiker und Dichter haben diese Periode im Laufe der Jahrhunderte immer wieder als Höhepunkt des Goldenen Zeitalters von Bagdad bezeichnet. Eine solche Sichtweise entsprang allerdings zum größten Teil der Nostalgie für eine vergangene Ära, denn wenig später bekam das Reich bereits seine ersten Risse. Für eine Stadt, die noch für 500 Jahre die wichtigste der Welt bleiben sollte, war es bemerkenswert: Der Verfall ihrer Pracht begann, wie wir in Kürze genauer erfahren werden, schon 50 Jahre nach ihrer Gründung. Al-Rashid war mit ziemlicher Sicherheit der Nutznießer einer sentimentalen Verherrlichung, die seither fast immer ausnahmslos betrieben wurde.

Al-Ma'mun (786–833) kam in dem Jahr zur Welt, in dem sein Vater Kalif wurde. Seine Mutter Marajil, eine persische Sklavin und Konkubine, war ursprünglich als Kriegsgefangene nach Bagdad gekommen. Sie war die Tochter des persischen Rebellenführers Ustadh Sis, der von den Abassiden in Khorasan im heutigen Ostiran besiegt worden war. Marajil arbeitete in der Küche von al-Rashids Palast. Wie die Historiker unfreundlicherweise aufzeichneten, bestand al-Rashids arabische Ehefrau Zubayda darauf, dass er als Buße für eine verlorene Schachpartie mit der hässlichsten und schmutzigsten Sklavin aus der Küche schlief. Nach viel Bettelei erklärte er sich einverstanden und hatte Geschlechtsverkehr mit Marajil; diese brachte daraufhin Abdullah zur Welt, seinen ersten Sohn, dem er den Titel al-Ma'mun (»der Vertrauenswürdige«) verlieh. Marajil starb kurz nach der Entbindung, und al-Ma'mun wurde der Obhut der Familie Barmaki anvertraut.

Nachdem Harun al-Rashid das Kalifat übernommen hatte, zog er aus dem Palast seines Vaters an das östliche Flussufer in den großartigen Qasr al-Khuld (»Palast der Ewigkeit«), den sein Großvater Kalif al-Mansur, der Gründer Bagdads, erbaut hatte. Sechs Monate nach der Geburt von al-Ma'mun brachte Zubayda einen zweiten Sohn des Kalifen zur Welt, der den Namen al-Amin erhielt (787–813). Die beiden Jungen sollten in ganz unterschiedlichen Welten aufwachsen. Zubayda war wie al-Rashid von reiner, adeliger arabischer Abstammung – sie war eine Enkeltochter von al-Mansur und damit al-Rashids Cousine; ihr Sohn al-Amin war damit der natürliche Thronfolger, denn sein Halbbruder war der Sohn einer persischen Sklavin. Wie nicht anders zu erwarten, bestand zwischen al-Ma'mun und seiner Stiefmutter keine sonderlich enge Beziehung, aber sein Vater liebte ihn mit Sicherheit; in vielen Berichten ist davon die Rede, wie er als kleiner Junge in den wunderschönen Palastgärten und am Ufer des Tigris mit dem Kalifen spielte.

Als junger Mann lernte al-Ma'mun den Koran auswendig, studierte die Frühgeschichte des Islam, rezitierte Gedichte und beherrschte die gerade heranreifende Disziplin der arabischen Grammatik. Außerdem studierte er Arithmetik und ihre Anwendung zur Berechnung von Steuern und Vermächtnissen. Und was am wichtigsten war: Er war ein hervorragender Student der Philosophie und Theologie oder, genauer gesagt, des *kalam*, wie es auf Arabisch heißt, einer Form der dialektischen Debatte und Argumentation. Die muslimischen Theologen der Frühzeit stellten fest, dass die Methoden des *kalam* sie in die Lage versetzten, ihren Standpunkt in theologischen Diskussionen mit christlichen und jüdischen Gelehrten zu verteidigen, die in ihrer Nachbarschaft lebten und in der Verfeinerung ihrer Diskussionskunst einen Vorsprung von mehreren Jahrhunderten hatten: Sie hatten die Werke von Philosophen wie Sokrates, Platon und Aristoteles studiert, historischer Gestalten aus dem antiken Griechenland, deren Namen der junge al-Ma'mun mit Sicherheit kannte. Wahrscheinlich waren einige ihrer Werke sogar bereits ins Arabische übersetzt worden. Al-Ma'muns Interesse für das *kalam* sollte später für seine lebenslange Wissenschaftsleidenschaft eine große Rolle spielen.

Zu Beginn des 9. Jahrhunderts lernte der halbwüchsige Prinz die Metropole Bagdad auf dem Höhepunkt ihrer Pracht kennen: eine riesige, wunderschöne Stadt, gekennzeichnet durch die Kuppeln und Bogengänge ihrer berühmten, raffinierten abassidischen Architektur. Obwohl Bagdad erst 40 Jahre alt war, war es bereits die größte Stadt der Welt – manchen Schätzungen zufolge hatte sie mehr als eine Million Einwohner.[4] Was die Fläche anging, war sie sicher größer als Rom, Athen oder Alexandria in ihren besten Zeiten; Bagdad hatte Dutzende von üppigen Palästen vorzuweisen, in denen die Familienangehörigen des Kalifen sowie seine Generäle und Wesire wohnten.

Wegen der turbulenten späteren Stadtgeschichte ist vom Bagdad der Abassiden heute praktisch nichts mehr erhalten. Man sollte daran denken, dass es im Gegensatz zu den Regionen anderer, weit älterer Städte wie Rom und Athen im Irak keine Steinbrüche gab (im Norden und Westen des Landes fanden sich allerdings früher beträchtliche Kalkstein- und Marmorvorkommen). Sämtliche Gebäude Bagdads, auch die Paläste, wurden vorwiegend aus sonnengetrockneten Lehmziegeln erbaut und waren deshalb gegenüber den regelmäßigen Angriffen von Invasionsarmeen, Feuer und Überschwemmung wesentlich empfindlicher. Einen Eindruck vom Ausmaß der Paläste vermittelt uns allerdings eines der wenigen noch erhaltenen Bauwerke aus der frühen Abassidenzeit.[5] Es wird Palast von Ukhaidhir genannt, und seine Ruinen stehen knapp 200 Kilometer südlich von Bagdad (siehe Farbtafel 11). Ich erinnere mich noch lebhaft an die Schulausflüge dorthin, auf denen meine Freunde und ich völlig unbeaufsichtigt auf den schmalen, mehr als 20 Meter hohen Umfassungsmauern um die Wette liefen. Der Palast war ursprünglich in der zweiten Hälfte des 8. Jahrhunderts als Ruhesitz für ein reiches Mitglied der Kalifenfamilie erbaut worden.

Die meisten Paläste von Bagdad standen an beiden Ufern des Tigris, aber nicht alle dienten Wohnzwecken. Der Großwesir (von dem arabischen Wort *wazir* = Minister) Ja'far al-Barmaki, auch er eine vertraute Gestalt aus *1001 Nacht*, errichtete in einem unbebauten, abgelegenen Teil im Osten Bagdads den Vergnügungspalast al-Ja'fariyya (»Palast des Ja'far«). Dieser wurde später zu al-Ma'muns Residenz und zum Mittelpunkt des Stadtviertels *Dar al-Khilafa* (»Heim der Monarchie«), das einen ganzen Komplex aus Palästen und luxuriösen Wohnhäusern umfasste. Ja'far war zum Privatlehrer des jungen al-Ma'mun berufen worden, und ihm schreibt man das Verdienst zu, in dem zukünftigen Kalifen die Liebe zum Lernen und zur Gelehrsamkeit geweckt zu haben.

Die Paläste und auch viele andere wichtige Verwaltungsgebäude waren hohe, vielgeschossige Bauwerke. Oftmals waren sie von reichverzierten Wetterfahnen gekrönt, auf denen berittene Krieger als Symbol für die Macht des Kalifen dargestellt waren. Ein Bericht erzählt beispielsweise davon, wie Angehörige einer festgenommenen Rebellengruppe versuchten, aus dem Thronsaal des Kalifen zu entkommen: Nachdem ihnen klargeworden war, dass sie die Leibwächter nicht besiegen konnten, sprangen sie aus einem Fenster und stürzten neun Stockwerke tief auf dem Hof in den Tod.

In den Häusern der Reichen diente Marmor allgemein als Material für Säulen, Steinfußböden und Treppenhäuser, die hinunter in den Garten oder zu den Flussufern führten. Die verputzten Wände der Häuser waren mit reichverzierten Wandteppichen verkleidet, die Fußböden zierten Keramik- oder Marmorfliesen, und in den Wintermonaten wurden hübsche Teppiche ausgelegt, die man während der sommerlichen Hitze wieder entfernte. Die Familie saß auf bestickten Kissen, die man auf den Fußboden legte. Die Zimmer im Erdgeschoss öffneten sich häufig auf einer Seite zu einem zentralen Innenhof, in dem manchmal ein kleiner Springbrunnen stand. Die Küche lag häufig im Keller, wurde aber durch ein Metallgitter, das im Boden des Innenhofs eingelassen war, belüftet. In der sommerlichen Hitze schliefen die Familien nachts auf dem Flachdach, und die nachmittägliche Siesta verbrachte man in den kühlen Kellerräumen (*sirdab*).

Die ärmeren Einwohner Bagdads dagegen wohnten in überfüllten, mehrstöckigen Gebäuden, deren Etagen durch Balken aus Palmenstämmen getrennt waren; diese waren viel haltbarer als der Lehm und die sonnengetrockneten Ziegelsteine, welche die Wände bildeten und die Gebäude zusammenhielten. In einem Bericht aus dem 9. Jahrhundert beklagt sich ein Vermieter aus Bagdad – wie alle Vermieter vor und nach ihm – über seine Mieter:

> Sie laufen ständig Gefahr, das Haus abzubrennen, denn sie kochen auf dem Dach, mindern den Wert des Anwesens, indem sie die Abflüsse verstopfen, reißen Türen heraus, zerstören Schlösser und Scharniere und stampfen ihre Wäsche auf dem Fußboden statt auf dem Stein, der für diesen Zweck bereitsteht. Ihre Kinder graben Löcher im Garten, schlagen Stöcke in die Wände und zerbrechen die hölzernen Regale. Und wenn sie ausziehen, stehlen sie alles, was sie tragen können, einschließlich der Leitern und der Wasserkrüge.[6]

Im Großen und Ganzen war es eine gut verwaltete Stadt: Die breiten Straßen und Boulevards wurden sauber gehalten und gefegt, und ein kompliziertes Kanalsystem sorgte dafür, dass das Wasser des Tigris zu den Stadtbewohnern gelangte. Die Luft war geschwängert vom kräftigen Geruch einheimischer und importierter Gewürze und Duftstoffe, und entlang der Flussufer hing der unverkennbare Geruch einer lokalen kulinarischen Spezialität: *shabbut*, gegrillter Süßwasserkarpfen, der noch heute beliebt ist.

Zu meinen eigenen, angenehmsten Kindheitserinnerungen aus dem modernen Bagdad gehören die schwülheißen Sommerabende, die wir mit meiner Familie draußen auf der Abu-Nuwas-Straße verbrachten (siehe Farbtafel 9), einer baumbestandenen Promenade, die nach einem der berühmtesten Dichter Bagdads, einem Zeitgenossen von al-Ma'mun, benannt ist. Sie zieht sich am Ostufer des Tigris mit seinen Parks und Cafés entlang und war immer ein beliebter Treffpunkt. 1000 Jahre zuvor erfreuten sich die Familien von Bagdad zweifellos ganz ähnlicher Spaziergänge am Flussufer.

Aber zum Bagdad meiner Jugend und dem Bagdad der Jugendzeit von al-Ma'mun gibt es auch eine andere, traurige Parallele. In beiden Fällen stand der Stadt das Schicksal bevor, unter den Zerstörungen eines Krieges zu leiden, der ihre friedliche Schönheit zunichtemachte, einen großen Teil der Infrastruktur zerstörte und die Pracht in Trümmer legte. In beiden Fällen endeten die Jahre von Krieg und Elend auf die gleiche Weise: mit der Absetzung des jeweiligen Herrschers. Im Jahr 1980, nach vielen Jahren der Grenzstreitigkeiten, erklärte Saddam Husseins Irak dem Iran den Krieg. Der nun folgende, sinnlose Krieg dauerte acht Jahre und forderte auf beiden Seiten das Leben von einer Million junger Männer. Noch Schlimmeres sollte wenige Jahre später folgen: Im Jahr 1991, als Reaktion auf Saddams Invasion in Kuwait, bombardierten US-Kampfflugzeuge die irakische Hauptstadt. Dann aber warteten sie weitere zehn Jahre – lange genug, damit er seine Machtbasis wieder aufbauen und seinen Völkermord fortsetzen konnte, während die Bevölkerung unter der Erniedrigung lähmender internationaler Sanktionen litt. Erst 2003 kehrten sie zurück und führten ihre Aufgabe zu Ende.

1200 Jahre zuvor war al-Ma'mun selbst – älter, weiser und rücksichtsloser als der ahnungslose junge Student aus Ja'far – persönlich für die Zerstörung verantwortlich, die über seine Stadt hereinbrach.

Als es an der Zeit war, dass al-Rashid einen Erben bestimmte, soll er lange und eingehend nachgedacht haben, bevor er sich schließlich für den jüngeren und weit weniger begabten al-Amin entschied, in dessen Adern aber reines arabisches Blut floss. Als der Kalif 802 mit seinen beiden halbwüchsigen Söhnen auf der Pilgerreise nach Mekka war, gab er offiziell bekannt, welche Nachfolgerechte den beiden nach seinem Tod zufallen sollten: al-Amin sollte Nachfolger im Kalifat von Bagdad werden, und al-Mamun sollte über die östlichen Provinzen des Reiches in Khurasan herrschen und seinen Sitz in der Stadt Merw haben (die heute in Turkmenistan liegt). Die Treueschwüre, mit denen seine Söhne gelobten, sich an seine Wünsche zu halten (heute werden sie als Protokolle von Mekka bezeichnet), wurden in Schriftstücken aufgezeichnet, die man zusammenrollte, in Schachteln legte und in der Ka'aba unterbrachte.[7] Als weiteren Teil der umfassenden Nachfolgeregelung sollte al-Rashids dritter und jüngster Sohn al-Mu'tasim (794–1842) Gouverneur von Kleinasien werden und für den Schutz der Reichsgrenze gegen die Byzantiner sorgen.

Al-Rashid wusste sehr wohl, dass der Halbperser al-Ma'mun den besseren Herrscher abgeben würde: Er war intelligenter, entschlossener und mit einem besseren Urteilsvermögen ausgestattet. Aber sein Umfeld und insbesondere seine Ehefrau Zubayda setzten ihn unter Druck, den eher einfältigen, zügellosen al-Amin zu benennen. Nachdem er seine Entscheidung getroffen hatte, wurde klar, mit welcher Entschlossenheit al-Rashid seine Wünsche durchsetzte. Er schloss die einflussreiche persische Familie Barmaki von der Macht aus und ging sogar so weit, seinen treuen Wesir Ja'far, der natürlich ein enger Vertrauter al-Ma'muns war, hinrichten zu lassen.[8]

Es scheint aber so, als sei Khurasan, das Geschenk al-Rashids an seinen ältesten Sohn, mehr als nur ein Trostpreis gewesen. Die Provinz hatte eine hohe Symbolkraft, denn von dort war Mitte des 8. Jahrhunderts die Revolution der Abassiden ausgegangen, die schließlich zur Machtübernahme von den Umayyaden, der ersten islamischen Dynastie, geführt hatte. Außerdem erhielt al-Mamun offenbar die absolute Macht über Khurasan, was ihm die Möglichkeit verschaffte, sich gegen seinen Bruder zu erheben. Hatte ihr Vater vorausgesehen, dass es so kommen würde? Hatte al-Rashid alles sorgsam so eingefädelt, dass es aussah, als würde er al-Amin begünstigen, um seine Frau und die Abassidenfamilie ruhigzustellen, während er gleichzeitig für al-Mamun eine Hintertür offen ließ, so dass dieser die Macht an sich reißen konnte, wenn er es wünschte? Mit Sicherheit kann man das nicht sagen; al-Rashids Motive müssen Gegenstand von Vermutungen bleiben. Es wurde die Spekulation geäußert, er habe bereits auf der berühmten Pilgerreise im Jahr 802 ernste Zweifel an al-Amins Eignung gehabt.

Im Jahr 805 brach in Khurasan ein Aufstand aus. Die Bewohner der Provinz erhoben sich gegen den Gouverneur und protestierten gegen unerträglich hohe Steuern. Die Lage verschlechterte sich schleichend, und 808 war al-Rashid gezwungen, persönlich mit seinem Sohn al-Ma'mun an der Spitze einer Armee nach Osten zu reiten, um die Rebellion niederzuschlagen. Obwohl al-Rashid erst Anfang vierzig war, erkrankte er durch die Strapazen der langen Reise quer über Berge und durch Wüsten, und schließlich starb er unterwegs. Mit seinem Tod änderte sich das ganze Kolorit des Feldzuges, denn nun übernahm al-Ma'mun automatisch das Gouverneursamt in diesem unsicheren Teil des Reiches. Der größte Teil der Armee seines Vaters desertierte jedoch, und die Soldaten kehrten zu ihren Familien nach Bagdad zurück. Dieser Rückschlag erwies sich für den 23-jährigen al-Ma'mun als nebensächlich: Nachdem er den Aufstand erfolgreich niedergeschlagen hatte, ging er sofort daran, seine Machtbasis zu festigen. Dabei half ihm sein enger Vertrauter und Berater al-Fadl ibn Sahl, ein Perser, der als Wesir an die Stelle von Ja'far aus der Familie Barmaki getreten war. Er senkte die hohen Steuern in der Provinz, was sich als höchst populärer politischer Schachzug erwies. Außerdem riet ihm al-Fadl mit nachdrücklichen Worten, sein öffentliches Ansehen zu verbessern. Al-Ma'mun war dafür bekannt, dass er guten Wein und die Gesellschaft schöner Sklavinnen liebte, aber wenn er gegenüber dem gerade erst eingesetzten al-Amin Anspruch auf das Kalifat von Bagdad erheben wollte, musste er sich als frommer Muslim zeigen. Währendessen baute er langsam und systematisch seine neue Armee auf, deren Soldaten er in ganz Zentralasien rekrutierte.

Zu Hause in der Hauptstadt ließ der neue Kalif die Muskeln spielen und bemühte sich darum, seine Autorität im Osten zu festigen. Er stellte die Funktion seines Bruders als Gouverneur von Khurasan in Frage und verlangte, dieser solle die Steuereinnahmen nach Bagdad schicken. Außerdem rief er diejenigen Armeeangehörigen, die al-Ma'mun gegenüber loyal geblieben waren, zurück und benannte sogar seinen eigenen Sohn anstelle seines Bruders als seinen unmittelbaren Nachfolger.

Sehr schnell wurde der bewaffnete Konflikt zwischen den Brüdern unvermeidlich. Al-Ma'mun hatte das Glück, dass der loyale und höchst kompetente persische General Tahir in seinen Diensten stand: Dieser errang vor den Toren des heutigen Teheran einen ersten Sieg über al-Amins Armee und verschaffte al-Ma'mun damit die Kontrolle über große Teile Persiens. Al-Amin war nun zunehmend besorgt und appellierte vergeblich an seinen Bruder, er solle Vernunft annehmen und die Wünsche ihres Vaters respektieren; dann wandte er sich an seine Untertanen, um – vor allem unter den Arabern in Syrien – neue Soldaten anzuwerben. Aber al-Ma'muns Armee zog immer weiter nach Westen und stand im April 812 schließlich vor den Toren Bagdads. Damit begann die große Belagerung der Hauptstadt. Mittlerweile hatten die meisten Teile des Reiches außerhalb der unmittelbaren Umgebung von Bagdad sich bereits zu Verbündeten von al-Ma'mun erklärt.

Über ein Jahr hielt der belagerte Kalif der Armee seines Halbbruders und Thronanwärters, der weiterhin in Merw residierte, stand. Anfangs erhielt al-Amin von der Bevölkerung der Stadt, die nun in der Falle saß, unerwartete Unterstützung: Sie kämpfte mit groben, selbstgemachten Waffen gegen die gutausgerüsteten und gutausgebildeten Soldaten aus Khurasan. Tahir schien anfangs nicht in der Lage zu sein, die Verteidigung Bagdads zu überwinden, und er verstand auch nicht, welche Triebkraft hinter dem neuerwachsenen Widerstand aus der Stadt stand. Al-Amin, der im Qasr al-Khuld am Flussufer gewohnt hatte, zog sich hinter die befestigten Mauern der alten Stadtbefestigung zurück, die sein Urgroßvater al-Mansur, der Gründer Bagdads, errichtet hatte. Während Tahirs Streitkräfte durch die riesige Metropole vorrückten und dabei Mauern und Gebäude mit Katapulten angriffen, setzten al-Amins Leute ganze Stadtviertel in Brand, um die Feinde aufzuhalten. Als Tahir an den Mauern der Runden Stadt anlangte, lag Bagdad zum größten Teil in Trümmern.

Der Dichter Abu Tamman, der im 9. Jahrhundert in Bagdad lebte, schrieb: »Der Todesbote hat sich erhoben, um Bagdad zu betrauern.« Er verglich die Stadt mit »einer alten Frau, deren

Jugend sie verlassen hat und deren Schönheit dahingeschwunden ist«.[9] Angesichts der langen, blutigen Geschichte, die Bagdad seit jener Zeit noch erleben sollte, hört es sich seltsam an, dass sie schon ein halbes Jahrhundert nach ihrer Gründung als »alte Frau« bezeichnet wurde.

Nach einer Belagerung von mehr als einem Jahr löste sich das Patt schließlich auf: Im Herbst 813 überredete Tahir die Kaufleute der Stadt, die Pontonbrücken über den Tigris zu zerstören, die den Verteidigern als entscheidende Verbindungswege gedient hatten. Das nun folgende Chaos bot der versammelten Armee aus dem Osten die Möglichkeit zum Angriff. Al-Amin, der die Niederlage kommen sah, befolgte den Rat seiner engsten Vertrauten: Diese überzeugten ihn davon, dass er in Zukunft die Gelegenheit zu einem Gegenschlag gegen seinen Bruder haben würde, wenn er in den Norden des Landes flüchtete und sich von dort nach Syrien oder Ägypten begab, wo er eine neue Machtbasis organisieren konnte. Aber Tahir hatte offensichtlich Wind von dem Plan bekommen: Er schickte den Soldaten, die noch loyal zu al-Amin standen, eine Botschaft und drohte ihnen, zur Vergeltung nicht nur ihren Besitz innerhalb Bagdads zu zerstören, sondern auch ihre Anwesen auf dem Land, wenn sie al-Amin nicht von seiner Entscheidung abbrachten. Wenig später wurde al-Amin von seinen Beratern »überzeugt«, dass es nützlicher sei, sich zu ergeben – eine Entscheidung, die sich für ihn als tödlich erweisen sollte.

Die Ursache des Bürgerkrieges war zwar al-Rashids schlecht durchdachte Entscheidung über die Nachfolge – al-Amin war nie aus dem Holz einer großen Führungsgestalt geschnitzt –, er machte aber auch deutlich, dass das Abassidenreich erste Risse bekam. Es ging dabei nicht nur um die persönliche Rivalität zwischen den Brüdern, sondern auch um einen Konflikt zwischen unterschiedlichen politisch-religiösen Strömungen, die sich bereits während der vorausgegangenen Herrschaftszeit gezeigt hatten; al-Amin hatte das Schwergewicht auf Traditionen und arabische Kultur gelegt, während al-Mamun, der neuen philosophischen Denkrichtungen und äußeren Einflüssen aufgeschlossen gegenüberstand, sich die Unterstützung persischer Intellektueller gesichert hatte und ein überzeugter Anhänger des Mu'tazilismus war, einer rationalistischen Bewegung, die der wörtlichen Bedeutung des Koran ergebnisoffene Fragen und Untersuchungen gegenüberstellte.

Der mittelalterliche Historiker al-Mas'udi berichtet, wie al-Amins Mutter Zubayda ihrem Sohn ein übles Schicksal vorausgesagt hatte: In drei verschiedenen Träumen erschien ihr jeweils eine andere Frau und beschrieb die zukünftige Herrschaft ihres Sohnes als despotisch, korrupt, schwach, ungerecht und übermäßig verschwenderisch. Jedes Mal wachte Zubayda in panischem Entsetzen auf. In einer letzten Vision traten alle drei Frauen gleichzeitig auf und verkündeten ihre schrecklichste Prophezeiung: Sie beschrieben nicht nur sehr anschaulich al-Amins gewaltsamen Tod (den er trotz seiner Unterwerfung unter Tahir erleiden sollte), sondern sie verteidigten ihn auch als passendes, glorreiches Ende.

Wir sollten uns aber nicht allzu sehr von dem Bild al-Ma'muns als des würdigeren der beiden Brüder begeistern lassen. Sieht man die Literatur über den Bürgerkrieg oberflächlich durch, scheint sie auf den ersten Blick überwältigende Unterstützung für al-Ma'mun zu liefern – was nicht allzu verwunderlich ist, wurden doch die Quellen nach seinem Sieg verfasst, so dass die Autoren den Eindruck erwecken mussten, auf der richtigen Seite zu stehen. In Wirklichkeit war al-Amin in den ersten vier Jahren seiner Herrschaft trotz seiner Schwäche ein relativ beliebter Kalif. Und was noch wichtiger war: Dies war zwar nicht der erste Fall eines Königsmordes in der islamischen Geschichte, es war aber das erste Mal, dass ein Kalif aus dem Geschlecht der Abassiden ein gewaltsames Ende fand. Deshalb hinterließ das Ereignis im kollektiven Bewusstsein der islamischen Gesellschaft eine unauslöschliche Spur. Al-Mas'udis Bericht über Zubaydas Träume scheint also ein übermäßig hartes Bild von al-Amin zu zeichnen und ist mehr der Heldenverehrung des Historikers sowie seiner Unterstützung für al-Mamun geschuldet.

Dennoch sieht es so aus, als habe al-Ma'mun beim Tod seines Bruders eine zweifelhafte Rolle gespielt. Mehrere Historiker berichten, Tahir habe von Bagdad eine Botschaft an al-Ma'mun geschickt und gefragt, was er mit al-Amin anfangen solle, wenn er diesen gefangen genommen habe. Daraufhin soll al-Ma'mun dem General ein Hemd geschickt haben, das keine Öffnung für den Kopf hatte. Dies interpretierte Tahir als Wunsch seines Herrschers, den Halbbruder enthaupten zu lassen; sobald er des Kalifen habhaft geworden war, führte er al-Ma'muns Wunsch aus.

In manchen Berichten heißt es, al-Ma'mun habe den Kopf seines Bruders auf einem Pfahl im Innenhof seines Palastes in Merw zur Schau gestellt, nachdem seine siegreiche Armee ihn in einem zweiwöchigen, mehr als 1500 Kilometer langen Marsch von Bagdad mitgebracht hatte; außerdem habe er eine große Geldsumme unter seinen Befehlshabern verteilt und befohlen, dass jeder, der nach eigenem Ermessen damit für seine Dienste ausreichend belohnt sei, in den Hof kommen und die grausige Trophäe verfluchen solle. Andere arabische Historiker vertreten die Ansicht, die Entscheidung zur Hinrichtung al-Amins sei vor Ort von Tahir selbst gefällt worden, und al-Ma'mun sei entsetzt und betrübt gewesen, als er von den Vorgängen erfuhr. Nach diesen Behauptungen weinte er öffentlich, als man ihm al-Amins Kopf zeigte, und er verfluchte Tahir, weil dieser ohne Befehl eine solche Tat begangen hatte.

Al-Ma'mun blieb noch weitere fünf Jahre in Merw. Während dieser Zeit machte er sich bei einem Großteil seiner Untertanen im ganzen Riesenreich nicht gerade beliebt. Das lag unter anderem daran, dass er sich bemühte, die Spaltung zwischen den beiden Hauptrichtungen des Islam - Sunniten und Schiiten - zu überwinden.[10] Seine Vorliebe für die Schiiten war dabei so groß, dass er deren grüne Flagge an die Stelle der schwarzen Fahne der Abassidendynastie setzte. Zum Teil war es auch darauf zurückzuführen, dass er wie sein Vater große Sympathie für die Mu'tazila hegte, eine Denkschule, die nicht von allen Muslimen gutgeheißen wurde. Mit Sicherheit umgab er sich mit Sympathisanten der Mu'tazila, unter ihnen sein einflussreicher Berater al-Fadl. Er ging sogar noch einen Schritt weiter und erklärte, sein Nachfolger solle nicht ein Angehöriger aus seiner eigenen Familie sein, sondern Ali al-Ridha, ein Nachfahre Alis, des Vetters und Schwiegersohnes des Propheten und geistlichen Führers der Schiiten.

Diese letzte Entscheidung war bei den Sunniten im Irak äußerst unpopulär; in Bagdad entschloss sich sein Onkel Ibrahim, Anspruch auf das Kalifat zu erheben. Das war anscheinend der Tropfen, der das Fass zum Überlaufen brachte: Al-Ma'mun überlegte es sich anders und machte sich nach Bagdad auf, um den Aufstand persönlich niederzuschlagen. Auf dem Weg nach Westen kamen seine beiden engsten Verbündeten, der persische Wesir al-Fadl und Ali al-Ridha, auf rätselhafte Weise ums Leben. Ali al-Ridha gilt unter den Schiiten als Märtyrer und achter Imam (Heiliger); sein Tempel in der Stadt Maschhad im Nordosten des Iran ist noch heute von großer religiöser Bedeutung.

Im Jahr 819 traf al-Ma'mun in Bagdad ein. Die verheerende Belagerung sechs Jahre zuvor war nur noch eine entfernte Erinnerung; die Stadt war größtenteils wieder aufgebaut und hatte ihre frühere Pracht wiedererlangt. Ein Historiker aus Bagdad berichtete, wie sein Vater ihn als kleines Kind über die Köpfe der Menschenmenge hob, welche die Straßen der Hauptstadt säumte, damit er den vorüberreitenden Kalifen sehen konnte; außerdem erinnerte er sich, wie man ihm sagte, er solle diesen Schicksalstag nie mehr vergessen.

In der Stadt angekommen, gab al-Ma'mun seine Politik der Versöhnung zwischen Sunniten und Schiiten auf und setzte sehr schnell wieder die traditionelle schwarze Abassidenfahne ein. Aber seine Sympathie für die Bewegung der Mu'tazila war nur noch größer geworden. Aus ganzem Herzen schloss er sich ihrer rationalistischen Weltanschauung an, die sie aus den Arbeiten der griechischen Philosophen übernommen hatte; ebenso machte er sich ihre Vorstellungen von Indeterminismus und freiem Willen zu eigen, einen philosophischen Standpunkt, der erstaunlicherweise weitgehend mit dem modernen naturwissenschaftlichen Denken, das sich auf die heutigen Theorien der theoretischen Physik stützt, im Einklang steht.

Unter al-Ma'muns Schirmherrschaft und in der von ihm geförderten Atmosphäre der Aufgeschlossenheit und Toleranz gegenüber anderen Religionen und Kulturen zog es viele Gelehrte aus dem ganzen Reich nach Bagdad. Sie ließen sich von einem Gefühl des sprühenden Optimismus und der freien Entfaltung anlocken, in der sich beispielhaft die Stimmung dieses Goldenen Zeitalters widerspiegelte. Die Verschmelzung des griechischen Rationalismus mit der islamischen Mu'tazila führte zu einer humanistischen Bewegung, wie man sie in ähnlicher Form erst im 15. Jahrhundert in Italien wieder erleben sollte. Ihren besten Ausdruck findet diese Haltung in den Werken des berühmten Bagdader Gelehrten al-Jahiz (ca. 776 – ca. 869); dieser schrieb in seinem berühmten *Buch der Tiere*:

> Unser Anteil an der Weisheit wäre stark vermindert, und unsere Mittel zum Erwerb von Wissen würden geschwächt, hätten die alten [Griechen] nicht für uns ihre wunderbare Weisheit und ihre vielfältigen Lebensweisen in Schriften festgehalten, die offenbart haben, was vor uns verborgen war, und uns eröffneten, was uns ver-

schlossen war, so dass sie uns erlaubten, zu ihrer Fülle das wenige hinzuzufügen, das wir haben, und zu erreichen, was wir ohne sie nicht hätten erreichen können.

Interessanterweise erstreckte sich dieser Geist der Toleranz gegenüber anderen Religionen nicht auf jene, die innerhalb des Islam selbst anderen Ideologien anhingen. In seinen späteren Lebensjahren zettelte al-Ma'mun eine kompromisslose Inquisition (*mihna*) gegen die islamischen Konservativen und Traditionalisten seiner Zeit an, die sich nicht dem Ethos der Mu'tazila anschließen wollten.

Was al-Ma'mun selbst angeht, so wurde sein Interesse an der Wissenschaft bekanntermaßen geweckt, als sein Lehrer Ja'far ihm als kleinem Jungen die Liebe zu Gelehrsamkeit und Lernen vermittelte. Mit Sicherheit kannte er das großartige Erbe der alten Griechen und ihre Leidenschaft, ja geradezu ihre Versessenheit, die Welt um sie herum zu verstehen. Eine bestimmte Episode soll ihn aber so tiefgreifend bewegt haben, dass er sein Leben ein für alle Mal änderte. Kurz bevor er nach Bagdad zurückkehrte, hatte er einen lebhaften Traum. Der arabische Historiker, von dem wir nahezu alle unsere Informationen über diese wunderschöne, aber vermutlich (und traurigerweise) nicht verbürgte Geschichte beziehen, ist Ibn al-Nadim, der im 10. Jahrhundert das *Fihrist* (*Verzeichnis*) verfasste, einen geographischen Bericht über die Gelehrten von Bagdad einschließlich eines Kataloges aller Bücher, die in arabischer Sprache verfasst waren. Darin schrieb er:

> Al-Mamun träumte, er habe einen Mann mit rötlichweißem Gesicht und hoher Stirn, buschigen Augenbrauen, kahlem Kopf, dunkelblauen Augen und hübschen Gesichtszügen gesehen, der auf einem Stuhl saß. Al-Ma'mun sagte: »In meinem Traum habe ich gesehen, dass ich, von Ehrfurcht erfüllt, vor ihm stand. Ich fragte: ›Wer bist du?‹, worauf er erwiderte: ›Ich bin Aristoteles.‹ Ich

> war entzückt darüber, bei ihm zu sein, und fragte: ›O Philosoph, darf ich dir einige Fragen stellen?‹ Darauf antwortete er: ›Frage nur.‹ Ich fragte: ›Was ist das Gute?‹ Er sagte: ›Das, was nach dem Verstand gut ist.‹ Ich fragte: ›Und was noch?‹ Darauf antwortete er: ›Was nach der Meinung der Massen gut ist.‹ Ich fragte: ›Und was noch?‹ Worauf er erwiderte: ›Noch ein ›noch‹ gibt es nicht.‹«[11]

Ob diese Geschichte nun stimmt oder nicht, es gibt keinen Zweifel daran, dass al-Ma'mun während seines ganzen weiteren Lebens den Ratschlag befolgte, den er durch diese Vision erhalten hatte: Überall bemühte er sich, sein Streben nach Wissen zu befriedigen – nach allem, was in seinen Augen »nach dem Verstand gut« war. Wie wir noch genauer erfahren werden, setzte die Begeisterung der Abassiden für antike Texte aus Griechenland, Persien und Indien sowie ihr Bestreben, sie ins Arabische zu übersetzen, schon vor al-Ma'mun ein, aber erst er machte daraus eine persönliche Leidenschaft. Und während seiner Herrschaftszeit erschienen die ersten echten Genies der arabischen Wissenschaft auf der Bildfläche.

Um dieses plötzliche Aufblühen der Gelehrsamkeit besser zu verstehen, müssen wir ein wenig weiter in die Vergangenheit blicken und uns ansehen, wie der Islam sich 200 Jahre zuvor aus der arabischen Wüste erhob. Warum fiel das Goldene Zeitalter der Wissenschaft in die Herrschaftszeit der Abassiden von Bagdad, wo doch in jener Weltregion nichts von intellektueller Bedeutung stattgefunden hatte, seit die Bibliothek von Alexandria etliche Jahrhunderte vor der Entstehung des Islam zerstört worden war?

2

Der Aufstieg des Islam

Die Tinte des Gelehrten ist heiliger als das Blut des Märtyrers.
Der Prophet Mohammed

Als das Römische Reich zu Beginn des 5. Jahrhunderts immer schwächer wurde, versank Westeuropa sehr schnell im dunklen Mittelalter, wie es heute genannt wird. Daraus sollte es sich für 1000 Jahre nicht mehr erheben. Als die Stadt Rom selbst fiel, hatte sich das Machtzentrum Europas längst in östlicher Richtung nach Konstantinopel verlagert, der Hauptstadt des Oströmischen oder Byzantinischen Reiches. Sein Herrschaftsgebiet erstreckte sich auf Anatolien, Griechenland, Süditalien, Sizilien, Syrien, Ägypten und die Küste Nordafrikas; seine Ostgrenze verlief ungefähr in nordsüdlicher Richtung zwischen dem heutigen Irak und Syrien. Die Amtssprache der Byzantiner war das Griechische, aber sie erreichten nicht annähernd die gleichen intellektuellen Höhen der Gelehrsamkeit wie die Griechen im antiken Athen oder Alexandria. Und obwohl es im gesamten Reich verstreute jüdische Siedlungen und auch viele Heiden gab, war das Christentum die offizielle, dominierende Religion.

Östlich davon war in vier Jahrhunderten unter persischer Sassanidenherrschaft ein Großreich entstanden, das sich vom heutigen Irak und Iran bis nach Zentralasien erstreckte. Die Sassaniden waren 224 u. Z. unter Führung von Ardashir I. an die Macht gekommen, nachdem sie die Parther besiegt hatten. Ihre Hauptstadt Ktesiphon lag am Ufer des Tigris nur wenige Kilometer südöstlich des heutigen Bagdad. Das Einzige, was von dieser großartigen Stadt noch übrig ist, sind die Ruinen des Kaiserpalastes. Mit seinem berühmten, riesigen Bogengang ist er bis heute für die Irakis ein beliebtes Ausflugsziel.

Um die Mitte des 6. Jahrhunderts begann ein nahezu 100 Jahre dauernder, kostspieliger Krieg zwischen Sassaniden und Byzantinern. Es ging dabei um die Länder Irak und Syrien, und die gemeinsame Grenze der beiden Staaten verschob sich ständig, je nachdem, wer in dem ständigen blutigen Tanz gerade vorrückte oder sich zurückzog. Zu Beginn des 7. Jahrhunderts waren die beiden einstmals so mächtigen Imperien ausgelaugt und konnten niemand anderen als sich selbst für die demütigenden Niederlagen verantwortlich machen, die ihnen nun von den mächtigen, hervorragend organisierten muslimischen Armeen zugefügt wurden. Diese rückten nach dem Tod des Propheten Mohammed im Jahr 632 von Arabien aus nach Norden vor. Zuerst wurden die Byzantiner aus Syrien und Kleinasien vertrieben, dann wurden auch die Sassaniden niedergeworfen und vernichtet.

Bevor der Islam entstand, gab es in der Region nur noch eine einzige weitere selbständige Macht. Sie war im Jemen angesiedelt, in der äußersten südwestlichen Ecke der arabischen Halbinsel, wo sich bereits vor dem Islam seit mehr als zwei Jahrtausenden die Herrschaftsbereiche mehrerer kleiner Königreiche erstreckten. Diese bezogen Macht und Reichtum aus ihrer geographischen Lage und dem nur ihnen vorbehaltenen Zugang zu den Handelswegen nach Südasien und Ostafrika.

Ansonsten war Arabien vorwiegend von Nomadenstämmen bewohnt. Allerdings begannen diese Völker schon lange vor der Geburt Mohammeds ein Gespür für ihre kulturelle Identität zu entwickeln. Obwohl sie ein breites Spektrum unterschiedlicher Dialekte sprachen, hatte die Entwicklung einer gemeinsamen arabischen Sprache vor allem durch das Rezitieren von Gedichten bereits begonnen. Die *qasida* (Ode) war in Arabien ein wichtiges Merkmal des kulturellen Lebens; oftmals erzählte sie von verschmähter Liebe oder vom Sieg eines Stammes. Diese Gedichte, die bei Festen und Gastmählern, aber auch auf Märkten und den Höfen der Paläste rezitiert wurden, nannte man zusammenfassend *diwan al-Arab* (»Verzeichnis der Araber«); sie trugen dazu bei, das heranreifende Gefühl der arabischen Identität und der gemeinsamen Geschichte zu bewahren.[1] In den meisten Fällen schrieb man sie nicht auf, sondern man lernte sie auswendig. Einige sind aber auch in der alten aramäischen Schrift erhalten geblieben. Die arabische Schrift, die später im Koran verwendet wurde, hatte noch einen langen Weg vor sich, bevor sie ihre heutige Reife erlangte; Jahrhunderte mussten vergehen, bis ihre Regeln und grammatikalischen Abstufungen von Gelehrten, die unbedingt alle Zweideutigkeiten aus dem Koran tilgen wollten, festgeschrieben wurden.

Aber nicht alle Araber gehörten zu Nomadenstämmen. Zwei große Städte im Westen der Halbinsel waren schon Jahrhunderte vor der Entstehung des Islam zu Handelszentren geworden. Sie hießen Macoraba und Yathrib und sollten zu den heiligsten Stätten des Islam werden: Mekka und Medina.[2]

Die Stadt Mekka liegt in einem öden, trockenen Tal, das von beeindruckenden Bergen umgeben ist. Ihre Lebensader war der Brunnen von Zamzam, der das Wasser für die Stadt lieferte. Vor der Entstehung des Islam hatte bereits seit rund einem Jahrhundert eine umfangreiche Wanderungsbewegung von Süd- nach Westarabien (die Region Hijaz) sowie in nördlicher Richtung nach Syrien und Palästina stattgefunden. Mit seiner bevorzugten Lage an der Handelsroute zwischen dem Jemen im Süden und dem Mittelmeer im Norden war Mekka reich und mächtig geworden, und zwar nicht nur als Handels-, sondern auch als Finanzzentrum.

Noch wichtiger war, dass die Stadt für die vielen heidnischen

Religionen Arabiens schon seit der Antike ein heiliges Zentrum darstellte; damit wurde sie zu einer sicheren Zuflucht, wenn man der Gewalt entgehen wollte, die regelmäßig zwischen den Stämmen der Region ausbrach. Mekka beherbergte zahlreiche Tempel und Heiligtümer, in denen mehrere hundert verschiedene Götter angebetet wurden. Ein Jahrhundert vor der Geburt des Islam bauten die Quraysh, einer der mächtigsten Stämme Arabiens, ihren politischen und wirtschaftlichen Einfluss in Mekka aus. Aus einer der weniger einflussreichen Sippen dieses Stammes kam jener 40-jährige, des Lesens unkundige Kaufmann namens Mohammed, der im Jahr 610 bekanntgab, der Engel Gabriel sei ihm erschienen und habe ihm das Wort Gottes offenbart, als er allein in einer Höhle am Berg Hira, von dem aus man die Stadt überblickt, meditierte.

Glaubt man der islamischen Geschichte, so war Mohammed anfangs betrübt darüber, dass er die Vision eines Engels gehabt hatte. Als er vom Berg zurückkam, wurde er von seiner Frau Khadija getröstet: Sie brachte ihn zu ihrem Vetter Waraqah ibn Nawfal, einem Christen, der Mohammed sofort erklärte, er sei als neuer Prophet auserwählt. Immerhin hatte Gott 2000 Jahre zuvor den Engel Gabriel auch zu Moses geschickt, und Gabriel hatte Maria verkündet, sie werde Jesus gebären. Nun nahm Mohammed die Aufgabe an, und seine erste Bekehrte war Khadija selbst. Auf sie folgten die Angehörigen seiner Familie und seine engsten Vertrauten. Nach wenigen Jahren, in denen er immer wieder Offenbarungen erlebte, predigte Mohammed öffentlich, woraufhin ihm aber sehr schnell die offene Feindseligkeit der Einwohner Mekkas entgegenschlug. Trotz dieses Widerstandes und der schwierigen Anfänge begründete er mit seinen Lehren die neue Religion des Islam, die sich sehr schnell verbreitete und zu einer der größten spirituellen, politischen und kulturellen Kräfte der Welt wurde.

Allah, das arabische Wort für Gott, ist etymologisch eine verkürzte Form von *al-Ilah*, was »Der Gott« bedeutet und sich bis auf frühe semitische Schriften zurückverfolgen lässt. Der bestimmte Artikel wird hier hinzugefügt, denn er macht deutlich, dass es im Islam wie in den beiden anderen monotheistischen Religionen, dem Christen- und dem Judentum, nur einen göttlichen Schöpfer gibt. Deshalb wurde die Botschaft, die der Prophet Mohammed verbreitete, von den heidnischen Arabern nicht gerade freundlich aufgenommen: Sie beteten eine Vielzahl von Göttern an. Unter den drei wichtigsten Göttinnen al-Lat, Manat und al-'Uzzah beispielsweise war die erste angeblich die Tochter eines anderen Gottes namens al-Lah, der über Mekka herrschte. Alle diese Götter hatten in der Stadt oder in ihrer Nähe eigene Heiligtümer, darunter in Mekka selbst auch die Ka'ba, die heute natürlich das mächtigste, heiligste Symbol des Islam und das Ziel von Millionen Muslimen auf der *Hajj* darstellt. Schon in vorislamischer Zeit kamen Heiden aus ganz Arabien nach Mekka, und sie umrundeten sogar die Ka'ba, wobei sie ihren Göttern Opfer darbrachten. Nachdem Mohammed seinen Auftrag verkündet hatte, befahl er, alle diese Tempel und Heiligtümer zu zerstören. Die Ka'ba selbst jedoch blieb bis heute erhalten; sie befindet sich in der al-Masjid al-Haram, der größten Moschee der Welt.

Auch die arabischsprechenden Christen und Juden bezeichnen den Gott ihrer Religionen als *Allah*. Der Islam ist natürlich als Religion viel jünger, aber im Kern hat er viele Gemeinsamkeiten mit Juden- und Christentum. Das ist nicht verwunderlich: Immerhin haben alle drei ihren Ursprung in der gleichen Region der Erde und in der gleichen ethnischen Gruppe, die ihre Abstammung auf Abraham zurückführt. Mohammed selbst, der seinen Onkel regelmäßig auf Handelsreisen nach Syrien begleitete, hatte natürlich Kontakt mit vielen Christen und Juden.

In den Anfangsjahren, als die Unterstützung für Mohammed und seine Botschaft insbesondere in seiner engsten Familie, aber auch bei vielen jungen Männern aus Mekka sowie bei Kaufleuten, Handwerkern und Sklaven wuchs, wandten sich die Führer der Quraysh gegen ihn. Seine Forderung, sie sollten ihren Polytheismus und ihre Rituale aufgeben, war für sie ein unerträglicher Angriff auf ihre gesamte Lebensweise. Die Verhältnisse änderten sich 619, als Mohammed nach dem Tod seiner Ehefrau und Vertrauten Khadija, auf den wenig später noch der Tod seines Onkels und lebenslangen Begleiters Abu Talib folgte, völlig am Boden zerstört war. Nachdem er jetzt nicht mehr die Unterstützung dieser beiden wichtigen Weggefährten genoss, verstärkten die Anführer der Quraysh ihre Angriffe und fassten sogar den Entschluss, Mohammed töten zu lassen. Nach zwölf Jahren der Verfolgung verließ er schließlich mit seinen Anhängern die Stadt Mekka und ging in das gut 300 Kilometer weiter nördlich gelegene Yathrib; von dort hatte er eine Einladung erhalten, in einem anderen erbitterten Stammeskonflikt zu vermitteln.

Die Reise, die er im Jahre 622 u. Z. unternahm, ging unter dem Namen *Hijra* (»Wanderung«) in die Geschichte ein und kennzeichnet den Anfang des islamischen Kalenders *Hijri*. Yathrib wurde von nun an nach und nach unter dem Namen *Medinat al-Nabi* (»Stadt des Propheten«) oder kurz Medina bekannt. Zwischen den Banu Aus und den Banu Khazraj, den beiden Araberstämmen in Yathrib, hatte es zuvor eine ganze Reihe von Streitigkeiten gegeben. Auch die große jüdische Gemeinde in der Stadt war gespalten und hielt zu der einen oder anderen Seite. Anders als die Bewohner Mekkas waren die Araber von Yathrib durch den langjährigen Kontakt mit dem monotheistischen Judentum, seinen Propheten und seinem heiligen Buch für Mohammeds Botschaft und Lehren weit aufgeschlossener: Sie nahmen ihn erleichtert auf und sahen in ihm einen Mann, dem die Leute zuhören würden, so dass er ihrer Stadt Frieden und Stabilität bringen konnte.

Schließlich kam es zwischen den Städten Mekka und Medina

zum bewaffneten Konflikt. Die Kämpfe zogen sich über mehrere Jahre hin und fanden ihren Höhepunkt mit der gescheiterten Belagerung Medinas durch die Streitkräfte aus Mekka und der berühmten *ma'rakat al-Khandaq* (»Grabenschlacht«). Eine 10 000 Mann starke Armee aus Arabern und Juden (Letztere ein aus Medina ins Exil gegangener Stamm) war 627 nach Medina vorgerückt, aber die wesentlich kleinere muslimische Armee innerhalb der Stadt bediente sich nicht der traditionellen militärischen Taktik, den Angreifern entgegenzugehen und sie im offenen Kampf zu stellen, sondern sie wählte eine andere Lösung. Der General Salman der Perser, einer der engsten Vertrauten des Propheten, ließ rund um die schwächere Nordseite der Stadt in nur sechs Tagen einen tiefen Graben ausheben. Die Strategie erwies sich als erfolgreich, und in Verbindung mit den starken Befestigungen auf den anderen Seiten der Stadt hielt sie die Armee aus Mekka auf. Diese gab nach einer zweiwöchigen, erfolglosen Belagerung schließlich auf und zerstreute sich.

Irgendwann wurde den Bewohnern Mekkas klar, dass sie der Entschlossenheit der wachsenden muslimischen Armee nichts entgegenzusetzen hatten und die stetige Ausbreitung der Botschaft des Propheten nicht aufhalten konnten. Ohnehin hatten die jahrelangen Konflikte verheerende Auswirkungen auf den Handel. Im Jahr 628 wurde schließlich zwischen den Quraysh aus Mekka und den Anhängern Mohammeds der Friedensvertrag von Hudaybiyya unterzeichnet. Zwei Jahre später unterwarf sich Mekka der Armee des Propheten, die ohne Widerstand in die Stadt einrückte.

Während dieser ganzen Zeit hatte Mohammed weiterhin Offenbarungen erlebt und seinen Anhängern darüber berichtet. Diese wiederum lernten das Gehörte auswendig oder schrieben es auf. Nach seinem Tod wurden die Offenbarungen in einer Reihe von 114 Kapiteln oder Suren gesammelt und bildeten ein Buch, das allgemein als Koran (»Lesung«) bekannt wurde. Nach übereinstimmender Ansicht der meisten Fachleute einigte man sich auf die endgültige Fassung des Korans erst zur Zeit des dritten Kalifen Uthman, der von 644 bis 656 herrschte. Das Wort »Kalif« (arabisch *khalifa*) bedeutet wörtlich »Nachfolger« (des Propheten).

Als der Prophet im Jahr 632 starb, hatte sich der Islam – das Wort bedeutet »Unterwerfung [unter den Willen Gottes]« – über die ganze arabische Halbinsel verbreitet. In der entstehenden Gemeinschaft lief aber nicht alles glatt: Innerhalb der Familie des Propheten selbst herrschten starke Meinungsverschiedenheiten über die Nachfolge. Solche Unsicherheiten wurden jedoch schnell ausgeräumt, als Abu Bakr, der Schwiegervater des Propheten, sich den Mantel des ersten der vier Kalifen überzog, die als *al-Rashidun* (»die richtig Geleiteten«) bekannt wurden. In kurzer Zeit schlug er mehrere Aufstände nieder, die in Arabien ausgebrochen waren, und es gelang ihm, das schnell expandierende islamische Reich zu stabilisieren. Dabei hatte er das Glück, dass in seinen Diensten einer der größten Militärbefehlshaber aller Zeiten stand: Khalid ibn al-Walid, der bereits als führender Kopf hinter vielen Siegen der neuen muslimischen Armee gestanden hatte. Unter seinem Kommando fiel eine Stadt nach der anderen bis tief in das byzantinische Territorium im Norden Arabiens hinein an die Muslime, und 634 hatten sie sogar Damaskus unter ihrer Kontrolle. Abu Bakr starb nach nur zwei Jahren. Auf ihn folgte Umar ibn al-Khattab (634–644), der zweite der Rashidun-Kalifen; unter seiner Führung erweiterte das Reich seine Grenzen mit Hilfe immer ehrgeizigerer Feldzüge bis nach Syrien, Ägypten, in den Irak und nach Persien.

Im Jahr 637 brachte Khalids Armee den viel größeren byzantinischen Streitkräften eine berühmte, verheerende Niederlage bei; dies geschah in der Schlacht von Yarmuk östlich des Sees Genezareth an der Grenze zwischen dem heutigen Syrien, Israel und Jordanien. Der Kaiser Heraclius hatte eine Armee zusammengestellt, der neben christlichen Arabern aus der Levante auch Armenier, Slawen, Franken und Georgier angehörten. Sie hatten aber Khalids genialer Taktik nichts entgegenzusetzen. Heraclius selbst musste aus dem Norden Syriens in seine Hauptstadt Konstantinopel fliehen, während die islamischen Streitkräfte die Städte Jerusalem, Aleppo und Antiochia einnahmen. Zur gleichen Zeit, als die Byzantiner auf dem Rückzug waren, richtete die muslimische Erobererarmee ihre Aufmerksamkeit nach Osten auf das persische Reich. Es dauerte fast zwei Jahrzehnte, bis sie 651 der Sassanidenherrschaft ein Ende bereitete; bis aber die Mehrzahl der Perser sich zum Islam bekehrte, vergingen noch viele Generationen.

Uthman (644–656), der dritte Kalif, war ein sanfterer Charakter als Umar. Er war zwar mitfühlender und großzügiger, aber auch eine schwache Führungsgestalt, die sich leicht von der korrupten, machthungrigen Sippe der Umayyaden beeinflussen ließ. Seine Schwäche führte im ganzen Reich zu Unruhen, die ihren Höhepunkt in seiner Ermordung durch ägyptische Rebellen fanden. Sein Nachfolger wurde Ali ibn abi Talib (656–661), der vierte und letzte Rashidun-Kalif. Ali war der Schwiegersohn des Propheten und wird bis heute von Millionen Muslimen auf der ganzen Welt als erster schiitischer Imam verehrt. Er verlegte die Hauptstadt von Medina in die muslimische Garnisonsstadt Kufa im Irak, die jetzt als Herz des neuen Reiches eine viel wichtigere strategische Lage hatte. Ein eigenständiges Machtzentrum entwickelte sich aber auch in Jerusalem, wo Mu'awiya aus der Sippe der Umayyaden, Uthmans Statthalter in Syrien, stetig an Macht und Einfluss gewann.

Eine fanatische Gruppe namens *Khowarij* warf Ali vor, dass er nicht ein für alle Mal mit Mu'awiya abgerechnet hatte. Die Mitglieder der Gruppe beschuldigten ihn sogar, er sei ein Feind des Islam, und ermordeten ihn im Jahr 661. Damit war die Herrschaft der Rashidun-Kalifen zu Ende. Während der nachfolgenden Unruhen übernahm Mu'awiya die Kontrolle über das Kalifat und verlegte die Hauptstadt des Reiches nach Damaskus. Damit begann die Zeit der Umayyadendynastie.

Die Umayyaden sicherten sich die Herrschaft über das islamische Großreich, das sich jetzt über eine gewaltige Fläche von Indien im Osten bis zum Atlantik im Westen erstreckte. Nach Mu'awiyas Tod setzte sich der Streit zwischen seinem Sohn Yazid und Hussein, dem Sohn des Kalifen Ali (und Enkel des Propheten), fort. Am Ufer des Euphrat, nicht weit von der Ortschaft Kerbala, kam es 680 schließlich zu einem blutigen Gemetzel, in dessen Verlauf Hussein von einem Soldaten der Umayyadenarmee enthauptet wurde. Das Datum seines Märtyrertodes, der 10. des muslimischen Mondmonats Muharram, wird als *'ashura* (von *ashara*, dem arabischen Wort für »zehn«) bezeichnet und ist für alle Schiiten ein wichtiger Trauertag.

Eines kann man mit Sicherheit über die Umayyaden sagen: Sie waren Pragmatiker. Durch die anfänglich sehr schnellen Eroberungen des Kalifen Umar hatten sie die hochentwickelte administrative und finanzielle Infrastruktur der Perser und Byzantiner übernommen. Vieles davon ließen sie unverändert, abgesehen natürlich davon, dass die arabische Sprache in beiden Reichen an die Stelle des Pachlewi (Persisch) und des Griechischen trat – ein Wechsel, der einige Zeit in Anspruch nahm. Die Steuern und der wachsende Handel trugen zur Stärkung der Kalifen bei, die auf diese Weise reich und mächtig wurden.

Der einflussreichste unter den Umayyaden war Abd al-Malik, der von 685 bis 705 herrschte, also insgesamt 20 Jahre. Während dieser Zeit sorgte er für eine Neuorganisation und Stärkung der staatlichen Verwaltung, und unter seiner Hoheit erweiterte sich das Reich mit der stetigen Islamisierung Asiens und Nordafrikas noch weiter. Er war ein hervorragender Politiker, aber auch ein mächtiger und autoritärer Herrscher. Die traditionelle Methode, sich Ratschläge von einem Beraterkreis geben zu lassen, gab er auf; stattdessen behielt er sich alle wichtigen Entscheidungen selbst vor. Er konnte zu seinen Feinden auch sehr grausam sein, wenn es nötig war – und das war offenbar recht oft der Fall.

Im Inneren musste sich Abd al-Malik mit dem Widerstand verschiedener Gruppen auseinandersetzen, die sich gegen die Herrschaft der Umayyaden stellten. Er brauchte viele Jahre, um im Norden Syriens, im Irak, in Persien und Arabien alle Aufstände und Revolten niederzuschlagen. In Anatolien führte er 692 einen Feldzug gegen die Byzantiner, und im weiteren Verlauf eroberte er Nordafrika, wo er sowohl die dort ansässigen Berber als auch die Byzantiner besiegen musste. Einen wichtigen Sieg errang er 697, als seine Armee Karthago einnahm, eine der wichtigsten Städte an der nordafrikanischen Küste.

Im Gegensatz zu seiner Kriegslüsternheit stand, dass Abd al-Malik auch viel frommer war als seine Vorgänger unter den Umayyaden. Am bekanntesten ist er heute vermutlich, weil er während der ersten Jahre seiner Herrschaft in Jerusalem den Felsendom errichten ließ, das älteste noch erhaltene Baudenkmal des Islam. Der Felsen, auf dem dieses Gotteshaus steht, ist bis heute sowohl den Muslimen als auch den Juden heilig.

Im letzten Jahrzehnt des 7. Jahrhunderts traf er die kühne Entscheidung, in allen seinen Besitzungen eine gemeinsame Währung einzuführen. Zwischen 693 und 697 gründete er die erste königlich-islamische Münze; die Vorbilder für die neuen Münzen bezog er von Griechen und Persern, wobei aber die traditionellen Bilder von Königen durch arabische Inschriften aus dem Koran ersetzt wurden. Abd al-Malik beauftragte muslimische Alchemisten, mit den besten Materialien für die neuen Münzen zu experimentieren; diese bestanden vorwiegend aus Gold, Silber, Kupfer und Legierungen aus diesen und anderen Metallen.

Von der Alchemie abgesehen, ließen die Umayyaden wenig

Interesse an Naturwissenschaften erkennen. Neben ihrer Leidenschaft für große Bauprojekte interessierten sie sich auch nicht besonders für Kultur und Gelehrsamkeit; unter anderem lag das daran, dass sie damit beschäftigt waren, ihre Grenzen zu sichern und zu erweitern sowie die innerhalb dieser Grenzen aufflammenden Unruhen beizulegen. In krassem Kontrast zu den Abassiden, die später in großem Umfang auf die Erfahrungen und Kenntnisse der hochentwickelten Perser zurückgriffen und sich von ihnen beim Regieren helfen ließen – eine Teilung der Staatsangelegenheiten, die später durch einen wichtigen Dominoeffekt den Anstoß zum Goldenen Zeitalter der Wissenschaft gab –, schlossen die Umayyaden alle Nichtaraber selbst dann von macht- und einflussreichen Positionen aus, wenn es sich um bekehrte Muslime handelte.[3]

So kam es, dass die Araber genau 100 Jahre, nachdem sie Arabien erstmals verlassen hatten, den Höhepunkt ihrer Expansion erreichten. 732, in der berühmten Schlacht von Tours, ging den muslimischen Armeen der Umayyadendynastie, die bereits die Hälfte Frankreichs erobert hatten, schließlich die Luft aus, und sie wurden von den Franken unter Karl Martell geschlagen. Zu dieser Zeit hatte das islamische Reich eine größere Fläche als das Römische Reich auf dem Höhepunkt seiner Ausdehnung, und es war auch größer als die Gebiete, die Alexander der Große beherrscht hatte. Zum ersten Mal seit Alexander waren Ägypten, der Fruchtbare Halbmond im Mittleren Osten, Persien und Indien wieder vereinigt, was ihnen allen die Möglichkeit bot, durch wechselseitigen Handel und ein relativ friedliches Nebeneinander zu wachsen und zu Wohlstand zu gelangen. Das war in den 1000 Jahren zuvor, die durch Kriege, Teilung und Konkurrenz geprägt waren, keinem von ihnen möglich gewesen.

Trotz des riesigen Reiches und des großen Wohlstandes dauerte die Herrschaft der Umayyaden nur 90 Jahre; als die Dynastie dem Ende entgegenging, musste sie sich mit immer stärkeren

Revolten und Aufständen auseinandersetzen, die insbesondere von den unzufriedenen Schiiten in der irakischen Stadt Kufa ausgingen. Der schlimmste Aufstand jedoch begann in der persischen Region Khurasan im Osten: Dort wurde eine Mischung aus arabischer und persischer Kultur zum Katalysator für das Wachstum einer starken religiösen und politischen Bewegung, deren Mitglieder ihre Abstammung auf al-Abbas, einen Onkel des Propheten, zurückführten und Anspruch auf die Macht erhoben. Ihre Armee zog nach Westen und besiegte in einer Reihe blutiger Schlachten im Jahr 750 schließlich die Streitkräfte der Umayyaden. Daraufhin wurde Abu al-Abbas in Kufa sofort zum neuen Kalifen erklärt. Als Nachfahre des Onkels des Propheten[4] wurde er zum ersten in einer langen Reihe von Abassidenherrschern, die erstaunliche 500 Jahre an der Macht bleiben sollten.

Der rücksichtslose Abu al-Abbas hatte zwar die Umayyaden in der Schlacht besiegt, er machte sich aber Sorgen, sie könnten versuchen, die Macht wieder an sich zu reißen. Deshalb lockte er alle Angehörigen der Umayyadenfamilie zu einem angeblichen Versöhnungsessen, ließ sie aber stattdessen umbringen. Der einzige Überlebende, ein junger Prinz namens Abd al-Rahman, floh nach Spanien, wo die Umayyadendynastie noch weitere 300 Jahre überdauern sollte.

Nachdem Abu al-Abbas über die Umayyaden gesiegt hatte, war seine Herrschaftszeit durch das Bemühen gekennzeichnet, das Kalifat zu festigen und neu aufzubauen. Seine neue Regierung bestand aus Arabern, Persern, Christen und Juden. Der Gemeinschaft der Schiiten jedoch, denen er anfangs Versprechungen gemacht hatte, kehrte er den Rücken. Er starb 754, nur vier Jahre nach der Absetzung der Umayyaden, an Pocken. Nun übernahm sein Bruder al-Mansur als Kalif die Herrschaft über das Riesenreich, dessen Einfluss sich weit über seine eigentlichen Grenzen hinaus erstreckte.

4000 Kilometer weiter westlich war Offa, der Sohn des Thingfrith, im Jahr 757 zum christlichen König von Mercia (Mittelengland) gekrönt worden. Er herrschte nahezu 40 Jahre. Viele Historiker halten ihn für den mächtigsten angelsächsischen König vor Alfred dem Großen. In den 780er Jahren erweiterte er seinen Machtbereich auf den größten Teil des südlichen England. Einer der bemerkenswertesten noch erhaltenen Funde aus der Herrschaftszeit des Königs Offa ist eine Goldmünze, die im Britischen Museum aufbewahrt wird. Sie trägt auf einer Seite die Inschrift OFFA REX (Offa, der König). Dreht man sie aber um, so erlebt man eine Überraschung: Dort stehen in schlecht abgeschriebenem Arabisch die Worte *La Illaha Illa Allah* (»Es gibt keinen Gott außer Allah«). Die Münze ist die Kopie eines Abassidendinars aus der Herrschaftszeit al-Mansurs, sie stammt aus dem Jahr 773 und wurde höchstwahrscheinlich von angelsächsischen Kaufleuten benutzt. Selbst im England der Angelsachsen wusste man, dass Golddinare zu jener Zeit die wichtigsten Münzen der Welt waren, und Offas Münze sah dem Original so ähnlich, dass sie auch im Ausland ohne weiteres angenommen wurde.

Weiter östlich, in Kufa, brauchte der Kalif al-Mansur eine neue kaiserliche Hauptstadt; also ging er daran, nach dem besten Ort für ihren Bau zu suchen.

Wie die Stadt Alexandria, die Alexander der Große 1000 Jahre zuvor gegründet hatte, so wuchs auch Bagdad innerhalb von 50 Jahren, nachdem die ersten Ziegel gelegt worden waren, zur größten Stadt der Welt heran. Und wie Alexandria wurde es zu einem Zentrum der Kultur, Gelehrsamkeit und Aufklärung, das die klügsten Köpfe der Welt anlockte. Vor seiner Gründung waren die Garnisonsstädte Kufa und Basra die größten städtischen Siedlungen des Irak; beide waren von den ersten Kalifen während des langen Krieges gegen die Sassaniden gegründet worden.

Den genauen Ort für seine neue Stadt wählte al-Mansur sehr sorgfältig aus. Unter den vielen Menschen, die ihm Ratschläge erteilten, sollen auch mehrere christliche Mönche gewesen sein, die er im heutigen mittleren Irak kennengelernt hatte. Sie behaupteten, es stehe in ihren antiken Texten, dass ein großer König eines Tages seine neue Stadt ganz in der Nähe ihres Klosters bauen würde.[5] Dieses war zufällig ein Bauernhof namens *al-Mubaraka* (»die Gesegnete«) und passte mit seiner Lage am Westufer des Tigris nicht weit von mehreren blühenden Marktflecken hervorragend zu den Vorstellungen des Kalifen.

Im 9. Jahrhundert schilderte der persische Historiker al-Tabari (ca. 839–923), der bemerkenswerte Nachschlagewerke über die Frühgeschichte des Islam verfasste, in seinen *Annalen über die Propheten und Könige*, wie al-Mansur die Stelle auswählte:

> Er kam in das Gebiet der Brücke und überquerte an der heutigen Stelle von Qasr al-Salam den Fluss. Dann verrichtete er das Nachmittagsgebet. Es war Sommer, und am Ort des Palastes stand damals die Kirche eines Priesters. Dort verbrachte er die Nacht, und als er am nächsten Morgen erwachte, hatte er die süßeste, sanfteste Nacht auf Erden erlebt. Er blieb, und alles, was er sah, erfreute ihn. Dann sagte er: »Dies ist der Ort, an dem ich bauen will. Die Dinge können über den Euphrat, den Tigris und ein Netz von Kanälen hierherkommen. Nur ein Platz wie dieser wird sowohl die Armee als auch die allgemeine Bevölkerung ernähren.« So stellte er die Pläne fertig und wies Mittel für den Bau an.[6]

Bevor al-Mansur die Fundamente für die neue Stadt legen ließ, hatte er drei seiner angesehensten Astrologen gebeten, ihm ein Horoskop zu erstellen. Diese weisen Männer waren der Araber al-Fazari, der Perser Nawbakht und der Jude Masha'allah. Die drei einigten sich darauf, welches die günstigste Stunde und der günstigste Tag für die Grundsteinlegung sein sollte: der 30. Juli 762.

Im vierten Jahr der Bauarbeiten wurde die Runde Stadt nach Plänen traditioneller römischer Militärlager angelegt; beim Bau hatte die Sicherheit für al-Mansur oberste Priorität. Die Festung war von zwei ungeheuer dicken Ziegelmauern umgeben; die äußere hatte einen Umfang von rund zehn Kilometern, dann folgte ein breiter Wassergraben, der vom Tigris gespeist wurde. Die Befestigung war von vier Toren durchbrochen, und die von ihr ausgehenden Straßen reichten bis in die hintersten Winkel des Reiches. Am Khurasa-Tor im Nordosten begann der Weg nach Persien, das Basra-Tor im Südosten, das Kufa-Tor im Südwesten und das Damaskus-Tor im Nordwesten führten jeweils zu der Stadt, nach der sie benannt waren. Alle Tore waren außerdem mit einer komplizierten Reihe von verwinkelten Durchgängen, Rampen und Kammern so gestaltet, dass sie die Innenstadt vor Invasionen schützten. Jedes Tor enthielt einen großen, nach oben mit einer Kuppel verschlossenen Raum, und die Kuppel war in 30 Meter Höhe ihrerseits von einer Wetterfahne gekrönt.

Innerhalb der Stadt liefen die Straßen von den einzelnen Toren zum Zentrum; sie durchquerten zunächst einen äußeren Gebäudering, in dem die Angehörigen, Beamten und Diener des Kalifen wohnten. Dann folgte ein innerer Ring, in dem die Waffenkammer, die Schatzkammer und die Regierung untergebracht waren. Schließlich mündeten sie auf eine große, breite Promenade mit dem Hauptquartier der Palastwache, der Moschee und schließlich dem Kaiserpalast selbst, der als *Qasr Bab al-Dhahab* (»Palast des goldenen Tores«) bezeichnet wurde.

Wegen des Befestigungsringes und ihrer vergleichbaren Größe kommt man nicht umhin, al-Mansurs Runde Stadt mit der von den USA kontrollierten Green Zone zu vergleichen, die 2003, nach dem Sturz des Saddam-Regimes, wenige Kilometer flussabwärts errichtet wurde. Die Gegenüberstellung ist sowohl naheliegend als auch zutreffend.

Die Runde Stadt selbst war nichts anderes als ein riesiger

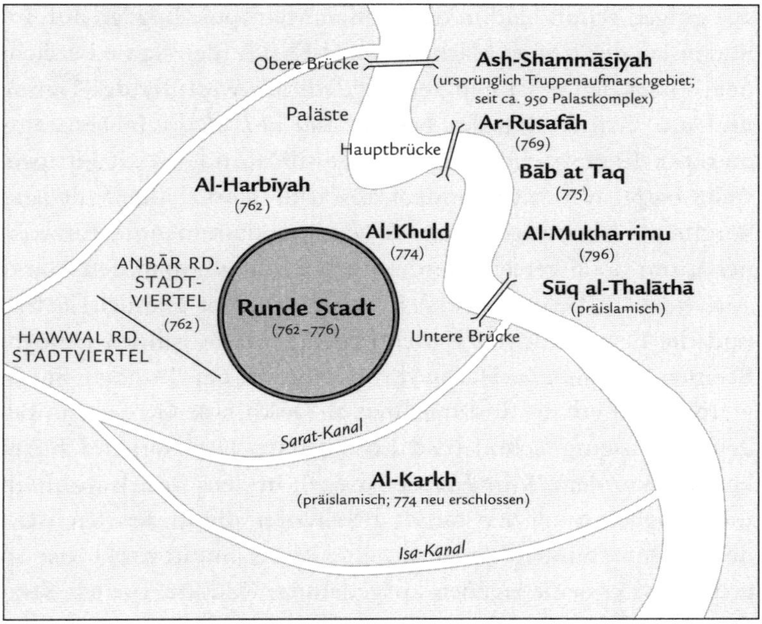

Bagdad in der frühen Abassidenzeit (schematisch).
Man erkennt die Lage von al-Mansurs ursprünglicher »Runder Stadt« am Westufer des Tigris.

Palastkomplex, der neben der eigentlichen Residenz des Kalifen auch die Regierungsgebäude enthielt. Sie allein hätte in ihrer Größe an die meisten anderen kaiserlichen Hauptstädte der Welt herangereicht, im Gegensatz zu allen anderen Städten wohnte die allgemeine Bevölkerung hier aber außerhalb der Mauern. Ihr Bau erforderte Tausende von Arbeitern und Soldaten, die von weither kamen und die Bevölkerung der umgebenden Bezirke anwachsen ließen.

Schon lange vor der Entstehung des Islam gab es an beiden Ufern des Tigris blühende Märkte für die Dörfer und bäuerlichen Gemeinschaften in der Region um die Runde Stadt. Sie alle gingen schon bald in der großen Metropole Bagdad auf. Im Süden lag der riesige Marktbezirk al-Karkh (der Name bezeichnete später den gesamten Teil Bagdads am Westufer des Tigris), und am Ostufer lag der belebte *Suq al-Thalatha* (»Dienstagsmarkt«). Kurz nachdem al-Mansur die Runde Stadt fertiggestellt hatte, war insbesondere al-Karkh schnell überfüllt und konnte der Nachfrage durch die neu hinzukommenden Einwohner kaum noch gerecht werden; deshalb baute man den Markt aus, wozu insbesondere die Errichtung neuer Handelsflächen und die Erweiterung der wichtigsten Straßen gehörte. Andere Bezirke, darunter al-Harbiyya im Norden der Runden Stadt, wurden neu erbaut und machten al-Karkh, was Größe und Bedeutung anging, schon bald Konkurrenz. Der Name *Harbiyya* kommt von dem Wort *Harb* (»Krieg«): In dem Bezirk wohnten ursprünglich die vielen tausend Soldaten, die in den Diensten des Kalifen standen.[7] Jeder einzelne dieser Stadtbezirke war so groß, dass er seine eigenen ausgedehnten Märkte, breiten Straßen, Moscheen und Verwaltungsgebäude brauchte. Und jeder von ihnen war wiederum in verschiedene, ganz unterschiedliche Viertel unterteilt. Der Markt der Schuhmacher ging dann vielleicht in den Markt der Buchhändler über, und der Vogelmarkt lag neben dem Blumenmarkt. Dann gab es die Lebensmittelmärkte (*Suq al-Ma'kulat*) und die Bäckereien (*Suq al-Khabbazin*), die von den Edelgoldschmieden, Geldwechslern und eleganten Läden für die Reichen getrennt waren. Selbst die Wohnhäuser der Händler waren nach Berufen und gesellschaftlicher Stellung getrennt: Parfümeure vermischten sich nicht mit Fischhändlern. Es gab vornehme Straßen, wo die eleganteren und wohlhabenderen Kaufleute getrennt von den gewöhnlichen Händlern und Handwerkern lebten.

Wenig später wurde die Runde Stadt von einem immer weiter wachsenden Ballungsraum mit mehr als einer Million Einwohner aufgesogen. Bagdad war jetzt nicht nur das Verwaltungs-

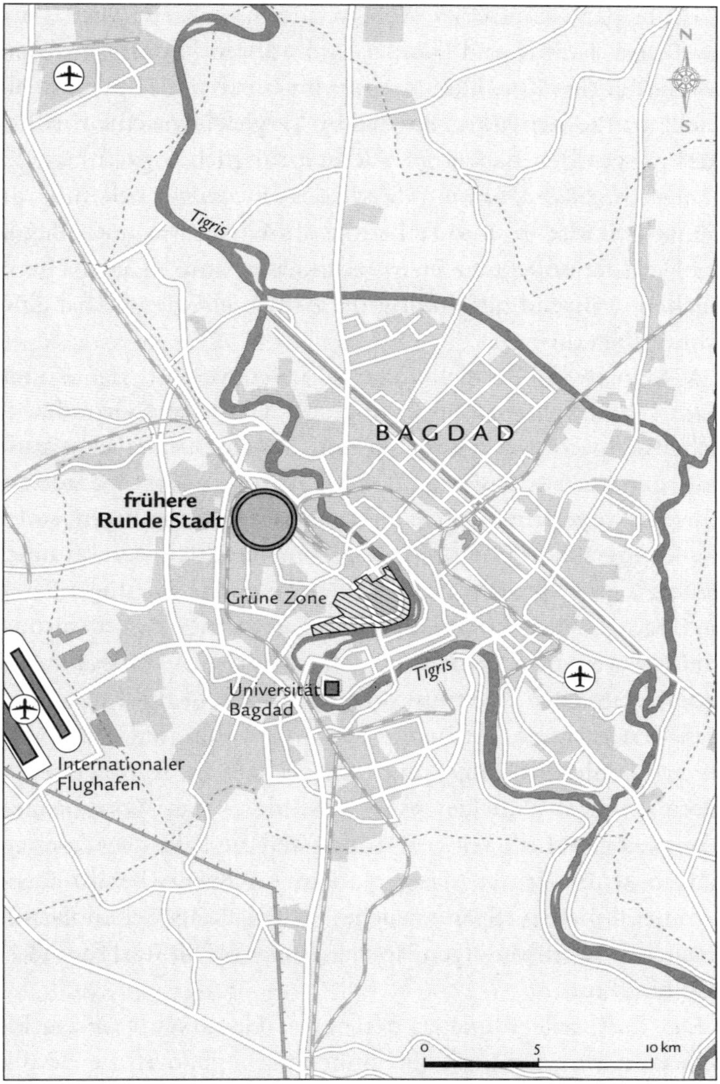

Die Runde Stadt auf einem modernen Stadtplan von Bagdad einschließlich eines Größenvergleichs mit der 2003 eingerichteten, von den USA kontrollierten »Grünen Zone«.

zentrum der islamischen Welt, sondern auch ein Mittelpunkt von Kunst, Kultur und Handel; und während im übrigen Reich ständig blutige Konflikte (sowohl im Inneren als auch mit den Nachbarn) tobten, muss Bagdad im Vergleich wie eine friedliche Oase ausgesehen haben. Es war ursprünglich sogar unter dem Namen *Madinat al-Salam* (»Stadt des Friedens«) bekannt. Und wie viele Städte in unserer heutigen Welt, so war auch Bagdad eine Welt der unbegrenzten Möglichkeiten und des Luxus für die Reichen, während gleichzeitig die Armen ein elendes, unglückliches Leben führten.

Al-Mansur fühlte sich innerhalb der Mauern der Runden Stadt schon bald ein wenig eingesperrt, und aus Gründen der Sicherheit gab er sie zugunsten eines nagelneuen Palastes außerhalb der Befestigungen auf. Dies mag zunächst paradox erscheinen angesichts der äußerst starken Befestigungen, welche die Runde Stadt umgaben, aber ihm erschien die räumliche Nähe zu einer großen Zahl loyaler Soldaten beruhigender als die Enge des Palastkomplexes, den er allerdings zu Verwaltungszwecken weiterhin nutzte. Im Jahr 774 zog al-Mansur in sein neues Heim, den sagenumwobenen Qasr al-Khuld am Tigrisufer. Den genauen Ort hatte man ausgewählt, weil er ein wenig höher lag als die Umgebung und deshalb in Sommernächten relativ frei von Mücken war. Al-Khuld – das Wort bedeutet »Ewigkeit« – erhielt seinen Namen, weil die Palastgärten angeblich so schön waren, dass sie dem im Koran beschriebenen Himmel ähnelten. Später wurde der Palast als Schauplatz der prachtvollen, aufwendigen Hochzeitsfeier von al-Rashid und Zubaya berühmt.

Das kulturelle Klima in der neuen Hauptstadt unterschied sich stark von dem, was die einheimische, bäuerliche Bevölkerung kannte, und war auch anders als alles, was es zuvor gegeben hatte. Es brachte eine multikulturelle Gesellschaft aus muslimischen und christlichen Arabern, bekehrten Muslimen aus anderen Gruppen der einheimischen Bevölkerung, Juden, Sabianer, Zoroastrier und Heiden zusammen. Die allgemein übliche Lebensweise unterschied sich nicht allzu stark von der im persischen Reich, das in der Region vor der Eroberung durch die Muslime mehrere Jahrhunderte geherrscht hatte. Die neue Mischung aus Religionen und Kulturen, die sich gegenseitig tolerierten, ergab aber eine faszinierend farbige Gesellschaft.

Obwohl die Abassiden nur mit Mühe ihre Macht festigen konnten und Bündnisse mit den Persern eingehen mussten, die ihnen beim Sieg über die Umayyaden zur Seite gestanden hatten, war das erste Jahrhundert der Abassidenherrschaft eine Phase des großen Wohlstandes und beeindruckender Errungenschaften. Damit die notwendige Einheit der verschiedenen Menschen und Kulturen hergestellt werden konnte, musste ein neues islamisches Reich entstehen, aber die multikulturelle, multireligiöse Toleranz in diesem Reich begünstigte ein ehrliches Gefühl der Erwartung und des Optimismus, das in ein Goldenes Zeitalter der Aufklärung und des intellektuellen Fortschritts mündete.

Zu Beginn der Abassidenzeit legten die meisten Gelehrten das Schwergewicht ihrer Tätigkeit auf die Interpretation der Worte im Koran. Er war immerhin das allererste Buch, das in arabischer Sprache verfasst worden war. Grammatik, Syntax, Interpunktion und Kalligraphie mussten vereinheitlicht und verfeinert werden. Das wiederum begünstigte jedoch eine Neigung zur Gelehrsamkeit, die, nachdem sie einmal entstanden war, ein Eigenleben entwickelte. Deshalb kann man die arabische Wissenschaft nicht verstehen, ohne gleichzeitig in Betracht zu ziehen, in welchem Umfang der Islam das wissenschaftliche und philosophische Denken beeinflusste. Die arabische Wissenschaft war während des gesamten Goldenen Zeitalters untrennbar mit der Religion verbunden. Die wissenschaftliche Revolution der Abassidenzeit hätte ganz eindeutig nicht stattfinden können, hätte es nicht den Islam gegeben; dies ist ein deutlicher Unterschied zur Ausbreitung des Christentums in den vorangegangenen Jahrhunderten, die nicht annähernd im gleichen Umfang das originäre wissenschaftliche Denken angeregt und gefördert hatte.

Andererseits reichte die Ausbreitung des Islam allein nicht aus, um funkengleich die wissenschaftlichen Neugier zu entzünden. Nichts spricht dafür, dass es während der vorausgegangenen Umayyadenherrschaft auch originelle wissenschaftliche Tätigkeit gegeben hätte, abgesehen vielleicht von den Bemühungen einzelner jüdischer und christlicher Gelehrter in der Region. Es handelte sich vielmehr um eine neue kulturelle Einstellung gegenüber der Gelehrsamkeit, welche die Abassiden von den Persern übernommen hatten, in Verbindung mit dem neuen Wohlstand und der Macht der Kalifen in dem wachsenden islamischen Großreich. Dies alles begünstigte ein neues Interesse an der akademischen Forschung, das seit der Glanzzeit des griechischen Alexandria verlorengegangen war. Das Zeitalter der arabischen Wissenschaft konnte aber erst anbrechen, nachdem aus anfänglich langsam beginnenden, separaten Aktivitäten eine Art übermächtige Entwicklung wurde. Sie trug sich vor allem in Bagdad zu und wurde als »Übersetzungsbewegung« bekannt.

3

Übersetzung

Die griechisch-arabische Übersetzungsbewegung ist deshalb von so großer Bedeutung, weil sie zum ersten Mal in der Geschichte zeigte, dass wissenschaftliches und philosophisches Denken international und nicht an eine bestimmte Sprache oder Kultur gebunden sind.
Dimitri Gutas, Greek Thought, Arabic Culture

Warum blühte das Goldene Zeitalter der arabischen Wissenschaft, das in der Frühzeit der Abassidenherrschaft begann, so plötzlich auf? Und warum ging es irgendwann zu Ende?

Allgemein geht man davon aus, dass die Antwort auf die zweite Frage schwieriger zu formulieren und mit Sicherheit umstrittener ist: Zum Niedergang des islamischen Reiches trugen verschiedene Faktoren bei, und die wichtigsten davon sind, wie sich herausstellt, nicht die offensichtlichen. Aber so weit sind wir in unserer Geschichte noch nicht; vorerst werden wir uns mit der ersten Frage beschäftigen. Bei oberflächlicher Betrachtung scheint die Antwort auf der Hand zu liegen. Nach einer allgemein verbreiteten Ansicht waren die spannenden Fortschritte in Mathematik, Astronomie, Physik und Technik, die Industrialisierung der Chemie, die großen Fortschritte der Medizin und das Aufblühen der Philosophie, die sich zuerst in Bagdad vollzogen und dann auf das übrige islamische Reich ausbreiteten, dem Erfolg einer auffallend umfangreichen Übersetzungsbewegung zu verdanken. Diese Entwicklung dauerte 200 Jahre, eine Zeit, in der die Weisheit früherer Zivilisationen – Griechen, Perser und Inder – zu großen Teilen ins Arabische übersetzt wurde. Nachdem sich damit im islamischen Großreich eine Kultur der Gelehrsamkeit durchgesetzt hatte, wurde diese schnell zum Selbstläufer: Sie führte zu einer großen Synthese der wissenschaftlichen Kenntnisse, die weit über die Summe dessen, was es vorher gegeben hatte, hinausging.

Die Abassiden finanzierten und förderten zwar tatsächlich eine umfangreiche Übersetzungsbewegung, durch die praktisch das gesamte Wissen der Welt unter einem Dach zusammengeführt wurde, aber damit schiebt man das Rätsel nur eine Stufe weiter in die Vergangenheit. Warum kam die Übersetzungsbewegung überhaupt in Gang? Oder genauer gefragt: Wodurch unterschied sich die Geisteshaltung der Abassiden – der Beginn der Übersetzungsbewegung fällt tatsächlich mit dem Aufstieg dieses Herrscherhauses zusammen – von der früherer Kulturen in der gleichen Region, beispielsweise der persischen Sassaniden, der Byzantiner und auch der muslimischen Umayyaden in Damaskus? Alle diese Reiche waren militärisch stark, aber keines zeigte die ernsthafte Absicht, den früheren Glanz Alexandrias wiederzubeleben, jener Stadt, die in den ersten Jahrhunderten nach der Entstehung des Christentums ihre Blütezeit erlebt hatte.

Als die Abassiden auf der Bildfläche erschienen, änderte sich plötzlich alles. Die Übersetzungsbewegung begann in der Mitte des 8. Jahrhunderts, und wenig später waren daran alle Schichten der Abassidenelite in Bagdad beteiligt. Es war also nicht einfach nur ein Lieblingsvorhaben des Kalifen. Zahlreiche wohlhabende Mäzene stellten zur Unterstützung und Bezahlung der Bewegung gewaltige Geldsummen zur Verfügung, so dass das Übersetzen schnell zu einem einträglichen Geschäft wurde. Die Schirmherren unterstützten die Bewegung teilweise deshalb, weil sie ihnen für Finanzwesen, Landwirtschaft, technische Projekte und Medizin praktischen Nutzen brachte, zum Teil aber auch, weil ein solches Mäzenatentum sich sehr schnell zu einer »angesagten« kulturellen Tätigkeit entwickelte, durch die sich ihre gesellschaftliche Stellung definierte. Und alle machten mit. Ein Historiker formulierte es so: »Es war keine exzentrische Schrulle und keine modische Vorliebe weniger wohlhabender Mäzene, die in eine philanthropische oder selbstherrliche Sache investieren wollten.«[1] Die Übersetzungsbewegung war also kein abgetrennter Prozess, der dem Goldenen Zeitalter der Wissenschaft vorausging. Man sollte in ihr vielmehr einen unverzichtbaren ersten Teil dieses Goldenen Zeitalters selbst sehen. Als sie einmal in Gang gekommen war, wurde sie zum Teil einer umfassenderen Suche nach Wissen. In der Mitte des 9. Jahrhunderts hatte sie sich zu einer neuen Tradition der eigenständigen wissenschaftlichen und philosophischen Gelehrsamkeit entwickelt, die wiederum die Nachfrage nach weiteren Übersetzungen sowohl quantitativ als auch qualitativ anheizte.

Warum ist diese unglaubliche griechisch-arabische Entwicklung dennoch kein allgemein bekanntes Kapitel der Weltkulturgeschichte, das gleichberechtigt neben anderen, ähnlich folgenschweren Entwicklungen steht? Das Bagdad des 8. bis 10. Jahrhunderts sollte man in einem Atemzug mit dem Goldenen Zeitalter Athens zur Zeit des Perikles im 5. Jahrhundert v. u. Z., mit dem Alexandria der Ptolemäer ein paar Jahrhunderte später oder dem Florenz der Medici im 15. Jahrhundert nennen. Selbst wenn die Übersetzungsbewegung das einzige wäre, was wir den Abassiden zu verdanken haben, so könnte man sie schon als wichtige historische Epoche betrachten. Sie ist aber nicht alles, was wir ihnen zu verdanken haben; sie kennzeichnete nur den Beginn des Goldenen Zeitalters. Bevor wir uns also genauer ansehen, was übersetzt wurde und von wem, müssen wir uns mit der Frage befassen, warum sie überhaupt einsetzte.

Was die Gründe für den letztendlichen Niedergang des Goldenen Zeitalters angeht, so stellt sich heraus, dass er verschiedenen Faktoren geschuldet war, die nicht alle auf der Hand liegen. Viele Historiker führen dafür mittlerweile überzeugende Argumente an und werfen damit nachträglich eine jahrelange, übermäßig vereinfachte historische Sichtweise über den Haufen.

Betrachten wir zunächst einmal die drei Gründe, von denen üblicherweise behauptet wird, sie hätten die Übersetzungsbewegung möglich gemacht und in Gang gesetzt.

Nach der ersten Begründung ging alles von der Laune eines oder zweier aufgeklärter Kalifen aus; dies könnte man aus al-Ma'muns berühmtem Traum von Aristoteles schließen, der in ihm eine lebenslange Versessenheit auf griechische Gelehrsamkeit weckte. Die Übersetzungsbewegung begann aber schon lange vor al-Ma'muns Regierungszeit, nämlich unter seinem Urgroßvater al-Mansur, dem Gründer Bagdads; als al-Ma'mun seinen Traum hatte, war sie bereits in vollem Gange. Wenn die Geschichte von dem Traum stimmt, steht sie allerdings völlig im Einklang mit der kulturellen Atmosphäre, deren untrennbarer Bestandteil er war. Richtiger sollte man also sagen: Der Traum war die *Folge* der Übersetzungsbewegung und des geistigen Klimas, das sie mit sich brachte, aber nicht anders herum.

Die Finanzmittel für die Bewegung stammten aus allen Teilen der Gesellschaft von Bagdad. Neben dem Kalifen gehörten dazu die Höflinge, Militärbefehlshaber, Staatsbeamte, Verwalter und auch die führenden Gelehrten, die als Übersetzer aufgestiegen und reich geworden waren. Während al-Ma'muns Herrschaft arbeiteten die berühmtesten Gelehrten – Männer wie Hunayn ibn Ishaq – nicht isoliert, sondern sie beschäftigten ganze Mannschaften von Studenten, Übersetzern und Schreibern.

Ohne die Schirmherrschaft und Unterstützung der Kalifen selbst hätte die Übersetzungsbewegung, die in Bagdad wuchs und gedieh, nicht annähernd eine solche Größenordnung erreichen können. Aber die Begeisterung und das Engagement der ersten Kalifen für die Gelehrsamkeit waren nur ein Teil dieser umfassenderen geistigen Strömung.

Ein zweiter Grund, der häufig für den Beginn der Übersetzungsbewegung genannt wird, ist die Ausbreitung des Islam selbst; da es die religiöse Pflicht aller Muslime ist, nach Wissen und Erleuchtung zu streben, führte dies zwangsläufig dazu, dass sie auf die säkularen griechischen Texte über Wissenschaft und Philosophie stießen und sie ins Arabische übersetzen ließen. Zwar förderte der Islam in seiner Frühzeit sicher tatsächlich einen allgemeinen Geist der Wissbegier und der Neugier auf die Welt, der im Christen- und Judentum in dieser Form nicht zu erkennen ist, aber es bleibt immer noch die Frage, warum die Übersetzungsbewegung gerade zu jener Zeit einsetzte und nicht schon früher während der Umayyadenherrschaft.

Außerdem überwand die Übersetzungsbewegung auch religiöse Grenzen. Unter den Übersetzern waren viele Christen, und die hätten nicht eine so wichtige Rolle gespielt, wenn hinter der Bewegung vorwiegend religiöse Motive gestanden hätten, die sich aus den Lehren des Korans oder den Ratschlägen des Propheten (der *Hadith*) ergeben hätten. Auch das unentbehrliche Mäzenatentum für die Bewegung ging quer durch die Gesellschaft und schloss Nichtmuslime ein. Die Tatsache, dass die Lehren von Koran und *Hadith* zum Streben nach Wissen aufriefen, war sicher ein unentbehrlicher Faktor für die Entwicklung origineller Denkschulen in Theologie, Philosophie und sogar den exakte Naturwissenschaften. Diese begann allerdings erst etwas später als die Übersetzungsbewegung.

Damit sind wir bei der dritten allgemein genannten Ursache der Bewegung: Danach war die Vermittlung dieses Wissens an die Abassiden griechischsprachigen Christen zu verdanken, die im früheren Gebiet des byzantinischen Reiches wohnten und sich in der griechischen Wissenschaft auskannten. Es stimmt zwar, dass man griechische Philosophen wie Aristoteles und

Platon sowie einige medizinische und astronomische Texte auch in byzantinischen Zentren wie Antiochia und Edessa im Norden Syriens studierte, wo es eine bescheidene griechisch-syrische (ein Dialekt des Aramäischen, jener alten semitischen Sprache, die sich zum Arabischen und Hebräischen weiterentwickelte) Übersetzungsbewegung gab. Man kann aber mit Fug und Recht behaupten, dass diese Übersetzungen in der Regel von schlechterer Qualität waren als jene, die später kamen, und weder den gleichen hohen Anforderungen an die Genauigkeit genügten noch deren Tiefe des intellektuellen Verständnisses erreichten.

Als der Islam sich in der Region ausbreitete, verloren politische und religiöse Schranken, die es zuvor zwischen verschiedenen Sekten und Glaubensgemeinschaften gegeben hatte, an Bedeutung. Die religiösen Spannungen, beispielsweise durch christliche Bilderstürmerei, karaitisches und talmudisches Judentum oder die Sektenstreitigkeiten innerhalb des Islam selbst setzten sich zwar fort, christliche und jüdische Gelehrte genossen jetzt aber mehr Freiheit und konnten ihr Wissen im Geist einer aufgeschlossenen Zusammenarbeit teilen. Diese Offenheit des frühen Islam gegenüber anderen Glaubensrichtungen ist aber keine vollständige Erklärung dafür, warum in den 100 Jahren der Umayyadenherrschaft nur relativ wenige Übersetzungen entstanden, während ihre Zahl unmittelbar nach der Machtübernahme der Abassiden, als viele besonders einflussreiche und kompetente christliche und jüdische Übersetzer in ihrem Streben nach Ruhm und Reichtum nach Bagdad reisten, stark zunahm.

Wenn es also weder an der Ausbreitung des Islam lag noch an aufgeklärten Kalifen oder christlichen Gelehrten, die den Geist der alten griechischen Wissenschaft und Philosophie in die islamische Welt trugen, was war es dann? Woher wusste beispielsweise al-Ma'mun überhaupt von Aristoteles? Oder allgemeiner gefragt: Warum interessierten sich die Araber, jene unkultivierten Wüstennomaden, plötzlich für griechische Philosophie? Die Antwort: Sie interessierten sich gar nicht dafür – jedenfalls nicht bis nach dem Beginn der Übersetzungsbewegung. Erst dann erschienen erste Übersetzungen der medizinischen Texte von Galen, der Philosophie eines Aristoteles, der Geometrie Euklids und der Astronomie des Ptolemäus auf der Bildfläche. Griechische Texte wurden häufig zuerst ins Syrische und dann aus dem Syrischen ins Arabische übersetzt. Sorgfältigere, genauere Direktübersetzungen aus dem Griechischen ins Arabische gab es erst, als sich die Kenntnisse der griechischen Sprache wie auch das Wissen um den wissenschaftlichen Inhalt der Originaltexte verbesserten.

Welches waren demnach die wahren Gründe der Übersetzungsbewegung? Vor Beginn der Abassidenherrschaft erkennen wir keine Bewegung im eigentlichen Sinn, sondern nur kleinere »Übersetzungstätigkeiten«, wie Historiker sie nennen. Dazu gehörten die Übersetzung astronomischer und medizinischer Texte aus dem Indischen ins Pachlevi im Sassanidenreich und die Übertragung aus dem Griechischen ins Syrische in den Reichen der Byzantiner, Sassaniden und Umayyaden. Dann, ungefähr zur Zeit des Kalifen al-Mansur um das Jahr 754, setzte plötzlich ein dramatischer Wandel ein. Nach meiner Überzeugung trugen drei wichtige Faktoren dazu bei, die Übersetzungsbewegung auszulösen. Sie wirkten nicht alle gleichzeitig, und die Vorgänge lassen sich nicht mit einem dieser Faktoren allein ausreichend erklären. Zusammengenommen erlauben sie aber eine überzeugende Argumentation.

Im Gegensatz zur Umayyadendynastie, deren Hauptstadt Damaskus zum griechischsprachigen byzantinischen Reich gehört hatte, verlegten die Abassiden ihre Tätigkeit weiter nach Osten mitten ins Kernland des früheren persischen Sassanidenreiches. Das war kein Zufall. Mächtige persische Großfamilien wie die Barmakis und die Nawbakhts hatten ihnen geholfen, an die

Macht zu kommen, und übten in der Regierung noch über viele Generationen hinweg großen Einfluss aus. Die Abassiden waren ihrerseits auf die Unterstützung des persischen Adels angewiesen und förderten deshalb die Verflechtung von arabischer und persischer Kultur und Identität.

Andererseits war das Arabische jetzt die offizielle Amtssprache des Großreiches, und man erkannte sofort die Notwendigkeit, Texte aus dem Pachlevi ins Arabische zu übersetzen; diesem Vorhaben wurde die umfassende Unterstützung des Kalifen zuteil. Manche Texte waren persischen Ursprungs; andere, darunter viele medizinische, mathematische und astronomische Werke, waren ursprünglich aus dem Griechischen oder Indischen ins Pachlevi übersetzt worden und wurden in Städten wie Gondeshapur (arabisch Jundaysapur) benutzt.[2] Der erste und wichtigste Faktor, der die Übersetzungsbewegung in Gang brachte, war also die Versessenheit der Abassiden auf persische Kultur. Ein typisches Beispiel dafür lieferte ein Übersetzer, der gefragt wurde, warum er persische Bücher ins Arabische übersetzen wolle; darauf soll er geantwortet haben: »Wir [die Araber] haben all die Worte, aber sie [die Perser] haben all die Gedanken.«[3] Der Bedarf an Übersetzungen hatte anfangs ausschließlich praktische Gründe; offenbar galten sie als nützlich und notwendig.

Hier kommt der zweite Faktor ins Spiel: eine Leidenschaft für Astrologie. Die Ideologie der Sassaniden, die sich auf zoroastrische Mythen gründete, hatte für den Kalifen al-Mansur einen großen Reiz, und er entwickelte ein starkes persönliches Interesse an der Astrologie. Er wusste aber auch, dass er die Unterstützung der einflussreichen persischen Aristokratie benötigte, deren Mitglieder zum größten Teil nach wie vor Zoroastrier waren und sich nicht zum Islam bekehrt hatten. Sein Interesse an der Astrologie war also einerseits ehrlich und echt, andererseits kann man aber dahinter auch verborgene politische Motive vermuten. Die Astrologie war im Gegensatz zur Astronomie in der persischen Kultur verwurzelt und spielte im täglichen Leben der Perser eine grundlegende Rolle; in krassem Gegensatz dazu waren die Araber überzeugt, dass die Astrologie mit ihren Verbindungen zu Hellsehen und Wahrsagerei den Lehren des Islam widersprach. Die Kultur der Sassaniden hatte aber auf die Abassiden so großen Einfluss, dass die Astrologie in der zweiten Hälfte des 8. Jahrhunderts wieder auflebte. Am Hof des Kalifen waren Astrologen tätig, die Horoskope erstellen, Ratschläge erteilen und die Leistungen des Herrschers verherrlichen sollten. Wie al-Mansur sich von seinen drei führenden Astrologen beraten ließ, als es um den richtigen Tag für den Baubeginn der neuen Hauptstadt ging, haben wir bereits erfahren.

Deshalb ist es auch nicht verwunderlich, dass die erste »wissenschaftliche« Disziplin, deren Werke systematisch aus dem Pachlevi ins Arabische übertragen wurden, die Astrologie war. Einer der ersten Texte war das ungeheuer einflussreiche, fünfteilige astrologische Werk *Buch von der Nativität* (*Kitab al-Mawalid*) des Propheten Zoroaster, das zwischen 747 und 754 erstmals ins Arabische übersetzt wurde.[4] Die Astrologie, das heißt die Kunst, Horoskope aus den Stellungen der Sterne abzuleiten, war zu einem ganz und gar anerkannten Wissensgebiet geworden. Sie wurde *'ilm al-nujum* (Wissenschaft von den Sternen) genannt und nicht von Mathematik oder Astronomie (*'ilm al-falak*) unterschieden; wer sich für astrologische Texte interessierte, war darauf erpicht, auch Sternenkarten und mathematische Tabellen in die Hand zu bekommen. Das anfängliche Interesse der Abassiden führte also ganz von selbst zu einer Suche nach astronomischen Texten, die bereits auf Pachlevi vorlagen oder noch in Sanskrit vorhanden waren, der Sprache der indischen Mathematiker und Astronomen.

Dem Astrologen Al-Fazari, einem Berater al-Mansurs, wird nicht nur der Bau des ersten Astrolabiums in der islamischen Welt zugeschrieben, sondern er wird auch mit der Übersetzung mehrerer astronomischer Texte aus dem Sanskrit ins Arabische in Verbindung gebracht. Es wurde sogar behauptet, er habe als Erster das *Siddhanta*, ein Werk des größten indischen Mathematikers und Astronomen Brahmagupta (598–668), ins Arabische übertragen. Man kann davon ausgehen, dass die Abassiden um diese Zeit zum ersten Mal in Kontakt mit der hinduistischen Astronomie kamen, aber Datum und Urheber der Übersetzung sind nicht gesichert: Um mehrere Gelehrte jener Zeit, die sich alle al-Fazari nannten, herrscht eine gewisse Verwirrung.[5]

Das Sanskrit-Wort *Siddhanta* bedeutet »Die Lehre« oder »Die Tradition«. Ursprünglich wurde das Werk, wie es der Tradition der indischen Mathematiker entsprach, ausschließlich in Versen verfasst. Enttäuschenderweise lieferte Brahmagupta aber für die vielen mathematischen Lehrsätze, die es enthält, keine Beweise. Die arabische Übersetzung des Textes erhielt den Titel *Sindhind* und sollte zusammen mit dem *Almagest* von Ptolemäus und Euklids *Elementen* gewaltigen Einfluss auf die Gelehrten von Bagdad haben. Wahrscheinlich wurde das *Siddhanta* ursprünglich sogar – möglicherweise in der persischen Stadt Gondeshapur, die in der Sassanidenzeit ein großes Zentrum der Gelehrsamkeit war – ins Pachlevi übersetzt. Das Buch enthält nicht nur Tabellen und Sternenkarten, sondern auch Mathematik und eine grobe Trigonometrie. Es war aber von berüchtigter Undurchsichtigkeit und schwer zu verstehen.

Eine zweifelhafte, nicht belegte Geschichte verlegt die Übersetzung des *Sindhind* in die Zeit al-Mansurs und erklärt auch, warum es dem Werk an Klarheit mangelt. In der Erzählung wird geschildert, wie Araber in der Anfangszeit des Islam das Land von Sindh (heute eine Provinz Pakistans) eroberten und sich dort niederließen. Als die Abassiden an die Macht kamen, ergriffen die Siedler die Gelegenheit, sich für unabhängig zu erklären. Al-Mansur mochte das jedoch nicht hinnehmen und entsandte eine Armee, die den Aufstand niederschlagen sollte. Nach seinem Sieg kam eine Abordnung der Unterlegenen aus Sindh nach Bagdad. Zu der Gruppe gehörte der indische Weise Kankah, der weder arabisch noch persisch sprach. Als dieser die Wunder der indischen Astronomie und Mathematik beschrieb, musste er zunächst von einem Dolmetscher ins Persische und dann von einem zweiten ins Arabische übersetzt werden, eine Prozedur, durch die seine Ausführungen sich letztlich sehr kompliziert und seltsam anhörten. Der Gegenstand seiner Beschreibung war Brahmaguptas *Siddhanta*.

Spätere islamische Wissenschaftler, unter ihnen der Universalgelehrte al-Biruni im 11. Jahrhundert, taten diese Geschichte als höchst unwahrscheinlich ab und erklärten, mit größerer Wahrscheinlichkeit sei das *Sindhind* die Übersetzung einer persischen Fassung, die in Gondeshapur bereits in Umlauf war. Der einzig wahre Kern in der Geschichte wäre demnach, dass das *Siddhanta* tatsächlich auf seinem Weg zu den Arabern zwei Übersetzungen erlebte.

Erst im Verlauf des 9. Jahrhunderts erkennen wir unter islamischen Wissenschaftlern und Philosophen ein wachsendes Vertrauen in eine neue, rational-wissenschaftliche Weltanschauung, und nun wurde an der Astrologie vielfach Kritik laut: sie habe keinen Platz neben echten Wissenschaften wie Mathematik und Astronomie. Andere jedoch, unter ihnen der Mathematiker al-Khwarizimi, spielten weiterhin mit ihr herum. Manche erkannten noch Jahrhunderte später ihre Bedeutung, wenn es darum ging, weniger aufgeklärte Herrscher zur weiteren Finanzierung astronomischer Projekte zu bewegen. Ein solcher Gelehrter war der Perser al-Tusi: Er musste Mitte des 13. Jahrhunderts ein Interesse an Astrologie heucheln, um den Mongolenherrscher Hulagu Khan zu veranlassen, ihm in Maragha im Nordwesten Persiens ein neues Observatorium zu bauen.

Im 8. Jahrhundert jedoch trug die anfangs weitverbreitete Leidenschaft für Astrologie dazu bei, das Interesse an Übersetzungen der vorwiegend auf Griechisch verfassten Werke aus anderen Wissenschaftsgebieten zu wecken.

Der dritte Faktor, der zur Ausbreitung und Beschleunigung der Übersetzungsbewegung beitrug, war das Zufallselement in der neuentstehenden Technologie. Für technische Projekte[6] wie steinerne Bogenbrücken, Wasserräder und Kanäle brauchte man Kenntnisse auf Gebieten wie der Geometrie; um zum Zweck der Zeitmessung die Mondphasen vorauszusagen, benötigte man genaue astronomische Daten; und Arithmetik war unentbehrlich für die Buchhaltung. All das spielte eine wichtige Rolle; es wäre aber ebenso auch für frühere Zivilisationen erforderlich gewesen und ist deshalb keine alleinige Erklärung dafür, dass der Umfang der Übersetzungen so plötzlich zunahm. Allerdings gab es zu diesem Zeitpunkt eine spezielle neuartige Technologie, ein Verfahren, das von alles entscheidender Bedeutung war und alles veränderte.

Die erste Papiermühle des Abassidenreiches wurde in der zentralasiatischen Stadt Samarkand an der Seitenstraße zwischen China und dem Westen errichtet. Die Stadt war bereits viele Jahrhunderte vor der islamischen Eroberung eine der größten im persischen Reich und blieb bis weit ins Mittelalter hinein ein Zentrum von Wissenschaft und Gelehrsamkeit. Im Jahr 751 errang die muslimische Armee am Ufer des Flusses Talas, einige hundert Kilometer nordwestlich von Samarkand im heutigen Kirgisistan, einen Sieg über die Chinesen. Dieser Sieg der Abassiden kennzeichnet nicht nur die größte westliche Ausdehnung des Herrschaftsbereichs der chinesischen Tang-Dynastie, sondern auch den weitesten Vorstoß nach Osten, den das islamische Reich jemals wagte. Für unsere Geschichte ist entscheidend, dass einige der chinesischen Kriegsgefangenen, die man nach Samarkand brachte, die Papierherstellung beherrschten – eine Erfindung, welche die Chinesen im 2. Jahrhundert u. Z. gemacht hatten. Ihre Kenntnisse führten jetzt zum Bau der ersten

Papiermühle, wobei es sicher hilfreich war, dass Rohstoffe wie Flachs und Hanf in der Region im Überfluss zur Verfügung standen. Im letzten Jahrzehnt des 8. Jahrhunderts nahmen dann in Bagdad die ersten Papiermühlen ihren Betrieb auf.

Parallel zu dieser Entwicklung erlebte die Technik der Buchherstellung einen Aufschwung: Die Entwicklung von Farben, Tinte, Klebstoff, Leder und Buchbindetechnik[7] beschleunigte sich in kürzester Zeit gewaltig. Papier war schon bald als Schreibmaterial weitaus billiger als Papyrus oder Pergament, und häufig produzierte eine ganze Gruppe von Schreibern, die nebeneinander arbeiteten, mehrere Kopien eines Textes.

Schon lange vor der Erfindung des Papiers war der Codex (in dem Blätter als Buch zwischen meist hölzernen Deckeln gebunden werden) an die Stelle der Schriftrollen getreten. Codices wurden erstmals von Römern und hellenistischen Griechen benutzt; sie bestanden ursprünglich aus Papyrus und Pergament. Manchen Behauptungen zufolge wurden sogar die Seiten des Korans zu Lebzeiten des Propheten Mohammed als Codex zwischen Holzbrettern aufbewahrt.

Die Übersetzungsbewegung verdankt ihren Ursprung also einerseits der Tatsache, dass die persische Kultur und insbesondere die Astrologie einen so großen Reiz auf die Abassiden ausübten, und andererseits der Entwicklung der Technologie zur Papierherstellung, die sie von den Chinesen gelernt hatten. Nachdem die Leidenschaft für das Übersetzen antiker Texte erst einmal erwacht war, wurde sie zu einer Triebkraft, die ein Goldenes Zeitalter des wissenschaftlichen Fortschritts in Gang setzte.

Während der Regierungszeit von Harun al-Rashid (786–809) stieg die Anzahl der Übersetzungen stark an. Medizinische, astronomische und mathematische Texte wurden aus dem Griechischen, Syrischen, Persischen und Indischen übertragen. Allerdings ließen die Gelehrten in diesem relativ frühen Stadium noch große Sorgfalt bei der Auswahl der zu übersetzenden Manuskripte walten. Angeblich wurde die Bedeutung eines wissenschaftlichen Werkes daran gemessen, inwieweit es alle früheren Werke zu dem gleichen Thema überflüssig machte. Sehr schnell wurde klar, dass viele persische Wissenschaftsbücher selbst Übersetzungen ursprünglich griechischer Werke waren. Nun ging man auf die Suche nach den griechischen Originalen. Das Interesse der islamischen Gelehrten und der Mäzene der Übersetzungsbewegung hatte sich mittlerweile von rein praktischen Themen wie Astrologie, Medizin und Landwirtschaft zu Mathematik und Astronomie verschoben. In dieser frühen Zeit fehlt in der Liste der Fachgebiete jedoch die Philosophie, die sich insbesondere in den Arbeiten der beiden griechischen Geistesgrößen Platon und Aristoteles verkörperte. Die spätere Übersetzungsbewegung vom Griechischen und Arabischen ins Lateinische *begann* mit der Philosophie, weil man den Wunsch hatte, diese großen Werke zu verstehen. Unter den islamischen Gelehrten der Übersetzungsbewegung von Bagdad setzte das Interesse an dem Fachgebiet jedoch relativ spät ein, und schließlich erwachte es aus einem rührenden Grund: Die muslimischen Gelehrten merkten, dass ihnen in ihren Überlegungen und ihrer Diskussionskunst in Fragen der Theologie etwas fehlte, während ihre christlichen und jüdischen Kollegen bereits mit Aristoteles und Platon vertraut waren und deshalb über weitaus mehr Erfahrung mit derartigen logischen Erörterungen verfügten.

Interessanterweise leistete zwar eine ganze Reihe bedeutender jüdischer Philosophen und Wissenschaftler unschätzbar wertvolle Beiträge zur geistigen Kultur Bagdads, ihre Werke schrieben sie aber nahezu ausschließlich nicht auf Hebräisch, sondern auf Arabisch. Ein gutes Beispiel sind die Arbeiten von Sahl Rabban al-Tabari (ca. 786–845), der nach Bagdad kam und angeblich als einer der Ersten das *Almagest* von Ptolemäus ins Arabische übersetzte. Der jüdische Astronom und Arzt, dessen Name wörtlich »Sohn des Rabbi von Tabaristan« bedeutet – eine Anspielung auf eine Provinz im heutigen Nordiran –, ließ sich zur Zeit al-Rashids in Bagdad nieder. Sein Sohn Ali (ca. 838–870) konvertierte zum Islam, verfasste die erste arabische Enzyklopädie der Medizin und unterrichtete einen Jungen namens Muhammad ibn Zakariyya al-Razi, der zu einem der größten Ärzte aller Zeiten werden sollte.

Manche Historiker haben behauptet, die ganze Übersetzungsbewegung habe trotz der Bewunderung der Abassiden für alles Persische und trotz ihrer daraus erwachsenden Verbindung zur indischen Wissenschaft und der östlichen Kultur ursprünglich auf griechischer Wissenschaft aufgebaut.[8] Bis zu einem gewissen Grade stimmt das. Als das Reich Alexanders des Großen sich viele Jahrhunderte vor dem Islam im Osten bis nach Indien erstreckte, wurden auch die Früchte der griechischen Wissenschaft weit über ihre Heimat hinausgetragen; allerdings sollte man auch die Seehandelswege aus Ägypten als eigenen Übermittlungsweg nicht vergessen. Dieses Wissen, so kann man mit Fug und Recht behaupten, legte am Ende den Umweg von seinen griechischen Ursprüngen über Indien und wieder an den Hof der Abassiden in Bagdad zurück. Große Teile des griechischen Wissens gelangten auch über die christlichen Städte Antiochia und Edessa in die arabische Welt, wo in den Jahrhunderten vor der Ausbreitung des Islam in kleinerem Umfang eine Übersetzungstradition vom Griechischen ins Syrische aufgeblüht war.

Zumindest auf den Gebieten von Medizin und Philosophie, wo Hippokrates, Galen, Platon und Aristoteles einzigartig waren, hatten die Araber den Griechen nahezu ihre gesamten Kenntnisse zu verdanken. Auch in der Geometrie hatten Inder und Perser wenig vorzuweisen. Es wäre aber unfair, ihren Beitrag zur Entwicklung der arabischen Wissenschaft während der Übersetzungsbewegung als völlig nebensächlich abzutun. Ohne den

Kontakt zur indischen Mathematik besäße die muslimische Welt weder das Dezimalzahlensystem, noch hätte die Trigonometrie den schnellen Aufschwung genommen, der sich für die Astronomie als so nützlich erweisen sollte. Auch die arabische Astronomie gilt als Fortsetzung der Tätigkeit persischer Sternwarten, die ihrerseits ohne die indische Mathematik nicht eine solche Blüte hätten erleben können.

Eine andere, aber falsche Ansicht, die mehr Zuneigung zur persischen Kultur und Geschichte erkennen lässt, gründet sich auf einen interessanten, erwähnenswerten Mythos. Alexander der Große eroberte 333 v. u. Z. das Perserreich und setzte dessen letzten König Darius III. ab. Als der griechische Feldherr in die persische Hauptstadt Persepolis einmarschierte, fand er dort Schriften über die verschiedenen Fachgebiete und Wissenschaftsrichtungen, die nach Ansicht der Perser einen göttlichen Ursprung hatten und von dem Propheten Zoroaster selbst übermittelt worden waren. Alexander ließ alle Texte aus dem Persischen ins Griechische übersetzen und vernichtete anschließend die Originale. Mehrere Jahrhunderte später befahlen die Sassanidenherrscher, alle griechischen Werke zu sammeln und zurück ins Persische zu übersetzen. Auf diese Weise rechtfertigten die Perser die Tatsache, dass sie in Medizin, Astronomie und Astrologie das Wissen der Griechen nutzten: Sie behaupteten, es sei ohnehin alles den Persern gestohlen worden.

Al-Rashid, selbst Gelehrter und Dichter, war ein großer Mäzen der Künste. Unter seiner Herrschaft begannen muslimische Gelehrte, ernsthaft die großen Werke der Griechen und Inder zu studieren und deren Kenntnisse in die arabische Kultur zu integrieren. Al-Rashids Hof in Bagdad war voller Künstler, Musiker, Dichter und Theologen aus aller Herren Länder. Die Übersetzungstätigkeit jedoch wurde anfangs zu einem großen Teil von seinem Stellvertreter und Lehrer des jungen al-Ma'mun beaufsichtigt, dem Wesir Ja'far al-Barmaki. Die Familie Barmaki, die den Aufstieg der Abassiden zur Macht finanziert und unterstützt hatte, war für ihre Loyalität mit dem erblichen Titel des Großwesirs (und gelegentlich auch mit Hinrichtungen) belohnt worden und übte im Alltag der Stadtverwaltung eine ungeheure Macht aus. Außerdem unterstützten auch die Barmakis nachdrücklich die Übersetzungsbewegung und konnten ihr persisches kulturelles Erbe am Hof des Kalifen einbringen.

Auch eine andere bekannte persische Familie, die Bukhtishus, finanzierte die Übersetzungsbewegung. Einige Angehörige dieser Familie gaben persönlich die Übersetzung medizinischer Texte ins Arabische in Auftrag. Schon bevor die Abassiden an die Macht kamen, waren persische Ärzte mit vielen medizinischen Texten von Hippokrates und Galen vertraut, deren Lehren in Gondeshapur praktiziert wurden. Der wichtigste Nutznießer, wenn es um medizinische Texte ging, war der christliche Arzt und Übersetzer Hunayn ibn Ishaq, der zu einem der berühmtesten und fruchtbarsten Übersetzer seiner Zeit werden sollte.

Ein weiterer Gelehrter aus Bagdad, der von der großzügigen Unterstützung profitierte, war Thabit ibn Qurra (ca. 836–901), ein Heide aus der Stadt Harran im Nordwesten Mesopotamiens (heute in der Türkei), der zunächst auf den Märkten als Geldwechsler arbeitete und erst dann die Philosophie entdeckte. Thabit übersetzte die mathematischen Arbeiten von Euklid, Archimedes, Apollonius und Ptolemäus. Außerdem erstellte er Zusammenfassungen der Arbeiten von Aristoteles. Er war aber auch selbst ein ausgezeichneter Mathematiker und schrieb eigene Werke über Geometrie, Statik, Zauberquadrate und Zahlentheorie. Darüber hinaus beschäftigte er sich sogar mit Astronomie und wurde im höheren Alter von dem Abassidenkalifen al-Mu'tadid zum Hofastronomen ernannt. Einige seiner Werke wurden später ihrerseits ins Lateinische übersetzt und hatten im Westen großen Einfluss.

Ein anderer christlicher Übersetzer, der im 9. Jahrhundert in

Bagdad lebte, war der byzantinische Grieche Qusta ibn Luqqa (gest. ca. 912). Wie viele führende Übersetzer, so war auch er ein Universalgelehrter, der sich in Mathematik, Medizin, Astronomie und Philosophie auskannte. Er stammte ursprünglich aus der Ortschaft Baalbek (Heliopolis) im Bekaa-Tal im Libanon. Wie Hunayn ibn Ishaq, so wurde auch er gedrängt, zum Islam zu konvertieren, tat es aber nie. Unter den Büchern, die er aus dem Griechischen ins Arabische übersetzte, waren Werke des Mathematikers Diophantus, des Astronomen Aristarcos (der als Erster ein heliozentrisches Modell für das Sonnensystem vorschlug) und Galens. Qusta schrieb zahlreiche eigene Werke über Medizin und Geometrie sowie eine Abhandlung über das Astrolabium, das wichtigste astronomische Instrument vor der Erfindung des Teleskops (siehe Farbtafel 13).[9]

In der ersten Hälfte des 9. Jahrhunderts, als die arabische Gelehrsamkeit ernsthaft ihren Anfang nahm, wurde nicht nur eine zunehmende Zahl neuer Schriften über Astronomie, Geographie, Mathematik und Medizin in Auftrag gegeben, sondern zwangsläufig nahm auch die Forschung in diesen Bereichen zu. Dies erforderte die Übersetzung weiterer Texte oder eine sorgfältigere, genauere Übertragung griechischer Texte, die es bereits auf Arabisch gab. Das Wissen, das man aus diesen Texten bezog, regte viele Menschen dazu an, ihr Leben den betreffenden Fachgebieten zu widmen. So gehörte es beispielsweise in Bagdad zur Zeit al-Ma'muns zur Ausbildung eines jeden Gelehrten, dass man das *Almagest* von Ptolemäus studierte. Das aus diesem wichtigen Text gewonnene Wissen führte dazu, dass während al-Ma'muns Regierungszeit in Bagdad und Damaskus die beiden ersten Sternwarten des islamischen Reiches erbaut wurden. Al-Mamun ernannte Astronomen, die mit einem systematischen, sorgfältigen Beobachtungsprogramm die Genauigkeit von Ptolemäus' Sternkarten überprüften. Damit begannen 700 Jahre der arabischen Astronomie, und es wurde eine Brücke von den

Griechen zur kopernikanischen Revolution in Europa und der Geburt der modernen Astronomie geschlagen.

Viele besonders wichtige griechische Texte wurden mehrmals ins Arabische übertragen. Ein gutes Beispiel sind Euklids *Elemente*, ein Werk, das auf die islamische Mathematik ungeheuer große Auswirkungen hatte. Das Buch wurde erstmals Anfang des 9. Jahrhunderts, während al-Rashids Herrschaftszeit, von al-Hajjaj ibn Yusuf übersetzt. Derselbe Gelehrte schrieb später eine zweite Übersetzung für al-Ma'mun. Der Text wurde aber auch von Hunayn ibn Ishaq übersetzt, und seine Version wurde später von Thabit ibn Qurra überarbeitet. Eine weitere Revision nahm der Astronom al-Tusi fast vier Jahrhunderte später vor. In Europa wurde das Werk vermutlich erstmals durch lateinische Übersetzungen dieser letzten Version bekannt. Es wurde sogar behauptet, die *Elemente* seien dem Kalifen al-Mansur bekannt gewesen, der von christlichen Priestern davon erfahren hatte und vom byzantinischen Kaiser eine Kopie anforderte.[10] Die Qualität der für al-Mansur angefertigten arabischen Übersetzung der *Elemente* ist jedoch zweifelhaft, und das Gleiche gilt für die Frage, wie nützlich sie für die Mathematiker der frühen Abasssidenzeit war.

In der zweiten Hälfte des 10. Jahrhunderts ging die Übersetzungsbewegung schließlich zu Ende. Das lag nicht daran, dass die Gelehrsamkeit einen Niedergang oder einen Interessenverlust erlitten hätte; vielmehr war mittlerweile einfach ein Stadium erreicht, in dem keine Übersetzungen mehr gebraucht wurden. Alle großen Werke lagen nun auf Arabisch vor, waren mehrfach übersetzt, studiert und kommentiert; als es so weit war, traten eigenständige arabische Werke an ihre Stelle, welche die Wissenschaft nochmals weiter voranbrachten. Einige der größten griechischen Texte, darunter Ptolemäus' *Almagest*, galten nicht mehr als »zeitgemäß« und wurden durch weiter entwickelte astronomische Werke verdrängt. Zu jener Zeit war der kollektive Wissenschaftsbetrieb fest in der kulturellen Atmosphäre Bagdads mit gelehrtem Mäzenatentum und Konkurrenz verankert.

Der größte Wissenschaftler des Islam jedoch lebte eine Generation vor dieser Zeit. Sein Leben und seine Leistungen sind geheimnisumwittert und umstritten. Im Westen ist er unter dem Namen Geber der Alchemist bekannt.

4

Der einsame Alchemist

Wir können uns fragen, was Leute wie Gauß oder Faraday gemacht hätten,
wenn sie im 8. oder 9. Jahrhundert geboren wären und nicht
auf die Bemühungen der Menschen aus weiteren 1000 Jahren
hätten zurückgreifen können.
George Sarton

Viele große Wissenschaftler des Goldenen Zeitalters waren keine Araber, sondern Perser. Alle schrieben aber ihre Werke auf Arabisch, der Amtssprache des Reiches. Dies ist heute für Iraner und andere zentralasiatische Muslime ein Anlass für beträchtliche Empfindlichkeiten: Sie sind verständlicherweise nicht erbaut, wenn ihre Helden fälschlicherweise für Araber gehalten werden (und insbesondere wenn den Namen der arabische bestimmte Artikel »al« beigefügt wird). Um deutlich zu machen, wie schwierig es manchmal ist, die Wurzeln und Herkunft vieler dieser Gestalten zu klären, ist es vielleicht nützlich, wenn ich meinen eigenen, ein wenig verschwommenen ethnischen Hintergrund erläutere.

Die al-Khalilis (Al-Khalilis)[1] sind eine schiitische Familie aus den Städten Najaf und Kufa im Irak. Ihre starken persischen Wurzeln reichen über 200 Jahre zurück. Mein Ururgroßvater Merza Khalil, nach dem die Familie benannt ist, war ein bekannter Arzt aus Teheran und hatte ursprünglich in der Stadt Qum studiert, um Imam zu werden. Er begab sich gegen Ende des 18. Jahrhunderts auf eine Pilgerreise nach Mekka. Seine Reise fiel mit der des osmanischen Wali von Bagdad zusammen, der die Verwaltung großer Teile des heutigen Irak leitete und unterwegs krank wurde. Man rief Khalil, damit er den Herrscher mit geeigneten Kräuterarzneien, für die er eine bekannte Autorität war, behandelte. Nachdem der Wali wieder genesen war, lud er ihn ein, sich im Irak niederzulassen, was er 1799 tat. Muhammad, der Älteste seiner sechs Söhne, blieb im Iran und brachte es in der Medizin zu noch größerem Ansehen als sein Vater: Er wurde Leibarzt des Schah Nasr al-Din Qajar (1831–1896), was ihm den Titel *Fakhr al-Atibba* (»Stolz der Ärzte«) einbrachte. Dies ist natürlich für alle in der Familie al-Khalili ein Anlass großen Stolzes, denn Schah Nasr al-Din war einer der größten Herrscher in der persischen Geschichte. Als großer Reformer führte er im Iran den Postdienst, die Eisenbahn und Zeitungen ein. Als der Schah 1873 in Begleitung meines Ururgroßonkels Muhammad nach Großbritannien reiste, wurde er von Königin Victoria zum Ritter des Hosenbandordens ernannt, des höchsten englischen Ritterordens.

Ich stamme von zwei anderen Söhnen von Khalil ab: Baqir aufseiten meines Großvaters und Merza Hussein aufseiten meiner Großmutter. Letzterer – das zu erzählen, finde ich jedes Mal faszinierend – war Ende des 19. Jahrhunderts der geistliche Führer vieler Millionen schiitischer Muslime im osmanischen Irak, Persien, Libanon und Indien. Er war in der Stadt Najaf ansässig, gehörte zur Gruppe der *mujtahid* (Geistliche mit der Autorität, den Koran zu interpretieren) und spielte vor der Konstitutionellen Revolution von 1905 eine wichtige Rolle für die Mobilisierung der öffentlichen Meinung jenseits der persischen Grenze gegen die ausufernde Korruption und die russlandfreundliche Politik des letzten Qajar-Herrschers. Nachdem der Oberste Führer Merza Shirazi 1895 in Najaf gestorben war, wurde Merza Hussein al-Khalili zum Führer des schiitischen Klerus von Najaf. Er war für eine Reihe öffentlicher Bauprojekte verantwortlich, darunter einen Kanal zwischen Kufa und Najaf. Zu Beginn des 20. Jahrhunderts erhielt mein Ururgroßvater den noch vornehmeren Titel eines Ayatollah.

Ich gehöre demnach zur vierten Generation der al-Khalilis, die im Irak geboren wurde. Dennoch betrachtete Saddam Hussein die Familie sicher nicht als echte Irakis, und in den 1980er Jahren, auf dem Höhepunkt der Auseinandersetzungen mit dem Iran, wurden viele meiner Verwandten wegen angeblicher Interessenkonflikte hingerichtet. Als mein Vater in den 1950er Jahren zum Ingenieurstudium nach Großbritannien kam und dort meine Mutter kennenlernte, war er der erste al-Khalili, der außerhalb der Großfamilie heiratete. Man kann also aus ethnischen Gründen mit Fug und Recht behaupten, dass ich überhaupt kein arabisches Blut in mir habe! Spielt das alles eine Rolle? Mir geht es um Folgendes: Araber und Perser sind zwar, genau genommen, unterschiedliche ethnische Gruppen (die einen Semiten, die anderen Arier), aber die heutigen Bewohner des Irak sind eine solche Mischung – Araber leben neben Assyrern, Kurden, Persern, Armeniern und Turkmenen –, dass es eine völlig unsinnige Behauptung wäre, bestimmte historische Gestalten würden zu dieser oder jener Gruppe gehören.

Eigentlich war Bagdad die zweite Hauptstadt der Abassiden. Nach der Gründung des Reiches hatten sie mehrere Jahre lang in Kufa, der Geburtsstadt meines Vaters, residiert. Heute ist Kufa nur ein Vorort der viel größeren Stadt Najaf. Mitte des 8. Jahrhunderts jedoch und auch nachdem man die Hauptstadt nach Bagdad verlegt hatte, behielt Kufa seine Bedeutung sowohl als Zentrum der Gelehrsamkeit als auch als spirituelle Heimat der Schiitenbewegung, die den Abassiden den Aufstieg zur Macht ermöglicht hatte. In dieser Stadt nimmt meine Geschichte der arabischen Wissenschaft ihren eigentlichen Anfang.

Wenn man über ein Teilgebiet der Wissenschaft sagen kann, dass es seinen Ursprung wirklich in der islamischen Welt des

Mittelalters hat, dann ist es die Chemie. Zu einem großen Teil war dies den Leistungen eines muslimischen Gelehrten zu verdanken, der im 8. Jahrhundert ganz allein in Kufa arbeitete.

Das zumindest ist eine Version der Geschichte.

Aus Gründen, die schon bald klarwerden sollten, möchte ich zunächst den Begriff »Alchemie« genauer betrachten. In der Frage seiner Bedeutung gibt es heute keine Zweideutigkeiten: Er bezeichnet einen irrationalen, pseudowissenschaftlichen Glauben, man könne unedle Metalle in Silber oder Gold verwandeln. Die Ursprünge der Alchemie liegen in Mythen, Legenden und Aberglauben. Eine vielfach geäußerte Überzeugung besagt: Wie die Astronomie, die nachweislich aus der viel älteren, unwissenschaftlichen Praxis der Astrologie hervorging, so kann man auch die Wissenschaft der Chemie aus der Alchemie ableiten. Das ist falsch.

Die ersten Versuche, die Materie zu verstehen und zu verändern, gehen in eine Zeit lange vor dem Islam zurück. Ägypter, Babylonier, Griechen, Inder und Chinesen praktizierten und entwickelten eine einfache Form der angewandten Chemie: bei der Metallbearbeitung, bei der Produktion von Farben, Salzen und Farbstoffen, ja sogar beim Vergären alkoholischer Getränke. Unabhängig von solchen praktischen Überlegungen interessierten sich die griechischen Philosophen für die Entwicklung von Theorien über die materielle Welt und eine ansatzweise Klassifikation, wie in den vier Elementen des Empedokles: Erde, Luft, Wasser und Feuer.[2] Aristoteles schloss sich diesem Gedanken in einer weitgefassten Form an, hielt die vier Elemente aber für vier verschiedene Aspekte derselben »Ursubstanz« oder *protyle*, die in sich das Potential enthalten sollte, die vier verschiedenen Formen anzunehmen. Dieses Potential findet seinen Ausdruck in den Auswirkungen der vier grundlegenden Qualitäten Wärme, Kälte, Trockenheit und Feuchtigkeit. Darüber hinaus postulierte Aristoteles ein fünftes Element, den Äther, der unveränderlich und unvergänglich sein sollte.

Ähnliche Theorien wurden ungefähr zur gleichen Zeit auch in China formuliert: Dort glaubte man, es gebe fünf Grundelemente (Erde, Wasser, Feuer, Metall und Holz), in Indien teilte man die Materie in Erde, Wasser, Feuer, Luft und Raum ein. Nun stellt sich die Frage, ob diese Kombination aus der philosophischen Betrachtung der Materie und angewandten chemischen Prozessen eine echte Chemie nach heutiger Definition darstellt. Ich würde sagen: nein; Chemie ist eine Naturwissenschaft, und als solche muss sie die strengen Anforderungen der naturwissenschaftlichen Methodik erfüllen. Angemessener wäre es, alle diese antiken Praktiken und Vorstellungen, die viele tausend Jahre weit zurückreichen, als »Protochemie« zu bezeichnen;[3] die Bestrebungen der Alchemie kann man als Teilgebiet dieser Protochemie betrachten.

Aber wer war der muslimische Gelehrte, dem wir meiner Behauptung zufolge so viel verdanken? Geber der Alchemist ist zweifellos eine der faszinierendsten und rätselhaftesten Gestalten in der Geschichte der arabischen Wissenschaft. Sein wirklicher Name lautete Jabir ibn Hayyan (ca. 721–ca. 815), und er lebte vor al-Ma'muns Regierungszeit. Wie ich noch genauer darlegen werde, kann man in ihm den Vater der Chemie sehen, aber wenn ich in dieser Hinsicht eine überzeugende Argumentation vertreten will, muss ich mich mit zwei Problemen beschäftigen. Erstens nützte Jabir selbst seiner Sache nicht gerade, indem er in seinen Arbeiten einige bemerkenswerte Laborexperimente mit mystischen und bizarren Vorstellungen sowie mit rätselhaften Schriften verband, die oftmals äußerst schwer verständlich sind. Das englische Wort »gibberish« (»Geschwätz«, »Kauderwelsch«) geht auf den Anfang des 16. Jahrhunderts zurück und bezeichnet eine unverständliche Sprache, »wie sie von Gibber (Jabir) gebraucht wurde«. Zweitens haben sich rund um seine Arbeiten zahlreiche Mythen entwickelt; diese wurden später von islamischen und christlichen Gelehrten angeheizt, die unter seinem Namen schrieben, so dass sich heute kaum noch feststellen lässt, welche Werke authentisch sind und welche nicht. Mich durch die umfangreiche Literatur zu dem Thema zu arbeiten war sowohl höchst erfreulich als auch ein wenig frustrierend, und die Diskussion um Jabirs Platz in der Geschichte ist bis heute nicht zu Ende.

Jabir war jemenitisch-arabischer Abstammung und Sohn eines Apothekers. Geboren wurde er in Khurasan im Osten Persiens, dem Ausgangspunkt der Abassidenrevolution. Mit der Gründung des neuen Reiches zog er mit seiner Familie nach Kufa und begann dort, als Arzt zu praktizieren. Sein Vater war politisch sehr eng mit der persischen Familie Barmaki verbunden gewesen, und deshalb betrachtete man Jabir als loyalen, vertrauenswürdigen Charakter. Er genoss die großzügige Förderung der Familie und insbesondere die von Ja'far, dem Großwesir al-Rashids.

Soweit man weiß, hatte Jabir eine Wohnung in Bagdad in der Nähe des Damaskus-Tores, die meiste Zeit verbrachte er aber offenbar wegen des »gesunden Klimas« in Kufa. Als al-Rashid 802 seinen Wesir hinrichten ließ, um den Einfluss der Familie Barmaki zurückzudrängen, verlor Jabir, der mittlerweile ein alter Mann war, seine herausgehobene Stellung am Hof des Kalifen und verbrachte seine restlichen Jahre größtenteils unter Hausarrest.

Für seine vielen Anhänger trug Jabir den Namen *al-Sufi* (der Mystiker), und tatsächlich standen sicher viele seiner Arbeiten in Verbindung mit Mystizismus und Magie. Eine Reihe moderner Historiker spielt allerdings den alchemistischen Aspekt seiner Arbeiten herunter und verweist auf den Prolog eines seiner berühmtesten Bücher, des *Kitab al-Rahama al-Kabir* (*Das Große Buch der Barmherzigkeit*); darin äußert sich Jabir kritisch gegenüber denen, die die »Kunst« der Transmutation praktizierten:

> Ich habe gesehen, wie Leute sich in Unkenntnis und ohne Nachdenken der Suche nach der Kunst der Verwandlung von Gold und Silber gewidmet haben, und ich habe gesehen, dass es unter ihnen zwei Typen gibt, die Betrüger und die Betrogenen. Ich bin voll des Gefühls von Barmherzigkeit und Mitleid, weil sie für eine fruchtlose Suche ihr Geld verschwenden und ihren Körper strapazieren.[4]

Unklar bleibt, ob er *allen* Versuchen, Metalle in Gold und Silber zu verwandeln, kritisch gegenüberstand oder nur jenen Alchemisten, die nicht seine Kenntnisse über die geheimnisvolle Kunst besaßen und demnach Scharlatane waren. Eines aber wissen wir aus seinen Schriften: Er interessierte sich für die Transmutation viel weniger als für das noch höher gesteckte Ziel, künstliches Leben im Labor zu erzeugen – man sprach von *takwin* – und sich zu einem mittelalterlichen Dr. Frankenstein zu stilisieren.

Dennoch trug Jabir viel dazu bei, die Chemie von ihrer Herkunft aus dem Aberglauben zu befreien und zu einer experimentellen Wissenschaft zu machen. Oder, wie er selbst es formulierte: »Es ist die erste Hauptsache in der Chemie, dass du praktische Arbeit tun und Experimente ausführen sollst, denn wer keine praktische Arbeit tut und keine Experimente macht, wird nie den höchsten Grad der Meisterschaft erlangen.«[5] Er stand in enger Verbindung zu Ja'far al-Sadiq (gest. 765), dem sechsten Imam des Schiitentums, der ihn in Theologie unterrichtete. Viele Schiiten erklären Jabir noch heute wegen seiner engen Verbindungen zu dem Imam zum spirituellen Führer und zu einer der großen Gestalten des Islam. Jabir selbst behauptete aus Respekt vor seinem Mentor, seine wissenschaftlichen Theorien seien nichts anderes als das Wissen, das ihm der Imam Ja'far vermittelt habe, und dieser habe es seinerseits vom Propheten über dessen Schwiegersohn Ali erhalten.

Interessanterweise gaben sich mehrere muslimische Alchemisten, die nach Jabir kamen und seine Arbeiten studierten, offenbar große Mühe, seine Stellung und seine Arbeiten geheim zu halten. Nach einem Bericht des Historikers Ibn al-Nadim, der im 10. Jahrhundert in Bagdad lebte und keine Zweifel an Jabirs wichtiger historischer Stellung erkennen ließ, hatte eine Gruppe von Gelehrten behauptet, es habe Jabir überhaupt nicht gegeben, und selbst wenn er existiert hätte, habe er nur ein einziges Buch geschrieben (Das *Große Buch der Barmherzigkeit*); die Übrigen seien von anderen, späteren Gelehrten verfasst worden. Al-Nadim hielt das für eine kaum glaublich Verschwörung und den Versuch, die Geschichte umzuschreiben:

> Ich aber behaupte: Wenn ein ausgezeichneter Mann sich hinsetzt und sich abmüht, um ein Buch zu verfassen, welches 2000 Blätter umfasst, wenn er sein Genie und seine Intelligenz für die Herstellung des Buches ermüdet, wenn er Hand und Körper beim Abschreiben anstrengt und es dann einem anderen zuschreibt, ob dieser nun existiert oder nicht, ist das eine Form der Torheit … Welcher Gewinn sollte darin liegen, oder welcher Vorteil?[6]

Dass Jabir nach westlicher Vorstellung »nur ein Alchemist« war, hatte vermutlich mehr mit den Vorurteilen der frühen europäischen Übersetzer seiner Arbeiten zu tun als mit seiner wirklichen wissenschaftlichen Befähigung. Einige seiner einflussreichsten Bücher wurden im 12. Jahrhundert ins Lateinische übersetzt, also zu einer Zeit, als die Alchemie in Europa noch als angesehenes Tätigkeitsfeld galt (was bis weit in die Renaissance hinein so bleiben sollte). Selbst Isaac Newton war in seinen späteren Lebensjahren ein engagierter Alchemist und wird manchmal nicht als der erste Wissenschaftler im Zeitalter der Aufklärung, sondern als letzter Magier bezeichnet – und er lebte 900 Jahre später als Jabir.

Eine Unterscheidung, die man zwischen den beiden Fachgebieten vornahm, lautete: Chemie ist die *Wissenschaft* von der Materie, Alchemie schließt auch die *Philosophie* der Materie ein. Aber wo verlief diese Grenze zwischen Wissenschaft und Philosophie, insbesondere da auch die Alchemie wissenschaftliche Vorstellungen von Experimenten, Beobachtung und Theorie kannte? Da Jabir sich für empirische Untersuchungen viel stärker interessierte als für Philosophie, sollte man ihn vielleicht eher als Chemiker denn als Alchemisten betrachten.

Natürlich lässt sich nicht leugnen, dass die Arbeiten von Jabir ibn Hayyan zu einem großen Teil in Aberglauben und Magie wurzelten, was zu jener Zeit nichts Ungewöhnliches war. In seinen Schriften finden sich viele bizarre, farbige Vorstellungen: dass die Befruchtung einer Frau mit Vogelsamen zu einem Kind mit Flügeln führen werde; dass verweste Haare Schlangen hervorbringen; und dass man Statuen dazu nutzen kann, Dämonen in ihrem Inneren einzufangen. Mir geht es aber darum, mit welcher selbstherrlichen Sicherheit manche Autoren den Anspruch auf die Wahrheit ihrer Argumente erheben, wenn sie Jabirs Existenz entweder völlig leugnen oder die Auswirkungen seiner Arbeiten und der anderer mittelalterlicher Chemiker kleinreden, indem sie sie als pure Alchemie bezeichnen. Sehen wir uns also einmal an, wie es überhaupt zur Trennung zwischen Alchemie und Chemie kam.

Im Vergleich zu ihrer Schwesterwissenschaft, der Physik, die aus der Naturphilosophie hervorging, ist die Chemie ein viel älteres Fachgebiet. Ihre Ursprünge liegen in praktischen Anwendungsbereichen wie der Metallbearbeitung. Das griechische Wort *chymeia* stammt vermutlich sogar von *cheein* ab, was »Metall schmelzen« bedeutet.[7] Die *chymeia* wurde später in arabischer Umschrift zu *kimiya'*; der Begriff bezeichnete alle Tätigkeiten, bei denen Material im Labor gehandhabt wurde – sie war das, was wir noch heute als experimentelle Chemie kennen. Es gibt aber für die Entstehung des Wortes noch eine andere faszinierende Möglichkeit, auf die mich Adel Sharif hinwies, ein irakischer Kollege und Professor für chemische Technik: Danach ist *kimiya'* mit Jabirs Arbeiten entstanden – er kannte das griechische *chymeia* vielleicht nicht, sprach aber von der »Wissenschaft der Mengen« (*'ilm al-kammiya*), weil er einer genauen Messung der verschiedenen Mengen, in denen er die Substanzen zusammenmischte, große Bedeutung beimaß.

Das Bestreben, unedle Metalle in Gold zu verwandeln, galt nicht als eigenes Wissenschaftsgebiet; deshalb bestand auch keine Notwendigkeit, es mit einem eigenen Wort zu definieren – in alten Zeiten wurde es allerdings oftmals einfach als »Kunst« bezeichnet. Im Arabischen wurde das Wort *kimiya'* mit dem bestimmten Artikel *al* zu *al-kimiya'* verbunden. Im modernen Arabisch heißt »Chemie« entweder *kimiya* oder *al-kimiya*, und abgesehen von der Grammatik, wird zwischen beiden nicht unterschieden. Aus dem zweiten Begriff wurde dann das lateinische *alchymia* (oder *alchemia* oder *alchimia*), das im mittelalterlichen Latein häufig vorkommt. Manche Europäer jedoch, die den Ursprung des Wortes kannten, ließen das *al* weg, um sich stärker dem ursprünglichen Griechisch anzunähern, und sprachen einfach von *chymia*. Wichtig ist dabei, dass beide Wörter auch im Lateinischen synonym verwendet wurden. Jabirs bahnbrechendes Werk *Kitab al-Kimiya'* (*Das Buch der Chemie*) wurde ursprünglich 1144 von dem Engländer Robert von Chester ins Lateinische übersetzt und erhielt den Titel *Liber de compositione alchemiae*. Wie wir aber in Kürze noch genauer erfahren werden, mussten noch 600 Jahre vergehen, bevor das Wort *alchimia* zur »Alchemie« wurde und die moderne Bedeutung der Transmutation erhielt.

Bis vor kurzem machten viele Historiker sich nicht die Mühe, auf den Ursprung dieser Unterscheidung hinzuweisen. Sie vertraten die falsche Vorstellung, es habe seit dem Goldenen Zeitalter des Islam immer eine klare, allgemein anerkannte Unterscheidung zwischen Alchemie und Chemie gegeben. Aber selbst nachdem man in Europa die beiden unterschiedlichen Wörter benutzte, unterschied man nicht zwischen ihrer Bedeutung. Wer sie praktizierte, wurde entweder als »Chemiker« oder als »Alchemist« bezeichnet (im Englischen ist die Vorsilbe »al« noch heute das Einzige, was die beiden Begriffe *chemist* und *alchemist* unterscheidet). Manchmal wurden die Bedeutungen auch vertauscht: Vor dem 17. Jahrhundert nannte man die Transmutation häufig »Chemie« und diejenigen, die im Labor Chemie betrieben, wurden als »Alchemisten« bezeichnet. In seinem 1597 erschienenen Buch *Alchemia* zum Beispiel beschreibt Andreas Libavius viele chemische Standardverfahren wie Destillation, Kristallisation und die Herstellung von Salzen und Säuren; die Verwandlung unedler Metalle in Gold dagegen erwähnt er nicht.

Erst seit der Mitte des 18. Jahrhunderts verwendeten die Autoren die beiden Begriffe mit unterschiedlicher Bedeutung. Der Eintrag in Diderots *Encyclopédie* (die 1751 erstmals erschien und eines der großen Werke der Aufklärung war) definiert *alchimie* als »die Kunst, Metalle zu verwandeln«; *chimie* dagegen ist »die Wissenschaft, welche die Trennung und Vereinigung der Prinzipien betrifft, welche die Körper aufbauen«.[8] Diese Unterscheidung ist uns bis heute erhalten geblieben.

Nach Ansicht mancher Wissenschaftshistoriker, die den Leistungen der frühen muslimischen Chemiker wie Jabir oder des großen al-Razi (der vor allem als Arzt bekannt war) freundlich gegenüberstehen, kannten diese Männer den Unterschied zwischen Chemie und Alchemie; demnach lehnten sie wie andere aufgeklärte islamische Rationalisten, beispielsweise die Philosophen al-Kindi und Ibn Sina, die Alchemie sogar ab, ganz ähnlich wie sie auch astrologische Überzeugungen zugunsten ernsthafter astronomischer Beobachtungen aufgaben. Für einige der zuletzt genannten islamischen Gelehrten stimmt das zwar,[9] im Falle von Jabir sind die Verhältnisse allerdings nicht so klar. Ich kann aber auch nicht erkennen, dass eine solche Haltung notwendig wäre, um Jabirs Leistungen in der Chemie zu legitimieren. War Aristoteles ein Dummkopf, nur weil er an die Theorie der vier Elemente glaubte? War Platon ein geringeres Genie, weil er an der Intromissionstheorie des Sehens festhielt (wonach wir Objekte sehen, weil unsere Augen Licht aussenden)? Und war schließlich auch Isaac Newton des Titels eines der größten Wissenschaftler aller Zeiten weniger würdig, weil er von Alchemie besessen war? Hinterher ist man immer klüger, aber wir sollten unsere modernen wissenschaftlichen Ideen und Werte nicht auf eine andere, längst vergangene Zeit projizieren. Jabir ibn Hayyan als Alchemisten und nicht als Chemiker zu bezeichnen ist (wenn man unsere modernen Definitionen der beiden Begriffe zugrunde legt) ganz ähnlich, als würde man den großen Astronomen Ptolemäus aus Alexandria als Astrologen bezeichnen.

Betrachten wir einmal ein Beispiel: Jabir glaubte, alle Metalle bestünden aus Schwefel und Quecksilber in unterschiedlichen Anteilen. Dass diese Vorstellung falsch ist, weiß heute jedes Schulkind, aber Jabirs Motive, das Wesen der Materie zu studieren, und auch viele der von ihm perfektionierten experimentellen Methoden sind heute ebenso gültig wie zu seiner Zeit. Ganz ähnlich erging es auch Ptolemäus: Er glaubte an das geozentrische Modell des Universums, wonach Sterne und Planeten an Sphären befestigt sind, die um die im Mittelpunkt stehende Erde kreisen, eine Vorstellung, die heute völlig überholt ist. Dies mindert aber keineswegs Ptolemäus' Platz in der Geschichte. Wissenschaft schreitet voran, und Jabirs bruchstückhafte Chemie entwickelte sich ebenso weiter wie Ptolemäus' Astronomie.

Chemie und Alchemie waren also zu Jabirs Zeit keine getrennten Fachgebiete. Das eine entwickelte sich nicht zum anderen weiter, ja sie liefen noch nicht einmal parallel. Die Chemie beschäftigte sich teilweise mit dem Okkulten und Mystischen, teilweise aber auch mit praktischen Anwendungen in der Industrie, und teilweise war man auch ehrlich bemüht, die Substanzen auf Grundlage sorgfältig geplanter Experimente zu verstehen, in Kategorien einzuteilen und zu klassifizieren. Alle diese Richtungen sind in den frühen Arbeiten von Jabir ibn Hayyan vertreten. Der endgültige Wechsel vom Okkulten zur echten experimentellen Wissenschaft spielte sich erst einige Zeit nach Jabir ab, er war aber zweifellos der erste Wissenschaftler, der über die Theorien der Griechen hinausging, und für die wissenschaftliche Praxis leitete er eine Revolution ein. Er legte Wert auf sorgfältige Beobachtungen, kontrollierte Experimente und genaue Aufzeichnungen – im Gegensatz zu großen Teilen der griechischen Chemie, die sich entweder auf Hypothesen und metaphysische Vorstellungen stützte oder sich mit wissenschaftlich unfruchtbaren praktischen Anwendungen beschäftigte.[10]

In seinen Schriften behandelte Jabir ein breites Spektrum verschiedener Themen. Er interessierte sich nicht nur für Theorie und Praxis chemischer Prozesse und die Klassifikation der Substanzen, sondern auch für Pharmakologie, Medizin, Philosophie, Kosmologie, Logik, Musik und Zahlenlehre; damit waren seine Interessen eigentlich ganz ähnlich breit gefächert wie die vieler griechischer Philosophen tausend Jahre vor ihm. Ein großer Teil seiner Schriften ist religiösen Charakters, und seine alchemistischen Arbeiten sind häufig von Geheimnistuerei umgeben – sein Mentor und religiöser Führer Imam Ja'far hatte ihn gewarnt, sie sollten nicht in die Hände von Unwürdigen fallen. Viel später, als man seine Werke ins Lateinische übersetzt hatte, gelang es den europäischen Gelehrten, sie mit noch mehr Rätselhaftigkeit und Verwirrung zu umgeben. Historiker haben sogar die Frage gestellt, ob dieses ganze Labyrinth chemischer und alchemistischer Schriften (der sogenannte *Corpus Gabirianum*) überhaupt in seiner Gesamtheit authentisch ist.

Noch schwerer als die Frage der Urheberschaft wiegt ein anderes Problem. Wie der französische Historiker Paul Kraus in den 1940er Jahren deutlich machte, können die fast 3000 Werke, die Jabir ibn Hayyan zugeschrieben werden, vermutlich nicht von einem einzelnen Mann verfasst worden sein; dafür enthalten sie in Inhalt und Stil zu viele Ungereimtheiten. Die Frage war während des vergangenen Jahrhunderts der Gegenstand widersprüchlicher Meinungen und Spekulationen von Historikern – in Wissenschaftlerkreisen ist vom »Jabir-Problem« die Rede. Es geht dabei weniger um die Undurchsichtigkeit der Schriften als vielmehr um die Frage, ob Jabir tatsächlich der Autor dieses ungeheuer umfangreichen Werkes war. So wird beispielsweise die Ansicht vertreten, der *Corpus Gabirianum* lasse durch zahlreiche Anhaltspunkte erkennen, dass er mit der ismailitischen Bewegung der viel späteren Fatimidenzeit in Verbindung steht; demnach entstanden die meisten Werke, die Jabir und dem 8. Jahrhundert zugeschrieben werden, in Wirklichkeit erst zwischen dem 9. und dem 11. Jahrhundert. Andere Teile des Corpus sind nur in einer lateinischen Fassung erhalten geblieben, Hinweise auf ältere arabische Versionen wurden nicht entdeckt; daraus kann man möglicherweise schließen, dass es solche älteren Versionen nie gab und dass diese Teile erst im 12. oder 13. Jahrhundert von europäischen Gelehrten auf Lateinisch verfasst wurden. Meinungsverschiedenheiten gab es schon in frühislamischer Zeit. Ein Philosoph namens al-Mantiqi schrieb schon 970 u. Z., also noch nicht einmal zwei Jahrhunderte nach Jabirs Tod, dessen Arbeiten seien nicht verbürgt und der wahre Autor sei einer seiner persönlichen Freunde, ein Mann namens al-Hassan al-Mausili (eine Meinung, die nur die wenigsten ernst nehmen).

Der schiere Umfang und die Bandbreite der Werke des Corpus, die bis heute erhalten sind, führte bei den Gelehrten aber zu der Überzeugung, dass es zumindest einen weiteren Autor gegeben haben muss, der viel später lebte. Dieser wird als Pseudo-Geber bezeichnet. Das berühmteste Werk, das diesem rätselhaften Gelehrten zugeschrieben wird, ist die *Summa perfectionis magisterii*, eine alchemistische Abhandlung, die vermutlich im 13. Jahrhundert entstand. Den Pseudo-Geber konnte man über viele Jahre nicht mit einer historischen Person in Verbindung bringen, allgemein war man sich aber einig, dass es sich vermutlich um einen Italiener handelte. Erst vor relativ kurzer Zeit[11] wurde die Vermutung geäußert, er könne ein Franziskanermönch namens Paulus von Taranto gewesen sein, der in der zweiten Hälfte des 13. Jahrhunderts im Kloster der Franziskaner-Minoriten in Assisi Vorlesungen hielt. Selbst wenn das stimmt, stützte sich Paulus von Taranto mit seiner *Summa* wahrscheinlich sowohl auf die lateinische Fassung eines Werkes, das ursprünglich von al-Razi auf Arabisch verfasst worden war, als auch auf die lateinische Übersetzung *Liber de Septuaginta* von Jabirs *Buch der Siebzig* (*Kitab al-Sab'in*). Ein großer Teil des *Corpus Gabirianum* stammt also möglicherweise tatsächlich nicht von Jabir selbst, er hatte aber mit Sicherheit großen Einfluss auf diese späteren Gelehrten.

In den 1920er Jahren tobte eine heftige Auseinandersetzung um die Glaubwürdigkeit Jabirs und seine Leistungen in der Chemie. Ich selbst bin zwar zurückhaltend, ich darf aber nicht zulassen, dass diese Diskussion zu weit im intellektuellen Treibsand der wissenschaftlichen Debatten versinkt; ich muss zugeben, dass auch ich es faszinierend fand, wie Wissenschaftshistoriker ihre Argumente für und gegen Jabirs Platz in der Geschichte vertreten haben. Der folgende Auszug stammt aus einem typischen, 1922 erschienenen Fachartikel; darin wird die Meinung geäußert, Jabir ibn Hayyans chemische Kenntnisse seien so hoch entwickelt gewesen, dass man sie ihm vermutlich nicht zuschreiben könne:

Es war eine bemerkenswerte Verdrehung der Geschichte, dass um 1300 n. Chr. gewisse Schriften auftauchten, die für die Geschichte der Chemie wichtig waren und angeblich Arbeiten des Arabers Geber darstellten; dies war der latinisierte Name von Djaber [Jabir ibn Hayyan]. Der echte Djaber lebte vermutlich ungefähr im 8. Jahrhundert, und über seine Person ist wenig bekannt. Er genoss aber bei späteren arabischen Alchemisten ein hohes Ansehen in ihrer Kunst ... Die Werke, die unter dem Namen Geber erschienen, waren sehr bemerkenswert und machten im 14. Jahrhundert großen Eindruck. Es handelte sich eindeutig um die Arbeiten eines erfahrenen, kompetenten Chemikers, der mit den Methoden der Destillation und Sublimation sowie mit der Präparation und Reinigung zahlreicher metallischer Salze und Lösungen vertraut war und sie gut beschreiben konnte. Sie enthielten die ersten genauen Informationen über die Herstellung und Benutzung mineralischer Säuren – oder ätzender »Wässer«. Das leichtgläubige Mittelalter erkannte in der Regel ohne weitere Nachfragen an, dass es sich um authentische Werke Gebers aus dem 8. Jahrhundert handelte, und die ersten Chemiehistoriker übernahmen diese Interpretation ... es blieb M. Berthelot vorbehalten, zweifelsfrei den pseudonymen Charakter dieser Schriften nachzuweisen. In den Bibliotheken Europas entdeckte er eine Reihe von Werken, Manuskripte auf Arabisch, die dem ursprünglichen Geber zugeschrieben werden, und ließ sie übersetzen. Keines dieser Werke hatte in Stil oder Inhalt auch nur die geringste Ähnlichkeit mit dem Werk des Pseudo-Geber. Sie ähneln in Wirklichkeit viel stärker den altgriechischen alchemistischen Schriften, auf denen sie eindeutig aufbauen. Dass diese Schriften aus dem 13. oder 14. Jahrhundert bis in die jüngste Zeit allgemein als Werke arabischen Ursprungs aus dem 8. Jahrhundert anerkannt wurden, lag daran, dass arabischen Chemikern das Verdienst für fortgeschrittene Kenntnisse in der Chemie eingeräumt wurde, für die es in der derzeit bekannten arabischen Literatur keinen Beleg gibt. Dieses fortgeschrittene Wissen ist vielmehr einigen europäischen Chemikern – Mohammedanern vermutlich ebenso wie Christen – aus der zweiten Hälfte des 13. Jahrhunderts zuzuschreiben, und der Pseudo-Geber selbst war vermutlich kein Araber, sondern ein auf Lateinisch schreibender Spanier oder in

> jedem Fall ein Südeuropäer aus einem anderen Land, der mit der Entwicklung der spanisch-arabischen Chemie jener Zeit vertraut war.[12]

Diese Ansicht wirft ein Problem auf: Der in dem Zitat genannte Historiker Berthelot war kein Arabist, sondern Chemiker. Er sprach überhaupt kein Arabisch, sondern musste sich auf einen Übersetzer verlassen, der aber kein Chemiker war. Unglücklicherweise führte diese Arbeitsteilung zu einer ganzen Reihe von Fehlinterpretationen und vielen falschen Übersetzungen von Fachausdrücken, was die ganze Studie in Misskredit brachte.[13]

Trotz solcher Bedenken hinsichtlich der Zuverlässigkeit mancher Analysen des *Corpus Gabirianum* bleibt die schwierige Frage nach seiner schieren Größe und den rätselhaften Umständen, unter denen einige seiner Texte entstanden sein sollen. Dass viele Historiker dem Corpus eine spätere Entstehungszeit und mehrere Autoren zuschreiben, hat vor allem den Grund, dass ein einzelner Mann so viele Abhandlungen schlicht und einfach nicht hätte schreiben können. In Wirklichkeit ist die riesige Zahl von 3000 Einzelwerken im Corpus übertrieben; es sind tatsächlich weniger als 1000.[14] Bei vielen »Büchern« handelt es sich in Wirklichkeit um Manuskripte von nur einer Seite, und die Nummerierung des Katalogs hat Lücken. Natürlich sind selbst vorsichtig geschätzte 500 Bücher für einen einzelnen Autor ein gewaltiges Œuvre.

In gewisser Hinsicht ist die Authentizität des vollständigen Corpus eigentlich kein Problem. Selbst wenn spätere Autoren ihre Arbeiten Jabir zuschrieben, mindert dies seinen eigenen Beitrag nicht. Nach einer heute allgemein anerkannten Ansicht kann man mit Sicherheit annehmen, dass ein Kern von Schriften authentisch ist und auf die Zeit Jabirs im 8. Jahrhundert zurückgeht; große Teile des Corpus wuchsen aber vermutlich um diesen Kern herum und kamen erst später hinzu. Offensichtlich erschienen zahlreiche Texte ohne arabisches Vorbild ursprünglich auf Lateinisch, wurden aber fälschlich Jabir zugeschrieben, weil ihre Autoren ihnen damit mehr Glaubwürdigkeit verleihen wollten.[15]

Interessanter ist eine ganz andere Frage: In Teilen des Corpus wird ständig auf griechische Texte Bezug genommen. Man hat die Ansicht vertreten, dies sei der Beweis, dass es sich nicht um Arbeiten Jabirs handeln könne. Die Übersetzungen aus dem Griechischen ins Arabische und damit auch die Wertschätzung für die Arbeiten von Aristoteles und anderen fanden eigentlich erst nach Jabirs Tod statt. Wie wir aber bereits erfahren haben, wurden solche Übersetzungen mehrmals angefertigt, entweder zuerst ins Syrische und dann ins Arabische oder aber unmittelbar ins Arabische; in jeder Version wurden dabei mit einem besseren Verständnis des Inhalts Fehler der früheren Übersetzungen korrigiert. Ein schönes Beispiel sind die *Kategorien* des Aristoteles, ein ungeheuer wichtiges philosophisches Werk, das nach heutiger Kenntnis erstmals Mitte des 9. Jahrhunderts von Ishaq ibn Hunayn, dem Sohn des berühmteren Hunayn ibn Ishaq, ins Arabische übersetzt wurde. Eine Beschreibung dieses Textes im *Corpus Gabirianum* unterscheidet sich aber stark von Ishaqs Version. Wegen des altertümlichen Stils von Sprache, Terminologie und Aufbau besteht Grund zu der Annahme, dass das Werk ursprünglich schon vor Ishaqs Zeit übersetzt wurde, so dass Jabir es möglicherweise kennen konnte.[16] Wenn das stimmt, ist es nicht nur ein Hinweis auf den beeindruckenden Umfang von Jabirs Wissen, sondern es lässt auch darauf schließen, dass die ersten Übersetzungen vieler weiterer griechischer Texte ebenfalls viel früher entstanden, als man gemeinhin annimmt.

Wie steht es nun mit dem Inhalt des Corpus oder zumindest jener Teile, von denen wir sicher sein können, dass sie von Jabir selbst verfasst wurden? Er entwickelte und vervollkommnete bekanntermaßen zahlreiche chemische Verfahren, darunter Kristallisation, Destillation, Verdampfung, Kalzination (die Wärmebehandlung von Erzen und Mineralien zur Abtrennung bestimmter Einzelsubstanzen) und Sublimation (ein Prozess, bei dem ein Feststoff beim Erhitzen unmittelbar in Dampf übergeht und sich dann als Sediment sammelt); alle diese Methoden gehören heute in jedem Chemielabor zum Standardrepertoire. Ebenso verdanken wir ihm die Einführung des Wortes »Alkali«; es stammt vom arabischen *al-qali* ab und bedeutet »aus der Asche« (weil das Kalium, eines der wichtigsten Alkalimetalle, aus der Brandasche gewonnen wurde, die hauptsächlich aus Kaliumkarbonat besteht). Erwähnenswert ist auch, dass er Salmiak benutzte (beschrieben in seinem Werk *Sanduk al-Hikma, Die Truhe der Weisheit*), denn darin erkennen wir die Anfänge der angewandten organischen Chemie.

Jabir nutzte seine chemischen Kenntnisse für eine Reihe praktischer Anwendungen, so für die Vorbeugung gegen Rostbildung, den Einsatz von Mangandioxid bei der Glasherstellung und das Gerben von Leder. Viele seiner Beschreibungen handeln von industriellen Prozessen wie der Verwendung von Destillationsöfen, der Herstellung farbigen Glases, dem Schmelzen und Reinigen von Metallen, der Glasierung von Keramikfliesen, der Stahlherstellung sowie der Herstellung von Farben und Lacken. Außerdem entwickelte er den Destillierkolben, ein Gefäß mit spitz zulaufendem Deckel, das in Destillationsapparaturen verwendet wird. Sein moderner Nachfahre ist der »Pot Still«, der in der Whiskyherstellung Verwendung findet.

Zur gleichen Zeit entwickelten sich auch andere neue industrielle Verfahren, darunter solche, die mit der Buchherstellung zu tun hatten (Papier, Tinte und Klebstoff), aber auch Produktionsverfahren für Parfüms und Arzneien. Alle diese Entwicklungen sind Anzeichen für eine florierende Wirtschaft, die Innovationen und neue Technologien verlangte. Teilweise war die gleiche Industrialisierung schon in früheren Kulturkreisen vom Römischen Reich bis nach China zu beobachten, aber es ist kein Zufall, dass viele Begriffe, die bis heute in der Chemie verwendet werden, aus dem Arabischen stammen: Alkohol, Alkali, Amalgam, Benzol, Borax, Campher, Elixier und Realgar. Manche dieser Wörter lassen sich natürlich noch weiter in die Vergangenheit zurückverfolgen, bis hin zu ihren Ursprüngen im Griechischen, Persischen oder Indischen.

Ein Musterbeispiel für die angewandte Chemie war die Seifenherstellung. Feste Seifenstücke waren in Nordeuropa bis zum 13. Jahrhundert kaum bekannt; erst dann wurden sie erstmals aus dem islamischen Spanien und Nordafrika importiert. Zur gleichen Zeit war die Seifenherstellung in der islamischen Welt bereits industrialisiert: In der marokkanischen Stadt Fes gab es rund 20 Seifensieder, und Städte wie Nablus, Damaskus und Aleppo wurden mit der Qualität ihrer Seifen berühmt.

Mir geht es hier natürlich nur um feste Seifenstücke; damit will ich nicht sagen, dass die Araber die Seife als solche erfunden hätten. Die Verwendung von Detergentien lässt sich bis zu den alten Babyloniern zurückverfolgen, die zu diesem Zweck gekochtes Tierfett, Holzasche und sogar den ammoniakhaltigen abgestandenen Urin benutzten. Auch Griechen und Römer verwendeten eine Form der Seife, und Galen zeichnete sogar ein Rezept zum Kochen von tierischen Fetten, Ölen und gebrannter Soda auf.[17] Neu war jedoch die industrielle Herstellung von Seifenstücken. Europa war zur gleichen Zeit im Schmutz und Dreck des Mittelalters versunken, in dem Sauberkeit keinen hohen Stellenwert hatte; in der Welt der Muslime war sie eine religiöse Forderung.

Die Erkenntnisse der Chemiker über die Eigenschaften der Basen und anderer chemischer Substanzen brachten auch die Glasindustrie weiter voran. So fand man heraus, dass man die Farbe von Glas mit neuen Chemikalien wie dem Mangan und den neuentdeckten Metalloxiden verändern kann, und mit industriellen, mehrere Stockwerke hohen Brennöfen konnte man farbiges Glas in gewaltigen Mengen erzeugen. Neue, in Keramikfliesen eingesetzte Farbstoffe schufen die Möglichkeit, Moscheen mit prachtvollen, vielfältigen Farben und Mustern auszuschmücken.

Eines haben alle mittelalterlichen arabischen Texte über Chemie gemeinsam: eine große, auf sorgfältige Experimente gestützte Aufmerksamkeit für Details. Die neuentwickelten Verfahren wurden zur Triebkraft für eine blühende, erfolgreiche Industrie, in Jabirs Arbeiten erkennt man aber auch die Anfänge der Chemie als empirische Wissenschaft, deren Motiv der Wunsch war, den Aufbau der Welt zu verstehen.

Seit der russische Chemiker Dimitrij Mendelejew 1869 auf das Periodensystem stieß, hängt dieses Schema an der Wand jedes Schul-Chemiesaals. Sein Grundgedanke besteht darin, Substanzen mit ähnlichen Eigenschaften zu Gruppen zusammenzufassen und sie gleichzeitig nach ihrem Atomgewicht anzuordnen. Auf der einen Seite stehen dann beispielsweise die Edelgase und auf der anderen die flüchtigen Metalle. Das Periodensystem ist ein Triumph der Klassifikation und schafft für die Wissenschaftler eine Möglichkeit, ihre Kenntnisse über die Welt der Materie zu organisieren – ein Ziel, das die Menschheit seit Anbeginn der Zeiten anstrebt. Die ersten Versuche einer solchen Klassifikation reichen aber viel weiter in die Vergangenheit zurück, als man allgemein annimmt: Man kann sie bis ins Mittelalter und zu Chemikern wie Jabir zurückverfolgen.

Wenn wir Vorstellungen vom Verhalten der Natur entwickeln, bemühen wir uns darum, ihre Bestandteile mit Hilfe einer Art Schema in Kategorien einzuteilen, so dass sie uns sinnvoller erscheinen; dies wiederum kann dann zu weiteren Erkenntnissen führen. Der Glaube der Griechen an die vier Grundelemente Luft, Erde, Feuer und Wasser war eine rein philosophische Idee, die kaum praktischen Nutzen brachte. Die Chemiker im islamischen Reich führten hier eine Veränderung herbei und klassifizierten die Substanzen, die sie kannten, erstmals mit Hilfe experimenteller Beobachtungen.

Im Gegensatz zu späteren Chemikern war Jabir ibn Hayyan noch nahezu ebenso stark in einer mystischen, metaphysischen Geisteshaltung verwurzelt wie seine altgriechischen Vorgänger. Auch er glaubte, Materie bestehe letztlich aus den vier von Aristoteles beschriebenen »Naturen« oder »primären« Eigenschaften heiß, kalt, feucht und trocken. Aber in seinen Arbeiten nahm der Prozess, solche abstrakten Theorien mit Experimenten zu kombinieren, erstmals Gestalt an. Die Frage ist zwar ein wenig umstritten, ihm wird aber die Entdeckung zahlreicher chemischer Verbindungen zugeschrieben, darunter die Schwefelsäure – auch Vitriol genannt – und die Salzsäure (die durch Mischen von Vitriol und Salz entsteht). Viele Historiker sind gerade gegenüber dieser Behauptung skeptisch und behaupten, die ersten bekannten schriftlichen Rezepte für diese Säuren stammten aus dem 13. Jahrhundert und insbesondere aus den Schriften, die dem Pseudo-Geber zugeschrieben werden.[18] Andererseits wissen wir aber, dass die ersten eindeutigen Anweisungen für die Herstellung von Salpetersäure in Jabirs Abhandlung *Die Truhe der Weisheit* stehen.[19] Außerdem sprechen stichhaltige Indizien dafür,[20] dass er als Erster Königswasser oder *aqua regia* herstellte, eine Mischung aus Salpeter- und Salzsäure, in der Gold sich auflöst – eine äußerst wichtige Substanz für die Alchemisten, die nach dem Stein der Weisen suchten. Die Entdeckung solcher anorganischer Säuren war also für die Entwicklung der Chemie von ungeheurer Bedeutung.

Bevor ich dieses Kapitel abschließe, sollte ich noch etwas über den Mann sagen, an den Jabir das Staffelholz der Chemie weitergab: Die zweite große Gestalt der mittelalterlichen islamischen Chemie war Abu Bakr Muhammad ibn Zakariyya al-Razi (ca. 854–ca. 925), im Westen Rhazes genannt. Er wurde vor allem durch seine medizinischen Arbeiten berühmt und gilt als der größte Arzt des Mittelalters. In der Chemie erweiterte er Jabirs Arbeiten, baute darauf auf und festigte das Fachgebiet als echte experimentelle Wissenschaft, die sich auf sorgfältige, genaue Beobachtungen stützt.

Zu al-Razis größten Leistungen in der Chemie gehört sein Klassifikationsschema, das ein weit höher entwickeltes Niveau erkennen lässt als das von Jabir. In seinem *Buch der Geheimnisse* (*Kitab al-Asrar*), das um das Jahr 900 verfasst wurde und im Wesentlichen eine Abhandlung über alchemistische Geheimnisse darstellt, ordnete er alle Substanzen in vier Gruppen ein: tierisch, pflanzlich, mineralisch und von diesen drei abgeleitet. Seine Mineralien unterteilte er wiederum in sechs Kategorien; dabei stützte er sich nicht auf das oberflächliche Aussehen, sondern auf ihre chemischen Eigenschaften, das gleiche Prinzip, das auch hinter dem modernen Periodensystem steht. Diese Eigenschaften waren: Geister (wie Quecksilber und Schwefel), Metalle, Steine, Atrimente, Boraxe und Salze. Jede Gruppe unterschied sich in einer chemischen Eigenschaft grundlegend von allen anderen: Geister waren brennbar, Metalle glänzten und ließen sich formen, Salze lösten sich in Wasser und so weiter. Heute ordnen wir chemische Substanzen zwar nicht nach solchen Kriterien, entscheidend ist aber, dass al-Razi sie überhaupt zum ersten Mal nicht auf der Grundlage philosophischer Überlegungen, sondern nach experimentellen Beobachtungen klassifizierte.

Denen, nach deren Ansicht die Chemie eigentlich erst im 17. und 18. Jahrhundert mit Europäern wie Robert Boyle (1627–1691) und Antoine Lavoisier (1743–1794) ernsthaft begann, halte ich entgegen: Ihre Definition der Chemie als richtige, experimentelle Wissenschaft ist zu streng. Natürlich waren die islamischen Chemiker mit vielen ihrer Theorien meilenweit von der Wahrheit entfernt. Aber Wissenschaft beginnt nicht mit den neuesten, am besten zutreffenden Theorien. Wie sollen wir dann mit Newtons Gravitationsgesetz umgehen? Wie wir heute wissen, gründete es sich auf die falsche Annahme, die Gravitationskraft wirke augenblicklich zwischen Körpern, ganz gleich, wie weit sie voneinander entfernt sind. An die Stelle dieser magischen »Fernwirkung« trat die genauere Beschreibung der Gravitation als Krümmung der Raumzeit in Einsteins Allgemeiner Relativitätstheorie. Aber deshalb würde niemand behaupten, Newtons Arbeiten über die Gravitation seien keine Wissenschaft. In Wirklichkeit gelten sie zu Recht als eine der größten wissenschaftlichen Entdeckungen aller Zeiten.

Oder nehmen wir das andere Extrem: Wir alle können uns darauf einigen, dass die alchemistische Magie und die Zaubersprüche der alten Zeiten kein Teil der Naturwissenschaft waren. Nun stellt sich die Frage, wo wir in den Arbeiten von Jabir ibn Hayyan die Grenze ziehen. An dieser Stelle greifen wir auf die ganz eindeutige Definition der naturwissenschaftlichen Methode zurück: Sie ist die Untersuchung von Phänomenen, der Erwerb neuer Erkenntnisse und die Korrektur sowie das Zusammenführen früherer Kenntnisse auf der Grundlage von Daten, die durch Beobachtungen und Messungen gesammelt wurden. Wo das praktiziert wird, da wird echte Wissenschaft betrieben. Betrieb Jabir demnach echte Wissenschaft? Nicht ganz. Einige Aspekte der naturwissenschaftlichen Methode waren noch nicht vorhanden. Dennoch ist es mir ein Vergnügen, ihn als Wissenschaftler zu bezeichnen. Und das ist noch nicht alles: Er war der allererste unter den großen Wissenschaftlern des Goldenen Zeitalters, auch wenn er die Gründung von al-Ma'muns großer Akademie in Bagdad nicht mehr erlebte, jenes Ortes, an dem wir den eigentlichen Beginn des Goldenen Zeitalters erkennen können. Sie war als Haus der Weisheit bekannt, und ihr Licht strahlte nicht nur im ganzen Reich, sondern auch darüber hinaus.

5

Das Haus der Weisheit

Ein wahrhaft weiser Lehrer lädt dich nicht ein, das Haus seiner Weisheit zu betreten, sondern er führt dich an die Schwelle deines Geistes.
Khalil Gibran

Astrologen, Ärzte, Techniker, Architekten und Mathematiker, die an den Höfen der Herrscher tätig waren, spielten in vielen Gesellschaften eine wichtige Rolle, und das auch schon Jahrtausende vor den Abassiden. Sie trugen den praktischen Regierungsnotwendigkeiten Rechnung, ob es nun darum ging, Horoskope zu stellen, Kranke zu behandeln, Tempel, Paläste, Brücken und Kanäle zu planen, immer raffiniertere Waffen zu entwickeln oder neue, einfachere Methoden zur Berechnung von Steuern oder zur Teilung von Grundbesitz zu erdenken. Mit der Entstehung des Islam jedoch kamen neue Aufgaben hinzu. So verlangte man beispielsweise von Astronomen und Mathematikern, dass sie die Gebetszeiten und die Richtung nach Mekka ermittelten oder die Mondphasen verfolgten. Das alles erforderte immer höher entwickelte, fortgeschrittene wissenschaftliche Kenntnisse.

Erst während al-Ma'muns Regierungszeit jedoch kam es plötzlich zu einer gewaltigen Verschiebung der Schwergewichte von der rein praxisorientierten Beschäftigung gelehrter Männer (*'ulama*) zu einer Kultur, die das freie, kreative Denken in einem breiten Spektrum verschiedener Fachgebiete begünstigte.

Ob al-Ma'mun nun in Merw von Aristoteles träumte oder nicht, mit Sicherheit war er so stark inspiriert, dass er für die

Fachleute des *kalam*, der Kunst der philosophischen Debatte, regelmäßige Diskussionsveranstaltungen und Seminare veranstaltete, eine Sitte, die er von seinem persischen Lehrer Ja'far übernommen hatte. Er lud Religionsfachleute und literarische Gelehrte von weither in seinen Palast ein, damit sie ihm in einem aufgeschlossenen intellektuellen Klima ihre Ideen nahebrachten. Im Anschluss an seine triumphale Rückkehr nach Bagdad im Jahr 819 wurde diese Sitte fortgesetzt und ausgeweitet. Er bot den verschiedensten Gelehrten lukrative finanzielle Anreize und gewährte ihnen großzügig Gastfreundschaft. Jede Woche wurden Gäste in den Palast eingeladen, mit Wein und Essen bewirtet und dann dazu aufgefordert, mit dem Kalifen alle möglichen gelehrten Themen von der Theologie bis zur Mathematik zu erörtern.[1]

Al-Ma'mun gab sich nicht damit zufrieden, einfach nur zuzuhören, was die gelehrten Männer zu sagen hatten. Er wusste ganz genau, welche Schätze in den antiken Texten der griechischen Philosophen zu finden waren; manche davon waren bereits für die Abassidenkalifen vor ihm erstmals übersetzt worden. Er schickte Gesandte an weit entfernte Orte, um dieser wissenschaftlichen Texte habhaft zu werden. Wenn er fremde Herrscher in der Schlacht besiegt hatte, mussten diese ihm im Rahmen der Kapitulationsbedingungen häufig kein Gold, sondern Bücher aus ihren Bibliotheken liefern. Al-Ma'mun war von einem nahezu fanatischen Wunsch getrieben, alle Bücher der Welt unter einem Dach zu versammeln, ins Arabische übersetzen zu lassen und dafür zu sorgen, dass seine Gelehrten sie studierten. Die Institution, die er zur Verwirklichung seines Traumes ins Leben rief, verkörpert mehr als alles andere die Blüte des Goldenen Zeitalters der Wissenschaft. Sie wurde in der ganzen Welt als Haus der Weisheit (*Bayt al-Hikma*) bekannt. So jedenfalls die Geschichte.

Bevor wir uns die Aktivitäten und die wichtigsten Gestalten

in al-Ma'muns Bagdad genauer ansehen, muss ich eines klarstellen: Vom Haus der Weisheit sind heute keine physischen Spuren geblieben; wir können also nicht mit Sicherheit sagen, wo es lag, wie es aussah oder welche Tätigkeiten darin ausgeführt wurden. Manche Historiker wenden sich sogar gegen übertriebene Behauptungen über seinen Wirkungsbereich und Zweck sowie über al-Ma'muns Rolle bei seiner Einrichtung.[2] Sie warnen vor »phantasievollen, manchmal auch von Wunschdenken geprägten Projektionen moderner Institutionen und Forschungsprojekte ins 9. Jahrhundert«[3] und vertreten die Ansicht, das Haus der Weisheit sei bei weitem nicht so großartig gewesen, wie es manch einer glaubte, nachdem die Tätigkeit der Gelehrten an al-Ma'muns Hof zum Stoff von Legenden geworden war. Dies, so glauben sie, ist der einzig verlässliche Weg zur Interpretation des wenigen, was wir den verbliebenen historischen Aufzeichnungen entnehmen können.

Viele vertreten auch die durchaus legitime Ansicht, die Konzentration auf eine möglicherweise mythische Institution könne vom gewaltigen Umfang der Gelehrsamkeit ablenken, die es in Bagdad zu al-Ma'muns Zeit überall gab. Wahrscheinlich existierten in der Stadt Hunderte von privaten Bibliotheken. Statt sich darum zu bemühen, viele verschiedene Aktivitäten unter einem Dach zu versammeln, sollten wir also lieber ganz Bagdad als *Medinat al-Hikma* (»Stadt der Weisheit«) bezeichnen.

Eine solche übermäßige Vorsicht erinnert aber ein wenig an Kind und Badewasser: Das Fehlen von Beweisen sollte man nicht voreilig als Beleg für ihre Nichtexistenz interpretieren. Vielmehr ist es sicher angebracht, das Thema genauer zu untersuchen. Vielleicht war das Haus der Weisheit wirklich nichts Großartigeres als eine Palastbibliothek nach dem Vorbild älterer persischer Bibliotheken. Warum also sollte man es dann im Vergleich zu diesen früheren Bibliotheken als etwas Besonderes betrachten?

Die Vorstellung von einem Aufbewahrungsort für schriftliche

Aufzeichnungen reicht in die Zeit lange vor dem Islam zurück. Die vielleicht berühmteste derartige Institution der Antike war die große Bibliothek von Alexandria, aber auch über Größe und Anlage dieser Akademie gibt es nur wenige erhalten gebliebene Aufzeichnungen. Man weiß, dass sie viele tausend »Bücher« umfasste, von denen jedes aus mehreren Papyrusrollen bestand. Wie al-Ma'muns Haus der Weisheit, so hat auch die Legende der Bibliothek von Alexandria mythische Ausmaße angenommen, insbesondere was den berühmten Bericht über ihr Schicksal angeht. Nach einer Geschichte wurde sie im Jahr 48 v. u. Z. von Julius Caesars Armee angezündet; dies soll geschehen sein, während er Alexandria besetzt hielt, um den ägyptischen Bürgerkrieg zwischen König Ptolemäus III. und seiner Schwester Kleopatra zu »befrieden«. Da aber Aufzeichnungen über die Bibliothek aus viel späterer Zeit erhalten sind, besagt eine andere Geschichte, dass sie bis ins 3. Jahrhundert u. Z. bestehen blieb und erst dann in einem anderen Krieg zerstört wurde, in dem der römische Kaiser Aurelian und die große syrische Königin Zenobia, die zu jener Zeit über Ägypten herrschte, um die Kontrolle über das Land kämpften. Und es gibt sogar einen mythischen Bericht, wonach die Bibliothek von Arabern geplündert wurde, nachdem diese unter dem Kalifen Omar im Jahr 641 Alexandria erobert hatten. Am wahrscheinlichsten ist jedoch, dass sie Ende des 4. Jahrhunderts von christlichen Gefolgsleuten des koptischen Papstes Theophilus zerstört wurde, als diese einen Aufstand gegen die Heiden in der Stadt anzettelten: Für sie war die Bibliothek ein machtvolles Symbol der heidnischen griechischen Lehre.

Kürzlich besuchte ich die neue Bibliotheca Alexandrina, die am Ort der alten Bibliothek errichtet und 2002 fertiggestellt wurde. Dieses riesige, höchst eindrucksvolle Gebäude moderner Architektur ist heute ein Kulturzentrum: Es umfasst Manuskriptarchive, Museen, Kunstausstellungen und sogar ein Planetarium. Als Besucher ist man überwältigt von den schieren Ausmaßen des Gebäudes mit seinen riesigen, lichtdurchfluteten Hallen, aber es bleibt noch viel zu tun, bis seine Regale mit den acht Millionen Büchern gefüllt sind, für die sie Platz bieten.

Die erste systematisch organisierte Bibliothek der Welt war viel älter als die von Alexandria und florierte im Norden des heutigen Irak. Die große assyrische Bibliothek von Ninive wurde von König Assurbanipal (Regierungszeit 668–627 v. u. Z.) errichtet und enthielt mehr als 20 000 Tontafeln mit Keilschrifttexten. Wie die Sammlung von Alexandria, so wurde auch diese bemerkenswerte Bibliothek durch einen Brand zerstört, aber Ton hat gegenüber Papyrus, Pergament oder Papier natürlich den Vorteil, dass er den Flammen widersteht; die Tafeln wurden einfach hartgebrannt. Deshalb steht uns noch heute eine Fülle von Informationen aus dieser Bibliothek zur Verfügung; sie betreffen nicht nur das Leben der Assyrer, sondern handeln auch von den Babyloniern, die vor ihnen kamen und ihnen ihre Kultur vererbten.

Der Ursprung der islamischen Bibliotheken lässt sich eigentlich bis zu dem Umayyadenkalifen Mu'awiya (Regierungszeit 661–680) und nach Damaskus zurückverfolgen: Er besaß eine Büchersammlung im Bayt al-Hikma, wie es ebenfalls genannt wurde.[4] Bibliotheken waren also für die Abassiden nichts völlig Neues. Ebenso bestehen kaum Zweifel, dass ihre ersten Bibliotheken nach dem Vorbild von Damaskus und nach den persischen Bibliotheken in Städten wie Isfahan und Gondeshapur gestaltet waren. Da die Abassidendynastie durch eine Verbindung aus arabischer und islamischer Verwaltung sowie aus zoroastrischer und sassanidischer Kultur hervorgegangen war, ist der persische Einfluss überall zu erkennen: Das Vorbild der Sassanidenbibliotheken zu übernehmen war nur natürlich.

Stichhaltigen Belegen zufolge existierte ein erstes Abassiden-Bayt al-Hikma bereits zur Zeit von al-Ma'muns Vater Harun al-

Rashid, und ein anderes gab es noch 50 Jahre früher während der Herrschaft von al-Mansur. Der mittelalterliche Historiker Ibn al-Qifti bezeichnete die Bibliothek Harun al-Rashids als *Khizanat Kutub al-Hikma*, was man mit »Lagerhaus der Bücher der Weisheit« übersetzen kann. Ging es ihm darum, diese ältere Bibliothek von der eindrucksvolleren Institution al-Ma'muns zu unterscheiden, und stufte er sie deshalb mit einem bescheideneren Namen herab? Nach meiner Überzeugung ist es viel wahrscheinlicher, dass die Bibliothek oder das Bücherlager (*khizana*), das von den ersten Kalifen eingerichtet wurde, tatsächlich etwas anderes war als al-Ma'muns Akademie, und das wussten auch die mittelalterlichen arabischen Historiker. Sie schrieben ihre Werke, bevor das Haus der Weisheit von den Mongolen zerstört wurde, und wahrscheinlich standen ihnen viele Anhaltspunkte zur Verfügung, die heute nicht mehr existieren. Es ist also durchaus möglich, dass al-Mansur und al-Rashid bereits *khizanat* besaßen, dass wir es aber erst zu al-Ma'muns Zeit mit einem »richtigen« Haus der Weisheit zu tun haben.

Es ist aber auch möglich, dass bereits al-Rashids Bibliothek eine zweite Funktion als Haus der Übersetzungen erfüllte. Einer ihrer Leiter – ein Mann, den wir nur unter dem Namen Salm kennen[5] – sollte zu Beginn des 9. Jahrhunderts im Auftrag eines Mitglieds der Familie Barmaki die Übersetzung von Ptolemäus' *Almagest* aus dem Persischen ins Arabische beaufsichtigen. Es spricht aber nichts dafür, dass in der Bibliothek selbst tatsächlich Übersetzungen angefertigt wurden.

Bekannter war ein anderer Übersetzer: al-Fadl ibn Nawbakht, der Sohn von al-Mansurs Astrologen. Al-Fadl übersetzte eine ganze Reihe von Texten aus dem Persischen ins Arabische. Zuverlässigen Aufzeichnungen zufolge stand er in Verbindung zu al-Rashids Bayt al-Hikma,[6] aber er starb, bevor al-Ma'mun nach Bagdad zurückkehrte. Dieses frühe Bayt al-Hikma befand sich höchstwahrscheinlich innerhalb des Qasr al-Khuld, al-Rashids

1. Der Abassidenkalif Harun al-Rashid und Karl der Große; Ölgemälde von Julius Köckert (1827–1918).

2. Harun al-Rashid und der Barbier im türkischen Bad; Ölgemälde aus dem 15. Jahrhundert.

3. Muhammad al-Khalili, der Ururgroßonkel des Autors, im 19. Jahrhundert Leibarzt des reformorientierten Schah Nasr al-Din Qajar.

4. Der Dichter und Schriftsteller Merza Muhammad Sadiq al-Khalili, Großvater väterlicherseits des Autors *(Jiddu)*.

5. Einige Mitglieder der Familie al-Khalili 1950 in Najaf.
Der Vater des Autors steht in der hintersten Reihe ganz links,
sein Großvater ist der Zweite von rechts
in der mittleren Reihe.

6. Die al-Rashid Street in Bagdad
während des Tigrishochwassers 1950.

7. Der Bezirk Karradat Merriam in Bagdad, wo der Autor geboren wurde. Das Gebiet liegt wenige Kilometer flussabwärts von al-Ma'muns Palast.

8. Der Autor *(links)* und sein Bruder auf dem Balkon ihrer Wohnung im Bagdader Bezirk al-Mansur Mitte der 1960er Jahre.

9. Der Autor *(zweiter von links)* als Kind mit seiner Familie an der Abu Nou'was-Straße am Tigris (1971).

10. Der Autor *(vordere Reihe, Mitte, mit Tafel)* auf einem Klassenfoto im letzten Grundschuljahr in Saddat al-Hindiyya.

11. Der im 8. Jahrhundert entstandene Abassidenpalast von Ukhaidir südlich von Bagdad.

12. Die Ruinen des im 10. Jahrhundert entstandenen Palast- und Stadtkomplexes Medinat al-Zahra' bei Córdoba.

13. Ein Messingastrolabium aus Saragossa, ca. 1079/80.

14. Das berühmte Spiralkegelminarett *(malwiyyah)* der großen Moschee von Samarra.

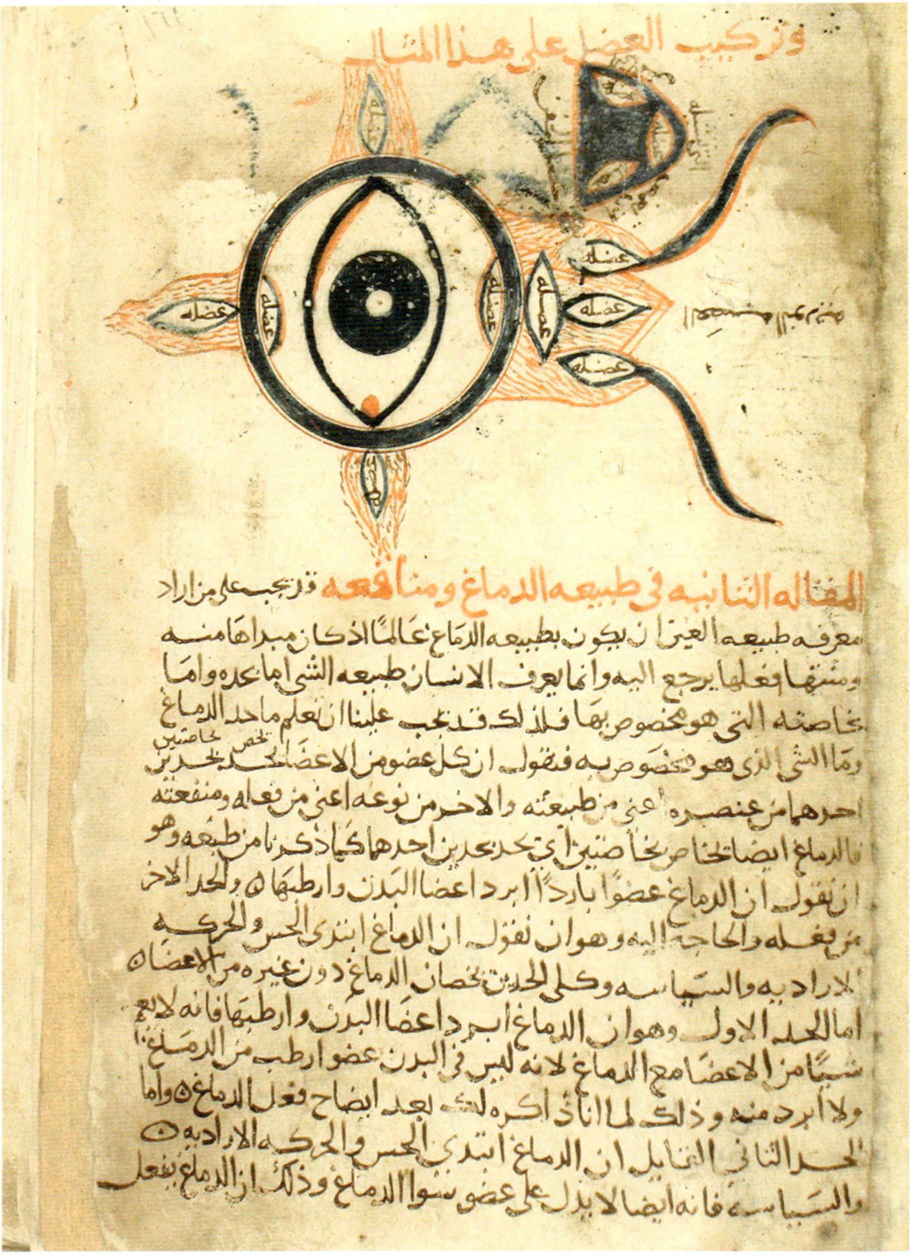

15. Beschreibung des Auges in den *Zehn Abhandlungen über das Auge* von Hunayn ibn Ishaq, entstanden ursprünglich um 860.
Diese Abschrift entstand 1197 in Syrien und enthält die älteste detaillierte Zeichnung der Augenmuskulatur.

Palast. Der Palast von al-Ma'mun, Qasr al-Ja'fariyya genannt, lag auf der anderen Seite des Flusses; man kann deshalb vernünftigerweise annehmen, dass er auch die Bibliothek seines Vaters einschließlich aller Übersetzertätigkeiten, die darin möglicherweise abliefen, nach seinem Eintreffen in Bagdad in seinen eigenen Palastkomplex verlagerte.

Al-Ma'mun soll mehrere Gesandte nach Konstantinopel geschickt haben, die sich dort, bei Kaiser Leo V. (Leo dem Armenier), griechische Texte beschaffen sollten. Da dieser Kaiser aber bereits 820 starb, muss die Unternehmung kurz nach al-Ma'muns Rückkehr nach Bagdad stattgefunden haben. Ein Mitglied der Delegation war Salman, der damalige Leiter des Hauses der Weisheit.[7] Ein anderer Gelehrter, der persische Nationalist, Dichter und Astrologe Sahl ibn Harun, wird als leitender Bibliothekar des Hauses der Weisheit bezeichnet.[8]

Die Bibliothek wuchs schnell heran: Sie erwarb zahlreiche Texte aus Griechenland, Persien und Indien, und hinzu kamen die arabischen Übersetzungen dieser Texte, deren Anfertigung in Bagdad bereits eine ganze Branche beschäftigte. Noch mehr beschleunigte sich das Wachstum mit der Einführung des Papiers, das als neues, billigeres Schreibmaterial an die Stelle von Papyrus und Pergament trat. Die Übersetzer beschäftigten ihrerseits Schreiber, die ihre Arbeiten aufzeichneten und mehrere Kopien jedes Textes herstellten. In der Mitte des 9. Jahrhunderts war das Haus der Weisheit zur größten Büchersammlung der Welt geworden.

Zu jener Zeit gewann nicht nur die Übersetzungsbewegung, die durch einen leidenschaftlichen Kalifen und das immer großzügigere Mäzenatentum der Abassidengesellschaft gefördert wurde, erheblich an Tempo; gleichzeitig werden wir auch Zeuge, wie einige der besten Köpfe der islamischen Gesellschaft nach Bagdad kamen, Männer, die dazu beitragen sollten, das Gesicht der Wissenschaft ein für alle Mal zu verändern. Bagdad wurde zum Brennpunkt der wissenschaftlichen und intellektuellen Tätigkeit und zog über mehrere Jahrhunderte hinweg die allerbesten arabischen und persischen Philosophen und Wissenschaftler an.

Die beiden arabischen Wörter *bayt* und *hikma* sind noch heute allgemein in Gebrauch. *Hikma* bedeutet »Weisheit«, »Wissen« oder »vernünftiges Denken«, und von ihm stammen so gebräuchliche Worte wie *hakim* (»weise«) ab. Wahrscheinlich bezog sich die Bedeutung von *hikma* im Zusammenhang mit dem Haus der Weisheit aber gezielter auf Naturwissenschaften wie Astronomie, Physik und Mathematik, nicht aber auf die Weisheit im Allgemeinen; eine bessere Übersetzung müsste also »Haus der Naturwissenschaft« lauten. Eine spätere Akademie, die im 11. Jahrhundert in Kairo errichtet wurde, hieß *Dar al-Hikma* (wobei das Wort *dar* an ein großzügigeres Bauwerk denken lässt als *bayt*), wurde aber auch als *Dar al-'ilm* bezeichnet (*'ilm* bedeutet »Kenntnisse« oder »Wissenschaft«).

Zur Zeit al-Ma'muns hatte die Übersetzungsbewegung ihre enge Fixierung auf persische astrologische Texte und die wenigen berühmten Texte von Euklid, Aristoteles und Ptolemäus bereits hinter sich gelassen. Jetzt, da sie in vollem Gange war, erlebten einige der wichtigen griechischen Werke bereits ihre zweite oder dritte Übersetzung, von denen jede sorgfältiger und detaillierter war als die vorherige, weil die Gelehrten sich immer bessere Kenntnisse über die Themen aneigneten; außerdem wurde aber auch ein größeres Netz ausgeworfen: Man bemühte sich darum, das gesamte Wissen der Griechen zu sammeln. Jetzt treten Gelehrte auf, die weit mehr waren als nur Übersetzer: Männer wie der Arzt Hunayn ibn Ishaq[9] (809–877) und der Philosoph al-Kindi (ca. 800–ca. 873) übersetzten nicht nur die großen Werke griechischer Philosophen wie Galen und Aristoteles, sondern interpretierten sie auch neu, kommentierten und erweiterten sie.

Und dann gab es al-Khwarizmi. George Sarton, einer der

weltweit berühmtesten Wissenschaftshistoriker, wurde vor allem mit seinem vielbändigen Nachschlagewerk *Introduction to the History of Science* bekannt. Darin teilt er die Weltgeschichte bis zurück ins 6. Jahrhundert v. u. Z. in Kapitel von einem halben Jahrhundert ein, die jeweils nach dem weltweit wichtigsten Wissenschaftler der betreffenden Zeit benannt sind. Die Phase zwischen 808 und 850 trägt den Titel »Die Zeit von al-Khwarizmi«.[10]

Muhammad ibn Musa al-Khwarizmi wurde um 780 geboren und starb ungefähr 850. Wie es den Gewohnheiten seiner Zeit entsprach, lässt sein Name darauf schließen, dass er ursprünglich aus Khwarizm (oder »Choresm«, einer usbekischen Provinz in Zentralasien) stammte. Über sein Leben ist wenig bekannt. Wir wissen aber, dass al-Ma'mun ihn in seinem Haus der Weisheit beschäftigte; er arbeitete dort nicht nur als Übersetzer, sondern auch als Mathematiker und Astronom. Er trug entscheidend dazu bei, die hinduistischen Zahlen bei den Arabern bekanntzumachen, und führte auch in der Geographie wichtige Arbeiten aus. Sein größtes Erbe jedoch ist ein außergewöhnliches Buch über Algebra. Sogar das Wort »Algebra« stammt aus dem Titel dieses Werkes: *Kitab al-Jebr*. Darin legt er zum allerersten Mal die Regeln und Schritte zur Lösung algebraischer Gleichungen dar. Das Verfahren wird heute »Algorithmus« genannt – ein Begriff, der in der modernen Computertechnik allgemein üblich ist und der latinisierten Form von al-Khwarizmis Namen – Algorithmus – entspricht. Al-Khwarizmi gilt als Vater der Algebra, eine Behauptung, mit der ich mich in Kapitel 8 genauer beschäftigen werde.

Drei schillernde Gestalten, die mit dem Haus der Weisheit in Verbindung standen und im Bagdad des 9. Jahrhunderts großen Einfluss hatten, waren die Brüder Banu Musa (Söhne von Moses). Muhammad, Ali und Hassan wurden ungefähr im ersten Jahrzehnt des 9. Jahrhunderts geboren und verfügten am Hofe des Kalifen über viel Macht und Reichtum. Sie waren nicht nur selbst bemerkenswert begabte Mathematiker und Ingenieure, sondern in der Abassidenzeit auch die berühmtesten und einflussreichsten Mäzene der Übersetzungsbewegung: Spitzenübersetzern in Bagdad zahlten sie beträchtliche Beträge (ein Monatsgehalt von 500 Dinar) für Bücher über die verschiedensten Themen von der Medizin bis zur Astronomie.

Ihr Vater Musa ibn Shakir war bei al-Ma'mun in Merw als Astrologe tätig gewesen, starb aber, als seine Söhne noch klein waren. Deshalb sorgte al-Ma'mun persönlich dafür, dass die drei Jungen die bestmögliche Ausbildung erhielten, und als er 819 nach Bagdad zurückkehrte, gehörten sie zu seinem Gefolge. Wenig später erhielten sie Unterricht bei den besten Gelehrten der Welt, und sie wurden zu einem unverzichtbaren Bestandteil des Hauses der Weisheit. Da sie in diesem Umfeld aufwuchsen und als Familienangehörige eng zusammenhielten, wurden sie im Kreis der Gelehrten von Bagdad zu einem wichtigen Machtfaktor.

Einzeln betrachtet, waren die Brüder ausgezeichnete Wissenschaftler, die eine ganze Reihe von Abhandlungen über Mechanik und Geometrie verfassten. Muhammad, der Älteste, soll als Allererster die Vermutung geäußert haben, dass die Himmelskörper, darunter Mond und Planeten, den gleichen Gesetzen der Physik unterliegen wie Körper auf der Erde – was einen eindeutigen Bruch mit den anerkannten Meinungen seiner Zeit darstellte. Sein Buch *Bewegung der Himmelskörper und die Kraft der Anziehung* lässt klar erkennen, dass er eine Vorstellung hatte, die nicht allzu weit von Newtons Gravitationsgesetz entfernt war.[11] Am bekanntesten wurden die Brüder aber mit ihren großartigen Erfindungen und technischen Projekten. Zwei von ihnen, Muhammad und Ahmed, wurden mit dem Bau von Kanalprojekten beauftragt, mit denen Wasser in die immer noch wachsenden Städte – Bagdad und das nördlich davon gelegene Samarra – geleitet werden sollte.

Am berühmtesten wurde ihr *Buch der erfindungsreichen Apparate* (*Kitab al-Hiyal*), das 850 erschien. Das große, illustrierte Werk über mechanische Apparaturen beschrieb nicht nur Automaten, Puzzles und Zaubertricks, sondern auch »Spielzeuge für Erwachsene«, wie wir sie heute nennen würden. Vielfach ging es dabei um komplizierte Gerätschaften, die mit Wasser zu tun hatten; ihre schlau konstruierten Ventile und Hebel erinnern mich an die phantasievollen Apparate des amerikanischen Karikaturisten Rube Goldberg (denen zumindest Angehörige meiner Generation höchstwahrscheinlich schon einmal in dem Zeichentrickfilm *The Perils of Penelope Pitstop* von William Hanna und Joseph Barbera begegnet sind; darin will der Bösewicht »Hoodes Claw« ständig die Heldin mit einer äußerst komplizierten Abfolge mechanischer Prozeduren umbringen). Dass ähnliche – und nicht immer ganz so sinnlose – Gerätschaften schon fast zwölf Jahrhunderte früher in Bagdad erfunden wurden, ist ein faszinierender Gedanke (siehe Farbtafel 26).

Einer der eindrucksvollsten Apparate, die in dem Buch beschrieben werden, ist möglicherweise auch das älteste Beispiel für eine programmierbare Maschine: ein mechanischer Flötenspieler. Er wurde unter dem Namen »Das Instrument, das von allein spielt« bekannt und erzeugt verschiedene Töne mit Hilfe kleiner Veränderungen von Luft- und Wasserdruck, die von konischen Ventilen automatisch reguliert werden. Stifte auf einer rotierenden Walze öffnen über kleine Hebel ein oder mehrere von neun Löchern einer Flöte, die parallel zu der Trommel angeordnet ist. Der Luftstrom für die Flöte wird durch Wasser erzeugt, das in ein Vorratsgefäß fließt und die Luft daraus verdrängt; angetrieben wird die ganze Trommel von einem Wasserrad.[12]

Hunayn ibn Ishaq, der berühmteste aller Übersetzer in Bagdad, war zu der Zeit, als al-Ma'mun von Aristoteles träumte, noch ein kleiner Junge. Obwohl Hunayn nie zum Islam konvertierte, war er über einen Zeitraum hinweg aktiv, der die Herrschaftszeit von nicht weniger als neun Kalifen umfasste. Er wurde im Todesjahr von al-Rashid in der alten christlichen Stadt Hira unmittelbar südlich von Kufa geboren und lernte die ärztliche Kunst noch unter Anleitung des Leibarztes Yuhanna ibn Masawayh. Er wurde sehr schnell zum Fachmann für Altgriechisch und übersetzte Texte sowohl ins Syrische als auch ins Arabische. Auf der Suche nach griechischen Manuskripten reiste er viele Jahre durch die Welt, und man weiß, dass er die philosophischen Werke von Platon und Aristoteles übersetzte. Seine wichtigste Hinterlassenschaft waren jedoch die medizinischen Werke Galens, denn damit eröffnete er nicht nur der islamischen Welt diesen großen Schatz, sondern auch an uns wurde ein großer Teil von Galens Arbeiten ausschließlich durch seine arabischen Übersetzungen überliefert.

Der frühreife junge Hunayn war ursprünglich von den Brüdern Banu Musa bei al-Ma'mun eingeführt worden und hatte 826, mit 17 Jahren, bereits die Übersetzung von Galens Werk *Über die natürlichen Fähigkeiten* abgeschlossen.[13] Später übersetzte er viele weitere wichtige Werke von Galen, darunter *Über die Anatomie der Venen und Arterien* und *Über die Anatomie der Nerven*. Die Übersetzungen ergänzte er an vielen Stellen durch seine eigenen Befunde, unter anderem durch eine der ersten bekannten anatomischen Zeichnungen des menschlichen Auges; diese findet sich in seinen *Zehn Abhandlungen über das Auge*, die ungefähr 860 verfasst wurden und als erstes systematisches Lehrbuch der Augenheilkunde gelten (siehe Farbtafel 15).[14] Wenig später stieg er zum Leiter des Übersetzungswesens im eigentlichen Haus der Weisheit auf (für diesen Vorgang gibt es allerdings keine zuverlässige Primärquelle), wo er einen eigenen Kreis von Übersetzern und Schreibern beschäftigte. Manchen historischen Berichten zufolge machte al-Ma'mun ihn 830 zum Leiter des gesamten Hauses der Weisheit, womit er den vorherigen Direktor Sahl ibn Harun ablöste.

Der Name eines anderen Mannes, den al-Ma'mun in das Haus der Weisheit holte, ist in der arabischen Welt noch heute bekannt. Er wird häufig einfach »Philosoph der Araber« genannt, hieß eigentlich al-Kindi (latinisiert Alkindus) und gilt als erster Universalgelehrter der Abassidenzeit. Er ist eine so wichtige Gestalt, dass ich ihm später ein eigenes Kapitel widmen werde. Al-Kindi war ein ausgezeichneter Mathematiker und trug zusammen mit al-Khwarizmi entscheidend dazu bei, dass das hinduistische Dezimalsystem in der islamischen Welt eingeführt wurde. Berühmt waren seine Studien zur Geheimschriftanalyse, außerdem war er der erste große Musiktheoretiker des islamischen Reiches. Am bekanntesten wurde er jedoch, weil er als Erster die aristotelische Philosophie in der arabischsprechenden Welt bekanntmachte, so dass sie für das muslimische Publikum sowohl zugänglich als auch akzeptabel wurde. Ein zentraler Aspekt in al-Kindis Arbeit waren seine Bemühungen, die aristotelische Philosophie mit der islamischen Theologie in Einklang zu bringen; damit schuf er die intellektuelle Grundlage für eine Diskussion zwischen Philosophen und Theologen, die sich über 400 Jahre hinziehen sollte.

Ein Zeitgenosse al-Kindis im Haus der Weisheit und ebenfalls ein Aristoteles-Experte war Abu Uthman al-Jahiz, ein Araber ostafrikanischer Abstammung, der um 776 in Basra geboren wurde und den größten Teil seines Lebens in Bagdad verbrachte. Der Name *Jahiz* bedeutet »glupschäugig« – eine Anspielung auf seine großen, starren Augen, die ihm den Berichten zufolge ein furchterregendes Aussehen verliehen; der Effekt war so stark, dass al-Ma'mun, der ihn als Privatlehrer für seine Kinder eingestellt hatte, ihn schnell wieder entlassen musste, weil sein Äußeres diese so beunruhigte.

Al-Jahiz war eine der einflussreichsten Gestalten der arabischen Literatur und wurde mit zahlreichen belletristischen Werken bekannt. Er gehörte aber auch zu den wenigen muslimischen Gelehrten, die sich für Biologie interessierten. In seinem *Buch der Tiere* (*Kitab al-Hayawan*) stellte al-Jahiz Vermutungen darüber an, wie die Umwelt sich auf Tiere auswirkt und wie diese sich an ihre Umgebung anpassen; ganz ähnliche Überlegungen hatte auch Aristoteles in seiner *Geschichte der Tiere* angestellt. Aristoteles glaubte an unveränderliche biologische Arten und lehnte den Gedanken, erworbene Merkmale könnten vererbt werden, ab – eine Idee, die Jean-Baptiste Lamarck im 19. Jahrhundert entwickelte und die später durch die darwinistische Evolutionslehre verdrängt wurde. Erwähnenswert ist aber, dass al-Jahiz über Aristoteles hinausging und erste Ansätze einer Theorie der lamarckistischen Evolution entwickelte. Er vertrat beispielsweise die Ansicht, die ähnlichen Eigenschaften von Tieren wie Hunde, Füchse und Wölfe müssten bedeuten, dass sie von einem gemeinsamen Vorfahren abstammen.[15] Viele seiner Ideen waren natürlich eine Mischung aus rudimentärer Zoologie, Theologie und volkstümlicher Überlieferung. So behauptete er zum Beispiel: »Dass die Menschen im Mahgreb (Nordwestafrika) andere Gesichtszüge haben als wir [in Bagdad], liegt vermutlich an der ›verdorbenen‹ Luft oder am Wesen des dortigen Wassers und der Lebensmittel.«[16] Auch sprach er davon, wie Menschen, die Gottes Zorn erregt hatten, in *mishk*[17] (Mischwesen, die halb Mensch, halb Tier sind) verwandelt würden – ein Beispiel für eine von Gott verursachte, umgekehrte Evolution!

Wie al-Kindi, so setzte sich auch al-Jahiz nachdrücklich für die vom Kalifen gepflegte Überzeugung des Mu'tazilismus ein, jener rationalistischen Philosophie, die im Gegensatz zur wortwörtlichen Interpretation des Korans stand. Die Schriften beider Gelehrten strahlen eine Haltung der Aufgeschlossenheit und Frische aus, wie sie für dieses Zeitalter typisch ist.

Natürlich werden wir nie erfahren, wie das Leben im Haus der Weisheit im Einzelnen aussah und wie viele Gelehrte aus Bagdad tatsächlich dort arbeiteten; dass die wenigen Belege und Informationen, über die wir verfügen, von verschiedenen Historikern so unterschiedlich interpretiert werden können, ist äußerst frustrierend.

Zwei Dinge wissen wir aber mit Sicherheit. Erstens gab es tatsächlich eine Einrichtung, die als Haus der Weisheit bekannt war; sie wurde während al-Ma'muns Regierungszeit gegründet – oder zumindest erweiterte sich ihr Tätigkeitsbereich in dieser Zeit weit über den einer reinen Palastbibliothek hinaus – und wurde zu einem Zentrum einer eigenständigen wissenschaftlichen Gelehrsamkeit. Dass Männer wie al-Khwarizmi mit seinen Arbeiten in Mathematik, Astronomie und Geographie oder auch die Brüder Banu Musa, die bemerkenswerte technische Leistungen erbrachten, mit dem Haus der Weisheit verbunden waren, ist für mich ein stichhaltiges Indiz dafür, dass es eher einer echten Akademie nach dem Vorbild der Bibliothek von Alexandria ähnelte als nur einem Aufbewahrungsort für übersetzte Bücher.

Zweitens zeugt sein lang anhaltender mythischer Status davon, dass hier außergewöhnliche wissenschaftliche Entdeckungen gemacht wurden, die große Auswirkungen hatten. Was uns interessieren sollte, sind nicht die Einzelheiten der Frage, wo oder wann das Haus der Weisheit gegründet wurde und was dort vorging. Viel wichtiger ist die Geschichte der wissenschaftlichen Ideen selbst und die Frage, wie sie sich durch das Haus der Weisheit entwickelten. Ein gutes Beispiel ist das *Kitab al-Jebr* von al-Khwarizmi. Ob er diesen großartigen mathematischen Text in einer Bibliothek, in einem privaten Studierzimmer im Palast des Kalifen oder in Gesellschaft der klügsten Köpfe des Reiches in einem Umfeld der intellektuellen Aktivität verfasste, ist der Stoff von Legenden und bis zu einem gewissen Grade auch bedeutungslos. Wichtig ist, dass ein einzelnes Buch, das recht bescheidene Ziele verfolgte, zur Geburt des ganz neuen

Fachgebiets der Algebra führte. Das verdanken wir al-Ma'mun und seiner Schirmherrschaft für al-Khwarizmi und dessen Kollegen im Haus der Weisheit, ganz gleich, wie dieser Ort im Einzelnen aussah.

Gut nachgewiesen und unumstritten ist, dass die viel ältere Akademie von Alexandria ebenfalls mehr als nur eine Bibliothek war: Sie führte unter ihrem Dach nicht nur einen großen Teil des angesammelten Wissens aus der ganzen Welt zusammen, sondern wirkte auch als Magnet und zog viele der größten Denker und Gelehrten an. Das Mäzenatentum der ägyptischen Ptolemäerdynastie, die Reisekosten, Unterkunft und Stipendien zur Verfügung stellte, unterschied sich nicht sonderlich stark von den staatlichen Forschungsmitteln, die den Wissenschaftlern auf der ganzen Welt heute dazu dienen, ihre Forschungsarbeiten zu betreiben. Damit wurde die Bibliothek von Alexandria quer durch die Fachgebiete zu einem Ort der Gelehrsamkeit.

Wenn diese rückwärtsgerichtete Projektion unserer Vorstellungen von einer Forschungsinstitution auf die Bibliothek von Alexandria zutrifft, gilt sie nach meiner Überzeugung ebenso auch für das Haus der Weisheit in Bagdad. Obwohl wir über dieses Haus nur wenige Informationen besitzen, sind sein großartiger Ruf und der seiner Gelehrten vollkommen gerechtfertigt. Es wurde zum Ausgangspunkt für alle späteren Errungenschaften des Goldenen Zeitalters der arabischen Wissenschaft von Usbekistan im Osten bis nach Spanien im Westen.

Al-Ma'mun selbst gab sich nicht damit zufrieden, diesen Sitz der Gelehrsamkeit einzurichten und mit nicht geringem Aufwand die wichtigsten wissenschaftlichen Texte der Welt zusammenzutragen. Er baute darüber hinaus die ersten Sternwarten der islamischen Welt und finanzierte und verfolgte als erster Herrscher persönlich den Fortschritt wissenschaftlicher Forschungsprojekte, an denen ganze Gruppen von Gelehrten und Wissenschaftlern gemeinsam arbeiteten. Das Wichtigste, was er der Wissenschaft hinterließ, war also das Prinzip, »Großforschung« zu finanzieren. Er gab sorgfältige astronomische Beobachtungen in Auftrag, mit denen viele von dem griechischen Astronomen Ptolemäus erhobene Messwerte überprüft werden sollten; darüber hinaus ordnete er an, dass eine neue Weltkarte gezeichnet werden sollte, und – das ehrgeizigste Vorhaben von allen – er verlangte von seinen besten Wissenschaftlern, dass sie eine neue Methode zur Messung des Erdumfangs entwickeln sollten.

6

Großforschung

Schlaflos sehe ich zu, wie die Himmel sich drehen,
Getrieben von der Bewegung der Sphären;
Die Sterne erzählen (ich weiß nicht, wie)
Vom Wohl und Wehe der kommenden Jahre.
Flöge ich zum Sternengewölbe,
Um dem Himmel nach Westen zu folgen
So würde ich auf meiner Reise erfahren
Welch' Schicksal den Dingen hier unten beschieden.
Der Kalif al-Ma'mun

Als Entgegnung auf die naive eurozentrische Behauptung, die Abassiden hätten nicht mehr getan, als vorhandene griechische Kenntnisse zu übersetzen und zu assimilieren, weisen Historiker gern darauf hin, wie es weiterging, nachdem die Übersetzungsbewegung in vollem Gange war: Die Gelehrten von Bagdad stellten die erworbenen Kenntnisse in Frage, erweiterten und verbesserten sie. Das stimmt sicher, es hört sich aber kaum nach einer wissenschaftlichen Revolution jenes Kalibers an, wie sie später in Europa von Kopernikus, Kepler und Galilei ausging. Deshalb ist es zwar von entscheidender Bedeutung, dass man auf Errungenschaften und Originalität eines Genies wie al-Khwarizmi hinweist, ebenso wichtig ist es aber auch, dass man versteht, was an dieser Zeit und diesem Ort so besonders war; welche verschiedenen Faktoren trafen hier – entweder aufgrund komplexer sozio-geopolitisch-religiöser Gründe oder schlicht aus Zufall – zusammen, so dass etwas Außergewöhnliches entstehen konnte? Diese Frage haben wir bereits im Zusammenhang mit der Übersetzungsbewegung untersucht, und bis zu einem gewissen Grad haben wir auch betrachtet, welchen Dominoeffekt sie auf die Einstellung al-Ma'muns und seiner Zeitgenossen in Bagdad gegenüber der Wissenschaft im Allgemeinen hatte. Es gab aber noch eine andere Auswirkung, und die war wirklich revolutionär: In der Art, wie wissenschaftliche Forschung betrieben wurde, trat ein grundsätzlicher Wandel ein.

Während al-Ma'muns Regierungszeit kam es in der Gelehrsamkeit zu einer ganz neuen Entwicklung. Zum ersten Mal flossen die verschiedensten wissenschaftlichen Traditionen aus der ganzen Welt zusammen, und das hatte zur Folge, dass sich für die Gelehrten von Bagdad eine viel weiter gefasste Weltanschauung eröffnete als allen ihren Vorgängern. Nehmen wir beispielsweise die Übersetzungen persischer, indischer und griechischer Texte über Astronomie: Sie gingen jeweils von einem eigenen kosmologischen Modell, eigenen Messungen und eigenen astronomischen Tabellen aus, und diese stimmten nicht immer überein; solche Unterschiede bedeuteten, dass nicht alle recht haben konnten. Natürlich hatten sich die verschiedenen wissenschaftlichen Kulturen nicht isoliert voneinander entwickelt. Schon in der Antike hatten sich verschiedene Ideen bei zahlreichen Gelegenheiten und aus unterschiedlichen Gründen gegenseitig befruchtet – die Griechen hatten sich das medizinische Wissen der Ägypter sowie die Mathematik und Astronomie der Babylonier angeeignet, und die Eroberungen Alexanders des Großen in Zentralasien führten dazu, dass mit Indien ein Austausch von Ideen und wissenschaftlichen Kenntnissen stattfand. Im 3. und 2. Jahrhundert v. u. Z. kam es sogar zu einer Abwanderung der besten Köpfe aus Babylon nach Griechenland.

Aber die Gelehrten von Bagdad fingen mit ihrer Ausbildung bei null an. Insbesondere für die Astronomen muss die Möglichkeit, die vielen übersetzten Texte mit unvoreingenommenem Blick und aufgeschlossenem Geist zu vergleichen und objektiv zu kommentieren, ungeheuer spannend gewesen sein. Man fing an, Fragen zu stellen und Zweifel zu hegen. Klar zutage tretende Diskrepanzen mussten beseitigt werden, und schon bald wurde offenkundig, dass man dringend neue, umfassende astronomische Messungen anstellen musste. Das aber war eine so große Aufgabe, dass ein Gelehrter allein sie unmöglich bewältigen konnte; außerdem war al-Ma'mun ein ungeduldiger Mensch.

Irgendwann im zweiten Jahrzehnt des 9. Jahrhunderts ordnete der Kalif im Zusammenhang mit seinem neuerrichteten Haus der Weisheit den Bau der ersten Sternwarte in Bagdad an. Nur so konnten seine Gelehrten überprüfen, ob einer der größten Texte, die man mittlerweile übersetzt und auf Arabisch studiert hatte, zutraf: das *Almagest* von Ptolemäus. Dieser gilt zu Recht als einer der größten Wissenschaftler der Geschichte: Sein Einfluss blieb in der Wissenschaft über eineinhalb Jahrtausende hinweg spürbar.

Über Ptolemäus' Leben wissen wir nicht viel; bekannt ist nur, dass er in Alexandria von 121 bis 151 u. Z. seine Blütezeit hatte. Sein Ruhm gründet sich jedoch fast ausschließlich auf das von ihm verfasste Meisterwerk der antiken Astronomie: die *Mathematische Zusammenstellung*, heute bekannt unter dem Titel *Almagest*, der sich von dem arabischen *al-Kitab al-Majisti* (»Das Große Buch«) ableitet. In diesem gewaltigen Text fasste er alle astronomischen Kenntnisse der Griechen zusammen, darunter die umfangreichen Arbeiten eines anderen großen griechischen Astronomen, Hipparchos, der 300 Jahre früher gelebt hatte und seinerseits von der babylonischen Astronomie beeinflusst war. Die Bücher I und II des *Almagest* handeln von den verschiedenartigen Bewegungen der Himmelskörper, die Bücher III bis VI von Theorien über Sonne und Mond; die Bücher VII und VIII sind Sternenkataloge, und die Bücher IX bis XII schließlich behandeln die Theorie der Planeten. Zusammen mit Euklids *Elementen* galt das *Almagest* als das wichtigste wissenschaftliche

Werk, das man in die arabische Sprache übersetzt hatte. Aber trotz dieser unglaublichen Hinterlassenschaft hatte Ptolemäus selbst – im Gegensatz zu Hipparchos – offenbar erstaunlich wenige astronomische Beobachtungen angestellt und die offenbar auch häufig nicht korrekt aufgezeichnet.[1]

Der von al-Ma'mun in Auftrag gegebene Bau der Sternwarte in Bagdad, mit der viele griechische, im *Almagest* aufgezeichnete Beobachtungen überprüft werden sollten, war vermutlich das erste staatlich finanzierte Großforschungsprojekt der Welt. In der modernen Wissenschaft arbeiten häufig Tausende von Wissenschaftlern in multinationalen, milliardenschweren Projekten wie dem Großen Hadronenbeschleuiger bei CERN in Genf zusammen. Was al-Ma'mun – wenn auch in viel bescheidenerem Maßstab – erreichte, sollte nicht weniger spektakuläre Ergebnisse liefern. Er stellte ein beeindruckendes Team aus Mathematikern, Astronomen und Geographen zusammen; sie alle sollten an drei Großprojekten arbeiten, die ein Mensch alleine unmöglich hätte bewältigen können.

Sanad ibn al-Yahudi war ein ehrgeiziger junger Mann, der sich in den höheren Gesellschaftsschichten Bagdads in den richtigen Kreisen bewegte. Sanad war der Sohn eines jüdischen Astrologen, der höchstwahrscheinlich am Hof des Kalifen arbeitete, aber er erkannte sehr schnell, dass er zum Islam konvertieren musste, wenn er sich im Umfeld des Herrschers einen Namen machen wollte. Wie viele kluge junge Köpfe seiner Generation studierte er das *Almagest*, aber wie er sehr schnell bemerkte, konnte er seine wissenschaftlichen Bestrebungen nur dann weiterverfolgen, wenn er zur »angesagten« Gruppe bekannter Gelehrter im Umfeld al-Ma'muns gehörte. Insbesondere ein Mann sollte in Sanads Leben eine bedeutende Rolle spielen: al-Abbas al-Janhari. Dieser war höchst angesehen, einige Jahre älter als Sanad und hielt in seinem Haus regelmäßig Zusammenkünfte mit einer Gruppe von Gelehrten ab. Einem Bericht zufolge überzeugte Sanad den Älteren mit seinen beeindruckenden Kenntnissen über das *Almagest* und wurde in den Kreis aufgenommen.[2] Al-Janhari legte auch beim Kalifen ein gutes Wort für ihn ein, und wenig später erhielt Sanad einen Arbeitsplatz in dem neuen Haus der Weisheit.

Der leitende Astronom an al-Ma'muns Hof war ein Perser namens Yahya ibn abi Mansur, der von Anfang an mit dem Haus der Weisheit in Verbindung stand und angeblich zu den Lehrern der Brüder Banu Musa gehörte.[3] Als al-Ma'mun von der Notwendigkeit überzeugt war, die im *Almagest* zitierten astronomischen Beobachtungen und Messungen zu wiederholen, wandte er sich an zwei Männer: den weisen alten Yahya und den unternehmungslustigen jungen Sanad. Ihnen übertrug er im Jahr 828 die Aufgabe, das neue Observatorium zu bauen und zu leiten. Die Vorstellung von einer Sternwarte war nichts Neues – diese sollte allerdings zur ersten in der islamischen Welt werden –, aber noch nie zuvor hatte man ein solches Observatorium als echte wissenschaftliche Einrichtung errichtet. Man wählte einen Platz im Nordosten der Stadt in einem Bezirk namens al-Shammasiyya. Manche Historiker nennen es mit seinem eigentlichen Namen das Mumtahan-Observatorium,[4] häufig wird es aber auch einfach als Shammasiyya bezeichnet. Was für Instrumente in dem Observatorium benutzt wurden, lässt sich heute nicht mehr mit Sicherheit feststellen, aber es dürfte eine Sonnenuhr mit einem Schattenzeiger aus Messing gegeben haben, mit der man den Sonnenstand anhand der Länge des geworfenen Schattens messen konnte, außerdem Astrolabien und vor allem einen Mauerquadranten (ein Instrument ähnlich einem riesigen Winkelmesser aus der Schulgeometrie, der aber in der Mitte durchgeschnitten wurde, einen Viertelkreis bildete und auf die Kante gestellt wurde, um damit am Himmel die genaue Position eines Objekts entlang eines Zeigerarmes zu messen). Zur Ausführung dieses ehrgeizigen astronomischen Projekts zog al-Ma'mun auch al-Janhari heran, und wie nicht anders zu erwarten, sicherte er sich außerdem die Unterstützung des großen al-Khwarizmi.

Auch ein anderer Astronom wurde zu Hilfe geholt. Er genoss zu jener Zeit kein ganz so hohes Ansehen wie al-Khwarizmi oder Yahya ibn abi Mansur, aber er sollte zu den vielen islamischen Astronomen gehören, die Einfluss auf die europäische Renaissance hatten. Er hieß al-Farghani und konnte nicht nur Anspruch auf Ruhm erheben, weil er eine verbreitete Kurzfassung des *Almagest* verfasst hatte (gründliche Kenntnisse über das Werk waren die Grundvoraussetzung, um an der spannenden Zusammenarbeit teilzuhaben), sondern insbesondere auch, weil er einige Jahre später am Bau des Nilometers mitgewirkt hatte, eines Geräts zur Messung des Wasserstandes des Nils, das im Zentrum Kairos noch heute zu sehen ist. Sein Andenken blieb auch durch den großen italienischen Schriftsteller und Dichter Dante (1265–1321) erhalten: Dieser bezog die meisten astronomischen Kenntnisse, die er in seine *Göttliche Komödie* einfließen ließ, aus den Schriften von al-Farghani (den er mit seinem lateinischen Namen Alfraganus nannte). Ein weiterer berühmter Italiener, Christoph Kolumbus, benutzte al-Farghanis Berechnung des Erdumfanges, um seine Geldgeber zur Finanzierung seiner berühmten Reise zu überreden. Al-Farghanis wichtigster Beitrag zum Shammasiyya-Projekt waren jedoch offenbar seine Fachkenntnisse über astronomische Instrumente. Seine Abhandlung über das Astrolabium, die bis heute erhalten geblieben ist, beschreibt die mathematischen Prinzipien, die hinter dem Bau eines solchen Instruments stehen.[5]

Ptolemäus verfasste nicht nur das *Almagest*, sondern er erstellte auch eine ganze Reihe astronomischer Tabellen, die sich für viele astronomische Berechnungen als sehr nützliche Hilfsmittel erwiesen. Sie enthielten alle Angaben, mit denen man die Positionen von Sonne, Mond und Planeten, den Auf- und Untergang der Sterne sowie Sonnen- und Mondfinsternisse sehr viel schneller und bequemer berechnen konnte als mit ähnlichen Tabellen, die er in das umfassendere *Almagest* aufgenommen hatte. Seine astronomischen Tabellen wurden mit verschiedenen Abwandlungen zum Vorbild für die spätere arabische Tabelle oder Sternenkarte, die unter dem Namen *zij* bekannt wurde.[6]

So kam es, dass in den Jahren 828/829 im Laufe ungefähr eines Jahres die erste ernsthafte kritische Würdigung des Ptolemäus und seiner Astronomie begann; zu diesem Zweck wurden in Shammasiyya die ersten systematischen astronomischen Beobachtungen der islamischen Welt angestellt. Insbesondere Sonne und Mond wurden – vorwiegend von Yahya ibn abi Mansur unter Aufsicht von al-Khwarizmi – eingehend beobachtet, und zur gleichen Zeit soll den Berichten zufolge auch eine Tabelle mit Längen- und Breitengraden von 24 Fixsternen entstanden sein. Nun befahl al-Ma'mun zur Ausführung weiterer Messungen den Bau eines zweiten Observatoriums, dieses Mal beim Kloster Dayr Murran am Abhang des Berges Qasyun oberhalb von Damaskus.

Sein leitender Astronom Yahya ibn abi Mansur starb im Frühsommer 830; von nun an wurden die Arbeiten an dem neuen Observatorium von Khalid al-Marwarrudhi beaufsichtigt, der auch einige neue Instrumente für den dortigen Gebrauch konstruierte. Außerdem baute er einen fünf Meter hohen Mauerquadranten zur Messung des Sonnenwinkels. Das Gerät bestand aus Messing und war auf einem Marmorfundament montiert, das man in den Berghang eingelassen und auf den Meridian ausgerichtet hatte. Mit den neuen Instrumenten fand 832/33 unter al-Marwarrhudhis Leitung eine weitere Serie von Sonnen- und Mondbeobachtungen statt, mit denen die von Shammasiyya ergänzt werden sollten. Offenbar traten dabei jedoch Schwierigkeiten auf, weil die aus Metall gefertigten Instrumente sich in der sommerlichen Hitze verbogen und ausdehnten.[7]

Nachdem alle Beobachtungen abgeschlossen waren, wurde für al-Ma'mun eine neue *zij* erstellt, in der alle Befunde zusammengefasst waren. Dieses Werk ist unter dem Titel *al-Zij al-Mumtahan* (»Die bestätigten Tabellen«) bekannt.[8] Mit diesen *zij* wird häufig der Name Yahya ibn abi Mansur in Verbindung gebracht, aber da er an den Messungen in dem syrischen Observatorium nicht beteiligt war, gehen sie ganz offensichtlich nicht auf ihn allein zurück. In Wirklichkeit ähnelt das Werk einem heutigen wissenschaftlichen Fachartikel mit zahlreichen Autoren, und die Arbeitsgruppe von Astronomen, die an seiner Erstellung mitwirkten, wurde als *al-Sahab al-Mumtahan* (»Gefährten der bestätigten Tabellen«) bezeichnet; dies ist auch der Ursprung des zweiten Namens für Shammasiyya: Mumtahan-Observatorium.

Nach einer weitverbreiteten falschen Vorstellung entdeckte Christoph Kolumbus die Neue Welt, weil alle glaubten, die Erde sei flach. In Wirklichkeit hatten schon die alten Griechen herausgefunden, dass sie eine Kugel ist. Für Pythagoras lag dies im 6. Jahrhundert v. u. Z. aus rein ästhetischen Gründen auf der Hand: Die Götter hatten doch die Erde sicher als vollkommene Kugel erschaffen, die angenehmste der mathematischen Formen. Dieses Modell wurde später auf Grundlage konkreter Befunde von Platon, Aristoteles und Archimedes übernommen. Mit einer flachen Erde konnte man beispielsweise nicht erklären, wie der Polarstern am Himmel immer tiefer sinken konnte, je weiter man nach Süden reist, bei einer gebogenen Oberfläche war dies jedoch leicht zu begründen. Man war sogar noch einen Schritt weiter gegangen und hatte grobe Annahmen über die Größe der Erde gemacht. Aristoteles beispielsweise nannte für ihren Umfang einen Wert von 400 000 Stadien, Archimedes schätzte ihn auf 300 000 Stadien. Da ein Stadion ungefähr 160 Metern entspricht, sind diese Zahlen gleichbedeutend mit rund 64 000 und 48 000 Kilometern – nicht allzu weit entfernt von dem tatsächlichen Wert von 40 000 Kilometern. Selbst Plato, den ich nicht für einen so guten Wissenschaftler halte wie Aristoteles oder Archimedes, lieferte eine bemerkenswerte Beschreibung unseres Planeten als große, im Raum schwebende Kugel: »Man sagt also zuerst, o Freund, diese Erde sei so anzusehen, wenn sie jemand von oben herab betrachtete, wie die zwölfteiligen ledernen Bälle, in so bunte Farben geteilt, von denen unsere Farben hier gleichsam Proben sind, alle die, deren sich die Maler bedienen.«[9] Platon wusste nicht nur, dass die Erde eine Kugel ist, sondern seine Beschreibung ihrer Oberfläche als »in bunte Farben geteilt« beschwört sogar die Bilder herauf, die uns heute so vertraut sind: unser Planet, aus dem Weltraum gesehen, mit seinen Wettererscheinungen, ihren Wirbeln über dem Meer, seinen Wüsten und schneebedeckten Gebirgen.

Was die Größe angeht, so gelangte ein anderer griechischer Gelehrter zu dem Schluss, dass er es nicht bei klugen Vermutungen belassen musste. Er glaubte, er könne den Umfang tatsächlich messen. Sein Name war Eratosthenes (ca. 275–195 v. u. Z.); er war nicht nur der Leiter der Bibliothek von Alexandria, sondern auch ein ausgezeichneter Astronom und Mathematiker. Seine Methode zur Berechnung des Erdumfangs war, wie so viele große wissenschaftliche Ideen, von wunderschöner Einfachheit: Wenn er auf der Erdoberfläche die Entfernung messen konnte, die einem der 360 Grad ihres Umfangs entspricht, musste er diesen Wert nur noch mit 360 multiplizieren.

Er wusste, dass die Mittagssonne am längsten Tag des Jahres, der Sommersonnenwende, in Syene (dem heutigen Assuan) im Süden Ägyptens senkrecht bis zum Boden eines Brunnens fiel. Ebenso hatte er beobachtet, dass die Sonne am gleichen Tag jedes Jahres im nördlich gelegenen Alexandria nicht genau senkrecht am Himmel stand; ihre Strahlen fielen vielmehr in einem Winkel zur Erde, der ungefähr einem Fünfzigstel eines Kreises entsprach (also 1/50 von 360 Grad oder 7,2 Grad). Er nahm an,

Syene liege genau südlich von Alexandria, und wenn er die Entfernung zwischen den beiden Städten kannte, brauchte er nur noch diesen Wert mit 50 zu multiplizieren, um zum Erdumfang zu gelangen. Wie er das im Einzelnen anstellte, ist nicht bekannt, aber offensichtlich ließ er jemanden von Alexandria nach Syene gehen und dabei die Schritte zählen! Ihm wurde berichtet, die Entfernung betrage genau 5000 Stadien (ungefähr 800 Kilometer). Damit gelangte er zu einem Wert von 250 000 Stadien oder 40 000 Kilometern für den Erdumfang – eine Zahl, die so nahe an die moderne Messung von 40 024 Kilometern herankommt, dass es kleinlich und pedantisch erscheinen würde, darin einen Fehler zu suchen.

In Wirklichkeit hatte Eratosthenes großes Glück, dass er der Wahrheit so nahe kam. Seine Methode war mit einer Reihe schwerwiegender Fehler, Ungenauigkeiten und grober Schätzungen behaftet, die zufällig so zusammenwirkten, dass er nahezu die richtige Antwort fand. Zur Sommersonnenwende steht die Mittagssonne zwar am nördlichen Wendekreis tatsächlich senkrecht über uns am Himmel, die Stadt Syene liegt aber nicht auf dem Wendekreis, sondern rund 35 Kilometer nördlich davon; außerdem liegt sie auch nicht genau südlich von Alexandria. Was aber am wichtigsten ist: Es war unmöglich, die Entfernung zwischen den beiden Städten auch nur annähernd genau zu ermitteln. Das Zählen von Schritten ist eine unzuverlässige Methode, und der Weg wäre aller Wahrscheinlichkeit nach dem gewundenen Lauf des Nils gefolgt, wobei die komplizierten geographischen Verhältnisse im Delta rund um Alexandria eine Rolle gespielt hätten. Und schließlich kennen wir die genaue Länge der Maßeinheit Stadion nicht; ich nenne ungefähr 160 Meter, aber das ist nur eine Näherung. Und dass die Zahl der Schritte genau 5000 Stadien ausmachen sollte, ist ohnehin verdächtig; deshalb glauben die meisten heutigen Historiker, dass Eratosthenes die Entfernung nie auf diese Weise maß, sondern unwissentlich für die Entfernung einen Wert verwendete, der seinerseits aufgrund einer früheren Schätzung des Erdumfangs berechnet worden war;[10] es handelt sich also um eine Art Zirkelschluss: Eine Schätzung des Erdumfangs dient zur Ermittlung einer Entfernung, die dann ihrerseits zur Neuberechnung des Erdumfangs dient.

Machen wir nun einen Sprung von 1000 Jahren ins Bagdad der Abassiden und zu der Gruppe von Astronomen, die für al-Ma'mun tätig waren. Sie kannten Eratosthenes' Methode aus den Schriften von Ptolemäus. Dieser hatte einen späteren, neu ermittelten, aber falschen Wert für den Erdumfang angegeben, nämlich 180 000 Stadien, die ein weiterer griechischer Astronom namens Posidonius ermittelt hatte.[11] Zehn Jahre nachdem al-Ma'mun nach Bagdad gekommen war, wollte er wissen, was das alles zu bedeuten hatte: Wie lang war eigentlich ein griechisches Stadion genau? In dieser Frage waren sich nicht alle einig. Das erforderte ein weiteres Projekt für die Gefährten der bestätigten Tabellen.

Al-Ma'mun entsandte eine Gruppe, zu der seine führenden Astronomen Sanad, Yahya, al-Janhari und Khalid al-Marwarrudhi gehörten, zusammen mit Zimmerleuten und Metallarbeitern in die Nordwestecke des heutigen Irak, genauer gesagt in die flachen Ebenen von Sinjar ungefähr 110 Kilometer westlich von Mosul. Dort teilte sich die Gruppe in zwei Teams auf, die sich in entgegengesetzten Richtungen auf den Weg machten, die eine genau nach Norden, die andere genau nach Süden. Unterwegs zählten sie ihre Schritte und steckten Pfeile als Markierung in den Boden. Sie blieben stehen, wenn sie, nach der Position der Sterne zu urteilen, einen Winkel von einem Grad der Erdkrümmung zurückgelegt hatten. Dann kehrten beide Gruppen um und maßen die Entfernung zum Ausgangspunkt noch einmal. Man errechnete den Durchschnittswert aller Messungen mit 56,6 arabischen Meilen. Eine arabische Meile oder *mil* entspricht ungefähr 1,9 Kilometern, die ermittelte Entfernung betrug also rund 108 Kilometer. Multipliziert man diese Zahl mit 360, so erhält man einen Wert von 38 880 Kilometern, einen mehr oder weniger ebenso zutreffenden Wert wie den, zu dem Eratosthenes 1000 Jahre zuvor gelangt war.

Als guter Wissenschaftler gab al-Ma'mun daraufhin eine weitere Expedition in Auftrag, die eine zweite Messung vornehmen sollte, dieses Mal in der syrischen Wüste. Seine Astronomen gingen von der Stadt Palmyra in Zentralsyrien aus und maßen die Entfernung bis zu der Stadt Ar-Raqqah im Norden. Dabei stellten sie fest, dass die beiden Städte um einen Breitengrad und 66,6 *mil* voneinander entfernt waren; daraus errechnete sich ein größerer Umfang von 24 000 *mil* oder 45 600 Kilometern.

Natürlich ist das ganze Vorhaben bewundernswert, aber die vielen Zahlen stifteten nur noch mehr Verwirrung. Offenbar lagen alle in der richtigen Größenordnung, und vermutlich ist es witzlos, jene besonders zu würdigen, die dem wahren Wert am nächsten kamen. Al-Ma'muns Astronomen mussten sich mit den gleichen Problemen herumschlagen wie Eratosthenes. So liegt beispielsweise Ar-Raqqah in Wirklichkeit 1,5 Breitengrade nördlich von Palmyra, aber auch ungefähr einen Längengrad weiter östlich. Und ohnehin beträgt die wirkliche Entfernung zwischen den beiden Städten mehr als 160 Kilometer (ungefähr 90 *mil*). Die genannten Zahlen wurden von vielen Historikern und Geographen in der Geschichte immer wieder zitiert, aber keiner von ihnen hatte eine genaue Vorstellung davon, wie lang ein *Stadion* oder eine *mil* eigentlich ist. Selbst Marco Polo und Christoph Kolumbus griffen auf sie zurück, aber von der Verwirrung um die Maßeinheiten abgesehen (die Entdecker wussten nicht einmal, dass zwischen einer römischen und einer arabischen Meile ein Unterschied besteht), zitierten sie oft unwissentlich al-Farghani, der Ptolemäus zitierte, der Posidonius zitierte, der Eratosthenes zitierte.

Aber der erstaunliche Sanad ibn Ali hatte noch einen weiteren

Kunstgriff im Ärmel. Wie der große muslimische Universalgelehrte al-Biruni im 11. Jahrhundert in seiner berühmten Abhandlung *Die Ermittlung der Koordinaten von Städten* (*Kitab Tahdid al-Amakin*) berichtet, hatte Sanad dem Kalifen al-Ma'mun eine viel bessere Methode zur Messung des Erdumfangs vorgeschlagen, bei der man nicht durch heiße Wüsten trotten und Schritte zählen musste. Als er al-Ma'mun um 832 auf einem seiner Feldzüge[12] gegen den byzantinischen Kaiser Theophilus begleitete, soll Sanad den Trick vorgeschlagen haben, auf einen Berg zu steigen, von dem aus man das Meer überblickte, und dann den Neigungswinkel zum Horizont zu messen. Aus diesem Wert und der bekannten Höhe des Berges konnte man mit rudimentären geometrischen Mitteln zwar nicht den Umfang der Erde, aber ihren Radius berechnen. Und natürlich ist es einfach, diese Zahl mit 2π zu multiplizieren und so zum Umfang zu gelangen.

Al-Biruni war aber auch bekannt für seine Bescheidenheit: Er überließ das Verdienst gern anderen, und außer seinen Aufzeichnungen enthält keine Quelle einen Anhaltspunkt dafür, dass Sanad das beschriebene Experiment tatsächlich ausführte. Bekanntermaßen bedurfte es des noch größeren Genies al-Biruni, die Messung sorgfältig vorzunehmen und die Diskussion über die Größe der Erde ein für alle Mal beizulegen. Aber diese Geschichte muss einem späteren Kapitel vorbehalten bleiben.

Das dritte spektakuläre Vorhaben, das al-Ma'muns Gelehrtenteam in Angriff nahm, war das ehrgeizigste von allen. Ein weiteres bekanntes Werk von Ptolemäus war die *Geographia*. Darin fasste er alles zusammen, was zu seiner Zeit über die Geographie der Erde bekannt war; zu großen Teilen stützte er sich dabei auf die Arbeit des älteren Geographen Marinus von Tyros (70–130 u. Z.): Dieser war auf die Idee gekommen, Koordinaten mit Längen- und Breitengraden zu verwenden, wobei die Null-Linie der geographischen Länge als »Nullmeridian« durch die Kanarischen

Inseln verlief, während er für Messungen der Breite eine parallel zu Rhodos verlaufende Linie verwendete. Die *Geographia* von Ptolemäus wurde von einer Gelehrtengruppe im Haus der Weisheit mit al-Khwarizmis Hilfe ins Arabische übersetzt und war offenbar der Schlüssel, der in der Frühzeit des Islam das Interesse an Geographie weckte. Auch hier erkennen wir wieder al-Ma'muns Kühnheit und Selbstsicherheit. Nachdem es zwei neue Observatorien gab, der Erdumfang bestätigt war und seine Gelehrten in Geometrie und Algebra sehr schnell neue Methoden entwickelten, gab er die Erstellung einer neuen Weltkarte in Auftrag. Schließlich enthielt Ptolemäus' Karte keine wichtigen islamischen Städte wie Mekka oder Bagdad; erstere war seinerzeit noch nicht wichtig genug gewesen, und die zweite hatte es noch gar nicht gegeben. Al-Ma'muns Astronomen hatten die Entfernung zwischen den beiden Städten ermittelt, indem sie bei einer Mondfinsternis Messungen vornahmen; sie gelangten zu einem Wert von 712 *mil*, was noch nicht einmal um zwei Prozent von der tatsächlichen Entfernung abweicht.

Nun gingen al-Ma'muns Gelehrte daran, die Koordinaten vieler wichtiger Orte in der bekannten Welt neu zu berechnen, und dabei fanden sie sehr schnell Abweichungen von Ptolemäus' Werten. Also zeichnete man eine neue Karte, die gegenüber der von Ptolemäus wichtige Verbesserungen enthielt. Sie zeigte den Atlantischen und Indischen Ozean nicht als von Land umgebene Meere, wie Ptolemäus es vermutet hatte, sondern als offene Gewässer. Die Griechen hatten zwar gute Kenntnisse über geschlossene Meere wie das Mittelmeer unter Beweis gestellt, von den großen Ozeanen jenseits davon verstanden sie jedoch wenig, während arabische Kaufleute zur Zeit al-Ma'muns bereits darüber berichten konnten. Die Landkarte korrigierte auch die von Ptolemäus gewaltig überschätzte Länge des Mittelmeers von 63 Längengraden und gab sie stattdessen mit 50 Längengraden wieder, was dem tatsächlichen Wert wesentlich näher kommt.

Leider existiert diese Karte aus der Abassidenzeit heute nicht mehr, und sie einigermaßen zuverlässig zu rekonstruieren erwies sich als schwierig. Unsere Kenntnisse über sie stammen vor allem aus einer zur gleichen Zeit entstandenen Abhandlung mit dem Titel *Bild der Erde* (*Surat al-Ard*). Dieses Werk wurde keinem Geringeren als al-Khwarizmi selbst zugeschrieben; er spielte offenbar in dem Landkartenprojekt eine zentrale Rolle und gilt häufig als der erste Geograph der islamischen Welt. Schon aufgrund des Aufwandes, der in dem Text steckt, ist es aber wahrscheinlicher, dass das *Surat al-Ard* wie die Bestätigten Tabellen ein Gemeinschaftsunternehmen war. Es orientierte sich am Vorbild der *Geographia* und wurde 833, in al-Ma'muns Todesjahr, fertiggestellt. Das Werk enthielt Tabellen mit den Längen- und Breitengraden von mehr als 500 Städten und ordnete Orte unter fünf allgemeinen Überschriften ein: Städte, Flüsse, Berge, Meere und Inseln; diese waren jeweils in Tabellen von Süden nach Norden zusammen mit ihren genauen Koordinaten in Grad und Bogenminuten aufgeführt.

Die ältesten heute noch erhaltenen Weltkarten aus dem islamischen Großreich sind Kopien früherer Werke, die auf den Anfang des 11. Jahrhunderts zurückgehen und viele Bezüge zu den Tabellen von al-Khwarizmi enthalten. Vor einigen Jahren löste eine offenbar bemerkenswerte Entdeckung große Aufregung aus. Der angesehene, in Frankfurt tätige Historiker Fuat Sezgin behauptete, er habe im Topkapi-Museum in Istanbul eine aus dem 14. Jahrhundert stammende Abbildung von al-Ma'muns ursprünglicher Karte entdeckt. In der Frage, ob sie authentisch ist, herrscht aber bis heute keine Einigkeit.

Aufbauend auf den Arbeiten von al-Khwarizmi und seinem Umfeld entwickelte sich die muslimische Kartographie schnell weiter. Das Fachgebiet teilte sich in zwei Schulen: Die Karten der einen orientierten sich an dem Kartenzeichner al-Balkhi (850–934) aus Bagdad und ähnelten weniger Landkarten, wie wir sie heute kennen, als vielmehr stilisierten Diagrammen (ähnlich dem Linienplan der Londoner U-Bahn); die anderen hatten den Stil des Kartographen al-Idrisi, der später – im 12. Jahrhundert – in Andalusien tätig war. Weitere muslimische Gelehrte, die geographische Werke verfassten, waren unter anderem Ibn Sina (Avicenna) und al-Biruni im 11. Jahrhundert sowie der Historiker Ibn Khaldun und der berühmte Reisende Ibn Batutta 300 Jahre später. Aber den Beitrag von al-Ma'muns Kartographen zur Entwicklung der mathematischen Geographie kann man nicht hoch genug einschätzen.

*

Noch ein letztes Gebiet der Gelehrsamkeit wurde für al-Ma'mun zu einer Art Besessenheit, und dies ist für uns heute vielleicht eine Überraschung. Als ich zum ersten Mal davon hörte, war es für mich sogar so etwas wie eine Offenbarung: die Ägyptologie.

Die Pyramiden von Gizeh vor den Toren Kairos stammen aus der Mitte des dritten Jahrtausends v. u. Z. und waren damit zu al-Ma'muns Zeit bereits über 3000 Jahre alt. Das alte Ägypten der Pharaonen und seine Zivilisation lagen also schon zu der Zeit, als der Islam entstand, im Nebel der fernen Vergangenheit. Der Historiker al-Mas'udi schrieb im 10. Jahrhundert über die Pyramiden:

> Die Tempel Ägyptens sind sehr seltsame Bauwerke ... und dann sind da die Pyramiden, die sehr hoch sind und auf bemerkenswerte Weise errichtet wurden. Ihre Seiten sind von allen möglichen Inschriften bedeckt, welche in der Schrift der alten Nationen und Königreiche geschrieben sind, die nicht mehr existieren. Niemand kann diese Schrift lesen, und niemand weiß, was damit beabsichtigt war. Diese Inschriften haben mit den Wissenschaften, mit den Eigenschaften der Dinge, mit Magie und den Geheimnissen der Natur zu tun.

Später berichtet er:

> Ich habe die gelehrtesten Kopten Oberägyptens und anderer Provinzen nach der Bedeutung des Wortes »Pharao« befragt, aber keiner konnte mir etwas darüber sagen, denn diesen Namen gibt es in ihrer Sprache nicht. Vielleicht war er ursprünglich der allgemeine Titel aller ihrer Könige.
>
> Man findet seltsame Erzählungen über die Schätze und Denkmäler Ägyptens und über den Reichtum, den sowohl seine Könige als auch andere Nationen, die in diesem Land herrschten, in der Erde vergraben haben und nach denen noch heute gesucht wird.[13]

Al-Ma'mun reiste 816 nach Ägypten, um einen Aufstand niederzuschlagen, und während seines Aufenthalts faszinierten ihn die Pyramiden. Angeblich suchte er vergeblich nach irgendjemandem, der ihm ihren Sinn hätte erklären können. Dass Berichte über das alte Ägypten die Araber im Mittelalter so fesselten, liegt daran, dass sie im Koran an mehreren Stellen erwähnt werden, insbesondere in der Geschichte über Moses und die Pharaonen. Auch aus den Übersetzungen antiker griechischer Autoren wie Homer und Herodot konnte man einiges über sie entnehmen. Man kann sich aber gut vorstellen, welchen Eindruck der Anblick der tatsächlichen Pyramiden auf al-Ma'mun gemacht haben muss.

Seine Versessenheit auf die Übersetzung antiker Texte umfasste natürlich auch den Wunsch, die Hieroglyphen auf den Wänden der ägyptischen Gräber zu entziffern. Die frühen arabischen Gelehrten glaubten, in diesen Symbolen seien Geheimnisse der Antike versteckt, die mit Astrologie und Alchemie zu tun hatten – was in vielen Fällen tatsächlich der Fall war. Insbesondere jene Alchemisten, die in enger Verbindung mit dem mystischen Sufismus standen, waren von den ägyptischen Inschriften fasziniert; der bekannteste unter ihnen war kein anderer als Jabir ibn Hayyan.

Während seines Aufenthalts in Ägypten sicherte sich al-Ma'mun die Dienste eines Weisen namens Ayyub ibn Maslama; dieser, so hoffte er, könne ihm die Hieroglyphen übersetzen. Immerhin stammte die koptische Sprache, die noch von großen Teilen der einheimischen Bevölkerung gesprochen wurde, ihrerseits von der Sprache des alten Ägypten ab. Aber leider und zur Enttäuschung des Kalifen war auch Ayyub nicht in der Lage, in den Inschriften irgendeinen Sinn zu finden.

Als Nächstes befahl al-Ma'mun, die große Pyramide von Khufu auszugraben. Einer Mannschaft, die von dem Kalifen selbst begleitet wurde, gelang es, sich Zugang zu verschaffen; hinter der Öffnung fand sie ein Goldgefäß, das al-Ma'mun mit nach Bagdad nahm. Im Inneren der Pyramide entdeckten sie aufwärts- und abwärtsführende Korridore. An der Spitze stießen sie auf eine kleine Kammer, in deren Mitte ein verschlossener Marmorsarkophag stand, und dieser enthielt noch die mumifizierten Überreste des Pharaos. Als es so weit war, mochte al-Ma'mun die Entweihung nicht weitertreiben. Er ordnete an, die Ausgrabungen einzustellen.[14]

Als Nachtrag zu diesem Bericht kann ich mir nicht die Gelegenheit entgehen lassen, von einem arabischen Gelehrten zu berichten, der in Kufa lebte und es nicht lange nach al-Ma'muns Regierungszeit tatsächlich schaffte, ungefähr die Hälfte aller Hieroglyphensymbole zu entschlüsseln. Ich war kürzlich in Sakkara, der altägyptischen Nekropole, die aus dem 27. Jahrhundert v. u. Z. stammt, also aus einer Zeit vor Errichtung der Pyramiden von Gizeh. Der in London ansässige Ägyptologe Okasha El Daly, der umfassende Untersuchungen zum Vorkommen der ägyptischen Antike in mittelalterlichen arabischen Schriften angestellt hat, zeigte mir mehrere Gräber. El Daly vertritt mit überzeugenden Argumenten die Ansicht, dass ein Mann namens Ibn Wahshiyya, der im 9. und 10. Jahrhundert lebte, zu Recht als erster echter Ägyptologe der Welt gelten kann. Während man im

Westen allgemein davon ausgeht, dass der Hieroglyphencode erst 1822 enträtselt wurde, als der Engländer Thomas Young und der Franzose Jean-François Champollion die Inschriften des Steins von Rosetta entschlüsselten, musste ich plötzlich selbst über einen weiteren kleinen Aspekt der Übersetzungsbewegung staunen. Ibn Wahshiyyas Text *Kitab Shawq al-Mustaham*, der von verschiedenen antiken Alphabeten handelt, führt eine Liste von Hieroglyphensymbolen zusammen mit ihrer Bedeutung als Wörter oder Laute sowie mit ihrer arabischen Entsprechung auf; und das nahezu ein Jahrtausend vor Young und Champollion.

Kehren wir nun dennoch zum Haus der Weisheit in Bagdad und zu al-Khwarizmi zurück. Wie ich bereits erwähnt habe, betrifft sein größtes Vermächtnis für die Wissenschaft nicht die Geographie, sondern die Mathematik. Wie viel wir diesem Mann verdanken, wird in den beiden nächsten Kapiteln deutlich werden: In ihnen untersuche ich die Entwicklung der Mathematik zur Zeit al-Ma'muns.

7

Zahlen

Ich werde jetzt nichts über die Wissenschaft der Hindus sagen, die noch nicht einmal Syrer sind, über ihre erhabenen Entdeckungen in jener Wissenschaft der Astronomie, welche noch geistreicher sind als die der Griechen und Babylonier, und über die flüssigen Methoden ihrer Berechnungen, die sich mit Worten nicht beschreiben lassen. Ich will nur sagen, dass sie mit neun Zeichen ausgeführt werden.
Severus Sebokht, Bischof von Syrien

Aus Filmen kennt man Strichlisten mit Fünfergruppen: Jeweils vier senkrechte Striche und ein Querstrich werden in die Wände von Gefängniszellen gekratzt und kennzeichnen die Tage. Auf diese Weise ist eine fortlaufende Zählung immer auf dem neuesten Stand. Diese und andere Formen von Strichlisten sind die älteste Form des Zählens – sie reichen viele Jahrtausende weit zurück. Schon im späten Paläolithikum, vor 40 000 bis 10 000 Jahren, zählten die Höhlenmenschen mit Hilfe von Tierknochen, die ihnen als Kerbholz dienten. Das älteste heute noch erhaltene Beispiel ist wahrscheinlich der Knochen von Lebombo, der auf ein Alter von 35 000 Jahren datiert wurde. Dieses kleine Stück vom Wadenbein eines Pavians ist mit 29 gut abgegrenzten Kerben markiert; entdeckt wurde es in der Border Cave in den Lebombo-Bergen in Swasiland.

Schon bevor man ein sinnvolles Zahlensystem erfunden hatte, bestand die Notwendigkeit, Dinge zu zählen – beispielsweise die Schafe in einer Herde. Für jedes Schaf, das morgens auf dem Weg zur Weide das Gatter des Bauern passiert, schneidet dieser eine Kerbe in einen Stock. Kehrt die Herde abends zurück, prüft er die Zahl seiner Schafe, indem er die Finger von Kerbe zu Kerbe bewegt, während die einzelnen Schafe vorüberlaufen. Auf diese Weise merkt er, wenn Tiere fehlen, ohne dass er die Zahl der Schafe in der Herde kennen muss. Das Kerbholz erfüllt seinen Zweck ebenso gut wie die Zählung der Tiere, die der heutige Bauer vornimmt, und es konnte ebenso leicht von einer Person zur anderen weitergegeben werden wie die Zahlen, die man ausspricht oder niederschreibt.

Durch eine einfache Abwandlung des primitiven Kerbholzes wurde sein Anwendungsbereich beträchtlich erweitert. Dazu braucht man nur einen zweiten Stab, denn der tut mehr, als nur die Länge, die für Kerben zur Verfügung steht, zu verdoppeln. Das Ganze funktioniert so: Ein Stock, Maßstab genannt, trägt bereits eine bestimmte Zahl von Kerben, beispielsweise 20; der zweite – der Zählstock – trägt keine Kerben mit Ausnahme einer Trennlinie, die ihn in zwei Abschnitte unterteilt. Der Bauer zählt die Schafe, indem er den Finger über die Kerben des Maßstabs bewegt. Sobald er dessen Ende erreicht hat, schneidet er eine Kerbe in die untere Hälfte des Zählstocks, die damit eine Einheit von 20 Tieren kennzeichnet. Dann beginnt er auf dem Maßstab wieder von vorn. Jedes Mal, wenn er die 20. Kerbe erreicht, schneidet er eine neue Kerbe in den Zählstock. Ist auf dem Maßstab das letzte Schaf erreicht, schneidet er die betreffende Zahl in die obere Hälfte des Zählstocks – in den Einheitenabschnitt. Hat er beispielsweise vier Kerben in der unteren Hälfte und sieben in der oberen, beträgt die Gesamtzahl 4 x 20 + 7 = 87. Natürlich braucht er auch hier diese Summe nicht als Zahl zu kennen, denn er kann den Vorgang umkehren, wenn er beide Stäbe bei der Rückkehr der Schafe wieder entsprechend markiert.

Die Zahl der Kerben auf dem Maßstab ist natürlich willkürlich gewählt, und ein Wert von 20 bietet keinen besonderen Vorteil. Dennoch ist die Zählung von Schafen mit Hilfe von Kerben auf einem Zählstab mit Zwanzigereinheiten der Ursprung des Wortes »score« (ursprünglich »Kerbe«) im alten Englisch. In der englischen Bibel wird die Zahl 70 als »threescore and ten« bezeichnet; das Wort »threescore« für »sechzig« geht auf das 14. Jahrhundert zurück, beispielsweise in »Thre' scoor and sixe daies« in der Bibel von John Wyclif, der allerersten Übersetzung aus dem Lateinischen ins Englische.[1]

Ein solches Zwanziger-Zahlensystem wird als Vigesimalsystem bezeichnet. Es gilt noch heute teilweise für die französischen Zahlworte: *Vingt*, das Wort für »zwanzig«, dient als Basis für die Zahlwörter von sechzig bis neunundneunzig. »Achtzig« heißt auf Französisch beispielsweise *quatre-vingts*, wörtlich also »vier Zwanziger«, und *soixante-quinze* (wörtlich »sechzig-fünfzehn«) heißt »fünfundsiebzig«. Diese Konvention wurde nach der Französischen Revolution eingeführt, weil man die verschiedenen Zahlensysteme, die zu jener Zeit in Frankreich gebräuchlich waren, vereinheitlichen wollte.

Es gibt auch Zahlsysteme mit vielen anderen Basen. Eines der ältesten ist das System mit der Basis 12, auch Duodezimalsystem genannt. Es setzte sich möglicherweise durch, weil ein Jahr ungefähr zwölf Mondzyklen (Mondmonate) hat und weil 12 sich bequem multiplizieren und dividieren lässt: 12 = 2 x 2 x 3 = 3 x 4 = 2 x 6, und 60 = 12 x 5 und 360 = 12 x 30 und so weiter. Die 12 war als Basis für Zahlensysteme in Europa weit verbreitet, und das Wort »Dutzend« stammt von der alten Form des französischen Wortes *douzaine*, was »eine Gruppe von zwölf« bedeutet. Das Wort »Gros« (vom lateinischen *grossus* = groß) bezeichnete die Zahl 144, ein sogenanntes »großes Dutzend« oder ein Dutzend Dutzende.

Entscheidend war aber letztlich die Tatsache, dass ein Mensch zehn Finger an seinen Händen hat; sie stellten einen so leicht zugänglichen, bequemen Standard dar, dass das Zahlensystem auf der Basis 10 (Dezimalsystem) sich nahezu weltweit durchsetzte.

Pythagoras (ca. 580–500 v. u. Z.) gilt zu Recht als der erste große Mathematiker der Geschichte. Die Denkschule, die seinen Namen trägt, erzielte gewaltige Fortschritte, obwohl sie eigentlich mehr eine religiöse als eine mathematische Bewegung war. Seine Philosophie ging von der Vorstellung aus, dass Zahlen in einer engen Beziehung zur Realität des Universums stehen; er hielt sie für die abstrakten, aber grundlegenden Bausteine der physikalischen Materie. Man sollte aber auch anmerken, dass sein Leben geheimnisumwittert ist und dass manche Historiker sogar die Vermutung äußerten, er habe überhaupt nicht existiert.

Schon lange vor Pythagoras, ungefähr im 18. Jahrhundert v. u. Z., bedienten sich die Babylonier eines »Sexagesimal«-Zahlensystems, in dem sich die Einheit nicht wie im Dezimalsystem jeweils nach 10 kleineren Einheiten ändert, sondern nach 60. Den Babyloniern verdanken wir also die Einteilung einer Stunde in 60 Minuten und einer Minute in 60 Sekunden. Auch die Winkeleinteilung in Grad, Minuten und Sekunden folgt dem Sexagesimalsystem. Die Babylonier hatten Symbole für die Zahlen bis 59, danach beginnt die nächste Einheit wieder bei 1. Wenn man Zahlen in Sexagesimaldarstellung schreiben will, kann man die Einheiten durch ein Komma teilen. Die Zahl 61 würde dann (1,1) lauten. Ebenso beschreibt man die Zahl 123 als (2, 3), denn sie besteht aus 60 x 2 + 3. Daraus folgt, dass man beispielsweise die Zahl 4321 als (1, 12, 1) schreibt, denn 4321 = 3600 x 1 + 60 x 12 + 1, und so weiter. Die Sexagesimaldarstellung setzt sich dann auch bei den Brüchen fort, wo man ganze Zahlen durch ein Semikolon von Brüchen trennt. Während also (1, 30) die Zahl 90 bezeichnet (1 x 60 + 30), bedeutet (1; 30) die Zahl 1, 5, denn $\frac{30}{60}$ ist das Gleiche wie ½. Nach dem gleichen Prinzip ist (2; 45) das Gleiche wie 2, 75, denn $\frac{45}{60}$ = ¾.

Eine kleine babylonische Keilschrifttafel, die heute an der

Yale University in den Vereinigten Staaten aufbewahrt wird, zeigt eine bemerkenswert gute Näherungslösung für die Quadratwurzel aus 2. Sie ist in Sexagesimalform geschrieben und enthält Brüche in Form von (1; 24, 51, 10). Diese Zahl kann man vollständig als Brüche schreiben und dann diese addieren:

$$1 + \frac{24}{60} + \frac{51}{60 \times 60} + \frac{10}{60 \times 60 \times 60} = 1\,\frac{8947}{21600} = 1.414213\ldots$$

Da der genaue Wert v2 = 1,414 214 ... lautet, handelt es sich hier, wie man leicht erkennt, um eine verblüffend gute Annäherung. Aber das allein ist eigentlich nicht das Beeindruckendste. Die Tafel in Yale und viele andere, die man aus babylonischer Zeit kennt, beweisen (jedenfalls nach Ansicht von Otto Neugebauer, der sich sehr für die babylonische Wissenschaft einsetzte, aber auch einer der vorsichtigsten, konservativsten Gelehrten der Altertumsforschung war), dass die Babylonier den »Satz des Pythagoras« durchaus kannten: Die Länge der Diagonale eines Quadrats lässt sich aus der Seitenlänge ableiten – und das 1000 Jahre vor Pythagoras![2] In einem Quadrat mit einer Seitenlänge von einer Einheit ist die Diagonale gleich der Quadratwurzel aus der Summe der Quadrate über den beiden Seiten. In einem rechtwinkligen Dreieck bildet sie die Hypotenuse:

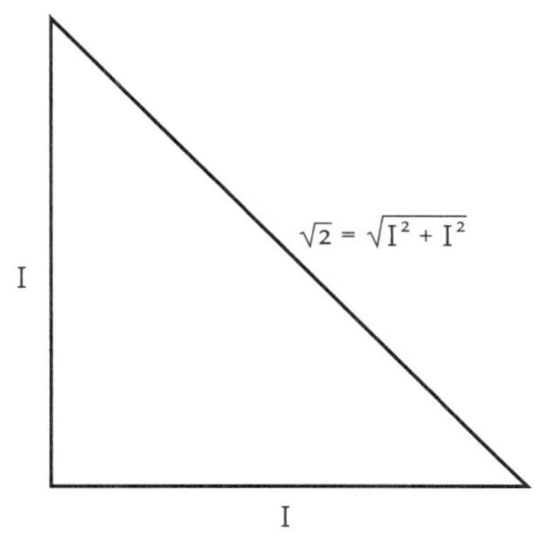

Auch die Mathematiker im alten Indien kannten Methoden zur Ermittlung von Quadratwurzeln; diese findet man im sogenannten Bakhshali-Manuskript, einem Text, der auf Birkenrinde geschrieben ist und 1881 in der Nähe des Dorfes Bakhshali im heutigen Pakistan gefunden wurde. Es wurde auf die Zeit zwischen dem 2. Jahrhundert v. u. Z. und dem 3. Jahrhundert u. Z. datiert und beschreibt Methoden zur Lösung vielfältiger mathematischer Probleme, darunter auch eine zur Berechnung von Quadratwurzeln.[3]

Ähnliches gilt auch für die *Klassische Arithmetik des Zhou-Gnomons* (Zhoubi suanjing), einen altchinesischen mathematischen Text, der aus der Zeit der Zhou-Dynastie (1046–256 v. u. Z.) stammt. Die anonyme Sammlung von 246 Mathematikaufgaben, jede mit detaillierten Lösungsschritten und Antworten, enthält einen der ersten nachgewiesenen Beweise für den Satz des Pythagoras; später lieferte der chinesische Mathematiker Chou Kung das zugehörige Diagramm (unten), an dem man besonders einfach erkennt, warum die Fläche des Hypotenu-

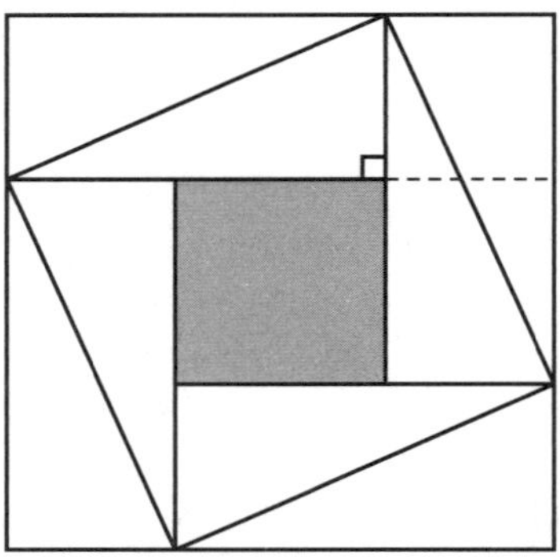

Ein alter chinesischer Beweis für den Satz des Pythagoras. Man betrachte das Dreieck oben links im Quadrat mit seinem rechten Winkel. Man erkennt, wie man einen Zusammenhang zwischen den Flächen der Quadrate über seinen drei Seiten herstellen kann.

senquadrats gleich der Summe der beiden Kathetenquadrate ist.

Die Ehre für einen weiteren Fall großer mathematischer Kenntnisse aus der Zeit vor den alten Griechen können sich Babylonier und Ägypter teilen: Es geht um die Bestimmung des Wertes für Pi (π), das konstante Verhältnis von Umfang zum Durchmesser eines Kreises. Der Wert von π ist eine irrationale Zahl, wie man sie heute nennt, das heißt eine Zahl, die sich nicht genau als Bruch zweier ganzer Zahlen wiedergeben lässt – ein Konzept, das erst die griechischen Mathematiker in vollem Umfang begriffen. In Dezimalschreibweise ist der genaue Wert von π also eine unendliche Zahlenreihe. Da wir so stark durch den griechischen Beitrag zur Mathematik beeinflusst wurden, herrscht heute häufig die Annahme, die Griechen hätten als Erste herausgefunden, dass eine solche grundlegende Konstante existiert. Vor allem liegt das auch daran, dass wir allgemein den griechischen Buchstaben π als Symbol dafür verwenden. Die Zahl π wird manchmal auch als Archimedes-Konstante bezeichnet, weil dieser griechische Wissenschaftler sie als Erster mit streng geometrischen Mitteln abschätzte. Aber natürlich kannte man sie, lange bevor die Griechen auf der Bildfläche erschienen. Interessant ist, mit welcher Methode die antiken Mathematiker sie ermittelten. In einer sehr groben Annäherung hat sie eindeutig den Wert von 3. Der Umfang eines Kreises ist also immer ungefähr dreimal so lang wie die Linie, die genau durch seine Mitte führt. Für viele Zwecke reicht eine solche Angabe aus. Aber sowohl die Babylonier als auch die Ägypter brauchten eine genauere Zahl.

In jener alten Zeit gab man der Konstante keinen Namen, ja man erkannte noch nicht einmal, dass sie als mathematische Größe existiert; stattdessen war sie in arithmetischen Regeln codiert, mit denen man beispielsweise die Fläche eines Kreises beurteilte. Heute lernen wir schon in der Schule, dass diese Fläche π mal dem Quadrat des Radius ist, genau wie wir lernen, dass der Umfang eines Kreises sich als π mal das Doppelte des Radius berechnet. Die Babylonier schrieben häufig, die Fläche eines Kreises sei $1/12$ des Quadrats des Umfanges. Das mag sich seltsam anhören, aber mit einigen nicht allzu komplizierten algebraischen Berechnungen erkennt man, dass sie unausgesprochen einen Wert von genau 3 für π benutzten. Eine Tontafel vom Anfang des zweiten Jahrtausends v. u. Z. legt die Vermutung nahe, dass ein genauerer Wert von 3 $1/8$ oder 3,125 verwendet wurde, der ein wenig kleiner ist als der richtige Wert von 3,1415 …[4]

Die Ägypter bedienten sich einer anderen Formel: Diese besagte, die Fläche eines Kreises sei das Quadrat von acht Neunteln des Durchmessers. Auch hier stellen wir mit ein wenig Zahlenspielerei fest, dass dies einem Wert für π von 3,16 entspricht – ein wenig zu groß, aber immer noch besser als der grobe Wert von 3.

In vielen anderen mathematischen Fragen machten die Babylonier insbesondere während der Hammurabi-Dynastie (um 1780 v. u. Z.) eine Reihe von Fortschritten, die durch Tausende von Keilschrifttafeln belegt werden. Ihr System der Multiplikationstabellen beispielsweise ist höchst erfindungsreich und weit besser als jenes, das Ptolemäus 2000 Jahre später entwickelte. Natürlich sollte ich die mathematischen Fähigkeiten und Errungenschaften der Babylonier nicht allzu sehr übertreiben; sie waren zwar weiter entwickelt als die der Ägypter, aber zwangsläufig wurden sie von den Griechen und insbesondere von Genies wie Pythagoras, Archimedes und Euklid in den Schatten gestellt. Man sollte aber festhalten, dass Ptolemäus in seinem *Almagest* das babylonische Sexagesimal-Zahlensystem benutzte, wenn auch nur zum Schreiben von Brüchen. Wie es in allen astronomischen Texten bis in islamische Zeit hinein üblich war, wurden ganze Zahlen ähnlich wie im römischen Zahlensystem als Buchstaben geschrieben.

Die arabische, alphabetische Schreibweise, die aus der griechischen und hebräischen Tradition übernommen wurde, geht auf die Anfangszeit des Islam zurück. Man bezeichnete sie als *abjad*-System, weil die ersten vier Zahlen 1, 2, 3 und 4 durch die vier ersten Buchstaben des Alphabets dargestellt wurden: *alif* (a), *ba* (b), *jim* (j) und *dal* (d). Eine Zahl wie 365 zum Beispiel, die Ptolemäus als τξε geschrieben hätte, wäre von islamischen Mathematikern als شسه wiedergegeben worden. In beiden Fällen stehen die drei Buchstaben für die Zahlen 300, 60 und 5. Hier gilt es festzuhalten, dass diese Zeichen sich stark von der heute gebräuchlichen Dezimalschreibweise unterscheiden, in der nur neun Symbole sowie die Null zur Darstellung aller Zahlen benutzt werden. Hier dagegen wurden die Zahlen 3, 30 und 300 durch unterschiedliche Buchstaben symbolisiert.

Die muslimischen Mathematiker verwendeten selbst zu der Zeit, als sie das indische Dezimalsystem übernommen hatten, weiterhin die babylonische Sexagesimalarithmetik und entwickelten sie auch weiter, insbesondere zum Zweck astronomischer Berechnungen; das ging sogar so weit, dass man von einer eigenen »Astronomenarithmetik« sprach.

Die Vorbilder für die heute gebräuchlichen Zahlensymbole stammen aus Indien. Man findet sie in den Inschriften von Ashoka aus dem 3. Jahrhundert v. u. Z., in den rund ein Jahrhundert jüngeren Inschriften von Nana Ghat und in den Nasik-Höhlen aus dem 1. und 2. Jahrhundert u. Z. Sie alle ähneln in ihrer Form auffallend den heutigen Symbolen.[5] Die Zahlen 2 und 3 beispielsweise sind leicht erkennbare kursive Ableitungen der alten Symbole = und ≡. In den altindischen Inschriften gibt es aber keine Vorstellung von einem Stellenwert oder von einer Null, die den heutigen Stellenwert überhaupt erst möglich macht. In der hinduistischen Literatur gibt es Anhaltspunkte, dass die Null möglicherweise schon früher bekannt war, aber aus Indien haben sich keine Inschriften mit einem solchen

Symbol erhalten, die aus einer früheren Zeit als dem 9. Jahrhundert stammen würden.

Die Stellenwert-Darstellung ist ein Zahlensystem, in dem jede Position eines Symbols im Verhältnis zur nächsten einen bestimmten Multiplikator hat, der als Basis bezeichnet wird. In unserem Dezimalsystem ist diese Basis natürlich die 10; seine Entwicklung lässt sich zu zwei großen mittelalterlichen indischen Mathematikern zurückverfolgen: Aryabhata (476–550), der die Stellenwertschreibweise als solche entwickelte, und Brahmagupta ein Jahrhundert später.[6] Spätere Autoren vertraten die Ansicht, der älteste bekannte, authentische Beleg für das Stellenwertsystem sei der jainistische kosmologische Text *Lokavibhaga*, der 458 vollendet wurde.[7] Um 670 hatte sich das System bereits bis in den Norden Syriens verbreitet: Dort pries der Bischof Severus Sebohkt seine hinduistischen Erfinder als Entdecker von Dingen, die geistreicher seien als die der Griechen; außerdem sprach er von ihren »neun Zeichen«. Die Null war ihm offensichtlich nicht bekannt.

Wann die Gelehrten im Bagdad der Abassiden die indischen Zahlen kennenlernten, ist nicht ganz klar. Möglicherweise geschah das schon zur Zeit al-Mansurs, als das *Siddhanta* von Brahmagupta erstmals entweder unmittelbar aus dem Sanskrit oder aus dem Persischen ins Arabische übersetzt wurde. Zwei der berühmtesten Gelehrten in Bagdad, der Philosoph al-Kindi und der Mathematiker al-Khwarizmi, trugen mit ihrem Einfluss sicher am stärksten dazu bei, die hinduistischen Zahlen in der muslimischen Welt durchzusetzen. Beide schrieben während al-Ma'muns Regierungszeit Bücher über das Thema, und ihre Arbeiten gelangten in lateinischer Übersetzung auch in den Westen;[8] auf diese Weise wurden also die Europäer mit dem Dezimalsystem bekanntgemacht, das man im Mittelalter nur als »arabische Zahlen« bezeichnete. Bis es sich in Europa allgemein durchgesetzt hatte, sollten aber noch mehrere Jahrhunderte vergehen. Dies hatte unter anderem einen soziologischen Grund: Dezimalzahlen galten lange Zeit als Symbole des bösen muslimischen Feindes.

Die lange Verzögerung hatte aber auch einen noch wichtigeren, praktischen Grund. Im Alltagsleben hatten sich die römischen Zahlen für die meisten Zwecke als geeignet erwiesen; erst in der Renaissance, als das Interesse an Naturwissenschaften wuchs, begriff man die Bedeutung der Mathematik und der Zahlen, die ihr Herzstück und damit auch die Grundlage jeder modernen Wissenschaft bilden.

Populär gemacht wurde das hinduistisch-arabische Zahlensystem schließlich durch den großen Mathematiker Leonardo von Pisa (Fibonacci, ca. 1170–1250), der durch den Mittelmeerraum gereist war und bei führenden arabischen Mathematikern seiner Zeit studiert hatte. Um das Jahr 1200 kehrte er von seinen Reisen zurück, und wenige Jahre später, als 32-Jähriger, schrieb er seine neuen Erkenntnisse im *Liber Abaci* (*Buch des Abakus* oder *Buch vom Rechnen*) auf. Der Historiker George Sarton weist allerdings auf Folgendes hin: »Um zu zeigen, wie langsam die hinduistischen Zahlen im Westen gebräuchlich wurden, reicht ein einziges Beispiel aus. Noch im 18. Jahrhundert verwendete der französische Cour des Comptes (der staatliche Rechnungshof) römische Zahlen.«[9]

Angesichts der Schwierigkeiten, mit römischen Zahlen arithmetische Operationen wie die Multiplikation vorzunehmen, sollte man annehmen, dass das hinduistisch-arabische Dezimalsystem begeistert aufgenommen wurde. Aber das Bedeutende an dem System sind natürlich nicht die Symbole selbst, die für die neun Ziffern verwendet wurden, und noch nicht einmal die Tatsache, dass es nur neun waren (zuzüglich der Null). Schließlich sind auch nur sieben Buchstaben erforderlich, um sämtliche Zahlen bis 1000 in römischen Zahlen zu schreiben. Entscheidend ist vielmehr das Stellenwertsystem als solches: Mit

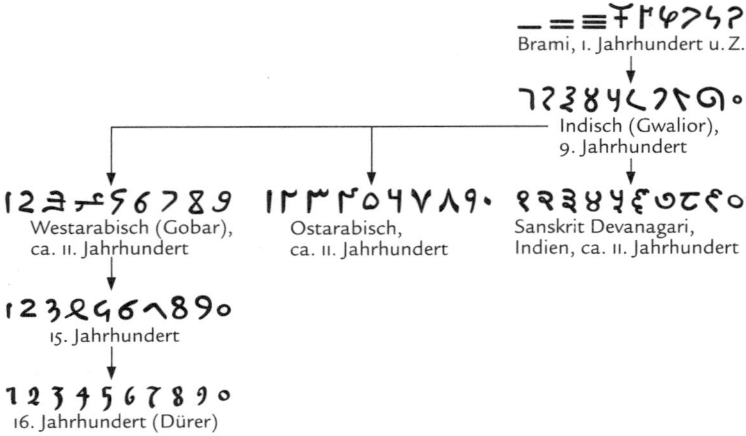

Die Entwicklung der hinduistisch-arabischen Zahlen.

den hinduistisch-arabischen Symbolen lässt sich jede Zahl bis hin zur Unendlichkeit definieren. Außerdem schaffen sie die Möglichkeit, Zahlen viel effizienter zu handhaben und zu kombinieren. Man stelle sich einmal vor, man wollte zwei Zahlen wie 123 und 11 multiplizieren. Für die meisten Menschen ist das auf dem Papier sehr einfach, und wenn man entsprechend begabt ist, schafft man es sogar im Kopf. Das Ergebnis lautet 1353. Jetzt versuchen wir einmal, die gleiche Multiplikation mit römischen Zahlen zu vollziehen. Dann müsste man CXXIII mit XI multiplizieren und erhält als Ergebnis MCCLIII. Es gibt eine Methode dafür, aber die ist ein wenig umständlich.[10]

Sie wurde ursprünglich höchstwahrscheinlich durch Zufall im alten Ägypten entdeckt und mit den zunehmenden Fähigkeiten derer, die sie praktizierten, allmählich verfeinert.

Aber kehren wir zu den Mathematikern in Bagdad zurück, die als Erste das hinduistische Dezimalsystem übernahmen. Al-Khwarizmis großes Werk über Arithmetik, *Das Buch der Addition und Subtraktion entsprechend der hinduistischen Rechnung*, wurde um

825 geschrieben, ist aber in der ursprünglich arabischen Fassung nicht mehr erhalten. Selbst der Titel ist nur eine Vermutung. Es war vermutlich das erste Buch über das Dezimalsystem, das ins Lateinische übersetzt wurde; hier trug es den Titel *Liber Algorismi de Numero Indorum*, und es beginnt mit den Worten *Dixit Algorismi* (»Al-Khwarizmi sagt«). Im weiteren Verlauf beschreibt es die Methoden für verschiedene Rechenoperationen, und es ist auch der Ursprung des Wortes »Algorithmus«, das sich aus dem latinisierten Namen al-Khwarizmis ableitet. Diese und andere frühe Übersetzungen seiner Arbeiten stießen in Europa auf großen Widerstand und wurden als gefährliche, sarrazenische Magie eingeordnet.

Aber auch die muslimische Welt gab ihre alten Gewohnheiten nur widerwillig auf. Obwohl al-Kindi und al-Khwarizmi die hinduistische Dezimalschreibweise eingeführt hatten, blieben die arabischen Mathematiker lieber bei dem, was sie am besten kannten: entweder beim babylonischen Sexagesimalsystem oder bei der griechisch-römischen Tradition, Zahlen mit den Buchstaben des Alphabets darzustellen.[11] Allgemein üblich war dies in astronomischen Tabellen; damit wurde die Tradition fortgesetzt, die man aus Texten wie dem *Almagest* von Ptolemäus übernommen hatte. Noch fünf Jahrhunderte nach al-Khwarizmi war das Dezimalsystem nicht mehr als eine Kuriosität, während das babylonische Sexagesimalsystem allgemein in Gebrauch war. Ein gutes Beispiel ist *Die Bestimmung der Koordinaten von Städten*, das geographische Werk des Universalgelehrten al-Biruni, das 1025 vollendet wurde. Darin leitet er mathematische Formeln sorgfältig ab, und anschließend zeigt er ausgearbeitete Beispiele, beispielsweise die Koordinaten von al-Birunis Heimatstadt Ghazna in Afghanistan, die relativ zu Bagdad und Mekka ermittelt wurden. Die Bestimmung der Breitengrade stellte für ein Genie wie al-Biruni kein Problem dar; die Berechnungen wurden nach dem primitiven Verfahren angestellt, alle Sexagesimalzahlen in ganze Dezimalzahlen umzurechnen. Viel schwieriger war zu jener Zeit jedoch die Berechnung der Längengrade: Hier wurden alle Operationen unmittelbar nach der babylonischen Methode mit Sexagesimalzahlen ausgeführt.[12]

Diese Gewohnheit sollte sich noch über Jahrhunderte fortsetzen. Die mathematischen, astronomischen und geographischen Tabellen, die im Mittelalter auf Arabisch veröffentlicht wurden, enthalten kaum Dezimalzahlen. Dies erkennt man noch im 14. Jahrhundert in den Tabellen mit Längen- und Breitengraden, die der Geograph Abu al-Fida (1273–1331) zusammenstellte. Man kann also kaum die Europäer wegen ihrer langanhaltenden ablehnenden Haltung gegenüber den hinduistisch-arabischen Zahlen kritisieren, da nicht einmal die muslimische Welt selbst sie sich zu eigen machte.

Inmitten der historischen Verwirrung um die Herkunft vieler wissenschaftlicher Ideen und angesichts des breiten Meinungsspektrums im Zusammenhang mit arabischer Wissenschaft, das von »sie haben nicht mehr getan, als das Wissen der Griechen und Inder weiterzugeben« bis zu »wir verdanken ihnen alles, was wir wissen« reicht, ist ein Vorgang besonders problematisch und gleichzeitig faszinierend: die Entstehung der Null.

Das liegt weniger an widersprüchlichen oder fehlenden Belegen für eine bestimmte Behauptung, sondern vielmehr daran, dass man die Frage, wer die Null als Erster entdeckte, unterschiedlich verstehen kann. Die Antwort ist in jedem Fall eine andere. Ich möchte deshalb etwas präziser werden:

Lautet die Frage: Wann wurde zum ersten Mal ein Symbol oder eine Kennzeichnung für einen leeren Platzhalter innerhalb einer Zahl verwendet?

Oder genauer: Wann wurde das Symbol für einen solchen Platzhalter erstmals in unserem heutigen Dezimalsystem verwendet, beispielsweise um die Zahlen 11 und 101 zu unterscheiden?

Meint man damit die erste Verwendung der Null als philosophischer Begriff, der das Fehlen von allem (die Leere, das Vakuum) symbolisiert?

Oder meint man damit die erste Verwendung der Null als eigenständige Zahl, die den gleichen Status hat wie alle anderen und an der Grenze zwischen positiven und negativen Zahlen steht?

Was das Verständnis für den Begriff der Null angeht, gibt es eindeutig verschiedene Entwicklungsstadien. Man kann nicht nach einem Mathematiker suchen, der eines Morgens aufwachte und dachte: »Ich weiß, was in unserem Zahlensystem fehlt und was die Arithmetik viel vielseitiger und nützlicher machen würde: die Null.«

In der gröbsten Definition ist die Null die Darstellung eines Stellenwerts innerhalb einer Zahl. Schon die alten Babylonier mussten zu Beginn des 2. Jahrtausends v. u. Z. in ihren Sexagesimalberechnungen zwischen Zahlen unterscheiden. Dass ihre Zahlen mehrdeutig waren, begriffen sie von Anfang an. Betrachten wir beispielsweise einmal die Zahl (1, 20). Dies kann folgende Zahlen bedeuten:

(*a*) (1, 20), das heißt 60 x 1 + 20 = 80
(*b*) (1, 0, 20), das heißt 3600 x 1 + 60 x 0 + 20 = 3620
(*c*) (1, 20, 0), das heißt 3600 x 1 + 60 x 20 + 0 = 4800

Woher soll man wissen, welche Zahl gemeint ist, wenn an der jeweiligen Einheitenstelle keine Null steht? Die Babylonier umgingen dieses Problem auf zweierlei Weise. Die Keilschriftsymbole für 1 und 10 lauteten 𒁹 und 𒌋. Die Zahl 20 konnte man also als 𒌋𒌋 schreiben, die Zahl 80 oder (1, 20) hätte man als 𒁹 𒌋𒌋 geschrieben. Um diese aber von der Zahl 3620 oder (1, 0, 20) zu unterscheiden, ließen sie einfach zwischen den Symbolen eine Lücke, welche die Null darstellte: 𒁹 𒌋𒌋 Damit bleibt natürlich immer noch die Frage, wie man die Zahl 4800 (1, 20, 0) schreibt. Zu diesem Zwecke schrieben sie genau wie für (1, 20) einfach 𒁹 𒌋𒌋 und überließen es dem Zusammenhang, deutlich zu machen, dass hier 4800 und nicht 80 gemeint war.

Viel später erfanden die Seleukiden, die als Nachfolger Alexanders des Großen über Mesopotamien herrschten, ein Symbol als Ersatz für die zweideutige »Lücke«, deren sich die alten Babylonier bedient hatten. Das älteste Symbol für die Null 𒑲 findet sich deshalb auf vielen babylonischen Keilschrifttafeln aus der Zeit um 300 v. u. Z. Es diente aber ausschließlich dazu, andere Zahlensymbole zu trennen, nicht anders als wir die Null heute verwenden, um beispielsweise zwischen 25, 205 und 2005 zu unterscheiden. Seltsamerweise behielt man dabei die Sitte der alten Babylonier bei, das Symbol nie ans Ende einer Zahl zu setzen, sondern nur zwischen andere Symbole.

Über die Frage, inwieweit diese erste Nutzung eines Symbols für die Null die echte Erfindung dieser Zahl darstellt, kann man streiten. Interessanterweise kommen die Leerstellen, die ein Null-Symbol erfordern, im Sexagesimalsystem wesentlich seltener vor als in unserem Dezimalsystem mit der Basis 10. Für alle ganzen Zahlen unter 60 wird sie überhaupt nicht gebraucht, für die ganzen Zahlen unter 3600 nur 59-mal (im Vergleich zu 917-mal im Dezimalsystem). Die Babylonier empfanden also kein dringendes Bedürfnis danach.

Ein wenig später als die Babylonier entwickelten die Maya in Mittelamerika, ganz am anderen Ende der Welt, ein eigenes Stellenwertsystem mit der Basis 20 (Vigesimalsystem), das mit sehr wenigen Symbolen auskam (ein Punkt für die 1 und ein Balken für die 5). So kamen sie mit einer Kombination aus Punkten und Balken bis 19, dann folgte die nächste Stelle. Und genau wie die Babylonier benutzten sie ein Null-Symbol als Platzhalter. Das älteste nachgewiesene Beispiel dafür stammt ungefähr aus dem Jahr 36 v. u. Z.

Die Griechen, die stark von der babylonischen Astronomie und dem damit verbundenen Sexagesimalsystem beeinflusst waren, benutzten ihre Buchstaben für ganze Zahlen, aber eine Sexagesimalschreibweise für Brüche. Zu diesem Zweck brauchten sie ebenfalls ein Null-Symbol, und dafür suchten sie sich den griechischen Buchstaben *omikron* aus, der wie der lateinische Buchstabe o aussieht. In allen drei Fällen jedoch – bei Babyloniern, Maya und Griechen – ist diese Null keine Zahl, ja noch nicht einmal ein eigenständiges Konzept. Dennoch wäre es richtig, auf die Frage: »Wer hat das erste Symbol für die Null erfunden?«, zu antworten: die Babylonier.[13]

Wie steht es mit der Vorstellung von der Null als Begriff für das Nichts? Natürlich kann man philosophische Bezüge auf die »Leere« in gewisser Hinsicht als gleichberechtigt mit dem mathematischen Begriff der Null betrachten. Wenn das stimmt, waren die alten Griechen als Erste so weit. Nach Ansicht des angesehenen Mathematikhistorikers Carl Boyer dachte Aristoteles im 4. Jahrhundert v. u. Z. über die Null als mathematischen Begriff nach und schrieb auch darüber.[14] In seiner *Physica* beschreibt Aristoteles die Vorstellung von der mathematischen Null anhand eines Punkts auf einer Linie. Die Unmöglichkeit, durch Null zu dividieren, erwähnt er im Zusammenhang mit der Geschwindigkeit eines Objekts, die umgekehrt proportional zum Widerstand (oder der Dichte) des Mediums ist, durch das es sich bewegt. Die Geschwindigkeit im Vakuum (oder in der Leere) wäre demnach unendlich groß, da es keinen Widerstand gibt. Das, so Aristoteles, sei der Beweis, dass die Leere nicht existieren könne. Wie man also leicht erkennt, beschrieben die Griechen ungefähr zur gleichen Zeit, als die Babylonier ein *Symbol* für die Null erfanden, den *Begriff* der Null.

Damit sind wir bei einem schwierigeren Thema, in dem die Gedanken der Griechen und Babylonier zwangsläufig zusammenfließen: der Behandlung der Null als eigenständiger Zahl. Viele Historiker haben die Ansicht vertreten, dies sei erst vor relativ kurzer Zeit geschehen. Selbst al-Khwarizmi vermied es, seine algebraischen Mengenangaben mit Null gleichzusetzen. Stattdessen ließ er stets auf beiden Seiten der Gleichung Zahlenwerte stehen, die nicht Null waren. Um dies an einem Beispiel darzustellen: Er hätte nie eine Gleichung wie $x^2 + 3x - 10 = 0$ aufgestellt, sondern immer $x^2 + 3x = 10$ geschrieben. Der Wert von x ist in beiden Fällen 2, und der Unterschied zwischen den beiden Schreibweisen besteht in einer trivialen Umstellung der Zahl 10 (und zwar nach Regeln, die al-Khwarizmi selbst formulierte). Dennoch wäre ihm die erste Gleichung völlig fremd gewesen, denn die Null galt nicht als Zahl, die als Ergebnis bei der Kombination anderer Zahlen herauskommen konnte.

Dennoch herrscht allgemein Einigkeit, dass das Symbol für die Null zusammen mit der Dezimalschreibweise aus Indien nach Bagdad kam. Es sieht mit Sicherheit so aus, als hätten die Hindus schon 505 u. Z. in der Null nicht nur ein Symbol, sondern eine echte Zahl gesehen.[15] Bis zu jener Zeit enthielt das hinduistische Zahlensystem unterschiedliche Symbole für 10, 11 und so weiter; durch die Erfindung der Null entfiel dann die Notwendigkeit, Zahlen über 9 mit eigenen Symbolen wiederzugeben. Wenig später führten indische Mathematiker auch arithmetische Operationen aus, an denen die Null beteiligt war. Brahmagupta machte 628 u. Z. die richtige Feststellung, dass 0, multipliziert mit einer endlichen Zahl, stets 0 ergibt, und er erklärte auch, die Division einer Zahl durch 0 sei unmöglich. Erst viel später jedoch, gegen Ende des 12. Jahrhunderts, vertrat Bhaskara, ein anderer Inder, zu Recht die Ansicht, dass der Wert jeder endlichen Zahl, die durch 0 dividiert wird, unendlich beträgt.

Die islamischen Mathematiker dagegen benutzten die Null in der Algebra offensichtlich nicht. Betrachten wir beispielsweise einmal die Gleichung $x^2 = 2x$. Dies ist eine einfache quadratische Gleichung, und als solche hat sie zwei mögliche Lösungen (x kann zwei Werte haben). Diese lauten natürlich 0 und 2: Beide Werte »funktionieren«, wenn man sie anstelle des x in die Gleichung einsetzt. Die islamischen Mathematiker der Frühzeit hätten aber $x = 0$ als mögliche Lösung nicht anerkannt. Dieser eigentlich recht kleine begriffliche Schritt wurde erst im 17. Jahrhundert mit den Arbeiten des französischen Mathematikers Albert Girard vollzogen.[16]

Das englische Wort für »Null« lautet *zero* und lässt sich auf das altindische Wort *sunya* zurückführen, das eigentlich »Leere« bedeutet; ins Arabische wurde es mit *sifr* oder »nichts« übersetzt, ein Wort, das in der arabischen Sprache noch heute gebräuchlich ist. Im frühen 13. Jahrhundert nahm es die latinisierte Form *zephirum* an, aus dem sich nach und nach das Wort »zero« entwickelte. In Westeuropa fand ein weiterer Umweg statt: das arabische *sifr* wurde im Lateinischen zu *cifra*, im Englischen zu *cipher* und im Deutschen zu *Ziffer*. Nun bezeichnete es nicht mehr die Null, sondern jedes beliebige hinduistisch-arabische Zahlzeichen. Später wurde daraus die *Chiffre*, eine Form der Geheimschrift, die man *dechiffrieren* konnte. Wegen dieses Durcheinanders verwendete man im Englischen schließlich das italienische Wort *zero*. Das deutsche Wort »Null« stammt vom lateinischen *nullus* = keiner.

*

Der älteste heute noch erhaltene Text in arabischer Sprache über Arithmetik ist *Das Buch der Kapitel über die Arithmetik der Hindus* (*Kitab al-Fusul fi al-Hisab al-Hindi*); in diesem Werk wurde nach heutiger Kenntnis zum ersten Mal das Dezimalkomma verwendet. Das einzige bekannte Exemplar dieses bemerkenswerten Buches wurde 952 in Damaskus verfasst und wird heute in der Yeni Gami-Bibliothek in Istanbul aufbewahrt. Es ist für die Geschichte der Mathematik von ungeheurer Bedeutung, vermutlich aber nicht gut genug bekannt. Sieht man von wenigen fehlenden Seiten und drei unvollendeten Kapiteln ab (in einem davon wird ein Rechenbrett für Blinde beschrieben), umfasst es 230 Seiten mit gut leserlichem Text und mathematischen Berechnungen. Sein Autor dürfte jedoch kaum eine allgemein bekannte Gestalt sein. Er wird in dem gewöhnlich zuverlässigen und umfassenden *Fihrist* von Ibn al-Nadim, dem Historiker und Biographen arabischer Gelehrter aus dem 10. Jahrhundert, nicht erwähnt. Sein Name war Abu al-Hassan al-Uqlidisi; der Titel bezieht sich auf Uqlidis (Euklid) was auf eine Verbindung zu dem großen griechischen Mathematiker schließen lässt. Es sieht aber so aus, als habe dieser Zusammenhang weniger mit al-Uqlidisis großer Fachkenntnis und seiner Beherrschung der euklidischen Geometrie zu tun (obwohl man in dieser Hinsicht natürlich nicht sicher sein kann) als vielmehr mit der Art, wie er nach heutiger Kenntnis seinen Lebensunterhalt verdiente: Er stellte Abschriften der arabischen Übersetzung von Euklids *Elementen* her und verkaufte sie.

Soweit wir wissen, war al-Uqlidisi der erste Mathematiker, der Dezimalbrüche verwendete und ein Symbol für das Dezimalkomma vorschlug (nämlich einen schrägen Strich über der Zahl).[17] Im Vorwort zu seinem Buch erklärt al-Uqlidisi, er habe sich große Mühe gegeben, die besten arithmetischen Methoden aller früheren Autoren zur Handhabung und Berechnung von Brüchen zu beschreiben. Deshalb lässt sich sehr schwer feststellen, ob die Vorstellung von Dezimalbrüchen oder vielleicht sogar die dafür verwendete Schreibweise seine eigene Entdeckung oder die eines früheren Mathematikers ist.[18] In jedem Fall wurde sie aber in der islamischen Welt nicht von den Indern übernommen, und deshalb kann man davon ausgehen, dass Dezimalbrüche im Gegensatz zu Dezimalzahlen oder der Null mit ziemlicher Sicherheit eine Erfindung arabischer Mathematiker waren.

In jüngerer Zeit versuchten manche Historiker, die Bedeutung von al-Uqlidisis Arbeiten herunterzuspielen. Sie vertraten die Ansicht, er habe zwar in einigen Sonderfällen Dezimalbrüche benutzt,[19] dabei aber nicht in vollem Umfang einschätzen können, wie leistungsfähig und wichtig sie in der Arithmetik sind. Es wurde sogar die Vermutung geäußert, der arme al-Uqlidisi habe die Dezimalbrüche nur intuitiv und aus Zufall verwendet, ihre Anwendung sei aber nicht annähernd so umfassend gewesen wie bei späteren Mathematikern. Das ist ein recht hartes Urteil, aber eines ist richtig: Auf ihn folgten wesentlich versiertere Mathematiker. Einer von ihnen war al-Samaw'al (ca. 1130–ca. 1180),[20] der Sohn eines marokkanischen Rabbiners und ein mathematisches Genie; er schrieb mit 19 Jahren ein Buch über Algebra, entwickelte das Konzept des Beweises durch mathematische Induktion und leistete wichtige Beiträge zum Binominalsatz. Nach Ansicht anderer Historiker war es der große persische Mathematiker al-Kashi, der fünf Jahrhunderte später in seiner enzyklopädischen Abhandlung *Der Schlüssel des Rechnens* (*Miftah al-Hussab*)[21] Dezimalbrüche erstmals umfassend beschrieb und sie verwendete.[22]

Noch größer wird die Verwirrung, weil auch die Ansicht vertreten wurde, chinesische Mathematiker wie der große Liu Hui, der im 3. Jahrhundert lebte, hätten als Erste Dezimalbrüche verwendet; es gibt allerdings keine Anhaltspunkte dafür, dass al-Uqlidisi die chinesische Mathematik kannte. Der berühmteste chinesische Mathematiker, der bekanntermaßen mit Dezimalbrüchen arbeitete, war ohnehin Yang Hui im 13. Jahrhundert (also 200 Jahre nach al-Uqlidisi), der allerdings kein Symbol für das Dezimalkomma benutzte.[23]

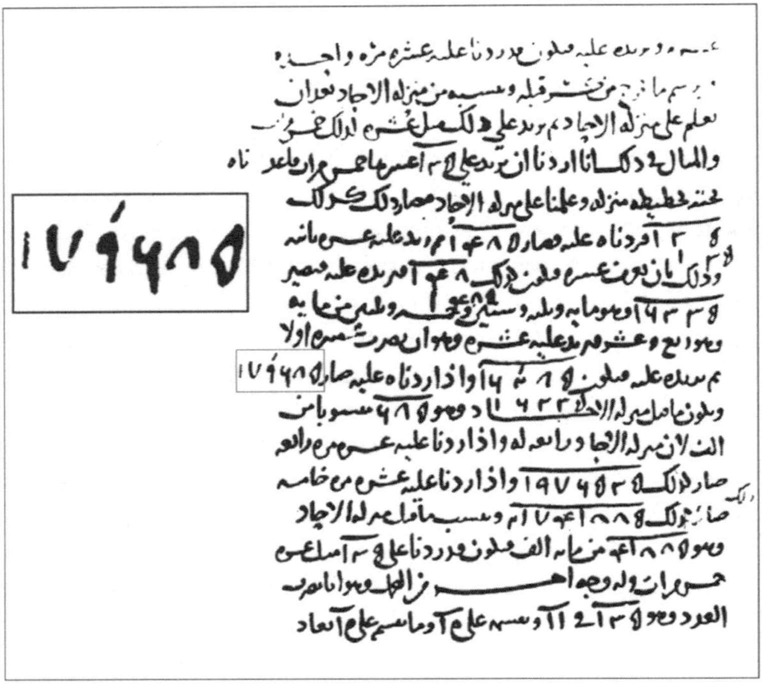

Die erstmalige Verwendung eines Dezimalkommas im Buch der Kapitel über hinduistische Arithmetik von al-Uqlidisi, entstanden Mitte des 10. Jahrhunderts u. Z. Der Kasten links zeigt einen vergrößerten Textausschnitt mit einem Schrägstrich über der Ziffer 9: Er besagt, dass die Zahlen rechts davon Dezimalstellen sind. Die Zahl selbst würde man heute 179,685 schreiben; sie ist das Ergebnis, wenn al-Uqlidisi eine Zahl (135) zu ihrem zehnten Teil addiert, dann das Ergebnis wieder zu seinem zehnten Teil und so weiter – insgesamt dreimal. Oder anders ausgedrückt: Er multipliziert 135 mit der dritten Potenz von 11/10.

Interessanterweise ähnelte al-Uqlidisis Schreibweise stark der, die wir heute für das Dezimalkomma verwenden.[24] Die Zahl 179,685 schrieb er 179´685 mit einem Schrägstrich über der Einerstelle.[25] Im Gegensatz dazu schrieb al-Kashi später den Dezimalteil einer Zahl mit einer andersfarbigen Tinte, oder er stellte seine Zahlen in einer Tabelle zusammen, wobei der Dezimalteil in einer eigenen Spalte stand. Noch umständlicher ist die Schreibweise, deren sich der flämische Mathematiker Simon Stevin (1548–1620) im 16. Jahrhundert bediente: Er hätte al-Uqlidisis obengenannte Zahl als 179⓪6①8②5③ geschrieben, wobei die eingekreisten Zahlen die Eintel, Zehntel, Hundertstel und so weiter kennzeichneten. Einige Zeit vor Stevin, im 15. Jahrhundert, finden wir in europäischen Texten auch einen senkrechten Strich, der die Einer- von den Dezimalstellen trennt, wie beispielsweise in 179|685. Mir jedoch gefällt al-Uqlidisis alte Schreibweise viel besser.

Wie man daran erkennt, gebührt das Verdienst für das Dezimalsystem als Ganzes den indischen und arabischen Mathematikern gemeinsam. Die Inder verwendeten als Erste das auf der Zehn basierende Stellenwertsystem mit neun Ziffern und dem Symbol für die Null anstelle der Strichlisten der Ägypter, Babylonier und Römer. Sie erweiterten das System aber nicht auf Brüche. Da diese wichtige Ergänzung von arabischen Mathematikern stammt (das heißt von Arabern wie auch von Persern, die auf Arabisch schrieben), sprechen wir zu Recht von hinduistisch-arabischen Zahlen. Wichtig ist dabei nach meinem Eindruck der Hinweis, dass die Hinzufügung des Wortes »arabisch« nicht einfach nur der Tatsache Rechnung trägt, dass die indischen Zahlen über die muslimische Welt nach Europa gelangten.

8

Algebra

Angenommen, ein Mann lässt in seiner Krankheit zwei Sklaven frei. Der Preis für den einen beträgt dreihundert Dirhem, der für den anderen fünfhundert Dirhem. Der für dreihundert Dirhem stirbt und hinterlässt eine Tochter; dann stirbt der Herr und hinterlässt ebenfalls eine Tochter, und der Sklave hinterlässt Eigentum im Wert von vierhundert Dirhem. Mit wie viel muss jeder von ihnen sich freikaufen?
Al-Khwarizmi

Das obige Zitat stammt aus dem *al-Kitab al-Mukhtasar fi Hisab al-Jebr wa-l-Muqabala*. Manch einer denkt vielleicht: Das sagen Sie so leicht. Die vollständige Übersetzung des Titels lautet *Das Werk über das Rechnen durch Wiederherstellung und Ausgleich*, aber aus Gründen, die ich in Kürze deutlich machen werde, ist es zulässig, den Zungenbrecher mit *al-Jebr* abzukürzen. Sein Autor ist Ibn Musa al-Khwarizmi, der treue Begleiter von al-Ma'muns Haus der Weisheit. Er behandelt darin die Algebra zum ersten Mal als eigenständiges Teilgebiet der Mathematik und nicht nur als Zweig von Arithmetik oder Geometrie. Sogar das Wort »Algebra« geht auf das *al-Jebr* im Titel zurück.

Al-Khwarizmi kam zu Beginn des 9. Jahrhunderts aus Zentralasien, aus einer Region unmittelbar südlich des Aralsees, nach Bagdad. Ursprünglich war er Zoroastrier, aber vermutlich konvertierte er zum Islam. Auf der ersten Seite des *al-Jebr* beginnt er seinen Text mit der Zeile *Bism-Illah al-Rahman al-Rahim* (»im Namen Gottes, des Gnädigsten und Mitfühlenden«), die bis heute alle von Muslimen verfassten Bücher einleitet. Natürlich wäre es aber auch denkbar, dass al-Khwarizmi einfach die Tradition befolgte und den Kalifen, unter dessen Schirmherrschaft er stand, nicht beleidigen wollte. Wie wir bereits erfahren haben, war al-Khwarizmi eine der zentralen Gestalten in al-Ma'muns Gelehrtenkreis. Mit seiner berühmten Abhandlung *Bild der Erde*, in der er die Koordinaten mehrerer hundert Städte in der bekannten Welt aufführte und Anweisungen zum Zeichnen einer neuen Weltkarte gab, sicherte er sich eine dauerhafte Stellung als erster islamischer Geograph. Und da er die astronomischen Arbeiten am Shammasiyya-Observatorium in Bagdad beaufsichtigte und dann eine höchst einflussreiche *zij* verfasste, sicherte er sich auch den Ruf als großer Astronom. Vor allem ist er aber als Mathematiker bekannt, und mit seiner Abhandlung über die hinduistischen Zahlen machte er das Dezimalsystem in der muslimischen Welt bekannt. Dennoch verblassen alle diese Leistungen im Vergleich zu seinem berühmtesten Werk: Dies ist zweifellos sein Buch über die Algebra. Interessanterweise wagte er sich im Gegensatz zu seinem berühmten Zeitgenossen al-Kindi nie auf das Gebiet der Philosophie; er war auch nicht an Übersetzungen beteiligt und hatte keine griechischen Sprachkenntnisse.

In welchem Jahr al-Khwarizmi sein *al-Jebr* vollendete, ist nicht bekannt, aber auf die erste Seite schrieb er eine Widmung für seinen Mäzen al-Ma'mun. Aus diesen ersten Absätzen erfahren wir etwas über sein Motiv, das Buch zu schreiben: »Diese Vorliebe für die Wissenschaft, durch welche Gott den Imam al-Ma'mun, den Gebieter der Gläubigen, ausgezeichnet hat ... hat mich ermutigt, ein kurzes Werk über das Rechnen durch (die Regeln von) Vervollständigung und Reduktion zu verfassen.«[1] Hier liegt zu einem beträchtlichen Teil der wahre Wert seines Werkes: Al-Khwarizmi fasste obskure mathematische Regeln, die nur wenige kannten, zusammen und machte daraus ein Handbuch zur Lösung mathematischer Probleme, die sich in den verschiedensten Alltagssituationen stellten.

Bevor wir uns mit den Details seines Buches beschäftigen, sollten wir vielleicht klarstellen, was mit »Algebra« eigentlich gemeint ist. Wir alle lernen in der Schule, wie man Aufgaben löst, in denen »Unbekannte« vorkommen, die meist als x oder y bezeichnet werden. Warum die Algebra für die Lösung vieler verschiedener Aufgaben in Mathematik, Wissenschaft, Technik, Finanzwesen und anderen Gebieten so nützlich ist, lässt sich sehr leicht zeigen. Als kurze Wiederholung wollen wir mit einem nahe liegenden Beispiel beginnen. Wenn wir die Gleichung $x - 4 = 2$ schreiben, heißt das: Es gibt eine hier mit dem Buchstaben x bezeichnete Zahl, deren Wert so groß ist, dass wir 2 als Ergebnis erhalten, wenn wir 4 von ihr subtrahieren. Dass x den Wert 6 haben muss, liegt auf der Hand; ich hätte mir die Mühe sparen können, eine mathematische Gleichung mit dem Symbol x zu schreiben, und hätte stattdessen einfach mit Worten formulieren können: Welches ist die Zahl, die 2 ergibt, wenn wir 4 von ihr subtrahieren?

Wie wäre es aber mit einer anderen Aufgabe, in der Kenntnisse der Algebra und ihrer Regeln nützlich sein könnten (auch wenn die Aufgabe selbst nicht mehr ist als eine einfache Knobelei)? Hier ist sie: Du und ich haben jeweils einen Korb voller Eier, aber wir wissen nicht, wie viele Eier in jedem der beiden Körbe sind. Man hat uns gesagt, ich müsse dir nur eines meiner Eier geben, dann haben wir beide gleich viele. Wenn du mir dagegen eines deiner Eier gibst, habe ich doppelt so viele wie du. Wie viele Eier hatten wir ursprünglich? Denken Sie einmal über die Frage nach, bevor Sie weiterlesen.

Die meisten Menschen, die mit dieser Aufgabe konfrontiert werden, greifen auf die Methode des Ausprobierens zurück: Sie setzen verschiedene Zahlenpaare ein und überprüfen, ob sie beide Kriterien erfüllen. Zunächst einmal kann man sehr schnell davon ausgehen, dass ich zwei Eier mehr haben muss als du, denn wenn ich dir dann eines gebe, haben wir am Ende gleich viele (ich gebe eines ab, du bekommst eines). Damit sind wir aber noch nicht bei einer eindeutigen Antwort: Ich könnte 12 Eier haben und du 10, oder ich habe 150 und du 148. Jetzt müssen wir die zweite Information berücksichtigen, aber ohne Algebra probiert man dabei nur Zahlenpaare aus, bis man auf die richtige Kombination trifft. Die zutreffende Antwort lautet: Ich habe sieben Eier, du hast fünf – wenn ich dir dann eines gebe, haben wir am Ende beide sechs, wenn du aber mir eines gibst, hast du vier und ich acht – doppelt so viele wie du.

Gehen wir nun das Problem einmal algebraisch an und sagen wir: Die größere Zahl von Eiern sei x, die kleinere sei y. Nun können wir zwei Gleichungen aufstellen: $x - 1 = y + 1$ und $x + 1 = 2(y - 1)$. Jetzt müssen wir die Regeln für algebraische Manipulationen kennen, das heißt die Regeln für die Umstellung und Umorganisation der Buchstaben und Zahlen in den Gleichungen; dann gelangen wir zu der gleichen Antwort: $x = 7$, $y = 5$. Diese Regeln beschreibt al-Khwarizmi in seinem *al-Jebr*, und deshalb wird er allgemein als »Vater der Algebra« gepriesen.

Wie sich aber herausstellt, ist die Angelegenheit in Wirklichkeit komplizierter. Man sollte vorsichtig sein und al-Khwarizmi nicht das Verdienst für die Erfindung eines Fachgebietes zuschreiben, nur weil der Name, den wir heute dafür verwenden, aus dem Titel seines Buches stammt. Schließlich mache ich auch Jabir ibn Hayyan nicht aufgrund der Wortherkunft zum »Vater der Chemie«; oder genauer gesagt: Ich rechne ihm nicht das Verdienst zu, das Alkali entdeckt zu haben, nur weil dieses Wort arabischen Ursprungs ist; die Alkalis oder Basen waren unter verschiedenen Namen schon vor Jabir seit Jahrhunderten bekannt. Das gleiche Prinzip sollten wir auch auf al-Khwarizmi anwenden: Die Bezeichnung als Begründer einer Disziplin muss durch eine sorgfältigere Untersuchung seines mathematischen Erbes gestützt werden.

Sehr deutlich wurde mir diese Frage vor einigen Jahren, als ich bei der Londoner Royal Society einen öffentlichen Vortrag über das Goldene Zeitalter des Islam und seinen Beitrag zur Wissenschaft hielt. Forsch und ohne meine Behauptung ernsthaft zu begründen, schrieb ich al-Khwarizmi die Erfindung der Algebra zu. Am Ende des Vortrages kann jemand aus dem Publikum zu mir und erklärte ungehalten, die Algebra gehe in Wirklichkeit auf eine Zeit lange vor al-Khwarizmi zurück, und wenn überhaupt jemand den Titel »Vater der Algebra« verdiene, dann sei es der griechische Mathematiker Diophantus. Ich war zu jener Zeit kein Fachmann für das Thema und konnte keine stichhaltigen Gegenargumente anführen. War ich mit meinem Lob für al-Khwarizmi zu vorschnell gewesen? Und was noch schlimmer war: Hatte ich mich aus intellektueller Faulheit einer Voreingenommenheit zugunsten der islamischen Gelehrten schuldig gemacht, indem ich eine der großen Leistungen der alten Griechen herunterspielte – ein Problem, das mir leider regelmäßig begegnete und das ich in jedem Fall vermeiden wollte? Nun beschäftigte ich mich genauer mit dem Thema, und im Folgenden möchte ich beschreiben, was ich dabei herausfand. Wie sich herausstellte, handelte es sich um ein faszinierendes Thema, das nach meinem Eindruck außerhalb von Wissenschaftlerkreisen noch nicht umfassend dargestellt wurde.

Man muss einfach die gemeinsamen Anstrengungen der arabischen Mathematiker bewundern, die nach al-Khwarizmi kamen und seinen Ruf förderten und festigten. Diese PR-Aufgabe wurde dadurch erleichtert, dass sein Buch in Europa zu jener Zeit großen Einfluss hatte. Es wurde im 12. Jahrhundert nicht nur einmal, sondern zweimal ins Lateinische übersetzt, und zwar von dem Engländer Robert von Chester sowie von dem

Italiener Gerard von Cremona. Auch Fibonacci, der größte europäische Mathematiker des Mittelalters, kannte sein Werk: Er zitiert al-Khwarizmi in seinem 1202 erschienenen *Liber Abaci*. Darin bezieht er sich auf das *Modum Algebre et Almuchabale* und seinen Autor *Maumeht*, die latinisierte Form von al-Khwarizmis Vornamen Muhammad.

Aber die mathematischen Aufgaben, die mit Hilfe der Algebra gelöst werden mussten, waren allgegenwärtig – ob man nun Flächen für die Landwirtschaft berechnen, Finanzfragen im Zusammenhang mit Erbe oder Steuern beantworten oder auch nur zum Zeitvertreib Rätsel lösen wollte; deshalb ist es kaum verwunderlich, dass es schon lange vor dem Islam eine Form der Algebra gab. Die Frage ist nur, ob man sie wirklich als Algebra bezeichnen kann. Eine Fragestellung, die man in einem Keilschrifttext aus dem alten Babylon findet, lautet: »Welches ist die Zahl, die eine bekannte Zahl ergibt, wenn man sie zu ihrem Kehrwert addiert?« Wir würden diese Aufgabe heute algebraisch lösen, indem wir die unbekannte Zahl als x und die bekannte Zahl als b bezeichnen. Dann können wir die Frage als Gleichung formulieren:

$$x + \frac{1}{x} = b$$

Diese Gleichung kann man durch Umstellung in die Form $x^2 - bx + 1 = 0$ bringen, also in die Form einer *quadratischen Gleichung* (das heißt einer Gleichung, in der die höchste Potenz der Unbekannten 2 lautet, d. h. x^2). Nach dem gleichen Prinzip enthält eine kubische Gleichung als höchste Potenz x^3, eine quartische Gleichung x^4 und so weiter. Die Lösung der obengenannten quadratischen Gleichung ergibt sich aus einer Formel, die jedem Schulkind eingetrichtert wird (auch wenn wir sie später im Leben wieder vergessen). Für das hier genannte Beispiel hat sie die Form:

$$x = \frac{b}{2} \pm \sqrt{\left(\frac{b}{2}\right)^2 - 1}$$

Wenn man also den Wert von *b* kennt, kann man *x* ausrechnen. Die Babylonier kannten diese Formel, die Griechen ebenso. Sie schrieben keine allgemeine Gleichung, wie ich es oben getan habe, sondern lösten Einzelfälle für bestimmte Werte der bekannten Größe *b*.

Eine andere Aufgabe habe ich oft gestellt, wenn ich elementare Algebra unterrichtet habe. Sie findet sich in den *Elementen* von Euklid (Buch 2, Satz 11): *Teile die Gerade* AC, *die eine bekannte Länge hat, in zwei ungleiche Abschnitte* AB *und* BC. *Wie lang müssen diese Abschnitte sein, damit das Quadrat der Seite* AB *die gleiche Fläche hat wie das Rechteck aus den Seiten* AC *und* BC? (siehe Diagramm auf Seite 190).

Euklid löste die Aufgabe geometrisch: Er gliederte die Formen in dem Diagramm in kleinere Teile und verglich ihre verschiedenen Flächen. Dass die Griechen sowohl die Begründer als auch die Meister der Geometrie waren, ist nicht zu bezweifeln, und Euklids *Elemente* bildeten ihren krönenden Höhepunkt. Das Buch war bis weit ins 20. Jahrhundert hinein das Standardwerk, nach dem an den Schulen der ganzen Welt unterrichtet wurde. Viel hübscher und ästhetisch ansprechender ist es jedoch, die Aufgabe algebraisch anzugehen. Dazu bezeichnen wir eine der unbekannten Längen (beispielsweise AB) als x. Dann ist BC die ganze Länge L minus diese Länge: $L - x$. Wir wissen also, dass das Quadrat eine Fläche von x^2 hat, und die Fläche des Rechtecks beträgt L mal $L - x$; damit haben wir die Gleichung $x^2 = L(L - x)$; dies ist wieder einmal eine quadratische Gleichung, bei der die Lösung für x von dem Wert für L abhängt.

Wenn griechische und babylonische Mathematiker tatsächlich schon lange vor al-Khwarizmi quadratische Gleichungen

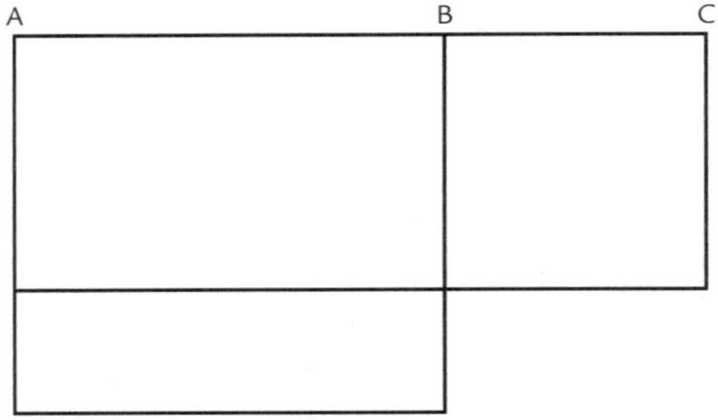

Ein geometrisches Problem, das die Lösung einer quadratischen Gleichung erfordert; aus den *Elementen* von Euklid (Buch 2, Aufgabe 11). Einzelheiten im Text.

lösten – und Komplizierteres tat auch er mit Sicherheit nicht –, kann man ihm nicht das Verdienst zuschreiben, das Gebiet der Algebra begründet zu haben. Und wie steht es eigentlich mit dem Beitrag hinduistischer Mathematiker wie Brahmagupta? Und was am wichtigsten ist: Wer war dieser Diophantus, der nach Ansicht meines Kritikers ein größeres Anrecht auf den Titel hatte?

Über Diophantus' Leben ist kaum etwas bekannt; man weiß nur, dass er im 3. Jahrhundert u. Z. in Alexandria zu Hause war. In seinem berühmtesten Buch mit dem Titel *Arithmetica* löst er zahlreiche mathematische Probleme; im Wesentlichen ist es ein Buch über Zahlen. Aber wie in der modernen Algebra, so benutzte auch er ein Symbol für Unbekannte sowie für bestimmte arithmetische Operationen, beispielsweise die Subtraktion. Diophantus erläutert, wie man positive und negative Ausdrücke sowie verschiedene Potenzen unbekannter Größe multipliziert, und im weiteren Verlauf zeigt er, wie man eine Ansammlung von Größen zu einer kürzeren Form vereinfachen kann. Das alles lässt vermuten, dass Diophantus tatsächlich Algebra betrieb.

Berühmt wurde Diophatus aber vor allem dadurch, dass er sich mit Gleichungen einer anderen Kategorie beschäftigte: Darin kommen stets mehrere Unbekannte vor, und die Lösung ist stets eine ganze Zahl. Ein einfaches, symbolisches Beispiel lautet $x + 1 = y$. Hier lautet eine mögliche Lösung $x = 1$ und $y = 2$ oder aber $x = 7$ und $y = 8$ und so weiter – da es keine einzig richtige Lösung gibt, spricht man von einer unbestimmten Gleichung. Gleichzeitig ist sie ein Beispiel für eine lineare Gleichung, denn weder x noch y wird in eine höhere Potenz als 1 erhoben. Allgemeiner bezeichnet man alle Gleichungen, in denen eine oder mehrere Unbekannte zu einer beliebigen Potenz erhoben werden, wobei die Lösungen immer ganze Zahlen sind, als diophantische Gleichungen; Diophantus selbst konnte allerdings weder den Umfang des Fachgebietes richtig einschätzen, noch formulierte er allgemeine Methoden zur Lösung solcher Gleichungen. Die berühmteste diophantische Gleichung rückte durch den großen Pierre de Fermat (1601–1665) ins Rampenlicht, den Begründer der modernen Zahlentheorie. An den Rand seines Exemplars der *Arithmetica* schrieb Fermat verschiedene Anmerkungen mit Lösungen, Korrekturen und Verallgemeinerungen zu Diophantus' Methoden. Die berühmteste derartige Bemerkung lautete: »Es ist unmöglich, einen Kubus in zwei Kuben zu trennen oder eine vierte Potenz in zwei vierte Potenzen oder allgemein eine höhere Potenz als die zweite in zwei gleiche Potenzen. Ich habe dafür einen wirklich großartigen Beweis entdeckt, aber dieser Rand ist zu schmal, um ihn aufzunehmen.«[2] Diese Aussage über eines der berühmtesten Probleme der gesamten Mathematik ist unter dem Namen »Fermats letztes Theorem« bekannt. In Wirklichkeit hätte man es dreieinhalb Jahrhunderte lang eigentlich als »Vermutung« und nicht als Theorem bezeichnen sollen. Mathematisch ausgedrückt, besagt es: Es gibt für x, y und z keine ganzzahligen Werte, bei denen $x^n + y^n = z^n$, wenn n größer ist als 2. Beispielsweise gibt es keine zwei ganzen Zahlen, für die die

Summe der dritten Potenzen gleich der dritten Potenz einer dritten Zahl ist (es sei denn, alle sind 0). Einen Beweis fand der britische Mathematiker Andrew Wiles schließlich im Jahr 1995. Ich habe hier nicht die Absicht, seine Methode genauer darzulegen – der Beweis nimmt mehr als 100 Seiten in Anspruch, und Wiles selbst brauchte sieben Jahre, um ihn fertigzustellen.

Das Verdienst für dies alles sollte man natürlich nicht Diophantus zuschreiben, aber eines wird daran deutlich: Wie Fermat interessierte er sich mehr für die Eigenschaften von Zahlen als für die algebraische Handhabung von Symbolen.

Im 7. Jahrhundert machte sich der große hinduistische Mathematiker Brahmagupta an die Aufgabe, eine andere diophantische Gleichung zu lösen; sie ist heute als Pell-Gleichung bekannt und hat die allgemeine Form $x^2 - ay^2 = 1$. Brahmagupta formulierte die Aufgabe, einen Werte für x und y zu finden, wenn $a = 92$. Gleichzeitig erklärte er, jeder, der die Aufgabe innerhalb eines Jahres löste, könne sich zu Recht als Mathematiker bezeichnen. Seine Lösung lautete $x = 1151$ und $y = 120$. Heute ist das natürlich eine einfache Angelegenheit: Man muss nur wissen, wie man einen Computer so programmiert, dass er sehr schnell nach der Lösung sucht.

Aber zurück ins Bagdad des 9. Jahrhunderts. In einem können wir ganz sicher sein: Al-Khwarizmi kannte weder Diophantus noch die *Arithmetica*, denn die erste arabische Übersetzung dieses Werkes entstand erst mehrere Jahrzehnte, nachdem al-Khwarizmi das *al-Jebr* verfasst hatte. Woher also hatte er seine mathematischen Kenntnisse?

Auf die Frage, ob al-Khwarizmi die *Elemente* von Euklid kannte, gibt es offenbar keine eindeutige Antwort. Wir wissen, dass es möglich gewesen wäre – vielleicht kann man sogar zu Recht sagen: Er hätte sie kennen müssen. Eine erste Übersetzung der *Elemente* fertigte al-Hajjaj ibn Yusuf, ein Zeitgenosse al-Khwarizmis, in den ersten Jahren des 9. Jahrhunderts an, noch in der

Regierungszeit von al-Rashid. Später verfasste er für al-Ma'mun eine verbesserte Fassung. Ob al-Khwarizmi eine Version von al-Hajjajs Übersetzungen zur Verfügung stand und wenn ja, welche, wissen wir nicht. Die geometrischen Zeichnungen, mit denen al-Khwarizmi seine algebraischen Beweise ergänzte und begründete, lassen nach Ansicht mancher heutiger Historiker darauf schließen, dass er mit den *Elementen* und Euklids geometrischen Lösungsmethoden vertraut war.[3]

Ob al-Khwarizmi nun die *Elemente* studiert hatte oder nicht: Heute besteht Einigkeit, dass er sowohl von der griechischen Geometrie als auch von der hinduistischen Arithmetik beeinflusst wurde. Nur ein Experte war im 20. Jahrhundert anderer Meinung. Der österreichisch-amerikanische Mathematikhistoriker Solomon Gandz behauptete in einem 1936 erschienenen Aufsatz, al-Khwarizmis *al-Jebr* sei im Wesentlichen die Übersetzung eines althebräischen Buches über Geometrie, das den Titel *Mishnat ha Middot* trug und auf die Zeit um 150 u. Z. datiert wurde.[4] Nach Gandz' Ansicht findet sich in al-Khwarizmis Werk keine Spur von Euklids *Elementen* und kein Anklang daran; er könne das Buch nicht gekannt haben, denn sein Text enthalte nichts von den Definitionen, Axiomen, Postulaten und Nachweisen, die ein so integraler Bestandteil von Euklids Schriften sind. Gandz geht sogar so weit zu behaupten, al-Khwarizmis Arbeit sei ein Aufbegehren *gegen* die griechische Mathematik gewesen. Viele Historiker sind jedoch anderer Ansicht und führen etwaige Ähnlichkeiten zwischen dem *Kitab al-Jebr* und dem *Mishnat ha Middot* darauf zurück, dass das *Mishnat* in Wirklichkeit erst *nach* al-Khwarizmis Zeit verfasst wurde.[5]

Wie dem auch sei: Die nicht-originellen Aspekte im *al-Jebr* sind nicht seine wichtigsten Merkmale. Insbesondere die geometrischen Diagramme, mit denen die Methode der »Vervollständigung von Quadraten« vorgeführt wird, waren schon seit babylonischer Zeit bekannt und dienten al-Khwarizmi nur als

Mittel, um die Antworten zu untermauern, zu denen er auf algebraischen Wegen gelangt war.

Demnach muss ich auch klarstellen, was die beiden entscheidenden Wörter *jebr* und *muqabala* in seinem Titel bedeuten. Das erste heißt »Vervollständigung« oder »Wiederherstellung« – beispielsweise wenn gebrochene Knochen ruhiggestellt oder eingerichtet werden. Im mathematischen Zusammenhang bedeutet es, dass man eine negative Größe von einer Seite der Gleichung auf die andere verschiebt und so ihren positiven Wert »wiederherstellt«. Haben wir beispielsweise die Gleichung $5x - 2 = 8$, so können wir die 2, die links von $5x$ subtrahiert wird, auf die rechte Seite verschieben und zur 8 addieren: $5x = 8 + 2$ oder $5x = 10$. Das zweite Wort, das arabische Substantiv *muqabala*, bezeichnet die Stellung von etwas, das sich gegenüber befindet oder das man vergleichen will. Im mathematischen Zusammenhang meint man damit, dass eine Gleichung ins Gleichgewicht gebracht wird oder dass man auf beiden Seiten die gleiche Aktion ausführt. Beispielsweise können wir in dem Ausdruck $3x + 1 = y + 1$ auf beiden Seiten 1 subtrahieren und so die Gleichung zu $3x = y$ vereinfachen.

Diese beiden grundlegenden algebraischen Verfahren und mehrere andere, die al-Khwarizmi gleich zu Beginn seines Buches beschreibt, machen seine Absicht deutlich: Er wollte eine Anleitung für die Handhabung algebraischer Größen geben. Aber seine Motivation ging darüber noch hinaus. Am Anfang nennt er den Zweck des Buches: Es solle lehren, »was in der Arithmetik am einfachsten und nützlichsten ist, so dass die Menschen es in Fällen von Erbe, Vermächtnissen, Aufteilung, Gerichtsverfahren und Handel ständig benötigen, aber auch in ihrem Umgang untereinander oder bei der Vermessung von Ländereien, dem Graben von Kanälen, geometrischen Berechnungen und verschiedenartigen anderen Gegenständen«.[6] Das Buch gliedert sich in zwei Teile. Für uns ist der erste interessanter: Hier formuliert al-Khwarizmi die Regeln der Algebra und die Abfolge von Schritten (das heißt die Algorithmen), die man für die Lösung verschiedenartiger quadratischer Gleichungen braucht; dabei folgt dann jeweils in Form eines Diagramms ein Beweis für die Lösung. Die zweite Hälfte des Buches behandelt eine Fülle von Anwendungsmöglichkeiten für seine Methoden; hier beschreibt er wie in dem obengenannten Zitat eine Fülle von Alltagsaufgaben.

Er definiert dreierlei Größen: Unbekannte (die er *shay'* nennt, das heißt »das Ding«), Quadrate der Unbekannten (*mal*) und Zahlen. Dann beschreibt er, wie man die Zusammenhänge zwischen Größen dieser drei Typen so manipulieren und umstellen kann, dass man den Wert des *shay'* findet. Bemerkenswert ist vor allem, *wie* er diese Schritte und Methoden beschreibt. Sein Werk ähnelt keinem heutigen Algebrabuch. Statt die Seiten mit Symbolen und Formeln zu füllen, schrieb er ausschließlich Prosa. Das bedeutete natürlich, dass er zwei Seiten brauchte, um die Schritte zur Berechnung einer Größe zu beschreiben, ein Vorgang, den man mit Gleichungen und Symbolen in wenigen Zeilen umreißen konnte.

Nun gilt es verschiedene Dinge zu erwähnen: Die Hindus schrieben Gleichungen schon lange vor al-Khwarizmi und sogar vor Diophantus mit einfachen Symbolen; al-Khwarizmi löste in seinem *al-Jebr* nie Gleichungen, die über die quadratische Gleichung (x^2) hinausgingen; Diophantus beschäftigte sich mit komplizierteren Fragen; und selbst die Methoden, die al-Khwarizmi benutzte, wie die »Vervollständigung der Quadrate« zur Lösung quadratischer Gleichungen, waren nicht neu. Angesichts aller dieser Tatsachen sind die Behauptungen, er sei der Vater der Algebra, sicher nicht aufrechtzuerhalten.

Ich habe schon die Ansicht gehört, al-Khwarizmis Ruf sei nur dadurch begründet, dass er das Thema mit seinem Buch zum ersten Mal populär machte und in eine Form brachte, in der viele Menschen es nachvollziehen konnten. Aber das ist eine fadenscheinige Argumentation. Ebenso gut könnte man sagen, Stephen Hawking habe seinen Ruf als einer der größten Wissenschaftler unserer Zeit nicht seinen Pionierarbeiten in der Kosmologie und der Theorie der schwarzen Löcher zu verdanken, sondern nur seinem Bestseller *Eine kurze Geschichte der Zeit*.

Um die Frage ein für alle Mal zu klären, unterhielt ich mich mit dem Mathematiker Ian Stewart, einem Bekannten, der an der University of Warwick tätig ist und sich schon seit langem für die Geschichte der Algebra interessiert. Nun verstand ich es endlich. Wie sich herausstellte, geht es in Wirklichkeit nicht darum, ob Symbole benutzt werden, ob geometrische Beweise geführt werden, wie komplex die Gleichungen und wie verständlich seine Schriften sind. Was al-Khwarizmi zum ersten Mal tat und was ihn von allen anderen Mathematikern vor ihm unterscheidet, ist etwas Subtiles, aber Entscheidendes: Er gab die Praxis auf, Einzelaufgaben zu lösen, und formulierte stattdessen allgemeine Prinzipien und Regeln zur Behandlung und Lösung quadratischer Gleichungen in einer Reihe von Einzelschritten – das heißt durch einen Algorithmus. Damit schuf er die Voraussetzung, dass die Algebra als eigenständiges Gebiet existieren konnte und nicht mehr nur eine Methode zur Handhabung von Zahlen war. Stewart formuliert es so:

> Das ist der Unterschied: Auf der einen Seite werden viele Einzelbeispiele geliefert, und man überlässt dem Leser die Schlussfolgerung, dass man auf ähnliche Fälle die gleiche Methode anwenden kann; auf der anderen wird die Methode selbst in allgemeinen Begriffen erklärt. Wenn al-Khwarizmi *»mal«* sagt (was x^2 bedeutet), meint er damit nicht eine bestimmte Quadratzahl wie beispielsweise 16, sondern das Quadrat seiner Unbekannten, seiner *shay*, die keine bestimmte Zahl repräsentiert. Später verdeutlicht er seinen Gedankengang vielleicht anhand einzelner Zahlen, aber die Methode als solche denkt er sich als allgemeine Vorgehensweise aus.

Obwohl al-Khwarizmi also im Gegensatz zu Diophantus keine Symbole, sondern Worte verwendete, steht er der Algebra, wie wir sie heute betreiben, viel näher als der Grieche: Für al-Khwarizmi ist die Unbekannte (*shay'*) ein neuartiges Objekt, das man eigenständig handhaben kann. Für ihn ist $2x+3x=5x$ nicht nur eine Formel, die für bestimmte Werte von x stimmt, sondern eine Aussage darüber, wie man Vielfache der Unbekannten addiert. Die Unbekannte ist nicht mehr nur ein Platzhalter für Zahlen, sondern ein eigenständiges Gebilde. Hier liegt al-Khwarizmis wahre Bedeutung, und das ist echte Algebra.

Diophantus interessierte sich letztlich mehr für die Theorie der Zahlen und die Beziehungen zwischen ihnen, während Euklids Interessenschwerpunkt bei der Geometrie lag; al-Khwarizmis Text dagegen lehrt die Algebra zum ersten Mal als eigenes, von Arithmetik und Geometrie getrenntes Fach.

Nach wie vor herrschen häufig Vorbehalte, weil al-Khwarizmi keine Symbole, sondern Sprache verwendete, aber welche Bedeutung hat das eigentlich? Man kann ganz grob dreierlei Arten von Algebra unterscheiden. Erstens gibt es die *rhetorische Algebra*, wie man sie nennt: Hier gibt es keine Symbole, jeder Schritt wird nicht mit Gleichungen, sondern mit Worten beschrieben. Das war die Tradition, die al-Khwarizmi übernahm und zu einem System machte. Die zweite ist die *synkopierte Algebra*, die vorwiegend rhetorisch ist, aber auch einige besondere Schreibweisen und Abkürzungen umfasst. Dieser Form der Algebra bediente sich Diophantus, und es könnte auf den ersten Blick den Anschein haben, als sei sie höher entwickelt als al-Khwarizmis Prosa; aber wie ich in Kürze darlegen werde, stimmt das nicht. Und drittens schließlich gibt es die *symbolische Algebra*, die in grober Form ursprünglich von den Hindus entwickelt wurde, sich aber erst im 16. Jahrhundert in den Händen europäischer Mathematiker zu jener modernen Form weiterentwickelte, die heute in allen Sprachen und Kulturen der ganzen Welt gebräuchlich ist.

Sehen wir uns einmal an, wie die folgende Gleichung nach den drei genannten Methoden dargestellt wird. Heute schreiben wir sie symbolisch als $3x^2+5x=22$, rhetorisch lautet sie »drei Quadrate der Unbekannten, addiert zu fünf Unbekannten ist gleich zweiundzwanzig. In der synkopierten Algebra bediene ich mich der Schreibweise, die auch Diophantus selbst verwendete. Er hätte sie geschrieben als $\Delta^{\upsilon}\overline{\gamma}\,\zeta\overline{\varepsilon}\,\iota\sigma\overset{\circ}{\mathrm{M}}\overline{\kappa\beta}$; dabei ist ζ das Symbol, das er für die Unbekannte benutzte (also sein x), und Δ^{υ} ist deren Quadrat. Für »+« gibt es kein Symbol, und das »=«-Zeichen wird als ισ geschrieben (die beiden ersten Buchstaben des griechischen Wortes für »gleich«. Das Symbol $\overset{\circ}{\mathrm{M}}$ bezeichnet die konstante Zahl. Diophantus' Schreibweise bestand also oftmals einfach aus den ersten ein oder zwei Buchstaben des Wortes für die jeweilige Größe oder Operation. Was die Zahlen anging, hielt er sich an die übliche Tradition seiner Zeit: Er benutzte das griechische Alphabet, wobei waagerechte Striche über den Buchstaben zur Unterscheidung von den Buchstaben dienten, die Operationen bezeichneten.

Wie man leicht erkennt, macht Diophantus' Schreibweise die Lösung von Gleichungen keineswegs einfacher, und von einer vollständig symbolischen Algebra ist sie weit entfernt. Eigentlich ist sie nicht leistungsfähiger als die rhetorische Algebra eines al-Khwarizmi; der einzige Vorteil der Abkürzungen bestand darin, dass sie kostbaren Alexandria-Papyrus einsparten. Andererseits war al-Khwarizmis Prosa zumindest für mittelalterliche Übersetzer sicher leichter verständlich.

Der Übergang zur symbolisch-algebraischen Schreibweise war ein langsamer, mühevoller Prozess, in dessen Verlauf viele Mathematiker ihre eigenen Konventionen entwickelten. In Europa gab es sogar gemeinsame Bemühungen, sich der Einführung von Symbolen in der Mathematik aus prinzipiellen Gründen zu widersetzen. Eines der ersten Bücher über Algebra, das Gleichungen und Formeln enthielt, verfasste der englische Mathematiker John Wallis 1693. Ein anderer Engländer jedoch, der Philosoph Thomas Hobbes (1588–1679), stand Wallis bereits schon in den 1650er Jahren äußerst kritisch gegenüber und sprach von der »Krätze der Symbole«. Wie heute nicht besonders betont werden muss, blieb Wallis Sieger.

Al-Khwarizmi starb ungefähr 850, aber zu diesem Zeitpunkt war seine Stellung als derjenige, der neben Arithmetik und Geometrie eine dritte Unterdisziplin der Mathematik geschaffen hatte, bereits gesichert. In der gesamten islamischen Welt ließen sich unzählige Mathematiker von seinem Text inspirieren und machten sich an die Weiterentwicklung des Fachgebiets; Männer wie al-Mahani, Thabit ibn Qurra (der auch Diophantus' *Arithmetica* ins Arabische übersetzte) und Abu Kamil (der als »Ägyptischer Rechner« bekannt wurde) führten in der zweiten Hälfte des 9. Jahrhunderts al-Khwarizmis Arbeiten fort. Später, im 10./11. Jahrhundert, trieben al-Kharki, Ibn Tahir und der große Ibn al-Haytham sie noch einen Schritt weiter: Sie beschäftigten sich mit kubischen und quartischen Gleichungen, und auf sie folgten im 11. Jahrhundert der persische Mathematiker und Dichter Omar Khayyam, im 13. der Astronom al-Tusi und der Mathematiker al-Farisi und im 15. al-Qalsadi. Sie alle leisteten großartige Beiträge, lange bevor die europäischen Mathematiker des 16. und 17. Jahrhunderts das Heft in die Hand nahmen.

Bevor ich das Thema der Algebra verlasse, möchte ich aus der Liste der gerade erwähnten glorreichen Mathematiker insbesondere einen herausgreifen. Das liegt unter anderem daran, dass ich später in diesem Buch auf ihn zurückkommen werde und dass er eine besondere Erwähnung verdient. Da er vor allem durch seine Dichtung berühmt wurde, ist man oftmals überrascht, wenn man erfährt, dass Omar Khayyam (1048–1131) einer der größten Mathematiker des Mittelalters war. Im Gegensatz zu anderen Gelehrten der Abassidenzeit schrieb er nicht auf Arabisch, sondern in seiner persischen Muttersprache, und häufig wird die Vermutung geäußert, er sei ein sufistischer Mystiker gewesen; viel wahrscheinlicher ist jedoch, dass er ein agnostischer Muslim war.

Khayyams größter Beitrag waren seine Arbeiten über kubische Gleichungen (in denen die Unbekannte x in Potenzen bis x^3 vorkommen kann). In seiner berühmten *Abhandlung über die Demonstration von Problemen der Algebra* unterscheidet er zwischen 13 Typen kubischer Gleichungen und formuliert eine allgemeine Theorie für ihre Lösung. Außerdem entwickelte er algebraische und geometrische Methoden, mit denen sie sich systematisch und elegant lösen lassen; dazu bediente er sich der Methode der Kegelschnitte (bei denen man einen Kegel in unterschiedlichen Winkeln durchschneidet, so dass verschiedenartige Kurven entstehen, nämlich Kreise, Ellipsen, Parabeln und Hyperbeln).

Als Omar Khayyam Mitte 20 war, maß er mit Hilfe einfacher Instrumente wie Sonnenuhr, Wasseruhr und Astrolabium die Länge des Sonnenjahres; dabei gelangte er zu dem unglaublich genauen Wert von 365,24219858156 Tagen, was bis auf die sechste Dezimalstelle mit dem heute bekannten Wert übereinstimmt. Auch dieser Unterschied muss nicht unbedingt auf einer Ungenauigkeit in Khayyams Messungen beruhen, sondern er könnte darauf zurückzuführen sein, dass die Rotation der Erde um ihre Achse sich allmählich verlangsamt; deshalb verkürzt sich die Tageslänge ein wenig (nämlich in jedem Jahrhundert um zwei Millisekunden). Die genaue Zahl der Tage in einem Jahr nimmt also ab. Im Vergleich zu Khayyams Zeit hat sich die Länge des Jahres in der sechsten Dezimalstelle oder um eine Zweihundertstelsekunde verändert. Einige Jahre später stellte Khayyam anhand seiner Messungen einen Kalender auf,[7] der sogar noch präziser war als die heute gebräuchliche gregorianische Einteilung, die nur bis auf einen Tag in 3330 Jahren genau ist. An dem Projekt, das 1079 vollendet war, arbeitete neben Khayyam eine ganze Gruppe von Astronomen mit; diese führten mehrere Reformen im persischen Kalender ein, der seinerseits im Wesentlichen auf den Prinzipien des hinduistischen Kalenders beruhte. Er wurde nach dem Seldschukensultan (arabisch seljuq), der ihn in Auftrag gegeben hatte, als Jalali-Kalender bezeichnet und war in Persien bis in die ersten Jahrzehnte des 20. Jahrhunderts in Gebrauch. In seiner *Abhandlung über die Demonstration von Problemen der Algebra* lässt Khayyam auch auf bemerkenswerte Weise erkennen, welche Einstellung in der Allgemeinheit gegenüber der Wissenschaft vorherrschte. Man kommt nicht um die Frage herum, in welchem Umfang sich solche Haltungen innerhalb von 1000 Jahren verändert haben:

> Ich war nicht in der Lage, mich dem Studium dieser Algebra und der fortgesetzten Konzentration auf sie zu widmen, weil die Unwägbarkeiten der Zeit mir Hindernisse in den Weg legten; denn wir sind aller wissenden Menschen beraubt worden, außer einer Gruppe, klein an Zahl, welche unter vielen Schwierigkeiten in ihrem Leben danach trachtet, die Gelegenheit zu ergreifen, wenn die Zeit schläft, um sich währenddessen der Untersuchung und Vervollkommnung einer Wissenschaft zu widmen; denn die Mehrzahl derer, welche Philosophen nachahmen, verwechseln das Wahre mit dem Falschen, sie tun nichts, als zu betrügen und Wissen vorzutäuschen, und sie nutzen nicht das, was sie über die Wissenschaften wissen, außer aus niedrigen, materiellen Absichten; und wenn sie sehen, dass ein bestimmter Mensch nach dem Richtigen sucht und die Wahrheit bevorzugt, dass er sein Bestes tut, um das Falsche und Unwahre zu widerlegen, und wenn er dabei auch Heuchelei und Täuschung meidet, halten sie ihn zum Narren und machen sich über ihn lustig.[8]

9

Der Philosoph

Es sollte uns nicht peinlich sein, wenn wir die Wahrheit zu schätzen wissen und sie aufnehmen, woher sie auch kommen mag, selbst wenn sie von weit entfernten Rassen kommt und von Nationen, die anders sind als wir. Nichts sollte dem Wahrheitssuchenden lieber sein als die Wahrheit selbst, und es gibt weder eine Verminderung der Wahrheit noch eine Herabsetzung dessen, der sie ausspricht oder übermittelt.

Ya'qub ibn Ishaq al-Kindi

Zu den Formulierungen, die ich in diesem Buch immer wieder verwendet habe, gehört die vom »Geist der rationalen Forschung«; damit meine ich das Gefühl, das die intellektuelle Atmosphäre im Bagdad der Zeit al-Ma'muns beherrschte. Ich habe außerdem die Vermutung geäußert, dass dieser Geist zu einem erheblichen Teil auf die weitverbreiteten theologischen Überzeugungen und Lehren der *Mu'tazila* zurückzuführen war, der Mu'taziliten, die einige Jahre vor der Machtübernahme der Abassiden aus Basra gekommen waren und denen mehrere Kalifen, unter ihnen auch al-Ma'mun, wohlwollend gegenüberstanden. In diesem Kapitel werde ich ihre Ideologie ein wenig genauer betrachten und der Frage nachgehen, wie sie aus den Interpretationen früherer christlicher Gelehrter erwuchs, die sich mit griechischer Philosophie und insbesondere mit den Werken von Aristoteles befasst hatten. Nach meinem Eindruck gehen viele Autoren über dieses Thema hinweg, ohne genau zu erklären, wofür die Mu'taziliten eigentlich eintraten; in der Regel wird nur kurz ihre rationale, nicht wörtliche Interpretation der islamischen Theologie erwähnt, und damit entsteht der Eindruck, als seien ihre Gegner in irgendeiner Form wissenschaftsfeindlich oder irrational gewesen. Diese übermäßige Vereinfachung trug zu der Vorstellung bei, der Niedergang des Goldenen Zeitalters sei mit der Rückkehr eines konservativen, gegen den Mu'tazilismus gerichteten Islam einhergegangen. Eine solche feindselige Reaktion gab es zwar mit Sicherheit, sie hatte aber kaum etwas damit zu tun, dass das helle Licht des wissenschaftlichen Fortschritts in der islamischen Welt einige Jahrhunderte später langsam verlosch.

Umgekehrt standen viele Muslime auf der ganzen Welt dem Mu'tazilismus und im weiteren Sinne auch der rationalistisch-wissenschaftlichen Weltanschauung mit einer gewissen Feindseligkeit gegenüber. Dies lag entweder an ihrer fundamentalistischen oder wörtlichen Interpretation des Korans, die dazu führte, dass sie jede säkulare Philosophie mit Misstrauen betrachteten, oder sie brachten die theologischen Ansichten der Mu'taziliten mit al-Ma'muns unbeliebter Inquisition (*mihna*) in Verbindung, mit der er versuchte, der allgemeinen Bevölkerung seine Glaubensdoktrinen aufzuzwingen.

Was dabei wichtig ist: Die Traditionalisten, die sich den mu'tazilitischen Rationalisten entgegenstellten, waren selbst in ihrer theologischen Argumentation keineswegs *irrational*. Alle theologischen Denkschulen jener Zeit gingen in irgendeiner Form von einer Synthese zwischen Philosophie und Theologie aus – zwischen Vernunft und Offenbarung. Die Mu'taziliten waren aber nicht nur eine Sekte unter vielen, sondern Anhänger einer religiösen Ideologie, die nach allgemeiner Ansicht im Einklang mit der offiziellen Weltanschauung des Kalifats stand. Deshalb war es für Gelehrte, die sich um die Schirmherrschaft des Kalifats bemühten, politisch opportun, sich dieser Bewegung anzupassen.

Es war der wichtigste ethische Grundsatz der Mu'taziliten,

die Macht der Vernunft und des menschlichen Geistes zu preisen. In ihren Augen war es dieser Geist, der die Menschheit zur wahren Kenntnis Gottes, seiner Eigenschaften und damit auch der ethischen Grundlagen leitete. So betrachtet, waren sie Teil einer umfassenderen neuen islamisch-theologischen Bewegung, die von den ersten *kalam*-Diskussionskünstlern und ihren Argumentationsprinzipien ausging. Wie fast alle theologischen Strömungen, die sich seither im Islam entwickelt haben, waren sie natürlich vor allem von dem Wunsch getrieben, die Worte des Korans zu interpretieren. Von der eher konservativen Richtung unterschieden sie sich durch ihre Überzeugung, dass solche Kenntnisse nur durch das Streben nach Wissen zu erlangen sind, eine ehrenwerte Ideologie, die seit jener Zeit bei allen Wissenschaftlern auf der Welt ihren Widerhall gefunden hat. Das meine ich mit dem »Geist der rationalen Forschung«.

Genauer gesagt, griffen die Mu'taziliten bei Koranversen, in denen es um die Menschen ging, auf eine metaphorische Interpretation zurück, denn sie glaubten nicht in irgendeiner Form an einen Gott in Menschengestalt. Dies verschaffte ihnen unter anderem die Möglichkeit, bestimmte wörtliche Interpretationen mancher Koranabschnitte abzulehnen, die als »Gottes Worte« bezeichnet wurden. Gott, so argumentierten sie, »spricht« nicht wie ein Mensch. Seine Rede ist vielmehr etwas, das Er erschafft, und das gilt demnach auch für den Text des Korans. Dieser Glaube, dass der Koran nichts Ewiges ist, sondern von Gott erschaffen wurde, ist der bekannteste Streitpunkt zwischen Mu'taziliten und Literalisten. Die theologische Diskussion rund um dieses Thema war für viele Gelehrte jener Zeit äußerst wichtig, aber heute erscheint sie, was die tägliche Glaubenspraxis im Islam angeht, verständlicherweise ein wenig akademisch.

Eine schwerwiegendere Meinungsverschiedenheit zwischen Mu'taziliten und Literalisten hatte direktere, praktische Auswirkungen auf das Wesen des wissenschaftlichen Fortschritts:

Nach Ansicht der Literalisten enthielten der Text des Korans und der *Hadith* (der aufgezeichneten Gespräche des Propheten) alles, was Muslime jemals über ihren Glauben wissen mussten; deshalb hielten sie philosophische Diskussionen und Überlegungen, wie sie von den Mu'taziliten und den Gelehrten des *kalam* praktiziert wurden, nicht nur für unnötig, sondern auch für unislamisch. Diese Sichtweise hat sich seither in manchen Gruppen ausgeweitet und führte zu der falschen Überzeugung, alles Wissen sei im Koran enthalten; was die Menschen nach Gottes Willen auch über die Naturgesetze und unseren Platz im Universum wissen sollen, so heißt es, stehe im Koran geschrieben, und deshalb sei wissenschaftliche Forschung sinnlos. Eine solche gefährliche Haltung vertreten noch heute manche Muslime; sie ist ein Grund für bestimmte wissenschaftsfeindliche Einstellungen, die den technischen, wirtschaftlichen und sozialen Fortschritt in vielen islamischen Ländern behindert haben.

Ein anderes Problem, mit dem die islamische Theologie sich schon frühzeitig auseinandersetzen musste, war die Frage nach dem freien Willen. Da Gott allmächtig ist, so wurde argumentiert, ist alles von Gott vorherbestimmt und gelenkt; deshalb können die Menschen logischerweise keinen freien Willen haben. Die Mu'taziliten dagegen glaubten, aus der Formulierung der Anweisungen und Verbote im Koran gehe in Wirklichkeit hervor, dass wir bei unseren Taten durchaus eine Entscheidungsmöglichkeit haben, und da Gott gerecht sei, werde er nur diejenigen bestrafen, die die Wahl hatten und sich falsch entschieden haben.

Angesichts des Problems, dass es das Böse in der Welt gibt, nutzten die Mu'taziliten ihre Argumente über den freien Willen: Sie definierten das Böse als etwas, das aus den fehlerhaften Taten der Menschen erwächst. Gott tut nichts Böses und verlangt auch von keinem Menschen, Böses zu tun. Würden die bösen Taten der Menschen dem Willen Gottes entspringen, wäre

Bestrafung sinnlos. Die Mu'taziliten leugneten nicht, dass es Leid gibt, das über Übeltaten der Menschen und den Missbrauch des gottgegebenen freien Willens hinausgeht. Um dieses »scheinbare« Böse zu erklären, griffen sie auf die islamische Lehre des *taklif* zurück – danach ist das Leben für Geschöpfe, die einen freien Willen und damit die Wahl haben, eine Prüfung. Alle diese Debatten waren natürlich nicht neu: Schon lange bevor es den Islam gab, hatten christliche und jüdische Theologen bereits über Themen wie den freien Willen oder das Wesen von Gut und Böse diskutiert.

In diesem Umfeld wuchs al-Ma'mun auf, und viele seiner Lehrer waren angesehene Mu'taziliten. Seine eigene Sympathie für die geistige Strömung machte er 827 deutlich: Er erklärte es zur offiziellen Doktrin, dass der Koran nicht ewig, sondern erschaffen ist. Diese Ansicht als solche war nicht umstritten, sondern unter den Theologen jener Zeit weit verbreitet; der Gedanke, sie sei nur auf die Mu'taziliten beschränkt gewesen, wäre falsch.[1] Aber 833, vier Monate vor seinem Tod, sicherte sich al-Ma'mun die oberste Autorität in allen religiösen Fragen durch seine *mihna*, ein Dekret, wonach alle Muslime die Lehre, dass der Koran erschaffen ist, anerkennen sollten. Sich selbst betrachtete er nicht nur als obersten politischen Führer eines islamischen Riesenreiches, sondern auch als Wächter des Islam selbst, dem Gott die letzte Wahrheit anvertraut hatte. Er hielt es für seine Pflicht, nicht nur den Staat politisch vor äußeren Kräften zu schützen, sondern auch für sein religiöses Wohlbefinden zu sorgen. Deshalb war es nach seiner Auffassung notwendig, das Volk zu erziehen und seine Ansichten in theologischen Fragen zu korrigieren.

Aus den Briefen, mit denen er seine *mihna* erließ, geht nicht eindeutig hervor, welche Anstrengungen er unternahm, damit sie auch umgesetzt wurde. Dieses dramatische Ereignis hatte nach Ansicht späterer Historiker Auswirkungen auf die ganze

Bewegung der Mu'taziliten. Es hatte jedoch mehr mit al-Ma'muns Bemühungen zu tun, seine persönlichen theologischen Ansichten durchzusetzen, die ohnehin zu den Überzeugungen der meisten Theologen jener Zeit nicht im Widerspruch standen, und weniger damit, dass er sich für eine unpopuläre Glaubensrichtung einsetzen oder gar für den Mu'tazilismus im Allgemeinen sprechen wollte. Die *mihna* blieb auch während der Herrschaft der nachfolgenden beiden Kalifen, seines jüngeren Bruders al-Mu'tasim und seines Neffen al-Wathiq, in Kraft; erst von dem darauffolgenden Kalifen al-Mutawakkil wurde sie 849 aufgehoben.

Theologen waren keineswegs die Einzigen, die über solche Themen diskutierten. Der wichtigste Denker jener Zeit war ein Philosoph – der allererste im Islam –, und als solcher unterschied er sich grundlegend von den mu'tazilitischen *kalam*-Theologen. Sein Name war Ya'qūb ibn Ishaq al-Kindi (ca. 800 – ca. 873) – im Westen Alkindus. Er war der erste große Universalgelehrte der Abassidenzeit und gleichzeitig der letzte Gelehrte aus al-Ma'muns »Ruhmeshalle«, den ich hier vorstellen möchte. Al-Kindi gehörte zum mächtigen Araberstamm der Kinda, der ursprünglich aus dem Jemen stammte, in Arabien aber sowohl vor als auch nach der Entstehung des Islam gewaltigen Einfluss hatte. Er war in Basra geboren, verbrachte aber vermutlich einen Teil seiner Kindheit in Kufa, wo sein Vater Gouverneur war. Nach heutiger Kenntnis zog er aber schon in jungen Jahren nach Bagdad und erhielt dort seine Ausbildung.[2] Nachdem er sich frühzeitig als vielversprechender Experte für griechische Philosophie erwiesen hatte, wurde er von al-Ma'mun berufen.

Zu jener Zeit war die Übersetzungsbewegung auf ihrem Höhepunkt angelangt und befand sich manchen Beschreibungen zufolge in einem regelrechten Wettlauf um alle griechischen wissenschaftlichen oder philosophischen Texte, deren die Gelehrten von Bagdad und ihre wohlhabenden Mäzene habhaft werden konnten. Im Mittelpunkt von alledem stand al-Kindi, ein Mann, der alles in seiner Umgebung in Frage stellte und seine unbestechliche Logik auf Fragen rund um Gott und die Schöpfung anwandte. Als gläubiger Muslim zeigte er Sympathien für die Ansichten der Mu'taziliten, eine Haltung, die ihm anfangs sicher half, am Hof des Kalifen sich Gunst zu erwerben. Aber al-Kindi war kein Speichellecker und entwickelte seine Ansichten aufgrund rein logischer und sogar mathematischer Überlegungen weiter. Mit diesem Standpunkt sollte er sich später im Leben eine Reihe von Feinden machen, und er bescherte ihm sogar innerhalb des Hauses der Weisheit selbst unmittelbare Konflikte mit Rivalen.

In seinen ersten Jahren sammelte al-Kindi um sich einen Kreis von Gelehrten und Übersetzern, denn er war selbst kein Übersetzer und konnte Griechisch nicht einmal lesen. Seine Stärke lag in der Assimilation, im Verständnis und in Kommentaren zu den übersetzten Werken der griechischen Philosophen, die ihm vorgelegt wurden. Schließlich kam der noch produktivere Hunayn ibn Ishaq nach Bagdad und baute einen eigenen Übersetzerkreis auf. Was aber in al-Kindis Kreis an dem reinen Umfang der Übersetzungen fehlte, machten seine Übersetzer durch Qualität und Auswahl der griechischen Texte, die sie zum Studium aussuchten, wett. Die Triebkraft waren dabei stets al-Kindis eigene philosophische Bestrebungen und Interessen. In seiner Philosophie flossen Ideen zusammen, die für jene Zeit recht kompliziert waren; sie gründeten sich auf die Interpretation von Offenbarungen durch vernünftige Argumente in Verbindung mit einer rationalistischen, aristotelischen Sicht auf die Welt um ihn herum, die unmittelbar auf seine religiösen Überzeugungen zurückwirkte. Deshalb wird ihm zu Recht das Verdienst zugeschrieben, unter allen Gelehrten am meisten dazu beigetragen zu haben, dass die griechische Philosophie in der islamischen Welt bekannt wurde.

Wenn wir diese neue Synthese aus Philosophie und islamischer Theologie verstehen wollen, müssen wir zunächst ein wenig mehr über Aristoteles wissen und die Philosophie kennenlernen, auf die al-Kindi sich mit seinen Gedanken stützte.

Den Einfluss, den Aristoteles (384–322 v. u. Z.) in der gesamten Geschichte und über die Kulturkreise hinweg auf die Menschheit hatte, kann man gar nicht hoch genug einschätzen; deshalb ist es auch nicht verwunderlich, dass gerade er al-Ma'mun im Traum begegnete. In der Philosophie hat er nicht seinesgleichen. Er war nicht nur der größte Philosoph aller Zeiten, sondern seine Gedanken wurden durch die Arbeiten al-Kindis auch zu dem Fundament, auf dem die frühe islamische Philosophie aufbaute, selbst wenn viele Ideen von Aristoteles später abgewandelt, erweitert oder auch abgelehnt wurden.

Aristoteles repräsentiert in vielerlei Hinsicht den Höhepunkt des griechischen Wissens und galt wegen des großen Einflusses, den er während der nächsten 2000 Jahre auf so viele Denker ausübte, vielfach als klügster Kopf aller Zeiten. Wenn man an die größten griechischen Philosophen denkt, fallen einem aber sofort noch zwei andere Namen ein. Sokrates[3] (470–399 v. u. Z.) war in seinen Ansichten in gewisser Hinsicht geradezu wissenschaftsfeindlich. Er lehnte beispielsweise die Geometrie als Fachgebiet um seiner selbst willen ab und vertrat die Ansicht, man solle sie nur als praktisches Hilfsmittel der Architektur und Landwirtschaft sowie gegebenenfalls als Berechnungshilfsmittel für Finanzgeschäfte lehren. Er hatte also gegenüber dem Wissen eine positivistische, pragmatische Einstellung. Die Brücke zwischen dem 5. Jahrhundert des Sokrates und dem 4. Jahrhundert von Aristoteles bildete Platon (428–348 v. u. Z.), der Schüler des einen und Lehrer des anderen. Mehr als sein Lehrer Sokrates ähnelte Platon dem, was wir heute als theoretischen Physiker bezeichnen würden. Er glaubte, man könne das Universum mathematisch beschreiben und demnach auch verstehen. Deshalb, so

Platon, sei es die Aufgabe der Philosophie, in den Geheimnissen des Universums, beispielsweise in den scheinbar unregelmäßigen Bewegungen der Sterne und Planeten, unter dem Gesichtspunkt regelmäßiger mathematischer Gesetze einen Sinn zu finden. Aber abgesehen von abstrakten und metaphysischen Gedanken trug Platon wenig zur Erweiterung des Wissens bei, und er gilt nicht als so großer *Natur*wissenschaftler wie Aristoteles – oder übrigens auch wie beispielsweise Archimedes.

Aristoteles wurde in Athen im Alter von 18 Jahren Platons Schüler und übernahm später die Rolle des Lehrers für Alexander den Großen. Im Jahr 335 v. u. Z. gründete er in Athen seine berühmte Schule, das Lycaeum. Aristoteles war nicht nur ein großer Philosoph, sondern er erzielte auch viele Fortschritte in Mathematik, Physik und Kosmologie, außerdem war er einer der ersten Wissenschaftshistoriker. Seine größten Beiträge leistete er aber in der Wissenschaft des Lebendigen. Er kann zu Recht für sich in Anspruch nehmen, der »Vater der Biologie« zu sein, ganz ähnlich wie Pythagoras der »Vater der Mathematik« und Hippokrates der »Vater der Medizin« war. Im Gegensatz zu Platon, der den griechischen Astronomen bekanntermaßen den Rat gab, »Beobachtung« durch »Spekulation« zu ersetzen, ging Aristoteles von der Beobachtung der Welt um ihn herum aus und sammelte Daten, um daraus empirische Kenntnisse über die Natur zu gewinnen – die gleiche Methode, nach der Naturwissenschaft auch heute meist betrieben wird. Glücklicherweise befolgten viele der größten »experimentellen« Wissenschaftler Griechenlands, beispielsweise Archimedes, Hipparchos und Galen, Platons Ratschlag nicht.

In der Physik vertrat Aristoteles die Vorstellung, alle Bewegung sei die Verwirklichung der Bewegungsfähigkeit eines Körpers. Allgemeiner gesagt, vertrat er die Ansicht, dass alles dem Wandel unterworfen ist. Sein Begriff *kinesis* bezeichnet alle Formen der Veränderung: Veränderung der Substanz eines Gegenstandes, Veränderung seiner Größe oder Form, Veränderung seiner Qualität und Veränderung seiner Position (Bewegung). Die vier Formen der *kinesis* sind repräsentiert in Veränderungen von Quidditát (Washeit), Quantität, Qualität und Position. Ein Gegenstand fällt zu Boden, weil er sich »von Natur aus« wieder mit der Erde vereinigen will, aus der er hervorgegangen ist, und Feuer steigt nach oben, um sich mit der über uns befindlichen Sphäre des Feuers zu vereinigen. Auf ähnliche Weise finden auch Wasser und Luft ihre natürliche Ebene. Alle anderen Bewegungen sind nicht natürlich und erfordern die Einwirkung einer Kraft (was sich bemerkenswert stark nach Newtons erstem Bewegungsgesetz anhört: Ein Körper bleibt in Ruhe oder in konstanter Bewegung, solange nicht eine äußere Kraft auf ihn wirkt). Unter allen Griechen hatte Aristoteles 1000 Jahre später mit seinen Arbeiten und Lehren den größten Einfluss auf die arabische Wissenschaft und im weiteren Verlauf auch auf viele europäische Denker.

Von besonderem Interesse ist an dieser Stelle Aristoteles' Kosmologie. Das Universum hatte in seinen Augen begrenzte Ausmaße, existierte aber für immer. Er behauptete, die Sterne am Himmel bestünden aus einer unzerstörbaren Substanz namens Äther und seien ewig und unveränderlich. Mit seiner Kosmologie beschrieb er also zum ersten Mal ein Universum im »Fließgleichgewicht«, ein Gedanke, der von dem britischen Wissenschaftler Fred Hoyle Mitte des 20. Jahrhunderts wiederbelebt wurde, mittlerweile aber angesichts der überwältigenden Befunde, die für die Urknalltheorie sprechen, in Misskredit geraten ist.

Die Himmelskörper – Sonne, Mond, Planeten und Sterne – waren nach Aristoteles' Vorstellung an starren Kristallsphären befestigt, und diese bewegten sich in vollkommenen Kreisen um die Erde, die im Mittelpunkt des Universums stehen sollte. Die anderen vier Grundelemente – Erde, Wasser, Luft und Feuer –

sind demnach keine himmlischen Elemente. Er vertrat die Vorstellung von einem »Ersten Beweger«, einer Gottheit, die dafür sorgt, dass die äußerste Sphäre mit konstanter Geschwindigkeit rotiert; diese Bewegung sollte sich dann von Sphäre zu Sphäre fortpflanzen, so dass alle Himmelssphären um die Erde kreisen. Der Erste Beweger des aristotelischen Universums wurde zum Gott der christlichen, jüdischen und schließlich der muslimischen Theologen, die seine Werke studierten; die äußerste Sphäre des Ersten Bewegers setzte man mit dem Himmel gleich, und die Position der Erde im Mittelpunkt von allem begriff man unter dem Gesichtspunkt, dass Gott sich um die Angelegenheiten der Menschheit und ihren einzigartigen Platz in seiner Schöpfung kümmert.

Al-Kindi war zwar der erste Philosoph des Islam, mit Sicherheit aber wandte er nicht als Erster die aristotelische Philosophie auf religiöse Überlegungen an. Auch vor ihm hatten andere, nichtmuslimische Philosophen die Ansicht vertreten, dass die Offenbarung der monotheistischen Religionen in der Entdeckung absoluter Wahrheiten über Gott und den Platz des Menschen in Gottes Universum besteht, wie man sie durch logisch-philosophische Untersuchungen erwerben kann.

Man kann Parallelen zwischen al-Kindi und Johannes Philoponos (490–570) ziehen, einem christlichen Philosophen aus Alexandria, der als einer der Ersten Aristoteles kritisierte und als Erster die wissenschaftliche Kosmologie (die Untersuchung der Natur des Universums) mit der christlichen Schöpfungslehre kombinierte. Der wichtigste Unterschied zwischen Aristoteles und Philoponus bestand darin, dass das Universum für Letzteren eine einzige Schöpfung eines einzigen Gottes war und deshalb nicht ewig sein konnte. Außerdem behauptete Philoponus, die Sterne seien nichts Göttliches, sondern hätten in einem gewissen Sinn die gleichen physikalischen Eigenschaften wie die Erde.

Sowohl al-Kindi als auch die Theologen der Mu'taziliten bedienten sich der Argumente von Philoponus, um ihre Vorstellungen von der Erschaffung des Universums zu festigen. Die Mu'taziliten machten sich wie al-Kindi die Lehre von der Schöpfung *ex nihilo* (»aus dem Nichts«) zu eigen. Dies war zu jener Zeit auch außerhalb der Mu'tazilitenkreise eine verbreitete Vorstellung unter den Gelehrten Bagdads, darunter der Christ Hiob von Edessa (geb. ca. 760 u. Z.) und der jüdische Philosoph Saadia Gaon (882–942). Es ist also nicht so, dass al-Kindi ein besonders glühender Anhänger der Mu'tazilitenlehre gewesen wäre; wie man wieder einmal erkennt, gehörte er einfach zum allgemeinen intellektuellen Umfeld seiner Zeit.

Al-Kindis wichtigste Abhandlung mit dem Titel *Über die erste Philosophie* war eine Einladung an die muslimischen Gelehrten, den Islam unter philosophischen Gesichtspunkten zu studieren. Damals wie heute wurde er deshalb von vielen Theologen kritisiert: Sie glaubten, er wolle den Rationalismus an die Stelle der Offenbarung setzen. Diese Absicht hatte er nicht. Im Vorwort von *Über die erste Philosophie* erklärt er, warum das Studium der griechischen Philosophie so wichtig ist. Er sagt, man solle die Leistungen früherer Gelehrter nicht deshalb missachten, weil diese einer anderen Rasse, Kultur oder Glaubensrichtung angehörten, und denen, die den Beitrag der Griechen nicht anerkennen wollten, warf er vor, sie seien engstirnig und neidisch; außerdem mangele es ihnen an reinem Glauben an den Islam:

> Wir sollten uns nicht schämen, Wahrheiten anzuerkennen und zu übernehmen, ganz gleich, woher sie zu uns kommen, selbst wenn sie von früheren Generationen und fremden Völkern stammen. Für den Wahrheitssuchenden gibt es nichts Kostbareres als die Wahrheit selbst; sie entwertet oder erniedrigt den Suchenden nie, sondern adelt und erhöht ihn.[4]

Da Aristoteles' Universum ewig und nicht erschaffen war, musste al-Kindi ihn mit einem genau überlegten, logischen Argument widerlegen. Dazu wandelte er einen von Philoponus' Beweisen für die Schöpfung des Universums ab, der sich auf den Gedanken von der Unmöglichkeit der Unendlichkeit gründete; danach hätte der gegenwärtige Augenblick nie erreicht werden können, wenn ihm eine unendliche Zeit vorausgegangen wäre, die aus einer ununterbrochenen, unendlichen Abfolge von Ereignissen besteht, denn diese hätte man nicht durchqueren können, um das »Jetzt« zu erreichen. Anders als Aristoteles führte al-Kindi einen mathematischen Nachweis für seine Ideen. Seine Argumentation lässt sich kurz folgendermaßen zusammenfassen: Wenn man von einer unendlichen Menge ausgeht und von dieser eine endliche Menge *A* abzieht, ist die verbleibende Menge *B* entweder endlich oder unendlich. Wenn sie endlich ist und man zu ihr *A* wieder hinzufügt, erhält man eine weitere endliche Menge und nicht die ursprüngliche Unendlichkeit. Demnach kann *B* nicht endlich sein, sondern es muss unendlich sein. Zieht man aber die endliche Menge *A* von der unendlichen Menge ab, muss *B* ein kleinerer Anteil dieser Unendlichkeit sein. Und Anteile, so al-Kindi, müssen Grenzen haben. Sie können also nicht unendlich sein. Deshalb ist die ganze Vorstellung von einer unendlichen Menge absurd.

Heute wissen wir natürlich aus der Mathematik, dass al-Kindi unrecht hatte, denn es gibt tatsächlich Unendlichkeiten mit unterschiedlicher »Größe«. Man kann sogar eine Unendlichkeit von einer anderen abziehen, und der Rest ist immer noch unendlich. Nehmen wir beispielsweise die unendliche Menge aller ganzen Zahlen und subtrahieren davon die unendliche Menge aller geraden Zahlen. Dann haben wir immer noch die unendliche Menge aller ungeraden Zahlen.

Al-Kindis Begründung für die Unmöglichkeit unendlicher Mengen, auch einer unendlichen Zeit, führte ihn zu der Vorstellung, dass nicht nur das Universum nicht schon immer existiert haben kann, sondern dass es auch die Zeit vor der Erschaffung des Universums nicht geben konnte und dass die Zeit demnach mit dem Universum ins Dasein getreten war. Diese Idee ähnelt bemerkenswert stark den heutigen Kenntnissen der Kosmologie, wonach Raum und Zeit vor Milliarden Jahren durch den Urknall geboren wurden, wie es Einsteins Allgemeine Relativitätstheorie beschreibt. Außerdem versetzte die Vorstellung von einem endlichen Universum al-Kindi anders als Aristoteles in die Lage, sich auf Gott als Schöpfer der Welt zu berufen, der sie aus dem Nichts ins Sein treten lässt.

Hinter solchen philosophischen Gedanken steckte als Triebkraft die Theologie, aber al-Kindi war mehr als nur ein Philosoph. Wer schon al-Khwarizmi für vielseitig hält, weil er sich mit Astronomie, Geographie und Mathematik beschäftigte, der sollte von al-Kindis Leistungen noch weitaus stärker beeindruckt sein. Neben seinen philosophischen Schriften leistete er wichtige Beiträge zur Mathematik, Astronomie, Optik, Medizin, Musik und Kryptographie. Auch wenn es bis nahezu in die Neuzeit üblich war, dass Gelehrte ein ganzes Spektrum verschiedener Fachgebiete abdeckten, so waren doch nur wenige auf derart vielen Feldern zu Hause wie al-Kindi. Für ihn gilt das Gleiche wie für seinen Zeitgenossen al-Khwarizmi: Sein Einfluss auf spätere Generationen kennzeichnet ihn als ungeheuer wichtige Gestalt der Wissenschaftsgeschichte. In der Mathematik zum Beispiel wirkten beide entscheidend daran mit, die indischen Zahlen in die islamische und später in die christliche Welt einzuführen. Wie al-Khwarizmi, so schrieb auch al-Kindi ein wichtiges Buch über das Thema: *Das Buch über die Benutzung Indischer Zahlen* (*Kitab fi Isti'mal al-'Adad al-Hindi*).

In der Kryptographie wurde al-Kindi berühmt, weil er neue Ver- und Entschlüsselungsmethoden entwickelte oder zumindest die erste bekannte Beschreibung solcher Methoden lieferte.

Außerdem wird ihm das Verdienst zugeschrieben, die Häufigkeitsanalyse entwickelt zu haben, eine Methode, bei der man die unterschiedliche Buchstabenhäufigkeit analysiert und zum Knacken einer Verschlüsselung ausnutzt. Ausführlich beschrieben werden seine Arbeiten in einem Text, den man 1987 im Sulaimaniyyah-Ottoman-Archiv in Istanbul wiederentdeckte.[5] Al-Kindis Motive für die Entwicklung seiner Erkenntnisse in der Verschlüsselungstechnik sind faszinierend: Sie erwuchsen offenbar aus seiner Entschlossenheit, Texte aus Fremdsprachen, die er nicht beherrschte, zu entschlüsseln und zu übersetzen. Man kann sich fast ausmalen, wie er ungeduldig seine Übersetzer drängte und piesackte, damit sie ihre Arbeit an wichtigen griechischen Abhandlungen beschleunigten, und da er nicht warten konnte, erfand er Methoden, um den unbekannten Text selbst zu entschlüsseln. Ausgerüstet mit der richtigen Übersetzung weniger Wörter, konnte er ermitteln, mit welcher Häufigkeit verschiedene Buchstaben in dem jeweiligen Text vorkamen, und im weiteren Verlauf stellte er dann Verbindungen zwischen verschiedenen Buchstaben und Wörtern her, bis er den Code der Sprache entschlüsselt hatte und ganze Sätze verstehen konnte.

Al-Kindi war auch der erste große Musiktheoretiker der arabisch-islamischen Welt. Er übertraf die Leistungen der griechischen Musiker, indem er eine alphabetische Schreibweise für Achtelnoten verwendete. Ebenso erkannte er den therapeutischen Wert der Musik und bemühte sich darum, einen querschnittsgelähmten Jungen mit Musiktherapie zu behandeln. Man weiß, dass er zahlreiche Texte über Musiktheorie schrieb, von denen allerdings nur fünf bis heute erhalten sind. In einem davon verwendete er zum ersten Mal auf Arabisch das Wort *musiqa*, abgeleitet von dem griechischen *musike* (»Kunst der Musen«).

Al-Kindi unterschied sehr genau zwischen dem, was er für Wissenschaft hielt, und jenem, das in seinen Augen Aberglaube war. »Die Kunst« (die Alchemie) hielt er für Betrug, und die ganze Vorstellung, unedle Metalle in Gold zu verwandeln, war nach seiner Ansicht Scharlatanerie; dies machte er in seiner Abhandlung *Die Täuschungen der Alchemisten* deutlich.[6] Andererseits glaubte er vorbehaltlos an die Astrologie, er versuchte aber zumindest, sie wissenschaftlich-rational zu begründen und von ihrer eher volkstümlichen Verbindung mit Horoskopen und Wahrsagerei zu trennen. Er erkannte auch Hellseherei und göttliche Eingebungen durch Träume als wahr an und versuchte, Träume mit einer Art grober Psychologie zu verstehen. Bevor wir solche altmodischen Vorstellungen allzu vorschnell verächtlich machen, sollten wir daran denken, wie viele Menschen auf der Welt noch heute solche Ansichten haben; selbst einige große Gestalten aus der Wissenschaft des 19. Jahrhunderts engagierten sich intensiv in der Erforschung des Paranormalen.

Als al-Ma'mun starb, war al-Kindi noch relativ jung; im weiteren Verlauf diente er unter mehreren Kalifen, angefangen bei al-Ma'muns Nachfolger al-Mu'tasim (833–842), dem er eine Reihe seiner wichtigsten Abhandlungen widmete. Aber al-Mu'tasim und sein Sohn al-Wathiq regierten nur neun beziehungsweise fünf Jahre. Auf die beiden folgte al-Wathiqs jüngerer Bruder al-Mutawakkil (847–861), der in krassem Gegensatz zu allen früheren Abassidenkalifen wenig Interesse für Wissenschaft und Gelehrsamkeit erkennen ließ; er wandte sich gegen den Rationalismus und bevorzugte eine stärker wörtliche Interpretation des Korans und der *Hadith*. Damit war al-Ma'muns *mihna* zu Ende. Natürlich haben wir keinen Grund zu der Annahme, das al-Kindi selbst die *mihna* unterstützte. Er stand sogar manchen Ideen des Mu'tazilismus kritisch gegenüber; dies kann man dem Anfangskapitel seiner Abhandlung *Über die Erste Philosophie* entnehmen,[7] die er während al-Mu'tasims Regierungszeit verfasste.

Mit al-Mutawakkil begegnet uns der erste in einer ganzen

Reihe eher konservativer Kalifen und damit auch der Beginn der Gegenreaktion gegen Gedankenfreiheit und liberale Theologie der Mu'taziliten-Bewegung. Da al-Mutawakkil Gelehrte oftmals gewaltsam verfolgte, wenn deren Ansichten nicht mit seiner stärker fundamentalistischen Version des Islam in Einklang standen, schwang das theologische Pendel nun von al-Ma'muns *mihna* ins andere Extrem; beide Herrscher machten sich bei denen, die ihre jeweiligen Ansichten nicht teilten, alles andere als beliebt. Selbst al-Kindi blieb nicht verschont. Er gehörte zwar selbst nicht zu den Mu'taziliten, liebäugelte aber mit ihren Ansichten und musste nun plötzlich feststellen, dass er auf der falschen Seite stand. Er fiel einer mutmaßlichen Verschwörung zum Opfer, die von den mächtigen Brüdern Banu Musa angeführt wurde: Diese kultivierten eine boshafte, ans Gefährliche grenzende Haltung gegenüber allen, die ihnen über den Weg liefen.

Die Brüder waren neidisch auf al-Kindis umfangreiche Bibliothek und wussten, dass es nur einen Weg gab, die Sammlung in die Hände zu bekommen: Sie mussten sich gegen ihn verschwören und intrigieren, bis sie den Kalifen überzeugen konnten, ihn zu vertreiben. Al-Kindi wurde körperlich angegriffen, seine Bibliothek wurde beschlagnahmt und den Brüdern zugesagt. Aber sie behielten die Bücher nicht lange: Nachdem der Kalif ihnen befohlen hatte, einen Kanal zu bauen, machte ihr Ingenieur seine Sache bei dem Projekt so schlecht, dass sie ihren Kollegen Sind ibn Ali bitten mussten, beim Kalifen ein gutes Wort für sie einzulegen und sie gehen zu lassen. Sind erklärte sich dazu offensichtlich bereit, aber nur unter der Bedingung, dass sie al-Kindis Bibliothek zurückgaben.[8]

Obwohl nun wieder im Besitz seiner Bibliothek, blieb al-Kindi für den Rest seines Lebens ein einsamer Mann. Nach seinem Tod gerieten seine philosophischen Arbeiten schnell in Vergessenheit, und viele seiner Texte waren selbst späteren islamischen

Gelehrten und Historikern nicht mehr bekannt. Einige jedoch sind in Form lateinischer Übersetzungen erhalten geblieben, andere wurden als arabische Manuskripte wiederentdeckt. All das macht jedoch nur einen Bruchteil seines gesamten Œuvres aus, das in anderen Quellen zitiert wird. Dass ein so großer Teil seiner Arbeiten verlorenging, dürfte unter anderem daran gelegen haben, dass die Mongolen die Bibliothek im Haus der Weisheit 1258 zerstörten.[9]

Aber al-Kindis Vermächtnis war nicht völlig vergessen; weitergetragen wurde die Fackel schließlich im 10. Jahrhundert von al-Farabi, einem Philosophen türkischer Abstammung, der al-Kindis Mission, die griechische Philosophie und insbesondere die Werke von Aristoteles zu islamisieren, fortsetzte. Al-Farabi baute mit seiner Philosophie auf den Arbeiten al-Kindis auf, erweiterte sie und stellte sie sogar in den Schatten. Während al-Kindi die Philosophie als Erster eingeführt und zur Handlangerin der Theologie gemacht hatte, womit er sich einer traditionalistischen Form des Islam stärker annäherte als al-Farabi, unternahm dieser einen ernsthafteren, ausgereifteren Versuch, Offenbarung und Prophezeiungen aus rein philosophischer Sicht zu verstehen. Al-Kindi hielt es für das Ziel der Metaphysik, Gott kennenzulernen – nach seiner Überzeugung beschäftigten sich Philosophie und Theologie mit dem gleichen Gegenstand. Al-Farabi war ausdrücklich anderer Ansicht und argumentierte, die Metaphysik handle in Wirklichkeit von dem, was man über den Beweis für Gottes Existenz behaupten könne, sage aber nichts über Sein Wesen oder Seine Eigenschaften.

Ein anderer Unterschied bestand darin, dass al-Kindi glaubte, die göttliche Offenbarung müsse über rationale Überlegungen siegen, wenn beide in Konflikt gerieten, wie beispielsweise in der Frage der körperlichen Wiederauferstehung beim Jüngsten Gericht; al-Farabi dagegen erklärte, rationale philosophische Überlegungen seien mächtiger als die symbolischen Ausdrucksformen offenbarter Wahrheiten in der Religion; und das, obwohl er in einer Zeit lebte, in der die Gegenreaktion gegen die Philosophen bereits begonnen hatte und die rationalistische Ideologie der Mu'taziliten allgemein auf Feindseligkeit stieß.

Al-Farabi erweiterte zwar die Gedanken seines Vorgängers und wurde sicher von späteren Philosophen häufiger zitiert – was teilweise daran lag, dass ein größerer Teil seiner Arbeit erhalten geblieben ist –, nach meiner Ansicht hat er das Prädikat der Größe aber nicht in gleichem Umfang verdient. Al-Farabi war weder ein Universalgelehrter, noch interessierte er sich sonderlich für empirische Wissenschaft. Wie viele griechische Philosophen vor ihm, so ging es auch ihm weniger um Physik als vielmehr um Metaphysik. Al-Kindi dagegen war der echte Renaissancegelehrte des Islam.

Die Fackel der Philosophie wurde schließlich von al-Farabi an zwei Männer weitergegeben, die in Europa wesentlich größere Bekanntheit erlangten als al-Kindi oder al-Farabi. Beide beeinflussten zahlreiche Denker der Renaissance. Sie hießen Ibn Sina und Ibn Rushd, sind im Westen aber besser unter ihren lateinischen Namen bekannt: Avicenna und Averroës. Beide hatten es den von al-Kindi gelegten Grundlagen zu verdanken, dass sie so viel erreichen konnten. In seiner Synthese aus den Lehren des Aristoteles und islamischer Theologie sollte man ein unentbehrliches Glied in einer ununterbrochenen Kette sehen, die von der Philosophie des alten Griechenland zu einer modernen abendländischen Philosophie reicht, wie sie von Thomas von Aquin, Descartes und anderen entwickelt wurde. Dass sein Name in modernen Darstellungen der Philosophiegeschichte nicht häufiger genannt wird, ist eine Schande.

Damit können wir nun endlich die Zeit al-Ma'muns hinter uns lassen. Viele von ihm angeworbene Gelehrte überlebten ihn und verfolgten seine Träume weiter. Dank al-Ma'mun war der Samen gelegt, und selbst das Dahinschwinden des Mu'tazilismus konnte das rasche Aufblühen der Wissenschaft im Großreich nicht mehr aufhalten. Die Leidenschaft, die Welt zu verstehen, verbreitete sich sowohl in Bagdad als auch anderswo immer weiter. Mit dem Tod von al-Kindi und al-Khwarizmi begann eine neue Epoche. Der wissenschaftliche Fortschritt gewann in der islamischen Welt an Tempo, und neue Helden erschienen auf der Bildfläche. Am Ende des 9. und Anfang des 10. Jahrhunderts stand Bagdad unter dem Eindruck eines Mannes, der ohne Zweifel der größte Arzt der mittelalterlichen Welt war. Im Westen ist er unter dem Namen Rhazes bekannt.

10

Der Arzt

Der Arzt muss der Kraft des Patienten, der Angelegenheit der Krankheit und ihrer Dauer Aufmerksamkeit schenken; wenn nämlich die Kraft gering ist, aber die Angelegenheit der Krankheit zahlreich und die Dauer lang, sollte man dem Patienten von Anfang an etwas anbieten, was die Stärke erhält, während es die Angelegenheit der Krankheit nicht verstärkt – und dafür gibt es nichts Geeigneteres als die richtige Menge Hühnerbrühe.

Ya'qub ibn Ishaq,[1] ›Abhandlung über die Fehler der Ärzte von Damaskus‹

Wir hatten ihn immer nur »Jiddu« genannt. Er starb, als ich sechs Jahre alt war. Ich kann mich noch gut an seinen Stoppelbart, das Stethoskop und seinen sanften, freundlichen Blick erinnern – und an die Bücher, so viele Bücher. Jiddu war mein Großvater väterlicherseits und wohnte in Najaf. Unsere Familienausflüge von Bagdad zu meinen Großeltern waren die einzigen Gelegenheiten, bei denen meine Mutter eine *abaya* anziehen musste, jene Ganzkörperbedeckung, die Frauen im Mittleren Osten tragen. Sie war in den heiligen Städten Najaf und Kerbala sogar für Europäerinnen wie meine Mutter vorgeschrieben.

Wenn ich heute an Jiddu zurückdenke, so passt er nahtlos in das Bild der großen Gelehrten aus der Abassidenzeit vor 1000 Jahren. Die meisten Bilder von großen islamischen Wissenschaftlern, die man heute findet, sind stilisierte, artifizielle Darstellungen, die von Europäern im 19. Jahrhundert angefertigt wurden, und alle sind völlige Phantasieprodukte. Die einzigen

Kriterien waren offenbar, dass die Gestalten einen Turban, einen Bart (in unterschiedlicher Schattierung und Länge) sowie ein fließendes Gewand tragen und mit einem Buch auf einem Teppich sitzen mussten. Genauso habe ich meinen Großvater in Erinnerung (siehe Farbtafel 4). Und er sah nicht nur so aus, sondern er war auch in jeder Hinsicht selbst ein Gelehrter: hochintelligent, weise und belesen. Zuallererst war er Schriftsteller und Dichter, und als solcher genoss er im Irak ein gewisses Ansehen. Er war aber im Ort auch der »weise Mann« und Apotheker für den Distrikt Najaf – daher das Stethoskop. Ich erinnere mich noch gut an seine Bibliothek, einen Raum in der oberen Etage seines Hauses, das nach seinem Tod unverändert belassen wurde. Im Laufe der Jahre saß ich oft längere Zeit dort und studierte seine Bücher. Um ehrlich zu sein, fand ich nie etwas, das mir so lesenswert erschien wie andere Dinge, die mir zu jener Zeit wichtig waren, ob es nun *Just William* oder *The Famous Five* war oder auch das neueste *Shoot*-Fußballmagazin, das meine Großeltern mütterlicherseits mir aus England geschickt hatten.

Leider wurde die Bibliothek zerstört. Jiddus Haus lag im Zentrum von Najaf, nur zwei Fußminuten von der sagenumwobenen Imam-Ali-Moschee mit ihrer goldenen Kuppel entfernt. Es war (jedenfalls für mich persönlich – wenn auch in kleinerem Maßstab) eine faszinierende Parallele zum Schicksal der Bibliothek im Haus der Weisheit von Bagdad, die 1258 von den Mongolen vernichtet wurde: Anfang der 1990er Jahre ließ Saddam Hussein die Bibliothek im »Haus von Jiddu« zerstören – damals, nach den schiitischen Aufständen im März 1991, wurde das ganze Stadtviertel von den Republikanischen Garden mit Bulldozern dem Erdboden gleichgemacht.

War mein Großvater ein typisches Beispiel für den Typ von Ärzten, den die islamische Welt hervorbrachte? Was für eine medizinische Ausbildung hatte er überhaupt? Wenn wir dann das medizinische Wissen 1000 Jahre in die Vergangenheit projizieren, können wir zu Recht fragen, was für eine Medizin eigentlich in der Welt der Abassiden praktiziert wurde. Auch hier finden wir wieder die übliche abendländische Ansicht vor, wonach die medizinischen Kenntnisse in der Frühzeit des Islam weit danebenlagen. Dabei macht man häufig den Fehler, die medizinischen Kenntnisse, die im Goldenen Zeitalter des Islam entwickelt und praktiziert wurden, mit einer sogenannten »islamischen Medizin« zu verwechseln. Dieser Begriff hat eine ganz bestimmte Bedeutung und bezeichnet eine noch heute lebendige medizinische Tradition, in der sich die Lehren aus Koran und *Hadith* mit aristotelischer Philosophie, antiken Kräuterarzneien und Ernährungsratschlägen verbinden – alles vermischt mit einer großzügigen Dosis gesunden Menschenverstand und Hokuspokus. Deshalb passt es sehr gut zu dem, was wir heute nicht als richtige medizinische Wissenschaft, sondern als komplementäre oder ganzheitliche Medizin bezeichnen.

Ich möchte hier etwas anderes deutlich machen: Alle diese Faktoren spielten zwar in der medizinischen Praxis des 9., 10. und 11. Jahrhunderts in Bagdad und anderswo eine wichtige Rolle, viele islamische Ärzte bemühten sich aber auch darum, die Medizin sorgfältiger quantitativ und objektiv zu erfassen – und keiner tat das energischer als Abu Bakr Muhammad ibn Zakariyya al-Razi, der größte Arzt des Islam und sogar des gesamten Mittelalters. Er leistete Pionierarbeit auf so vielen Gebieten der medizinischen Wissenschaft von der Kinderheilkunde bis zur Psychiatrie hin, dass ich allein damit, sie alle aufzuzählen, eine ganze Seite füllen könnte. Wie bei al-Khwarizmi und der Algebra eine Generation früher, so müssen wir auch hier zuerst einmal wissen, welche medizinischen Kenntnisse al-Razi eigentlich erbte.

Wie immer, wenn wir nach den Ursprüngen der Medizin suchen, beginnen wir im alten Ägypten. Trotz aller Wunder und Errungenschaften der Ägypter unterschied sich ihre Kultur in einem Punkt deutlich von der Griechenlands und Babylons: Mit ihrer Wissenschaft waren keinerlei theoretische oder metaphysische Überlegungen verbunden. Für die Ägypter war Wissenschaft ausschließlich ein praktisches Hilfsmittel, und in diese Kategorie fiel sogar die Medizin. Deshalb schrieb Plato in seinem *Staat* über die Liebe der Griechen zur Gelehrsamkeit und die Liebe der Ägypter zum Reichtum. Die Ägypter verfügten über außergewöhnlich gute Fähigkeiten im Einbalsamieren, wussten aber erstaunlich wenig über die menschliche Anatomie. Wie andere alte Zivilisationen in Indien und China, deren medizinische Tradition bis in die Vorgeschichte zurückreicht, so erscheint uns auch die ägyptische Medizin heute in großen Teilen sehr grob und abwegig. Ihr Heilmittel gegen Migräne bestand beispielsweise darin, dass der Patient seitlich am Kopf mit einem Umschlag abgerieben wurde, den man aus dem Schädel eines Welses hergestellt hatte, damit die Schmerzen auf das Tier übergingen. Ich kann es aber nicht oft genug betonen: Wir sollten über solche eigenartigen Vorstellungen kein allzu hartes Urteil fällen. Sie sind nicht eigenartiger als viele volkstümliche Therapieverfahren, die noch heute auf der ganzen Welt praktiziert werden, auch im sogenannten »aufgeklärten« Westen.

Ohnehin entwickelten die Ägypter auch viele sinnvolle Methoden, beispielsweise die Verwendung von Mull, das Nähen von Wunden, die Ruhigstellung von Brüchen mit Stöcken und das Ausstechen von Tumoren mit einer erhitzten Lanzette. Die Griechen übernahmen später vieles aus der ägyptischen Medizin und machten sie zu einem richtigen wissenschaftlichen Fachgebiet, das mit den Arbeiten von Galen seinen Höhepunkt fand.

Weiter im Osten, in Indien, hat die vedische Tradition eine lange Geschichte, die auf Ursprünge in Magie, Religion und Mythologie zurückgeht und in manchen Regionen der Erde noch heute als eine Art Komplementärmedizin praktiziert wird. Sie besagt, dass jede der fünf Grundsubstanzen, aus denen das

Universum besteht – Erde, Wasser, Feuer, Wind und Raum – einem Bestandteil des menschlichen Körpers entspricht: Gewebe, Körpersaft, Galle, Atem und Körperhöhlen. Wie in der gesamten antiken Medizin und überhaupt in vielen Teilen der antiken Wissenschaft handelt es sich um eine Mischung aus Aberglauben und wissenschaftlichen Kenntnissen, die aber immer praktischen Nutzen und eine große Bedeutung hat.[2]

Die Griechen erbrachten natürlich in der Medizin – wie auf fast allen Gebieten – hervorragende Leistungen und können sich rühmen, zwei der größten Ärzte der Antike hervorgebracht zu haben, zwischen denen bemerkenswerterweise ein halbes Jahrtausend liegt: Hippokrates (Hauptaktivität 420er Jahre v. u. Z.) und Galen (ca. 130–216 v. u. Z.). Als bemerkenswert bezeichne ich dies nur deshalb, weil wir die beiden im Zusammenhang mit der griechischen Medizin häufig in einem Atemzug nennen – vom zeitlichen Rahmen her wäre das ungefähr so, als würde man behaupten, die beiden größten Gestalten der modernen europäischen Kosmologie seien Kopernikus und Stephen Hawking. Hippokrates hinterließ der Medizin ein vergleichbares Erbe wie Pythagoras der Mathematik. Und wie bei dem Mathematiker sind auch sein Leben und seine Leistungen ein wenig geheimnisumwittert. Beide begründeten Denkschulen, die wichtiger werden sollten als ihre Gründer. Und wie die pythagoreischen Mathematiker, so leisteten auch die hippokratischen Ärzte einen erstaunlichen, dauerhaften Beitrag zur Medizin. Sie begriffen, dass der menschliche Organismus ein komplexes Ganzes ist und dass es wahre Weisheit bedeutet, wenn man seine natürlichen Tätigkeiten versteht, unterstützt und anregt. Als Erste nahmen sie keine Trennung von Körper und Seele vor, sondern sie betrachteten den Menschen als untrennbaren Bestandteil seiner physischen und gesellschaftlichen Umwelt.

Eine noch wichtigere Gestalt in der Geschichte der Medizin – manch einer würde sogar sagen: die wichtigste überhaupt – ist

Galen. Seine Arbeiten und Gedanken beeinflussten mehr als 1000 Jahre lang das gesamte medizinische Wissen der Welt. Er wurde ca. 130 v. u. Z. in Pergamon geboren, einer Stadt, die zu jener Zeit wegen ihrer vielen Ärzte berühmt war. Nachdem er in Alexandria studiert hatte, kehrte er nach Pergamon zurück und wurde dort Arzt an der Gladiatorenschule (was ihm sicher viel Arbeit auf den Gebieten von Chirurgie und Ernährungswissenschaft verschaffte). Mit knapp über 30 Jahren ging er nach Rom, wo er mit seinen öffentlichen Vorträgen berühmt wurde. Nach weiteren Reisen durch den Mittleren Osten kehrte er zurück und wurde Leibarzt des Kaisers. Er war ein überaus produktiver Autor und verfasste Bücher über alle Aspekte der Medizin.

Im Mittelalter bauten die medizinischen Kenntnisse in großem Umfang auf den Fundamenten auf, die in der griechischen Antike gelegt worden waren. Die am höchsten geschätzten medizinischen Werke, die auch mit als Erste ins Arabische übersetzt wurden, waren einige Bücher von Galen. Dieser glaubte, die Gesundheit eines Menschen hänge von einem Gleichgewicht zwischen verschiedenen Körpersäften ab, die im Körper zirkulieren; jeder dieser Säfte konnte aus dem Gleichgewicht geraten und dann Krankheiten oder Stimmungsschwankungen verursachen. Diese Säfte waren (und hier vereinfache ich die Beschreibung): die gelbe Galle, die, wenn sie im Überschuss vorhanden war, den Patienten »gallig« oder übellaunig machte und Übelkeit hervorrief; das Blut – zu viel davon machte den Patienten sanguinisch und jähzornig; die schwarze Galle, deren Überschuss Teilnahmslosigkeit und Melancholie verursachte; und der Schleim, der den Patienten »phlegmatisch« oder apathisch und emotional gleichgültig machte. Nach Galens Ansicht entstanden Krankheiten, wenn einer dieser Säfte in übermäßig großer Menge vorhanden ist; die Heilung, so erklärte er, sei dadurch zu erreichen, dass man den Überschuss auf irgendeine Weise aus dem

Körper entfernt. Zu diesem Zweck empfahl er Verfahren wie den Aderlass – Blutungen durch künstlich gesetzte Schnitte – oder den Einsatz von Brechmitteln (Emetika).

Aber Galens Ideen waren nicht alle so absurd. Seine Beschreibungen der menschlichen Anatomie gründeten sich auf das, was er beim Sezieren von Affen gelernt hatte; Menschen zu sezieren war nicht gestattet, aber seine Arbeiten hatten in ihrer Detailtreue nicht ihresgleichen, bis Andreas Vesalius 1543 sein berühmtes, illustriertes Anatomiebuch *De humani corporis fabrica* veröffentlichte. Galens Ausführungen über die Tätigkeit von Herz, Arterien und Venen überdauerten mehr als 1000 Jahre, bis ibn al-Nafis im 13. Jahrhundert den Durchgang des Blutes durch die Lunge beschrieb und bis William Harvey viel später, nämlich im 17. Jahrhundert, nachwies, dass das Blut durch einen Kreislauf fließt, wobei das Herz als Pumpe fungiert. Galen entwickelte auch zahlreiche Experimente zur Verknüpfung von Nerven und untermauerte damit Platons Idee, wonach das Gehirn (und nicht das Herz, wie Aristoteles glaubte) die Kommandozentrale des Körpers ist und sämtliche Muskeln steuert. Noch im 19. Jahrhundert wurden Medizinstudenten auf manche Gedanken von Galen verwiesen – so dauerhaft war sein Einfluss in der Medizin.

Die Ärzte im islamischen Reich waren sich aber sehr genau bewusst, dass die griechische Medizin nur eine von mehreren Quellen für medizinische Kenntnisse war. Zunächst einmal legt der Islam viel Wert auf Reinlichkeit und körperliche Hygiene; von jedem Muslim wird verlangt, dass er vor dem Gebet die *wudu'* vornimmt, die rituelle Waschung von Händen, Füßen und Gesicht. Zu einer Zeit, als man im christlichen Abendland auf Magie versessen war und Krankheiten entweder als göttliche Strafen für Sünden oder – noch schlimmer – als Besessenheit durch böse Geister deutete, hielten sich die Ärzte in der muslimischen Welt an die griechische Tradition: Sie bemühten sich darum, Krankheiten wissenschaftlich zu verstehen und rationale Wege zu ihrer Behandlung zu finden. Und das ist noch nicht alles: Den Körper gesund zu erhalten und Kranke zu pflegen galt jetzt als religiöse Pflicht. Natürlich muss man aber darauf achten, den Kontrast zwischen den Denkweisen in Ost und West nicht zu übertreiben: Vorstellungen von Magie und Dämonen gab es auch in der islamischen Welt.

In dieses Umfeld trat al-Razi. Er ist uns zuvor bereits als Chemiker begegnet, der die Klassifikation der chemischen Substanzen weiter vorantrieb als alle anderen vor ihm; er verbesserte die griechische Theorie der vier Elemente, in dem er Substanzen nach ihren chemischen Eigenschaften einteilte, die er aus Laborexperimenten abgeleitet hatte. Wie al-Kindi eine Generation vor ihm, so war auch al-Razi ein Universalgelehrter, der als Philosoph und Musiker ebenfalls Hervorragendes leistete. Aber seine Leistungen in einem breiten Spektrum verschiedener Fachgebiete verblassen bis zur Bedeutungslosigkeit im Vergleich zu seinen medizinischen Arbeiten. Hier waren sein Ruhm und seine bleibende Wirkung ebenso groß wie die von Galen, und seine Errungenschaften waren sogar größer als die des Arztes Ibn Sina, jenes berühmtesten Gelehrten des Islam, der ein Jahrhundert später lebte.

Al-Razi wurde um 854 in Rayy geboren. Von dieser antiken Stadt ist heute kaum noch etwas übrig; das moderne Rayy ist nicht mehr als eine dichtbevölkerte Vorstadt der Riesenmetropole Teheran. In seiner Jugend studierte al-Razi alle Fachgebiete, deren Grundkenntnis man zu jener Zeit bei einem intelligenten jungen Mann erwartet hätte, darunter Literatur, Philosophie, Mathematik, Astronomie und Musik. Er schrieb über ein breites Spektrum einschlägiger Themen, die meisten dieser Werke sind aber leider verlorengegangen. Dagegen haben viele seiner wichtigsten medizinischen Texte glücklicherweise sowohl auf Arabisch als auch auf Latein überlebt, und sie wurden im Mittelalter neben denen von Galen in ganz Europa in großem Umfang genutzt.

Er war ein besessener Gelehrter und verschlang alle Bücher, deren er habhaft werden konnte. Tragisch war, dass er im höheren Alter langsam erblindete, was manchen Berichten zufolge auf einen Katarakt (grauer Star) zurückzuführen war. Anderen Behauptungen zufolge lag es an Langzeitschäden durch die Dämpfe giftiger Chemikalien, mit denen er in jungen Jahren als Chemiker experimentiert hatte. Eine ganz andere Ursache seiner Erblindung legt ein Bericht nahe, der im *Fihrist* von Ibn al-Nadim auftaucht. Er stammt aus einer anonymen Quelle und beschreibt regelmäßige Besuche des Autors bei al-Razi in Rayy: »Ich ging nicht zu ihm hinein, ohne ihn beim Lesen oder Abschreiben zu finden, ob er nun einen Rohentwurf oder einen überarbeiteten Text herstellte. Er hatte feuchte Augen von den vielen Bohnen, die er stets aß, und wurde deswegen am Ende seines Lebens blind.«[3]

Den Berichten zufolge nahm al-Razi das Medizinstudium nach seinem ersten Besuch in Bagdad im Alter von rund 30 Jahren auf. Er studierte dort bei dem bekannten Arzt Ali ibn Sahl, einem zum Islam konvertierten Juden, dessen Vater die erste arabische Übersetzung des *Almagest* angefertigt hatte. Schon bald übertraf al-Razi alle seine Lehrer, und sein Ruf als angesehenster Mediziner der Welt festigte sich. Er verband seine umfassenden Kenntnisse über Galens Texte, Hippokrates' Weisheit und ethische Werte mit seinem mitfühlenden, leidenschaftlichen Wesen und wurde so zu einem kompetenten Arzt und Lehrer.

In der islamischen Welt wird man al-Razis Namen immer mit einigen der ersten Krankenhäuser in Verbindung bringen. Diese wurden zur Abassidenzeit nicht mit dem heutigen arabischen Begriff als *mustashfa* bezeichnet, sondern mit dem persischen Wort *bimaristan* (von Pachlevi *vimar* oder *vemar* = krank und *-stan*, dem Suffix für »Ort«). Anfangs waren diese Institutionen nach dem Vorbild der nestorianisch-christlichen Einrichtungen gestaltet, insbesondere was ihre Verwaltung und die Finanzierung durch milde Gaben anging. Man kann sogar feststellen, dass die meisten Ärzte in Bagdad während des 9. und 10. Jahrhunderts Christen oder Juden waren.

Ungefähr zur gleichen Zeit wurden *waqf* eingerichtet, wohltätige Stiftungen nach islamischem Recht. Ein Teil der Gelder aus solchen Stiftungen floss in den Bau von Krankenhäusern.[4] Diese vermehrten sich im gesamten Großreich, und Großstädte wie Kairo und Córdoba hatten Dutzende von Hospitälern vorzuweisen.

Kurz nach Beginn des 10. Jahrhunderts erhielt al-Razi vom Kalifen al-Muktafi den Auftrag, bei der Auswahl des Ortes für ein neues Krankenhaus mitzuwirken. Dazu ließ er in verschiedenen Bezirken Bagdads frische Fleischstücke aufhängen. Einige Tage später überprüfte er die Stücke, und dann wählte er den Bezirk, in dem das Fleisch am wenigsten verwest war – er erklärte, die »Luft« sei dort sauberer und gesünder. Nachdem der Kalif 907 gestorben war, kehrte al-Razi in seine Heimatstadt Rayy zurück und übernahm dort die Leitung des örtlichen Krankenhauses.

Später, während der Regierungszeit des Kalifen al-Muqtadir (908–932), wurden in Bagdad mehrere weitere neue Kliniken gebaut.[5] Die größte davon, al-Bimaristan al-Muqtadiri, errichtete der Wesir Ali ibn Isa in *Suq Yehya*, einem Stadtteil am Ostufer des Tigris. Wieder wurde al-Razi, der zu dieser Zeit noch das Krankenhaus von Rayy leitete, als Direktor der neuen Einrichtung berufen.

Der bekannte arabische Reisende Ibn Jubayr schreibt über seinen Besuch in Bagdad und in dem zu seiner Zeit bereits 200 Jahre alten al-Muqtadiri-Krankenhaus:

> Diese großartige Einrichtung ist ein schönes Gebäude, welches sich entlang des Tigrisufers erstreckt. Seine Ärzte machen jeden Montag und Donnerstag Visite, um die Patienten zu untersuchen und ihnen je nach Bedarf etwas zu verschreiben. Den Ärzten stehen Diener zur Verfügung, die Rezepte für Arzneien ausstellen und das Essen bereiten. Das Krankenhaus ist in verschiedene Stationen unterteilt, von denen jede eine Anzahl von Zimmern umfasst; dies vermittelt den Eindruck, als sei der Ort ein Königspalast, in dem alle Bequemlichkeiten geboten werden.[6]

Zu den Aspekten, in denen sich die muslimischen Krankenhäuser des Mittelalters von ähnlichen Einrichtungen in anderen Ländern unterschieden, gehörte ein höherer Standard der medizinischen Ethik. Die Ärzte behandelten Patienten aller Religions- und Volkszugehörigkeiten. Man erwartete, dass sie sich ihren Patienten unabhängig von deren Vermögen oder Herkunft verpflichtet fühlten. Erstmals schriftlich niedergelegt wurden diese ethischen Maßstäbe im 9. Jahrhundert von Ishaq bin Ali al-Rahawi; sein Werk *Das Verhalten eines Arztes* (*Adab al-Tabib*) ist die älteste bekannte arabische Abhandlung über ärztliche Ethik.

Die Aufsicht über einen großen Teil der medizinischen Tätigkeit in Bagdad zur Zeit al-Razis führte Sinan ibn Thabit, der Sohn des großen Mathematikers und Übersetzers Thabit ibn Qurra. Sinan war das, was man heute als Chefarzt bezeichnen würde; er erhielt vom Kalifen al-Muqtadir den berühmten Befehl, dafür zu sorgen, dass alle Ärzte sich durch eine Prüfung für ihre Tätigkeit qualifizierten. Sie übernahmen sogar den berühmten hippokratischen Eid und passten ihn an die islamische Denkweise an.

Al-Razi setzte viele fortschrittliche medizinische und psychologische Ideen in die Praxis um. Im Krankenhaus von Bagdad leitete er die psychiatrische Station zu einer Zeit, als man in der christlichen Welt glaubte, geistig erkrankte Menschen seien vom

Teufel besessen. Er ist sogar als Vater der Fachgebiete von Psychologie und Psychotherapie anerkannt. Außerdem griff er diejenigen an, die ohne medizinische Ausbildung durch Stadt und Land zogen, um ihre Heilmittel und »Wunderarzneien« zu verkaufen; in seinem Buch *Warum die Menschen Quacksalber und Scharlatane den fähigen Ärzten vorziehen* brachte er seine Frustration darüber zum Ausdruck, wie solche Menschen zu Ruhm und Vermögen kamen, was denen mit richtiger medizinischer Ausbildung häufig verwehrt blieb. Außerdem beschrieb er, welches Mitleid er für jene guten Ärzte empfand, deren Patienten ihre Ernährungs- oder Behandlungsratschläge in den Wind schlugen und ihnen dann die Schuld gaben, wenn sie nicht gesund wurden.

Ebenso unterschied er zwischen heilbaren und unheilbaren Krankheiten; er erklärte, man solle bei fortgeschrittenen Krebs- und Lepraerkrankungen nicht dem Arzt die Schuld geben, wenn er sie nicht heilen könne. Er warnte, selbst die qualifiziertesten Ärzte hätten nicht auf alles eine Antwort, und schrieb dazu ein Buch mit dem passenden Titel *Selbst die geschicktesten Ärzte können nicht alle Krankheiten heilen*.

Um die Aussichten auf eine zutreffende Diagnose zu verbessern, riet er allen praktischen Ärzten, sich über die neuesten Kenntnisse auf dem Laufenden zu halten und zu diesem Zweck ständig medizinische Texte zu studieren und sich mit neuen Informationen vertraut zu machen. In Fragen der medizinischen Ethik und Ausbildung übernahm er vieles aus den Schriften von Hippokrates und Galen; diese hatten großen Einfluss auf die medizinischen Lehrbücher, die er verfasste.

Wie Galen vor ihm und Ibn Sina ein Jahrhundert später, so fasste auch al-Razi alles, was man über Medizin wusste, zusammen: Er ordnete und kategorisierte die Kenntnisse, von Augenerkrankungen bis zu Magen-Darm-Beschwerden, von Ernährungsratschlägen bis zu Fallstudien. Seine Arbeitsunterlagen waren so umfassend, dass man sie nach seinem Tod zu einem der großartigsten medizinischen Werke aller Zeiten zusammenstellte, dem *al-Kitab al-Hawi*. Mit seinen 23 Bänden in modernem Druck ist es noch heute das größte medizinische Lehrbuch aus dem arabischen Raum. Es ist nur noch auf Lateinisch unter dem Titel *Liber continens* erhalten, wurde aber in Europa für mehrere Jahrhunderte zu einem der angesehensten und am häufigsten benutzten Lehrbücher der Medizin. Es war sogar einer von nur neun Texten, aus denen die gesamte Bibliothek der medizinischen Fakultät an der Universität Paris im Jahr 1395 bestand. Auf dieses Buch lassen sich die Ursprünge von Fachgebieten wie Gynäkologie, Geburtshilfe und Augenchirurgie zurückführen. Sein Hauptwerk, das *Große medizinische Nachschlagewerk* (*Kitab al-Jami al-Kabir*) wird häufig mit der posthum erschienenen Sammlung seiner Notizen verwechselt. Sein vermutlich bekanntester Text, eine Monographie über Pocken und Masern mit dem Titel *Kitab al-Judari wal-Hasba*, der ebenfalls nur noch auf Lateinisch existiert, ist die älteste zuverlässige Darstellung dieser beiden Krankheiten und gilt allgemein als das größte Meisterwerk der muslimischen Medizin.

Am *Liber continens* erkennt man sofort, dass es viel mehr ist als nur ein medizinisches Lehrbuch. Es enthält an vielen Stellen eindeutige Belege, dass al-Razi ein praktizierender Arzt war, der viele persönliche Erfahrungen und Fallnotizen einbrachte. Häufig war es seine Absicht, dass man diese Notizen parallel zu den griechischen Abhandlungen zum gleichen Thema studierte. Hippokrates hatte beispielsweise in seinen *Epidemien* über die Tuberkulose (»Phthisis« oder »Schwindsucht«) geschrieben und sie als verbreitete, fast immer tödliche Krankheit mit Fieber und Bluthusten beschrieben. Al-Razi ergänzte Hippokrates' Bemerkungen durch eine Fallstudie über die Gefahren, die sich ergeben können, wenn man den Husten mit Arzneien zu unterdrücken versucht:

> Ein schwindsüchtiger [an Tuberkulose leidender] älterer Mann kam zu uns. Er hatte wiederholt und über längere Zeit viel Blut gehustet. Dann wurde es für ihn immer beschwerlicher, deshalb nahm er Haselnüsse und Wasser, was den Husten zum Stillstand brachte. Jedes Mal, wenn er dies nahm, spürte er Erleichterung, und [scheinbar] genas er vollständig. Dann starb er ... Infolgedessen sollte man Arzneien meiden, welche den Auswurf unterdrücken, außer in Fällen, in denen der Stoff aus dem Kopf herunterfließt.[7]

Über eine der faszinierendsten Erkenntnisse, was al-Razis Tätigkeit als praktischer Arzt anging, berichtete mir mein Bekannter Peter Pormann, ein führender Experte für Medizingeschichte. Er erzählt, wie al-Razi eine der ältesten bekannten klinischen Studien durchführte und dazu auch eine Kontrollgruppe benutzte.[8] Al-Razi wählte zunächst zwei Gruppen von Patienten aus, die alle die ersten Symptome einer Hirnhautentzündung (Meningitis) zeigten: dumpfe, mehrere Tage anhaltende Schmerzen in Nacken und Kopf, Schlaflosigkeit, Erschöpfungszustände und eine Abneigung gegen helles Licht. Die Patienten der einen Gruppe behandelte er mit Aderlass, die der anderen nicht. Dazu schrieb er: »Indem ich dies tat, wollte ich zu einer Schlussfolgerung [über die Wirksamkeit des Aderlasses] gelangen; und tatsächlich erkrankten alle in der zweiten Gruppe an Meningitis.«[9] Der Aderlass, weltweit eines der ältesten medizinischen Verfahren, geht auf die Zeit der alten Ägypter, Babylonier und Griechen zurück; heute wissen wir, dass er den Patienten in vielen Fällen schadet, und im Fall der Hirnhautentzündung lässt sich sicher kein Nutzen nachweisen. Zu al-Razis Gunsten sollten wir aber daran denken, dass sowohl Galen als auch Hippokrates die Methode empfahlen und dass sie bei den Ärzten bis ins späte 19. Jahrhundert hinein in Gebrauch war. George Washington, der erste Präsident der Vereinigten Staaten, starb sogar, nachdem man zur Behandlung einer Lungenentzündung einen übermäßigen Aderlass durchgeführt und ihm nahezu zweieinhalb Liter Blut entnommen hatte. Noch heute ist der Aderlass auf der ganzen Welt im Rahmen mancher ganzheitlicher Therapieverfahren im Gebrauch, unter anderem auch in der islamischen Welt: Dort gehört er zur Prozedur des »Schröpfens« (*hijamah*), und das trotz aller Fortschritte der modernen Medizin, die seine völlige Wirkungslosigkeit nachgewiesen hat.

Das Entscheidende an dieser Geschichte: Sie zeigt, dass man sich etwas unter einer Kontrollgruppe bei einer Erprobung vorstellen konnte und dass al-Razi Prinzipien der empirisch-medizinischen Forschung verpflichtet war. Er stellte sich sogar gegen den großen Galen: In seinem ausgezeichneten Werk *al-Shukuk ala Jalinus* (*Zweifel an Galen*) setzt er sich kritisch mit der griechischen Lehre der vier Körpersäfte auseinander. Leider verfolgte man seine Arbeiten nicht weiter, und später wurde die Theorie der Körpersäfte durch Ibn Sina wieder zur medizinischen Standardlehre. Dass Millionen gebildete, säkulare Menschen im Westen im Rahmen der Alternativmedizin immer noch an solchen Vorstellungen hängen, ist enttäuschend. Es wäre schön, wenn es heute einen al-Razi gäbe; angesichts unserer modernen medizinischen Kenntnisse und seiner leidenschaftlichen Verurteilung der medizinischen Quacksalberei und ihrer Gefahren wäre er verblüfft, dass solche Gedanken noch verbreitet sind. Nur weil derartige Praktiken und Überzeugungen über Jahrtausende bis in die griechische Antike, nach Indien oder China zurückreichen, müssen sie nicht stimmen. Al-Razi wusste das und hatte auch den Mut, es auszusprechen, wenn er bemerkte, dass eine bestimmte Methode nicht funktionierte. In seinen Aufzeichnungen hielt er beispielsweise fest, dass er nicht mit Galens Beschreibung des Verlaufs einer fiebrigen Erkrankung übereinstimmte. Er lehnte den zentralen Gedanken der griechischen Säftetheorie ab, wonach die Körpertemperatur steigt oder sinkt, wenn der Patient warme oder kalte Flüssigkeiten trinkt; wie al-Razi erkannte, lässt ein warmes Getränk die Körpertemperatur unter Umständen über die Temperatur der Flüssigkeit hinaus ansteigen; er musste also vermuten, dass der Anstieg beim Patienten nicht nur auf die einfache Übertragung von Wärme zurückzuführen war, sondern durch eine kompliziertere physiologische Reaktion ausgelöst wird. Dennoch zögerte al-Razi häufig, Galen zu kritisieren, denn andere Ärzte warfen ihm vielfach Arroganz vor, weil er es wagte, Zweifel an der großen Persönlichkeit zu äußern.

Eine andere Fallstudie verschafft uns eine Ahnung davon, was für Naturarzneien zur Zeit al-Razis in Gebrauch waren. In seiner Abhandlung über Pocken und Masern beschäftigt er sich insbesondere mit dem Schutz der Augen – pockenbedingte Hornhautschäden waren im Mittleren Osten bis in relativ moderne Zeit eine wichtige Ursache der Blindheit:

> Sobald die Symptome der Pocken auftreten, träufle von Zeit zu Zeit Rosenwasser in die Augen und wasche das Gesicht mit kaltem Wasser. Denn wenn die Krankheit günstig verläuft und die Pusteln wenig an Zahl sind, wirst du feststellen, dass diese Behandlungsmethode verhindert, dass sie in den Augen ausbrechen. Wenn du aber siehst, dass der Ausbruch heftig ist und die Pusteln schon zu Beginn des Ausbruchs zahlreich sind, wenn die Augenlider jucken und das Weiße der Augen gerötet ist, so werden die Pusteln in diesem Fall dort sicher ausbrechen, wenn nicht sehr energische Maßnahmen ergriffen werden; deshalb sollst du sofort mehrmals am Tag Rosenwasser in die Augen träufeln, welches mit Sumach [einem roten, zitronenähnlichen Kraut] angesetzt wurde ... träufle in die Augen ein wenig vom Saft des Marks saurer Granatäpfel, welches zuvor gekaut oder in einem Tuch zerdrückt wurde. Dann reinige die Augenlider mit dem Collyrium [Augenspülung] aus Rotem Hornmohn, dem Saft unreifer Weintrauben, Berberitze, Aloe und Akazie sowie einem zehnten Teil Safran; wenn du ebenfalls ein wenig von dieser Spülung in die Augen träufelst, wird es dieses Mal nützlich sein.[10]

Betrachten wir noch einmal kurz sein Werk über Alchemie, *Das Buch der Geheimnisse* (*Kitab al-Asrar*): Darin erkennen wir ungeachtet des sinnträchtigen Titels kaum Anzeichen für alchemistische Mystik und Symbolismus.[11] Al-Razi ließ sich trotz der Zeit, in der er lebte, von keiner Behauptung beeindrucken, die nicht experimentell bewiesen und in ihrer Stichhaltigkeit überprüft worden war. Wie Ibn al-Haytham und al-Biruni, zwei andere große muslimische Wissenschaftler, die ihm im nächsten Jahrhundert nachfolgen sollten, so zeichnete auch er peinlich genau und in allen Einzelheiten seine Apparaturen, Methoden und Versuchsbedingungen sowie die Ergebnisse seiner sorgfältigen Messungen auf. Das Buch war kein Text über alchemistische Magie, sondern eigentlich ein echtes chemisches Laborhandbuch.

Was die Philosophie anging, war al-Razi vermutlich der am freiheitlichsten denkende Gelehrte des ganzen Islam. Er glaubte wie die Griechen, dass ein fähiger Arzt auch Philosoph sein sollte, der sich in den grundlegenden Fragen des Daseins auskennt. In der Frage der Unendlichkeit war er beispielsweise anderer Meinung als al-Kindi. In seinen Augen hatte Gott das Universum nicht aus dem Nichts erschaffen, sondern es aufgrund vorhandener Prinzipien zusammengestellt. Er war der Ansicht, dass die Zeit als etwas Absolutes, Unendliches existiert. Ihr Vorhandensein setzte demnach keine Bewegung und damit auch keine Materie im Raum voraus. Damit kam er sehr nahe an die Ansichten über das Wesen der Zeit heran, die Newton vertrat (und die ihrerseits von Einstein verworfen wurden).

Das Erstaunlichste an al-Razi war nach einer vielfach geäußerten Meinung seine Einstellung gegenüber der Religion. Ein berühmtes Zitat von ihm lautete:

> Wenn man religiöse Menschen nach dem Beweis für die Stichhaltigkeit ihrer Religion fragt, entflammen sie, werden wütend und vergießen das Blut dessen, der sie mit dieser Frage konfrontiert. Sie verbieten rationale Überlegungen und trachten danach, ihre Feinde zu töten. Das ist der Grund, warum die Wahrheit gründlich zum Schweigen gebracht und verborgen wurde.[12]

Besonders hart ging er mit allen prophetisch offenbarten Religionen ins Gericht. Er sagte: »Wie kann man philosophisch denken, wenn man diesen alten Ammenmärchen verpflichtet ist, welche sich auf Widersprüche, hartnäckige Unkenntnis und Dogmatismus gründen?«[13] Das war zu jener Zeit natürlich eine gefährliche, radikale Ansicht, und al-Razi wurde als Ketzer gebrandmarkt. Andererseits war er aber in der Wissenschaft eine so wichtige Persönlichkeit, dass ihm seine religionsfeindlichen Ansichten bis zu einem gewissen Grade nachgesehen wurden. Im Iran feiert man noch heute jedes Jahr am 27. August den »Razi-Tag« (oder »Tag der Pharmazie«).

Bevor wir al-Razi verlassen, noch ein letztes Zitat von ihm selbst, das Ibn al-Nadim in seinem *Fihrist* wiedergibt:

> Ein Mann aus China suchte mich auf und wohnte ungefähr ein Jahr lang bei mir. In dieser Zeit lernte er innerhalb von fünf Monaten arabisch zu sprechen und zu schreiben, erwarb einen geschickten Stil und konnte fachmännisch und schnell lesen. Als er in sein Land zurückzukehren wünschte, sagte er einen Monat vorher zu mir: »Ich stehe im Begriff, mich auf den Weg zu machen, und wünsche mir, dass du mir die 16 Bücher Galens diktierst, damit ich sie aufschreiben kann.« Darauf sagte ich: »Deine Zeit ist kurz bemessen, und die Länge deines Aufenthalts reicht nur aus, um einen kleinen Teil davon abzuschreiben.« Dann sagte der junge Mann: »Ich bitte dich, widme dich mir für die Länge meines Aufenthaltes und diktiere mir, so schnell du kannst. Ich werde beim Schreiben mit dir Schritt halten.«[14]

Ob al-Razi der Bitte nachkam, berichtet al-Nadim nicht.

Bisher habe ich vielleicht den Eindruck vermittelt, als hätte sich alles im Machtzentrum des Kalifats in Bagdad abgespielt; über die Vorgänge in anderen Teilen der islamischen Welt habe ich noch kaum berichtet. Zur Zeit al-Razis war die Abassidendynastie jedoch bereits geschwächt, und ihr Zerfall hatte eingesetzt – was zum Teil zweifellos den praktischen Schwierigkeiten bei der Verwaltung eines derart riesigen Reiches zu verdanken war.

Schon während al-Ma'muns Herrschaft hatten verschiedene persische Gruppen die militärischen Muskeln spielen lassen und im Osten eine unabhängige Herrschaft ausgeübt. Wenig später übernahmen mehrere autonome Dynastien wie die Samaniden und Saffariden in großen Teilen Persiens die Macht. Sie hatten in der Praxis den Charakter von Staaten mit erblichen Sultans- und Prinzenposten, Armeen und Steuereinnahmen. Alle erkannten offiziell die Oberherrschaft des Kalifats von Bagdad an, sie wussten aber, dass dieses innerhalb ihrer Grenzen keine wirkliche Macht mehr hatte. In der Mitte des 10. Jahrhunderts war mit dem Aufstieg des Buyiden- und Ghaznawidenreiches selbst der Anschein einer Oberherrschaft von Bagdad verschwunden. Auf diese folgten die türkischen Seldschuken, und damit war das Ende der politischen Vorherrschaft der Abassiden in der Region besiegelt.

Zu al-Razis Zeit war Bagdad eine riesige Großstadt und das Zentrum der zivilisierten Welt. Im 10. Jahrhundert jedoch hatte es an anderen Orten des Reiches auch als Dreh- und Angelpunkt der wissenschaftlichen Gelehrsamkeit bereits Rivalen. Insbesondere drei Städte, zwischen denen Tausende von Kilometern lagen, waren zu Zentren der wissenschaftlichen Aktivität und einer blühenden Gelehrsamkeit herangewachsen, mit gewaltigen Bibliotheken, großzügigen Mäzenen und berühmten Sprösslingen: Buchara (die Hauptstadt der Samanidendynastie in Zentralasien), die neue Stadt Kairo, wo ein zweites Haus der Weisheit eingerichtet wurde, und ganz im Westen des Reiches im muslimischen Spanien, wo Córdoba lange die prächtigste Stadt Europas war.

Deshalb verlassen wir jetzt Bagdad und erkunden die Reichtümer und das wissenschaftliche Erbe anderer Orte. Am Ende des 10. und Anfang des 11. Jahrhunderts beobachten wir den Zenit (auch das übrigens ein arabisches Wort[15]) der wissenschaftlichen Leistungen. Es war das Zeitalter von drei der klügsten Köpfe der Geschichte; unter allen, die hier beschrieben werden, sind sie vermutlich die einzigen drei, die in ihrer Größe an Gestalten wie Aristoteles, Leonardo Da Vinci, Newton und Einstein heranreichen.

11

Der Physiker

Der Wahrheitssuchende ist nicht jener, der die Schriften der Alten studiert und, seiner natürlichen Neigung folgend, sein Vertrauen in sie setzt, sondern der, welcher seinem Vertrauen in sie misstraut und fragt, was er aus ihnen gewinnt, der, welcher sich Argumenten und Nachweisen unterwirft, nicht aber den Aussagen von Menschen, deren Natur mit allen möglichen Unvollkommenheiten und Mängeln behaftet ist. Deshalb ist es die Pflicht desjenigen, der die Schriften von Wissenschaftlern erforscht, wenn das Erfahren der Wahrheit sein Ziel ist, sich selbst zum Feind all dessen zu machen, was er liest, und seinen Geist auf Kern und Ränder des Inhalts anzuwenden, um diesen von allen Seiten anzugreifen. Auch sich selbst gegenüber sollte er misstrauisch sein, wenn er seine kritische Prüfung vornimmt, damit er vielleicht vermeidet, entweder in Vorurteile oder in Nachsicht zu verfallen.

Ibn al-Haytham

Mit dem 10. Jahrhundert ging auch die Übersetzungsbewegung allmählich zu Ende. Das Abassidenreich zerfiel, weniger aufgeklärte Kalifen zogen gegen Redefreiheit und rationalistische Forschung zu Felde, und die großen Namen, die sich mit dem Haus der Weisheit verbanden, waren nur noch eine entfernte Erinnerung. Aber daraus zu schließen, das Goldene Zeitalter der arabischen Wissenschaft sei im Niedergang begriffen gewesen, wäre völlig falsch. Das Beste sollte erst noch kommen. Dem äußeren Anschein zum Trotz war es eine Epoche, in der die Herrscherhäuser der ganzen islamischen Welt sich in ihrem Mäzenatentum für die Wissenschaft Konkurrenz machten: Viele Herrscher im gesamten Mittleren Osten und in Zentralasien boten Anreize, um die besten Gelehrten anzulocken.

In der zweiten Hälfte des 10. Jahrhunderts sehen wir, wie die herausragendsten Denker der gesamten Geschichte des Islam auf der Bildfläche erscheinen. Der erste war ein Mann nach meinem Geschmack: ein Physiker; er war sogar der größte Physiker seit Archimedes, und seinesgleichen sollte die Welt erst 700 Jahre später mit Isaac Newton wieder sehen. Und anzuerkennen, dass jemand in einem Zeitraum von fast 2000 Jahren der größte Physiker war, ist keine leichtfertige Entscheidung.[1]

Der arabische Universalgelehrte Abu Ali al-Hassan ibn al-Haytham wurde um 965 in der südirakischen Stadt Basra geboren. Da er seine späteren, produktivsten Jahre in Ägypten verbrachte, wird er häufig als Ägypter bezeichnet. Ich würde ihn jedoch ebenso wenig als Ägypter einordnen, wie ich Einstein als Amerikaner statt als Deutschen bezeichnen würde. Noch weniger stichhaltig ist die Behauptung, er sei kein Araber, sondern Perser gewesen, nur weil seine Geburtsstadt Basra zu jener Zeit unter der Herrschaft der persischen Buyidendynastie stand. Al-Haytham war der Name seines Großvaters, eigentlich heißt er also ibn ibn al-Haytham. Sein latinisierter Name Alhazen (oder Alhacen) leitet sich von seinem Vornamen al-Hassan ab, heute ist er aber einfach als Ibn al-Haytham bekannt.[2]

Enttäuschend finde ich – wie so häufig bei diesem Thema –, wie viel ungenaue und falsche Angaben man über Ibn al-Haythams Leben und seine Leistungen liest. So wird zum Beispiel häufig behauptet, er habe die Lochkamera erfunden, um damit die Funktionsweise des Auges zu erklären, und er sei den Europäern bei der Entdeckung des Brechungsgesetzes um 600 Jahre voraus gewesen. Beide Behauptungen sind falsch, und wenn ich die Fehler korrigieren möchte, dann nicht aus Pedanterie, sondern weil solche Banalitäten, wie wir noch genauer erfahren werden, von seinem wirklichen Erbe ablenken.

Ibn al-Haytham war ein großartiger experimenteller Wissenschaftler und ein schillernder Charakter, über den wir eine ganze Reihe von Berichten besitzen – auch wenn sie nicht immer zuverlässig sind. Viele Einzelheiten aus seinem Leben sind im Laufe der Jahre in Vergessenheit geraten, aber angesichts seines Ruhmes und seiner Stellung besteht kein Mangel an Kommentaren über sein Leben, die in manchen Fällen in direktem Widerspruch zueinander stehen.

Als junger Mann genoss er eine ausgezeichnete Ausbildung. Das lässt darauf schließen, dass seine Familie in gesicherten finanziellen Verhältnissen lebte und in den richtigen politischen und gesellschaftlichen Kreisen verkehrte. Er erwies sich schon frühzeitig als Wunderkind in Mathematik und Naturwissenschaften, und sein schnell erworbener wissenschaftlicher Ruf verbreitete sich weit. Man gab ihm eine Stelle im Staatsdienst in Basra, aber nach einem Bericht des Kairoer Gelehrten Qasar al-Hanafi aus dem 13. Jahrhundert war die Verwaltungstätigkeit für ihn schon sehr schnell langweilig und frustrierend, lenkte sie ihn doch von seinen intellektuellen Zielen und Studien ab. Was nun geschah, ist nicht genau geklärt – angeblich wurde er wegen einer Geisteskrankheit entlassen. Es lässt sich jedoch nicht feststellen, ob es sich um eine echte Krankheit handelte oder ob Ibn al-Haytham absichtlich eine Gesundheitsstörung vortäuschte, um sich aus seiner unangenehmen Situation zu befreien – ein extremer Schritt für jemanden, der mit seinem Beruf unzufrieden ist.

Zu Beginn des neuen Jahrtausends schrieb er eine interessante Abhandlung über ein ungeheuer ehrgeiziges potentielles Bauprojekt. Ibn al-Haytham wusste, wie wichtig der Nil für den Wohlstand des ägyptischen Volkes war; er behauptete, er könne einen Damm durch den großen Fluss bauen, um damit die Wassermenge zu kontrollieren und das Doppelproblem von Dürre und Überschwemmungen zu lösen. Er schrieb, man könne das Herbsthochwasser des Nils in einem System aus Gräben und Kanälen auffangen und das Wasser in Reservoiren speichern, bis es während der sommerlichen Trockenheit gebraucht würde. Die Nachricht über seinen Plan kam schon bald dem Fatimidenkalifen al-Hakim zu Ohren, dem ehrgeizigen jungen Herrscher Ägyptens.

Die Fatimiden waren eine schiitische Dynastie, die ihre Abstammung über die Tochter Fatima und ihren Ehemann Imam Ali in direkter Linie auf den Propheten Mohammed zurückführte. Sie kamen 909 an die Macht und herrschten über ein wachsendes Reich, das sich quer durch Nordafrika erstreckte. Im Jahr 969 bauten sie ihre neue Hauptstadt Kairo, die wie zwei Jahrhunderte zuvor Bagdad schnell an Größe und Bedeutung zunahm, bis sie schließlich Bagdad als Zentrum der Gelehrsamkeit Konkurrenz machte. Die Fatimiden betrachteten sich als unmittelbares Gegenstück zu den Abassiden im Osten und bezeichneten ihre Herrscher als Imame oder Kalifen. Der berühmteste unter ihnen war al-Hakim bi'amr Illah (985–1021). Er wurde als »verrückter Kalif« bekannt – ein ungerechter Beiname für jemanden, der in Wirklichkeit nicht verrückter war als viele andere Herrscher des Mittelalters.

Es stimmt zwar, dass al-Hakim als ein wenig exzentrisch und in seinen politischen Maßnahmen manchmal als launisch galt – einmal erteilte er den berühmten Befehl, alle Hunde in Kairo zu töten, weil ihn ihr Gebell störte –, er hatte aber auch eine mitfühlende Ader: Während einer Hungersnot erließ er eine Reihe sinnvoller Gesetze, mit denen die Verteilung von Lebensmitteln an sein Volk sichergestellt wurde.

Zum Kalifen wurde er 996 im zarten Alter von elf Jahren, und als Vierzehnjähriger übernahm er die Macht vollständig. Aus seinen ersten Regierungsjahren gibt es Berichte, er habe sunnitische Muslime, Christen und Juden aus religiösen Gründen verfolgen lassen. Dies war aber nicht die willkürliche, wahllose Gewaltanwendung eines geistesgestörten Tyrannen, sondern die Maßnahme eines Herrschers, der sich verzweifelt darum bemühte, sein wankendes Imperium zusammenzuhalten. Tatsächlich gelang es ihm bis zur Mitte des ersten Jahrzehnts im 11. Jahrhundert, seine Grenzen zu stabilisieren, und nun lässt sein Verhalten eine tolerantere Einstellung erkennen. Am berühmtesten wurde er als großer Mäzen der Wissenschaft, und er errichtete eine Bibliothek, die mit der von Bagdad konkurrieren konnte. Sie wurde als *Dar al-Hikma* bekannt, was ebenfalls mit »Haus der Weisheit« zu übersetzen ist, das Wort *dar* deutet aber auf ein größeres, prunkvolleres Bauwerk hin als das bescheidene *bayt*; demnach war er also vermutlich darauf aus, dem *Bayt al-Hikma* von Bagdad nicht nur Konkurrenz zu machen, sondern es in seiner Pracht zu übertreffen.[3] Wie al-Ma'mun in Bagdad, so war auch er erpicht darauf, die klügsten Köpfe aus dem ganzen Großreich in sein neues Haus der Weisheit zu locken, und der berühmteste unter ihnen war der große Astronom Ibn Yunus.

Ob al-Hakim von Ibn al-Haythams Ruf als Mathematiker so beeindruckt war, dass er ihn anwarb, oder ob Ibn al-Haytham angesichts der Chance, in eine wohlhabende, aufregende Stadt mit nagelneuer Bibliothek und einem großzügigen Mäzen zu ziehen, dem Kalifen von sich aus seine Ideen für den Staudamm schriftlich mitteilte, ist nicht geklärt. Jedenfalls wusste der Fatimidenkalif über Ibn al-Haythams Vorschlag Bescheid und lud ihn um 1010 nach Kairo ein. Erpicht darauf, mit den Arbeiten zu beginnen, reiste Ibn al-Haytham nach Süden bis fast an den Ort des modernen Assuan-Staudammes. Wie ihm dabei aber sehr schnell auffiel, überstiegen die schieren Ausmaße des technischen Projekts seine Fähigkeiten. Diese Geschichte und das, was danach geschah, ist keineswegs gesichert, es wurde aber zu einem Teil der volkstümlichen arabischen Überlieferung. Nach der am weitesten verbreiteten Erklärung täuschte Ibn al-Haytham wiederum eine Geisteskrankheit vor, nachdem ihm klargeworden war, dass er den Mund zu voll genommen hatte. Er wusste, dass er nur auf diese Weise dem Zorn des Kalifen entgehen konnte. Der Herrscher wies ihn stattdessen in ein Irrenhaus ein, und dort blieb er, bis der Kalif 1021 starb. Oder genauer gesagt: bis er eines Nachts während eines Spaziergangs auf rätselhafte Weise verschwand. Jedenfalls wurde Ibn al-Haytham freigelassen und zog in eine kleine Wohnung nicht weit von der al-Azhar-Moschee im Zentrum Kairos.

Wie die Gelehrten aller Zeiten, so brauchte auch Ibn al-Haytham dringend Zeit und Ruhe, um sich auf das Verfassen seiner Abhandlungen zu konzentrieren. In den vielen Jahren im Irrenhaus hatte er sicher die Abgeschiedenheit gefunden, um nachzudenken und zu schreiben. Nach seiner Freilassung jedoch veröffentlichte er seine Werke in beträchtlichem Tempo. Seinen Lebensunterhalt verdiente er sich mit Privatunterricht und als Schreiber, gleichzeitig arbeitete er aber fieberhaft an seinen optischen Experimenten. Wie viel von seinem größten Werk, dem *Buch der Optik* (*Kitab al-Manazir*), zu jener Zeit bereits geschrieben war, ist nicht klar, aber der vollständige Text ist in sieben Bänden bis heute überliefert und hatte in der Geschichte des Fachgebietes großen Einfluss. Man kann ohne Übertreibung sagen, dass es neben Newtons *Principia Mathematica* eines der wichtigsten Bücher in der Geschichte der Physik ist.

Für die meisten Menschen im Westen und eigentlich auch in der muslimischen Welt ist Isaac Newton der unumstrittene Vater der modernen Optik; zumindest lernen wir das in der Schule, und dort sind unsere Lehrbücher voll von berühmten Experimenten mit Linsen und Prismen, mit seinen Untersuchungen zum Wesen des Lichtes sowie seiner Reflexion, Brechung und der Zerlegung in die Regenbogenfarben. Selbst Wissenschaftshistoriker, die anerkennen, dass es auch vor Newton schon Arbeiten zur Optik gab, dringen oft nicht weiter in die Vergangenheit vor als zu anderen bemerkenswerten Persönlichkeiten aus der europäischen wissenschaftlichen Revolution des 17. Jahrhunderts, beispielsweise René Descartes, Willebrord Snell und

Johannes Kepler. In Wirklichkeit jedoch gab es Untersuchungen zu den Eigenschaften des Lichtes und insbesondere zur Katroptik (Reflektion von Licht durch Spiegel) und Dioptrik (Brechung des Lichtes durch Linsen) schon bei den alten Griechen.

Ein Interesse an Optik erwachte in der Antike, als Babylonier, Ägypter und Assyrer aus poliertem Quarz einfache Linsen herstellten. Die Grundprinzipien der geometrischen Optik wurden von Platon und Euklid formuliert; dazu gehörten die Fortpflanzung von Licht in gerader Linie und die einfachen Gesetze der Reflexion an ebenen Spiegeln; den ersten ernsthaften Beitrag der islamischen Welt zu dem Fachgebiet leistete al-Kindi.

Weit weniger bekannt als diese Männer war ein Gelehrter, der gegen Ende des 10. Jahrhunderts, einige Jahre vor Ibn al-Haytham, in Bagdad die Blütezeit seiner Laufbahn erlebte. Er brachte das Fachgebiet der Optik weit voran, wurde bis vor kurzem aber fast völlig übersehen. Sein Name war Ibn Sahl. Er schrieb ungefähr 984 eine Abhandlung mit dem Titel *Über die Brenninstrumente* (womit er Linsen und Spiegel meinte, mit denen man das Sonnenlicht sammeln und eine sehr heiße Stelle erzeugen kann). Solche Methoden, um Dinge in Brand zu setzen, kannte man schon in der Antike – einer Geschichte zufolge richtete Archimedes das Sonnenlicht mit gewölbten Bronzespiegeln auf römische Kriegsschiffe und zündete sie damit an –, aber Sahls Arbeiten gelten als die ersten ernsthaften mathematischen Untersuchungen von Linsen, die das Licht sammeln.[4] Die Seiten seines Manuskripts wurden kürzlich an zwei verschiedenen Stellen entdeckt: ein Teil in Damaskus, der andere in Teheran. Der Historiker Roshdi Rashed konnte die beiden Teile zusammenfügen und den vollständigen Originaltext rekonstruieren, was ihm Anfang der 1990er Jahre weltweiten Ruhm einbrachte. Das Unglaublichste in diesem Werk ist die Beschreibung eines Prinzips, das wir heute alle in der Schule lernen: das sogenannte snelliussche Brechungsgesetz.

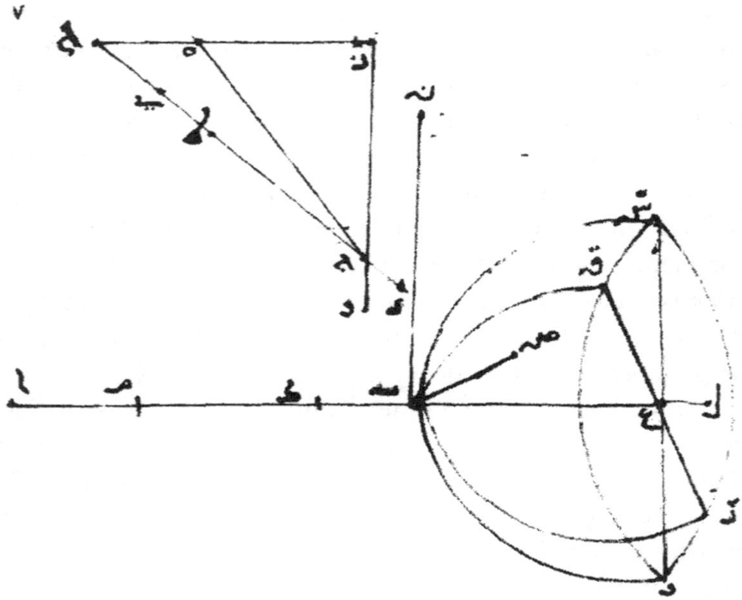

Das Diagramm, mit dem Ibn Sahl erstmals (an einer plan-konvexen Linse) das Gesetz für die Lichtbrechung verdeutlichte. Interessant sind die beiden rechtwinkligen Dreiecke links oben in der Zeichnung. Er formuliert das Gesetz als Seitenverhältnis der beiden Dreiecke, die sich aus dem ursprünglichen Weg des Lichtes und dem abgewinkelten Weg nach Passieren der Linse ergibt.

Um Ibn Sahls Leistung richtig einschätzen zu können, müssen wir noch einmal zu den alten Griechen und den Schriften von Ptolemäus zurückkehren, der in seiner *Optik* die Lichtbrechung beschrieben hatte. Er führte dort Tabellen der Einfallswinkel und Brechung in verschiedenen Materialien auf, und ihm wird das Verdienst zugeschrieben, eine ungefähre Version des Brechungsgesetzes formuliert zu haben: Er äußerte die Vermutung, das Verhältnis der Winkel, die ein Lichtstrahl auf seinem Weg durch zwei durchsichtige Medien an der Grenzfläche bildet, sei eine Konstante. Heute wissen wir, dass diese Konstanz der Winkelverhältnisse nur dann gilt, wenn die Lichtstrahlen die beiden Medien nahezu rechtwinklig zu ihrer Grenzfläche passieren. Der Grund: Konstant ist in Wirklichkeit nicht das Verhältnis der Winkel selbst, sondern das ihrer trigonometrischen Sinuswerte, und dieses richtige Verhältnis nähert sich nur dann dem der Winkel an, wenn diese klein sind – das heißt, wenn die Strahlen fast senkrecht einfallen. Dieses richtige trigonometrische Verhältnis wurde von Snell formuliert und unabhängig von ihm auch von Descartes bestätigt. Deshalb schreibt man den beiden in der Regel die Entdeckung des Brechungsgesetzes zu. Heute ist es aber eine unbestreitbare Tatsache, dass Ibn Sahl bereits 650 Jahre früher zu dem gleichen Ergebnis gelangte. Er formulierte das Gesetz, wie es richtig ist, geometrisch: als Verhältnis der Seiten von Dreiecken der Lichtstrahlen, was genau dem Verhältnis der Sinuswerte entspricht.[5] Während man also in Europa darüber stritt, ob man es als Snell-Gesetz oder als Descartes-Gesetz bezeichnen soll, besteht in Wirklichkeit kein Zweifel, dass das Verdienst Ibn Sahl gebührt. Und während man sich in Europa im 17. Jahrhundert bei der Erforschung der Optik in großem Umfang auf Ibn al-Haythams *Optik* stützte, verdankte man in Wirklichkeit Ibn Sahl ebenso viel.

Trotz alledem war Ibn Sahl kein Wissenschaftler in dem gleichen Sinne wie Ibn al-Haytham. Im Gegensatz zu diesem stellte er keine Experimente an, und er versuchte auch nicht, die physikalische Ursache der Brechung als Verlangsamung des Lichts beim Eintritt in ein dichteres Medium zu verstehen. Ibn Sahl wollte nur ausreichende Kenntnisse gewinnen, um Linsen zu konstruieren, mit denen man etwas in Brand setzen kann. Dennoch hatten seine Arbeiten wie auch die arabischen Übersetzungen zahlreicher griechischer Texte großen Einfluss auf Ibn al-Haytham.

Dass Ibn al-Haythams *Buch der Optik* eine Revolution darstellte, kann man unter mehreren Aspekten verstehen. Vor allem war es ein echtes wissenschaftliches Lehrbuch mit detaillierten Beschreibungen von Experimenten einschließlich der Apparaturen und ihres Aufbaus, der vorgenommenen Messungen und der Ergebnisse. Diese dienten ihm dann zur Begründung seiner Theorien, die er mit Hilfe mathematischer (geometrischer) Modelle entwickelte. Das Werk lässt sich grob in zwei Teile einteilen: die Bücher I, II und III sind der Theorie des Sehens, der damit verbundenen Physiologie des Auges und der Psychologie der Wahrnehmung gewidmet, die Bücher IV und VII behandeln die traditionelle physikalische Optik. Das Werk wurde zu einem weit wichtigeren Text als die *Optik* von Ptolemäus und war sicher bis zu Kepler das einflussreichste Werk auf dem Fachgebiet.

Die erste lateinische Übersetzung von Ibn al-Haythams *Buch der Optik* wurde Ende des 12. oder Anfang des 13. Jahrhunderts angefertigt und trug den Titel *De aspectibus*.[6] In England hatte es großen Einfluss auf Roger Bacon (ca. 1214–ca. 1292), der eine Zusammenfassung davon schrieb, und auf seinen polnischen Zeitgenossen Witelo (geb. ca. 1230). Wenig später wurde es in ganz Europa zitiert, und das sollte für mehrere hundert Jahre so bleiben; damit war es bekannter als alle Bücher über Optik von Griechen wie Euklid, Aristoteles und Ptolemäus.[7] Was ebenso wichtig war: Spätere islamische Gelehrte, darunter die Perser al-Shirazi und al-Farisi im 13. Jahrhundert, nutzten das Werk in großem Umfang und erweiterten es. Al-Farisi formulierte mit seiner Hilfe die erste richtige mathematische Erklärung für den Regenbogen (was zur gleichen Zeit unabhängig davon auch dem Deutschen Dietrich von Freiberg gelang).

Die einzige gedruckte lateinische Ausgabe des *Buches der Optik* erschien 1572 bei Friedrich Risner unter dem Titel *Opticae Thesaurus*; sie enthielt neben Ibn al-Haythams *Optik* auch die *Perspectiva* von Witelo und das Werk eines weniger bekannten Gelehrten namens Ibn Mu'adh, das bereits früher als alle Werke von Ibn al-Haytham unter dem Titel *Liber de crepusculis* ins Lateinische übersetzt worden war.[8] Diese kurze Abhandlung über das Wesen von Morgen- und Abenddämmerung ist faszinierend und wurde über viele Jahre hinweg fälschlich Ibn al-Haytham zugeschrieben.

Wenn es um das Sehvermögen geht, so könnte man meinen, unsere Art, Dinge zu sehen, sei einfach. Damit meine ich nicht die Frage, wie das Licht in die Augen eindringt und auf der Netzhaut ein Bild erzeugt, das dann als elektrisches Signal über die Sehnerven zum Gehirn gelangt und dort interpretiert wird. Mir geht es um den viel grundsätzlicheren Gedanken, dass wir Dinge sehen, weil Licht von ihnen in unser Auge fällt. Das liegt doch sicher auf der Hand und war immer offensichtlich. Deshalb ist es bemerkenswert, dass die Ansichten der Gelehrten über die Funktionsweise des Sehens vor Ibn al-Haytham völlig durcheinandergingen. Die Griechen hatten über das Sehvermögen mehrere Theorien. Euklid und Ptolemäus glaubten an die sogenannte Emissionstheorie: Danach sehen wir Objekte, weil unsere Augen Lichtstrahlen aussenden, die sie beleuchten; die Lichtstrahlen sollten demnach in gerader Linie wie ein Kegel vom Auge ausgehen. Eine entgegengesetzte, plausiblere Ansicht vertrat Aristoteles: Nach seiner Intromissionstheorie fällt das Licht von dem Gegenstand, den wir ansehen, in unsere Augen. Er kehrte aber Euklids geometrisches Modell der Lichtstrahlen nicht einfach um: Für Aristoteles leuchtete der Raum zwischen dem Objekt und dem Auge auf, so dass das Bild des Objekts *augenblicklich* im Auge ankommt.

Euklid hätte seine Emissionstheorie so begründet: Wir können ein kleines Objekt, beispielsweise eine Nadel, selbst dann nur schwer erkennen, wenn es sich unmittelbar vor unseren Augen befindet; wir müssen es dann unmittelbar ansehen. Diese Erfahrung wäre kaum zu verstehen, wenn die Nadel ständig Lichtstrahlen zum Auge sendet; dann sollten wir sie sehen können, solange unsere Augen geöffnet sind, ganz gleich, wohin wir »schauen«. Demnach ist es seiner Behauptung zufolge die einzige plausible Lösung, dass das Auge nicht passiv wartet, bis die Nadel ihre Strahlen schickt, sondern dass es selbst aktiv Strahlen zur Nadel aussendet.[9]

Noch komplizierter wird die Sache dadurch, das Platon und Galen eine kombinierte Emissions-/Intromissionstheorie vertraten: Danach sendet das Auge Lichtstrahlen zu dem Objekt aus, das es anschaut, und dieses reflektiert das Licht wieder zum Auge. Die gleiche Idee bevorzugten auch islamische Gelehrte wie al-Kindi und Hunayn ibn Ishaq. Ibn al-Haytham verwarf solche Gedanken und beantwortete damit eine Frage, mit der viele große Köpfe zuvor nicht zurechtgekommen waren. Sein *Buch der Optik* beginnt mit den Worten: »Wir finden also, dass das Auge, wenn es in übermäßig helles Licht blickt, darunter stark leidet und verwundet wird. Denn wenn ein Beobachter zum Körper der Sonne blickt, kann er sie nicht gut sehen, weil sein Auge wegen des Lichtes Schmerzen empfindet.«[10] Demnach muss es die Wirkung der Sonne auf das Auge sein, die den Schaden herbeiführt, aber nicht irgendetwas, das mit vom Auge ausgesandten Strahlen zu tun hat. Andere von ihm vertretene Argumente hängen mit dem Phänomen der Nachbilder zusammen (die entstehen, wenn wir ein helles Objekt längere Zeit ansehen und dann in eine andere Richtung blicken). Außerdem wiederholt er ein Argument von Aristoteles: Wenn wir die Sterne am Nachthimmel sehen, ist es eine lächerliche Vorstellung, dass die von uns ausgesandten Strahlen sie erreichen. Ibn al-Haytham gelangt zu dem Schluss: »Alle diese Dinge weisen darauf hin, dass das Licht eine Wirkung im Auge erzeugt.«[11]

Als Nächstes zeigt er mit fehlerloser Logik, wie absurd die Emissionstheorie ist. Sein Argument: Wenn wir sehen, weil das Auge Strahlen zu einem Objekt sendet, dann sendet das Objekt entweder irgendein Signal zum Auge zurück, oder es tut das nicht. Tut es das nicht, wie kann das Auge dann wahrnehmen, worauf die Strahlen gefallen sind? Es muss also nicht zum Auge zurückkommen, und das ist der Grund, warum wir etwas sehen. Wenn das aber so ist, welchen Nutzen hat es dann, wenn die Strahlen ursprünglich vom Auge ausgesandt wurden? Das Licht könnte auch direkt von dem Objekt kommen, wenn dieses leuchtet, oder es wird von dem Objekt reflektiert, wenn das nicht der Fall ist. Die vom Auge ausgehenden Strahlen sind also eine unnötige Komplikation, und man sollte den Gedanken verwerfen. Damit bediente er sich einer Form von Ockhams Rasiermesser, jenes Prinzips, das dem englischen Philosophen William von Ockham aus dem 14. Jahrhundert zugeschrieben wird; es besagt, dass man ein Phänomen mit so wenig Annahmen wie möglich erklären soll.

Aber Ibn al-Haytham ging noch über die philosophische Argumentation hinaus und tat etwas wirklich Erstaunliches. Er nahm Euklids geometrisches Modell der Emissionstheorie und wandte es auf die Intromissionstheorie an. Nun gingen die Strahlen von dem Objekt aus und verbreiteten sich radial in gerader Linie. Auf diese Weise »mathematisierte« er seine Theorie des Sehens.

Etwas anderes tat er interessanterweise nicht, obwohl er die erste optische Beschreibung der Camera obscura lieferte:[12] Er brachte diese nicht mit der Funktionsweise des Auges in Verbindung (in dem ein kopfstehendes Bild der Objekte, die wir sehen, auf die Netzhaut projiziert wird). Er machte also große Fortschritte in allem, was davor kommt, und verstand sogar, dass das Sehen nur durch die Lichtbrechung in der Augenlinse möglich wird, aber in der Frage, wie die Strahlen ins Auge gelangen, vollzog er den letzten Schritt nicht: Er erklärte nicht, wie sich auf der Netzhaut das reale Bild des wahrgenommenen Objekts bildet. Stattdessen wechselte er in dem Augenblick, in dem das Licht ins Auge eindringt, von der Physik zur Psychologie und versuchte damit zu erklären, wie wir »wahrnehmen«. Das lag teilweise daran, dass er von Galen nur unvollständige Kenntnisse über die Funktionsweise des Auges bezogen hatte. Die richtige Erklärung, in der das Auge als Kamera beschrieben wurde, lieferte erst Kepler zu Beginn des 17. Jahrhunderts.

Ein berühmter optischer Effekt, zu dessen Aufklärung Ibn al-Haytham beitrug, ist heute unter dem Namen »Mondtäuschung« bekannt. Bis er sie erklärte, war niemandem klargewesen, dass es sich überhaupt um eine Täuschung handelt. Gemeint ist das Phänomen, dass der Mond in der Nähe des Horizonts größer erscheint, als wenn er höher am Himmel steht – das Gleiche beobachtet man auch bei der Sonne und den Sternbildern. Die erste nachgewiesene Erwähnung der Mondtäuschung geht auf das 7. Jahrhundert v. u. Z. zurück: Sie findet sich auf einer Tontafel in der großen Bibliothek des Assyrerkönigs Assurbanipal in Ninive. Die alten Griechen hatten dafür eine beliebte Erklärung, die auch von Ptolemäus beschrieben wurde: Danach wirkt der Mond in der Nähe des Horizonts größer, weil die Lichtbrechung in der Erdatmosphäre einen echten Vergrößerungseffekt herbeiführt. Im Gegensatz dazu wissen wir heute, dass die Brechung in der Atmosphäre den Mond um rund 1,5 Prozent kleiner erscheinen lässt, wenn er knapp über dem Horizont steht. Wenn wir diesen kleinen Effekt außer Acht lassen, lässt sich durch direkte Messung zeigen, dass der Vollmond im Auge eines Beobachters immer den gleichen Winkel abdeckt, unabhängig davon, ob er am Himmel nach oben steigt oder nach unten sinkt. Auch Fotos des Mondes in verschiedenen Höhen zeigen, dass die Größe gleich bleibt. Dass es sich bei dem Effekt um eine Illusion handelt, lässt sich auf einfache Weise zeigen, indem man eine kleine Münze in Armlänge vor sich hält und dabei ein Auge schließt; hält man sie neben den Mond, wenn dieser sich in unterschiedlichen Positionen am Himmel befindet, stellt sich heraus, dass keine Größenänderung stattfindet.

Ibn al-Haytham erklärte das Phänomen erstmals nicht als physikalischen, sondern als psychologischen Effekt. Die ersten drei Bände seines *Buches der Optik* enthalten Gedanken über die Psychologie der Wahrnehmung, und dort tut er auch die Idee der Griechen ab, der Mond erscheine wegen der Lichtbrechung in der Atmosphäre größer, wenn er niedrig am Himmel steht. Er zeigt, dass dies in Wirklichkeit auf das subjektive Wesen der Perspektive zurückzuführen ist und dass es sich um nichts anderes handelt als eine optische Täuschung. Wenn der Mond hoch am Himmel steht, befindet sich in seiner Nähe kein Objekt, mit dem man seine Größe vergleichen könnte, und deshalb können wir auch nicht intuitiv feststellen, wie weit er entfernt ist. Steht er aber unmittelbar über dem Horizont, scheint er uns näher zu sein, und deshalb stellen wir uns vor, er sei größer. Diese Erklärung wurde in ganz Europa anerkannt, nachdem Roger Bacon und Witelo im 13. Jahrhundert das Buch *De aspectibus*, die Übersetzung von Ibn al-Haythams Werk, studiert hatten.

Nachdem er sich mit dem Wesen des Sehvorganges beschäftigt hatte, wandte sich Ibn al-Haytham der geometrischen Optik von Ptolemäus und Ibn Sahl zu und erweiterte sie – im Gegensatz zu Ibn Sahl formulierte er allerdings nie das Brechungsgesetz in seiner zutreffenden Form, sondern er hielt sich an die näherungsweise Version von Ptolemäus. Den Unterschied zwischen den beiden Ansätzen kann man am besten folgendermaßen beschreiben: Im einen Fall misst man den Abstand zwischen zwei Punkten auf einer Kreislinie als Länge des Kreisbogens (Ptolemäus und Ibn al-Haytham: falsch), im anderen die Länge der Geraden oder Sehne zwischen ihnen (Ibn Sahl: richtig). Nur wenn die beiden Punkte einen geringen Abstand haben, stimmen beide Versionen ungefähr überein, denn dann ist die Biegung so gering, dass der Kreisbogen annähernd eine Gerade bildet.

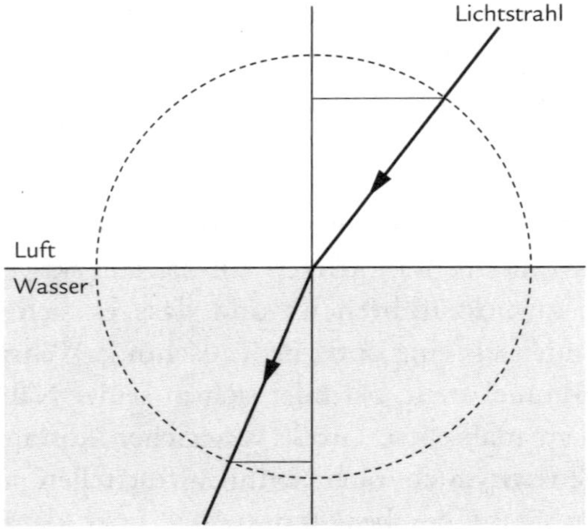

Der Unterschied zwischen der griechischen Version des Brechungsgesetzes und der richtigen, von Ibn Sahl beschriebenen Form. Der Weg eines Lichtstrahls, der von oben ins Wasser fällt, wird an der Oberfläche in Richtung der Senkrechten abgeknickt. Nach Ptolemäus ist dabei das Längenverhältnis der beiden Kreisbögen (durchgezogene Linien) konstant. Ibn Sahl korrigierte dies mit der Feststellung, dass in Wirklichkeit das Längenverhältnis der geraden Kreissehnen innerhalb der Bögen gleich bleibt. Heute spricht man vom Verhältnis der Sinuswerte der Winkel, die vom Weg des Lichtes in Luft und Wasser gebildet werden.

In einem anderen Punkt ging Ibn al-Haytham jedoch weiter als Ibn Sahl: Um die physikalischen Gesetze der Lichtbrechung zu verstehen, kam er auf die Idee, die vertikale und horizontale Komponente von Geschwindigkeiten mit getrennten Vektoren zu beschreiben, und er konnte sich auch vorstellen, dass Licht sich in verschiedenen Medien mit unterschiedlicher Geschwindigkeit ausbreitet. Wie Ibn Sahl arbeitete er nicht algebraisch, sondern ausschließlich geometrisch, und er bediente sich auch keiner trigonometrischen Verhältnisse, obwohl andere vor ihm, darunter der syrische Astronom al-Battani, bereits umfangreiche Werke über Trigonometrie verfasst hatten. Insgesamt betrachtet, leistete Ibn al-Haytham zwar zu den Kenntnissen über die Lichtbrechung, die er von den Griechen übernommen hatte, große neue Beiträge, man kann aber vermutlich mit Fug und Recht sagen, dass seine Leistung auf dem Gebiet eher erhaltender als kreativer Natur war.[13]

Zu den neuen Gedanken, die er einführte, gehörte die Untersuchung der Lichtbrechung in der Atmosphäre (die Brechung von Licht, das von den Himmelskörpern auf die Erdoberfläche fällt). In Übereinstimmung mit Zeitgenossen wie Ibn Sina glaubte Ibn al-Haytham, dass Licht eine endliche Geschwindigkeit hat. Meinungsverschiedenheiten gab es jedoch in den Vorstellungen über das grundsätzliche Wesen des Lichtes. Ibn al-Haytham hielt Licht für kontinuierliche Strahlen, nach Ansicht von Ibn Sina war es aus Teilchen zusammengesetzt (eine bemerkenswerte Erkenntnis angesichts der Tatsache, dass auch Newton viel später dem Licht eine solche »Teilchennatur« zuschrieb und dass Einstein dies in seinen Arbeiten zum fotoelektrischen Effekt bewies, für die er 1921 den Nobelpreis erhielt – 900 Jahre nach Ibn Sina und Ibn al-Haytham).[14]

Ibn al-Haytham stellte auch eines der ersten Experimente an, mit denen Licht in seine Farbbestandteile zerlegt werden sollte. Er studierte Schatten, Regenbogen, Sonnen- und Mondfinsternisse, und seine Arbeiten hatten entscheidenden Einfluss auf die Theorie der Perspektive, die sich in Europa während der Renaissance sowohl in der Wissenschaft als auch in der Kunst entwickelte. Im 14. Jahrhundert wurde sein *Buch der Optik* aus dem Lateinischen in das volkstümliche Italienisch übersetzt, so dass es nun einer viel größeren Zahl von Menschen zur Verfügung stand, unter ihnen mehrere Renaissancekünstler wie die Italiener Leon Battista Alberti und Lorenzo Ghiberti sowie indirekt später auch der Holländer Jan Vermeer. Alle bedienten sich seiner Erläuterungen zur Perspektive, um auf der Leinwand oder in Reliefs die Illusion einer räumlichen Tiefe zu erzeugen.[15]

Um kurz abzuschweifen: Ich habe zuvor bereits Ibn Mu'adhs Werk über das Zwielicht aus dem 11. Jahrhundert erwähnt, das unter dem Titel *Liber de crepusculis* ins Lateinische übersetzt und fälschlich Ibn al-Haytham zugeschrieben wurde.[16] Das ist vor allem deshalb interessant, weil Ibn Mu'adh darin eine recht gute Schätzung für die Höhe der Atmosphäre vornimmt. Wie er richtig erkannte, muss die Dämmerung nach dem Sonnenuntergang darauf zurückzuführen sein, dass Wasserdampf hoch in der Atmosphäre das Sonnenlicht noch reflektiert, lange nachdem die Sonne hinter dem Horizont verschwunden ist. Für den Winkel der Sonne unter dem Horizont beim Ende der Abenddämmerung gab er einen Wert von 19 Grad an. Das, so seine Argumentation, ist die geringste Höhe, in der die Sonnenstrahlen noch auf die obersten Ränder der Atmosphäre treffen. Mit Hilfe einfacher geometrischer Überlegungen und einem Wert für die Größe der Erde, den al-Ma'muns Astronomen geliefert hatten, berechnete Ibn Mu'adh die Höhe der Atmosphäre mit rund 85 Kilometern. Seine Arbeiten stießen im mittelalterlichen Abendland und in der Renaissance auf großes Interesse. Verbessert wurden seine Methode und seine Kenntnisse über die Optik der Atmosphäre erst gegen Ende des 16. Jahrhunderts, als der dänische Astronom Tycho Brahe die Frage nach der Lichtbrechung in der Atmosphäre aufwarf, und dann 1604, als die optischen Untersuchungen des großen Johannes Kepler erschienen. Aber der von Ibn Mu'adh angegebene Wert für die Höhe der Atmosphäre trifft noch heute recht gut zu. Die Grenze zwischen Erdatmosphäre und Weltraum, auch Kármán-Linie genannt, liegt nach heutiger Kenntnis in einer Höhe von 100 Kilometern.

In der Mathematik wurde der Name Ibn al-Haytham wahrscheinlich vor allem in Verbindung mit einem berühmten geo-

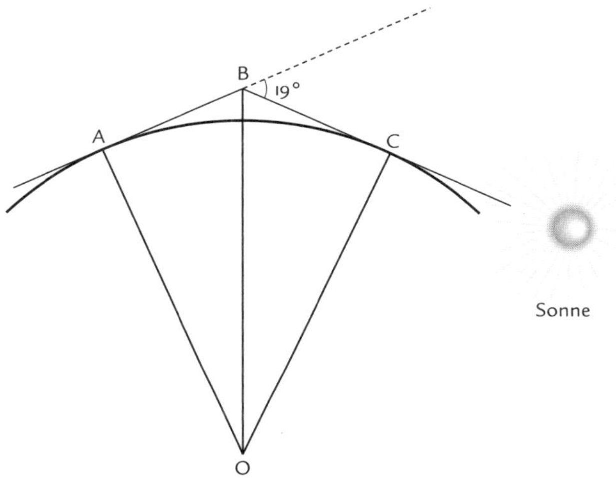

Ibn Mu'adhs Methode zur Berechnung der Dicke der Atmosphäre. Wenn ein Beobachter am Punkt A am Horizont entlang seiner Blicklinie am Punkt B den letzten Strahl der Dämmerung sieht, wird die Materie am Punkt B noch von der Sonne beleuchtet. Wenn also die Sonne um 19 Grad unter dem Horizont steht, laufen ihre Strahlen entlang der Tangente cb. Mit ein wenig euklidischer Geometrie können wir berechnen, dass der Winkel aoc ebenfalls 19 Grad betragen muss, das heißt, aob ist 9,5 Grad. Mit trigonometrischen Methoden und der Kenntnis der Erdgröße kann man nun berechnen, wie hoch B (nach Ibn Mu'adh der Rand der Atmosphäre) über der Erdoberfläche liegt: rund 83 Kilometer.

metrischen Problem bekannt, das sich aus seinen Untersuchungen zur Lichtreflexion an gebogenen Spiegeln ableitete. Es wurde erstmals von Ptolemäus beschrieben, und nachdem es im *Buch der Optik* ausführlich behandelt worden war, wurde es in Europa als Alhazen'sches Problem bekannt. Man kann es definieren als die Aufgabe, in einem konkaven Spiegel den Punkt zu finden, an dem eine Lichtquelle sich befinden muss, damit ihre Strahlen einen bestimmten Punkt erreichen. Oft wird es auch als Billardkugelproblem bezeichnet: Man stellt sich einen kreisförmigen Billardtisch vor und muss an der Bande den Punkt finden, an dem die Kugel abprallen muss, damit sie eine andere Kugel trifft. Natürlich sind wir alle mit der Aufgabe vertraut, die Winkel an einer traditionellen »geraden« Bande zu finden: Das ist einfach, denn man muss nur dafür sorgen, dass der Einfallswinkel gleich dem Reflexionswinkel ist. Das gleiche Reflexionsgesetz gilt zwar im Prinzip auch für einen gebogenen Reflektor, das Problem lässt sich aber mit geometrischen Methoden (das heißt mit Lineal und Winkelmesser) nicht mehr lösen. Wie Ibn al-Haytham seinen Lesern klarmachte, muss man vielmehr eine sogenannte »quartische« Gleichung anwenden und lösen, das heißt eine komplizierte algebraische Gleichung, in der x^4 vorkommt.

So schwierig wird das Problem, weil schon eine winzige Veränderung der Stelle, an der die Billardkugel oder der Lichtstrahl auf die reflektierende Oberfläche trifft, diese in einem ganz anderen Winkel abprallen lässt. Ibn al-Haytham lieferte eine erste (partielle) Lösung mit der Methode der Kegelschnitte, die Apollonius von Perge (ca. 262–ca. 190 v. u. Z.) beschrieben hatte. Apollonius' Werk *Über Kegelschnitte* gilt in der Mathematik als eines der bedeutendsten Bücher aller Zeiten. Darin zeigt er, wie die verschiedenen mathematischen Kurven (Kreise, Ellipsen, Parabeln, Hyperbeln) entstehen, wenn man einen Kegel in verschiedenen Winkeln durchschneidet. Ibn al-Haytham kannte dieses Werk sehr gut und verwendete beträchtliche Anstrengungen darauf, das verlorengegangene achte Buch der *Kegelschnitte* zu rekonstruieren.[17] Die quartische Gleichung löste er, indem er sie in zwei Gleichungen für zwei einander überschneidende Kurven – einen Kreis und eine Hyperbel – zerlegte. Die Schnittpunkte sind die Lösungen des Problems, aber sein Lösungsweg war lang und kompliziert. Erstaunlicherweise musste man auf eine genaue algebraische Lösung bis 1997 warten; erst dann konnte der Mathematiker Peter Neumann aus Oxford zeigen,

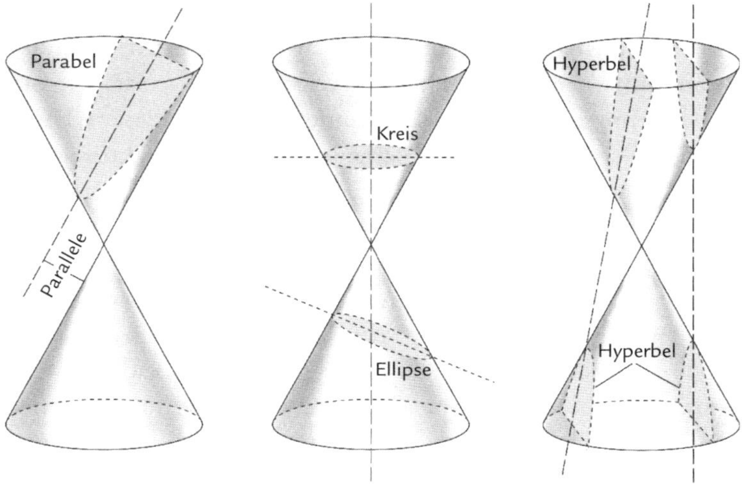

Kegelschnitte. Wenn man einen Kegel in unterschiedlichen Winkeln durchschneidet, erhält man verschiedene geometrische Kurven, mit deren Hilfe man bestimmte algebraische Aufgaben lösen kann.

dass man das Problem mit einer Theorie lösen kann, die das französische Mathematik-Wunderkind Évariste Galois (1811–1832) entwickelt hatte.[18]

In der Astronomie erkennen die Wissenschaftshistoriker erst heute allmählich, welchen großen Beitrag Ibn al-Haytham in Wirklichkeit leistete. Zuvor hatte man nur anerkannt, dass er als einer der ersten Gelehrten ernsthafte Zweifel an Ptolemäus äußerte. Gegenstand seiner Zweifel war aber nicht das geozentrische Modell als solches, sondern Ptolemäus' mathematische Überlegungen. Wissenschaftshistoriker, die sich ein wenig tiefer in das Thema einarbeiteten, fanden in Ibn al-Haythams Texten verborgene Juwelen. Er schrieb über Astronomie 25 Bücher, doppelt so viele wie über Optik.[19] Darunter waren Abhandlungen über Kosmologie, astronomische Beobachtungen und Berechnungen sowie technische Anwendungsbereiche wie die Festlegung der Meridiane, die Ermittlung der Richtung nach Mekka und die Konstruktion von Sonnenuhren. Am wichtigsten aber waren seine Arbeiten über die astronomische Theorie, wie man sie bezeichnen könnte. Im Zusammenhang mit diesem Thema finden wir seine Kritik an Ptolemäus und viele Korrekturen zum *Almagest*. Alle diese Arbeiten verfasste er in seinem letzten Lebensjahrzehnt, in dem er sich fast ausschließlich mit Astronomie beschäftigte.

Während al-Razi sich darangemacht hatte, die Mängel und Fehler in den medizinischen Schriften Galens offenzulegen, tat Ibn al-Haytham das Gleiche mit Ptolemäus. Beide leisteten Pionierarbeit im Geist des *shukuk* (»Zweifel«), der in der Wissenschaft von so entscheidender Bedeutung ist. Ein großartiges Beispiel ist Ibn al-Haythams vernichtendes Urteil über einen anonymen Gelehrten, der die abschätzigen Bemerkungen über das *Almagest* in seinem Werk *Zweifel an Ptolemäus* (*al-Shukuk ala Batlamyus*) missbilligt hatte:

> Aus den Aussagen des edlen Scheichs geht deutlich hervor, dass er in allem an Ptolemäus' Worte glaubt, und zwar nur durch reine Nachahmung, aber ohne auf einen Nachweis zurückzugreifen oder einen Beweis zu verlangen; auf diese Weise haben Experten der prophetischen Tradition ihren Glauben an die Propheten, möge der Segen Gottes über sie kommen. Es ist aber nicht der Weg, auf dem Mathematiker den Spezialisten in den beweisenden Wissenschaften glauben. Ich habe zur Kenntnis genommen, dass es ihm [dem Scheich] Schmerzen bereitet, dass ich Ptolemäus widersprochen habe, und dass er es geschmacklos findet; seine Aussagen lassen darauf schließen, dass Fehler einem Ptolemäus fremd sind. Nun gibt es aber bei Ptolemäus viele Fehler, in vielen Absätzen seiner Bücher ... Wenn er wünscht, dass ich sie benenne und erläutere, werde ich es tun.[20]

Anschließend feuert Ibn al-Haytham aus allen Rohren auf den edlen Scheich und zählt tatsächlich die Irrtümer und Fehler in mehreren Werken von Ptolemäus auf: im *Almagest*, dem *Buch der Optik* und dem *Buch der Hypothesen*.

Nicht alle Gelehrten waren mit Ibn al-Haythams Methode einverstanden, und viele begriffen sie nicht einmal. Insbesondere Philosophen wandten sich gegen seine mathematischen Theorien der Astronomie. Ein andalusischer Gelehrter namens Ibn Bajja (Avempace) vertrat sogar noch ein Jahrhundert nach Ibn al-Haytham die Ansicht, dieser sei nicht »einer der wahren Fachleute seiner Wissenschaft« gewesen, und seine Kritik an Ptolemäus stütze sich nur auf oberflächliche Kenntnisse der Werke des Griechen, die er nur »auf höchst einfache Weise« gelesen habe.[21]

Fehler in den Werken anderer zu finden ist immer einfacher, als selbst originelle Ideen vorzulegen. Dennoch sind Ibn al-Haythams Werke über Astronomie bemerkenswert. Einer seiner Texte zum Beispiel, *Das Modell der Bewegungen für jeden der sieben Planeten*, gliedert sich in drei Bücher und skizziert eine neue Theorie der Planetenbewegungen, die weit über alles, was Ptolemäus geschrieben hatte, hinausgeht. Heute sehen Wissenschaftshistoriker darin eine ungeheure Leistung, die zu jener Zeit an der vordersten Front der Wissenschaft stand. Wir dürfen nicht vergessen, dass auch Ibn al-Haytham noch an das geozentrische Modell des Universums glaubte, er wollte die Astronomie aber unbedingt »mathematisieren«, wie er es mit der Optik getan hatte. Er wollte die beobachtete Bewegung der Planeten in rein geometrischen Begriffen beschreiben und interessierte sich nicht besonders für die physikalischen Mechanismen oder Ursachen, die hinter ihrer Bewegung standen. Ebenso ging es ihm nicht darum, wie die Planeten sich in einem absoluten Sinn bewegen, sondern nur um ihre Bewegung, wie sie sich vom Standpunkt des Beobachters auf der Erde darstellt. Diese »phänomenologische« Vorgehensweise ist also unabhängig davon, ob man sich vorstellt, dass die Erde sich um die Sonne oder die Sonne sich um die Erde bewegt. Es war eine Theorie der Planetenbewegungen im Bezugsrahmen der Erde. Zur Erleichterung seiner Überlegungen führte er einen neuen Begriff ein, den er als »notwendige Zeit« bezeichnete: Damit meinte er die Zeit, die ein Planet braucht, um am Himmel einen Bogen zu beschreiben. Er behandelte die Zeit auf eine Art, die auch ein moderner theoretischer Physiker wiedererkennen würde: als Parameter der Mathematik, ja sogar als rein geometrische Größe.

Ein guter Wissenschaftler sollte nie so arrogant sein, sich irgendeiner Aussage absolut sicher zu sein. Niemals, allerdings mit einer Ausnahme: Die moderne naturwissenschaftliche Methode ist in ihrer allumfassenden Bedeutung als Weltanschauung *nicht verhandelbar*. Viele würden die Ansicht vertreten, dass sie die *einzige* Weltanschauung ist, die ein rationaler, denkender Mensch sich zu eigen machen kann, wenn er erklären will, wie und warum die Welt so ist und nicht anders.

Ich möchte hier kurz erklären, was ich mit der naturwissenschaftlichen Methode meine. Es stimmt zwar, dass es in der Naturwissenschaft keine sicheren Aussagen gibt; wenn Wissenschaftler sagen, dass sie an die Richtigkeit einer bestimmten Theorie »glauben«, dann meinen sie damit, dass die Theorie aller Wahrscheinlichkeit nach eine zutreffende Beschreibung für einen Aspekt der Natur darstellt. Unser derzeit bestes Bild von der subatomaren Welt erwächst beispielsweise aus den Voraussagen der Quantentheorie, die zu Beginn des 20. Jahrhunderts entwickelt wurden. Ich glaube, dass die Quantentheorie uns eine zutreffende, wahre Beschreibung der Atome liefert. Mein Glaube ist aber nicht der blinde Glaube der Religion, sondern er gründet sich darauf, dass die unglaublich gute Aussagekraft der Theorie im Laufe des letzten Jahrhunderts immer und immer wieder überprüft wurde. Ebenso glaube ich, dass Darwins Theorie der natürlichen Selektion eine wahre Beschreibung für die

Evolution des Lebens auf der Erde darstellt. Zwar verschließe ich meinen Geist nicht vor der Möglichkeit, dass irgendwann in Zukunft etwas Besseres an ihre Stelle treten wird; aber angesichts der überwältigenden logischen und empirischen Belege, die für die natürliche Selektion sprechen, halte ich es für höchst unwahrscheinlich, dass sie falsch ist.

Die naturwissenschaftliche Methode ist nach allgemeiner Definition die Vorgehensweise, mit der man Phänomene untersucht, neue Kenntnisse gewinnt oder bereits vorhandene Kenntnisse korrigiert und integriert; Grundlage ist dabei die Sammlung von Daten durch Beobachtung und Messungen, gefolgt von der Formulierung und Überprüfung von Hypothesen, mit denen man die Daten erklären will. Noch heute wird häufig behauptet, die moderne naturwissenschaftliche Methode sei erst von Francis Bacon mit seinem Werk *Novum Organum* (1620) und von Descartes in seiner Abhandlung *Discours de la Méthode* (1637) durchgesetzt worden. Es besteht aber kein Zweifel, dass Ibn al-Haytham zusammen mit al-Razi und al-Biruni, den wir im nächsten Kapitel kennenlernen werden, schon viel früher so weit war.

Für Ibn al-Haytham wurde die überlegene naturwissenschaftliche Methode, mit der man peinlich genaue, mühsame Experimente auswertet und die Ergebnisse sorgfältig aufzeichnet, zum zentralen Prinzip seiner Forschung. Aus diesem Grund bezeichnen einige Historiker ihn als den ersten echten Naturwissenschaftler. Sehr deutlich macht Ibn al-Haytham seine Ansichten in der folgenden Passage:

> Wir sollten die Eigenschaften einzelner Dinge unterscheiden und durch Rückschlüsse sammeln, was dem Auge erscheint und was den Sinnen als einheitlich, unveränderlich, deutlich und dem Zweifel entzogen erscheint. Danach sollten wir in unseren Untersuchungen und Überlegungen nach und nach geordnet eine Stufe höher steigen, Voraussetzungen kritisieren und Vorsicht im Hin-

blick auf Schlussfolgerungen walten lassen – in allem, was wir der Betrachtung unterwerfen und überprüfen, sollten wir das Ziel verfolgen, Gerechtigkeit walten zu lassen, keinen Vorurteilen zu folgen und in allem, was wir beurteilen und kritisieren, sorgfältig darauf zu achten, dass wir die Wahrheit suchen und uns nicht von Meinungen ins Schwanken bringen lassen.[22]

Betrachtet man Ibn al-Haythams Arbeiten im Einzelnen, so stellt man fest, dass seine große Leistung weniger aus einer einzelnen revolutionären Entdeckung erwuchs wie Newtons Gravitationsgesetz der umgekehrten Quadrate oder Einsteins Relativitätstheorie oder auch al-Khwarizmis Algebra. Wichtig ist vielmehr, dass er uns beibrachte, wie man Wissenschaft »macht«. Nach meiner Überzeugung hat er deshalb größeren Anspruch auf den Titel »Vater der naturwissenschaftlichen Methode« als Francis Bacon oder Descartes. Letztlich machte Ibn al-Haytham das Experimentieren von einer allgemeinen Forschungspraxis zur Standardmethode, um wissenschaftliche Theorien zu beweisen.

Wir haben keine Anhaltspunkte dafür, dass Ibn al-Haytham kein gläubiger Muslim gewesen wäre, aber mit seinem rationalen Geist erkannte er in der Welt nichts an, was sich nicht experimentell belegen ließ. Er vertraute und verließ sich immer auf seine Beobachtungsfähigkeit und die Kraft der logischen Schlussfolgerungen, denn er glaubte, man könne durch Logik und Schlussfolgerungen alle Phänomene der Natur auf mathematische Axiome und Gesetze zurückführen. In dieser Hinsicht war er durch und durch ein moderner Physiker.

Im Gegensatz zu seinen ebenso berühmten persischen Zeitgenossen Ibn Sina und al-Biruni hatte Ibn al-Haytham keine starken philosophischen Neigungen; er hatte von Archimedes mehr als von Aristoteles. Wie vor ihm al-Razi, so verkörperte auch Ibn al-Haytham den Geist der experimentellen Methode in der Wissenschaft. Selbst der Zyniker, der nicht anerkennen mag, dass islamische Gelehrte im Mittelalter ebenso große, umwälzende Entdeckungen machten wie Kopernikus, Galilei, Kepler oder Newton in Europa, muss dennoch zugestehen, dass wir diesen Wissenschaftlern aus dem 10. und 11. Jahrhundert viel verdanken. Robert Briffault formulierte es in seinem Buch *The Making of Humanity* so:

> Die Griechen systematisierten, generalisierten und theoretisierten, aber der geduldige Weg der Forschung, die Ansammlung positiver Erkenntnisse, das Kleinklein der Wissenschaft, detaillierte, langwierige Beobachtungen und experimentelle Untersuchungen, waren ihrem Temperament völlig fremd ... Was wir Wissenschaft nennen, erwuchs in Europa als Ergebnis eines neuen Forschergeistes ... mit Methoden für Experiment, Beobachtung und Messung, mit der Entwicklung der Mathematik in einer Form, die den Griechen unbekannt war. Dieser Geist und diese Methoden wurden von den Arabern in die europäische Welt eingeführt.[23]

12

Der Prinz und der Almosenempfänger

Der halsstarrige Kritiker würde sagen: »Was ist der Nutzen dieser Wissenschaften?« Er weiß nicht, welche Tugend die Menschheit von allen Tieren unterscheidet: Es ist das Wissen im Allgemeinen, um welches sich ausschließlich der Mensch bemüht und um welches er sich um des Wissens selbst willen bemüht, weil sein Erwerb wahrhaft köstlich ist, und er ist ganz anders als die Freuden, die man sich bei anderen Unternehmungen wünscht. Denn das Gute kann nicht vorangebracht und das Böse nicht vermieden werden, außer durch Wissen. Welcher Nutzen also ist augenscheinlicher? Welcher Nutzen ist reichlicher?

Al-Biruni

Um das Jahr 1000 u. Z. fand ein berühmter Briefwechsel zwischen zwei persischen Genies statt: Sie diskutierten über das Wesen der Realität auf eine Art, die sich auch in einem modernen physikalischen Universitätsinstitut nicht deplatziert anhören würde. Unter allen großen Denkern und Universalgelehrten im Goldenen Zeitalter des Islam waren diese beiden Männer wahre Riesen: Sie waren den allerbesten Köpfen, die das Goldene Zeitalter Griechenlands hervorgebracht hatte, in jeder Hinsicht ebenbürtig. Der Jüngere der beiden war ein privilegiertes Wunderkind gewesen und wurde im Heranwachsen der ungestüme Superstar seiner Zeit, ein prominenter Universalgelehrter, dessen Philosophie die klügsten Köpfe der Welt beeinflussen sollte; sein *Kanon der Medizin* (*al-Qanun fi al-Tibb*) wurde für über ein halbes Jahrtausend zum wichtigsten medizinischen Lehrbuch der Welt. Er hieß Ibn Sina, im Westen ist er allerdings besser als Avicenna bekannt. Der andere war sieben Jahre älter, ruhiger, weniger temperamentvoll und stammte aus einer Familie mit bescheidenen Finanzmitteln; er verfügte aber über ein enzyklopädisches Gedächtnis und einen rasiermesserscharfen Intellekt. Heute ist er weniger bekannt. Interessanterweise gibt es im Gegensatz zu vielen anderen großen Gelehrten des Islam nicht einmal eine latinisierte Version seines Namens: Er hieß Abu Rayhan al-Biruni.

Woher kamen diese beiden Männer? Wo und wann lernten sie sich kennen? Und über was für Themen diskutierten sie? Wann ihr berühmter Briefwechsel stattfand, ist nicht genau geklärt, aber er spielte sich sicher zu Beginn ihrer Karriere ab, als beide noch keine 30 waren und möglicherweise sogar am Königshof von Gurganj, der Hauptstadt von Khwarizm in Zentralasien, unter einem Dach arbeiteten. Al-Biruni hielt sich selbst zu Recht für den überlegenen Kopf in Fragen von Mathematik, Physik und Astronomie, hatte aber auch ein echtes Interesse an dem, was der jüngere Ibn Sina – der kompetentere Philosoph – über eher abstrakte metaphysische Fragen zu sagen wusste; deshalb stellte er für ihn eine Liste von 18 Fragen zusammen. Einige der stärker philosophisch gefärbten lauteten zum Beispiel:

1. Mit welcher Rechtfertigung beharrt man darauf, dass die Himmelskörper weder Leichtigkeit noch Schwere haben und dass ihre Umlaufbahnen genaue Kreise um die Erde sind? Mit anderen Worten: Warum stürzen sie nicht auf die Erde oder schweben von ihr weg?
2. Warum lehnte er (Ibn Sina) wie Aristoteles die Atomtheorie ab,[1] wo doch die Vorstellung von einer ununterbrochenen, unendlich teilbaren Materie, der Aristoteles und Ibn Sina anhingen, ebenso spekulativ war?
3. Haben die Sonnenstrahlen eine materielle Substanz? Und wenn nicht: Wie übertragen sie dann ihre Wärme auf uns?

4. Wie würde er die von Aristoteles vertretene Ansicht verteidigen, wonach die Möglichkeit, dass Paralleluniversen existieren, nicht besteht?[2]

Ich möchte hier Ibn Sinas Antwort auf nur eine dieser Fragen erwähnen: nämlich die, wie die Wärme der Sonne zu uns gelangt. Hier stellte al-Biruni nicht Ibn Sinas philosophische Ansichten in Frage, sondern er wollte aufrichtig wissen, ob dieser eine befriedigende Antwort geben konnte. Ibn Sina lieferte folgende Erklärung:

> Du musst auch wissen, dass die Wärme der Sonne nicht zu uns kommt, indem sie von der Sonne zu uns herabsteigt; das hat folgende Gründe: Erstens bewegt Wärme sich nicht von selbst; zweitens gibt es keinen heißen Körper, der von oben herabsteigt und das, was unten ist, aufheizt; drittens ist die Sonne nicht einmal heiß, denn Wärme, die hier erschaffen wird, steigt aus den drei bereits erwähnten Gründen nicht von oben herab. Vielmehr geschieht die Wärme hier durch die Reflexion des Lichtes, und durch diesen Prozess wird die Luft aufgeheizt, wie man es in dem Experiment mit den Brennspiegeln beobachten kann. Und du musst wissen, dass die Strahlen keine Körper sind - denn wenn sie Körper wären, gäbe es zwei Körper an einem Ort: die Luft und die Strahlen.[3]

Heute wissen wir natürlich, dass die Sonne in Wirklichkeit sehr heiß ist und dass diese Wärme genau wie das Licht in Form elektromagnetischer Wellen zu uns gelangt, aber bis James Clerk Maxwell zu dieser richtigen Erklärung gelangte, sollten noch fast 900 Jahre vergehen.

Ibn Sina befasste sich sorgfältig mit jeder einzelnen von al-Birunis 18 Fragen und verteidigte dabei nachdrücklich seine (und Aristoteles') Ansichten. Viele seiner klugen, aber aalglatten und oftmals ausweichenden Antworten befriedigten al-Biruni jedoch nicht, und er stellte sie mit seiner eigenen unbestechlichen Logik in Frage. Es hat den Anschein, als wäre der Ton des Briefwechsel zwischen den beiden Männern zunehmend konfrontativ und sogar gehässig geworden. Al-Biruni hört sich an, als würde er seinem jüngeren Kontrahenten den Fehdehandschuh hinwerfen, und auch Ibn Sinas berühmte Arroganz ist deutlich zu erkennen.

Nicht alle Fragen waren derart abstrakter Natur; offensichtlich war al-Biruni auch erpicht auf die Lösung einiger uralter Rätsel, beispielsweise der Frage, warum Eis auf Wasser schwimmt (Ibn Sina glaubte, dies liege an winzigen Luftblasen, die in dem Eis eingeschlossen sind und es leichter als Wasser machen – heute wissen wir natürlich, dass Eis oben schwimmt, weil es eine geringere Dichte hat als flüssiges Wasser).

Am Ende überließ Ibn Sina die Korrespondenz seinem begabtesten Studenten al-Ma'sumi, ein Akt, der für al-Biruni ein schmerzhafter Affront gewesen sein muss; insbesondere ist al-Ma'sumis Ton ein wenig von Ungeduld geprägt, als sei er empört darüber, dass al-Biruni frühere Antworten seines Lehrers, den er als »der Weise« bezeichnet, nicht anerkannte. Eine Stelle aus al-Ma'sumis Briefen hört sich beispielsweise so an: »Was Ihre Antwort auf den Weisen angeht ... so glaube ich nicht, dass sie richtig war, und es wäre besser gewesen, wenn Sie die Worte Ihrer Kommentare angemessener gewählt hätten. Hätten Sie außerdem bemerkt, was der Weise mit seinen edlen Worten in dieser Frage gemeint hat, so hätten Sie sich nicht erlaubt, diesen Einwand vorzubringen.«

Ebenso faszinierend wie die Ideen, die von den beiden Männern diskutiert wurden, ist auch ihr Umfeld. Beide wurden im Land Khwarizm (dem heutigen Usbekistan) geboren, das zwei Jahrhunderte zuvor bereits al-Khwarizmi, den Vater der Algebra, hervorgebracht hatte. Sie stammten aber aus ganz unterschiedlichen Milieus.

Da Abu Rayhan Muhammad al-Biruni (973–1048) als einer der größten Wissenschaftler aller Zeiten eingestuft werden muss, ist es umso rätselhafter, dass sein Name im Westen kaum bekannt ist. Er war ein Universalgelehrter mit einem aufgeschlossenen, beeindruckenden Verstand; bedeutende wissenschaftliche Fortschritte erzielte er nicht nur als ausgezeichneter Mathematiker und Astronom, sondern er hinterließ auch seine Spuren als Philosoph, Theologe, Enzyklopädist, Linguist, Historiker, Geograph, Geologe, Anthropologe, Pharmakologe und Arzt. Neben al-Razi und Ibn al-Haytham gehörte er außerdem zu den ersten führenden Vertretern der modernen naturwissenschaftlichen Methode mit ihren Experimenten und Beobachtungen.

Da er keine autobiographischen Details hinterließ, ist über seine Jugend wenig bekannt. Wir wissen, dass er nicht weit von der Stadt Kath in eine Familie von bescheidenen finanziellen Mitteln hineingeboren wurde; diese war zwar in jeder Hinsicht persisch, stammte aber ursprünglich aus dem weiter östlich gelegenen Tadschikistan. Sein charakteristischer Name geht vermutlich auf das persische Wort für »Außenseiter« zurück und bezieht sich vermutlich entweder auf die tadschikischen Ursprünge seiner Familie oder auf die Tatsache, dass er als Junge aus einem abgelegenen Vorort nach Kath kam; möglicherweise wurde ihm der Name aber auch erst später beigelegt. Ungewöhnlich ist, dass dieser Name keinem anderen Gelehrten der gleichen Zeit verliehen wurde, von denen viele weit gereist waren. Möglicherweise wurde er also auch einfach in einem Ort namens Birun in der Nähe von Kath geboren.

Als junger Mann war er am Hof der irakischen Banu-Prinzen von Kath tätig, die im Auftrag der Samanidendynastie die Region von Kath beherrschten. Der Friede wurde jedoch 995 erschüttert, als eine konkurrierende Dynastie von der anderen Seite des Flusses Oxus[4] die Stadt überfiel. Jetzt musste al-Biruni fliehen. Er reiste zuerst nach Buchara, der Hauptstadt der Samaniden, wo der Herrscher, Prinz Nuh ibn Mansur, ihm Schutz gewährte; außerdem freundete er sich mit einem anderen abgesetzten Herrscher an, dem Prinzen Qabus von Gorgan (einer Stadt in Nordpersien nicht weit vom Kaspischen Meer). Aber einflussreiche Freunde zu haben reichte al-Biruni nicht; er musste sich an einen Ort begeben, an dem er seine Forschungen insbesondere in der Astronomie fortsetzen konnte. Deshalb spielte er mit dem Gedanken, in westlicher Richtung nach Bagdad zu ziehen, entschied sich aber dagegen: Die Reise war zu weit. Stattdessen ging er nach Rayy, wo er einige Jahre in Elend und Armut lebte; königliche Unterstützung für seine Arbeiten zu gewinnen gelang ihm nicht.

Ein paar Jahre später wendete sich sein Schicksal: 999 erhielt er eine Einladung von dem wiedereingesetzten Prinzen Qabus in Gorgan, und nun ließ er Rayy mit Vergnügen hinter sich. Quabus widmete er sein großes historisches Werk *Die Chronologie alter Nationen*, ein Buch, das noch heute als eine der großartigsten jemals verfassten Quellen für mittelalterliche Geschichte gilt.

In den ersten Jahren des neuen Jahrtausends war sein Ruf als einer der führenden Denker seiner Generation gesichert. Jetzt ließ er sich wieder in das friedlichere Khwarizm und seine Hauptstadt Gurganj locken (die heute Kunya Urgench oder Köneürgenç heißt und in Turkmenistan liegt). Wegen des Machtkampfes zwischen den dort herrschenden Mamunidensultanen und den irakischen Banu-Prinzen hatte er einige Jahre zuvor aus Kath fliehen müssen, aber jetzt wurde er freundlich aufgenommen. Entscheidend war, dass die Sultane ihre Schirmherrschaft für die Wissenschaft erneuert hatten und erpicht darauf waren, führende Gelehrte an ihren Hof zu locken. Nun verbrachte al-Biruni viele produktive Jahre in einem Kreis hochintelligenter junger Köpfe, darunter der frühreife Ibn Sina. Ein solches intellektuelles Umfeld hatte es seit der Blütezeit des Hauses der Weisheit in Bagdad vor rund 200 Jahren nicht mehr gegeben.

Abu Ali al-Hussein ibn Abdullah ibn Sina (980–1037), besser bekannt unter seinem latinisierten Namen Avicenna, ist der berühmteste Gelehrte des Islam. Wie die Arbeiten von Aristoteles, die man als Höhepunkt des altgriechischen philosophischen Denkens betrachten kann, so bildet Ibn Sinas Tätigkeit den Höhepunkt der mittelalterlichen Philosophie. Er wurde in der Nähe von Buchara geboren, und im Gegensatz zu al-Biruni erfreute er sich einer privilegierten Erziehung als Sohn politisch einflussreicher Eltern, die zur Herrscherelite der Samaniden gehörten. Schon in jungen Jahren hatte er den ganzen Koran und eine Menge persische Dichtung auswendig gelernt. Eine wichtige Rolle in seiner Jugend spielte sein Lehrer Abu Abdullah al-Natili, über den Ibn Sina später in seiner typischen arroganten Art schrieb: »Al-Natili war sehr über mich erstaunt; welches Problem er mir auch vorlegte, ich begriff es besser als er, und so riet er meinem Vater, ich solle keinen anderen Beruf als die Gelehrsamkeit ergreifen.«[5] Ibn Sina beschreibt auch, wie er als Teenager bereits die Medizin beherrschte und sie intellektuell nicht als ausreichende Herausforderung betrachtete; also wandte er sich der Philosophie zu. Er praktizierte aber auch weiter die Medizin und behandelte im zarten Alter von 16 Jahren bereits Patienten. Nachdem er sogar den Prinzen Nuh Ibn Mansur erfolgreich therapiert hatte, erhielt er als Belohnung freien Zugang zur königlichen Bibliothek in Buchara. Dort vervollkommnete er seine Ausbildung und beschäftigte sich mit allen Wissensgebieten. Sein erstes Buch, das dem Prinzen Nuh gewidmet war, trug den Titel *Eine Abhandlung über die Seele in der Art einer Zusammenfassung* und ist sowohl auf Arabisch als auch auf Lateinisch erhalten geblieben. Es ist mehr eine studentische Hausarbeit denn das Werk eines reifen Gelehrten, aber es schuf die Voraussetzungen für viele seiner philosophischen Schriften aus späteren Jahren.

Ungefähr zur gleichen Zeit, als al-Biruni sich verzweifelt darum bemühte, in Rayy Fuß zu fassen, genoss also Ibn Sina in Buchara mit Vergnügen die großartigen Texte über Medizin und Philosophie. Es dauerte aber nicht lange, dann sollte sich ihr Schicksal ins Gegenteil verkehren: Gerade als al-Brunis Leben sich plötzlich zum Besseren wendete, weil er nach Gorgan ging, war Ibn Sina gezwungen, seine Heimatstadt für immer zu verlassen. Die wachsenden Spannungen zwischen der Samanidendynastie und den Ghaznaviden im Süden veranlassten ihn, nach Norden in die relative Sicherheit von Gurganj zu fliehen,[6] wo al-Biruni einige Jahre später bei seiner Rückkehr zu ihm stieß. Aber trotz dieses Rückschlages setzte Ibn Sinas Karriere sich fort, und er wurde schon zu Lebzeiten zu einer großen Berühmtheit. Er heiratete nie; angeblich soll er ein ungeheuer gutaussehender Mann gewesen sein, der die Gesellschaft von Frauen sowie nicht nur gelegentlich ein Glas Wein genoss. Außerdem war er so arrogant, dass er die »gewöhnlichen Sterblichen« in seinem Umfeld verhöhnte.

Al-Biruni dagegen war zwar durch und durch ebenso selbstbewusst und sogar arrogant wie Ibn Sina, er hatte aber einen völlig anderen Charakter. Wie Ibn Sina verzichtete er auf Ehe und Familie, aber er war nicht auf Macht oder Reichtum aus, sondern widmete sich hingebungsvoll seiner Forschung. Als er später den *Ma'sudi-Kanon*, sein großes Werk über Astronomie und Geometrie, dem Ghaznawidensultan al-Mas'ud widmete, soll dieser ihn mit einem Elefanten belohnt haben, der mit Silbermünzen beladen war. Al-Biruni nahm das Geschenk jedoch nicht an, sondern schickte es zurück und erklärte, er brauche so viel Reichtum nicht. Diese Geschichte ist kein Anzeichen, dass al-Biruni demütig war; sie zeigt nur, dass weltlicher Besitz ihn nicht interessierte.

Als die Gefahr einer Invasion durch das Ghaznawidenreich im Süden um 1012 immer größer wurde, entschloss sich Ibn Sina, Gurganj zu verlassen. Er hatte vor, am persischen Königshof nach größerem Ruhm und Reichtum zu streben, der Gefangennahme durch die Ghaznawiden zu entgehen und nach einem sicheren Zufluchtsort zu suchen, an dem die unentbehrlichen Mäzene ihm die Möglichkeit verschaffen würden, seine Studien fortzusetzen. Eine Zeitlang blieb er in Gorgan, wo er mit der Arbeit an seinem großen *Kanon der Medizin* begann und seinen lebenslangen Schüler und Biographen al-Juzjani kennenlernte; dann lebte er in Rayy, wo er am Königshof als Mediziner tätig war und viele seiner philosophischen Gedanken weiterentwickelte. Immer noch nervös wegen der nahenden Ghaznawidengefahr, zog er weiter: zuerst nach Qazwin, und schließlich ließ er sich 1015 in Hamadan nieder. Dort freundete er sich mit dem Buyiden Amir Shams al-Daula an, den er von Koliken heilte, und wenig später wurde er zu dessen neuem Wesir ernannt. Abgesehen von einem holprigen Berufsstart, in dessen Verlauf er kurzzeitig im Gefängnis saß, weil man aufständische, mit seiner Ernennung unzufriedene Soldaten beruhigen wollte, genoss Ibn Sina das Leben in Hamadan in vollen Zügen: Tagsüber erfüllte er seine Verwaltungsaufgaben, abends unterrichtete und schrieb er, und nachts wurde gefeiert.

Ibn Sina wurde in philosophischen Fragen immer freimütiger; seine Schriften verraten kompromisslos rationalistische Ansichten und sein Bekenntnis zur Überlegenheit der Logik. Obwohl er ein sehr spiritueller Mensch war – ein großer Teil seiner Philosophie war theologisch angehaucht –, wurde er von den strenggläubigen Konservativen als Ketzer gebrandmarkt. Auch sein Lebensstil, den manche für hedonistisch hielten, war nicht gerade eine Hilfe. Er lehnte es aber ab, seine rationalistischen Ansichten zu mäßigen, und erklärte auch, ein üppiges, liberales, aber kurzes Leben sei ihm lieber als ein engstirniges, langes.

Zur gleichen Zeit hatte sich al-Biruni entschlossen, in Gurganj abzuwarten. Im Jahr 1017 jedoch fielen die Ghaznawiden schließlich in Khwarizm ein. Ihr Herrscher, der Sultan Mahmud, nahm al-Biruni und mehrere andere Gelehrte mit in seine Hauptstadt Ghazna im heutigen Afghanistan. Ob al-Biruni gefangen genommen wurde oder freiwillig mitging, ist nicht geklärt; jedenfalls hörte seine wissenschaftliche Produktion nach dem Umzug nicht auf, und wenig später begann er mit der Arbeit an seinem berühmtesten Werk *Die Bestimmung der Koordinaten von Städten* (*Kitab Tahdid Nihayat al-Amakin li-Tashih Masafat al-Masakin*); dieser Text, den er im Sommer 1025 vollendete, ist im Wesentlichen ein Lehrbuch der sphärischen Geometrie.

Bis 1031 hatte er sein Hauptwerk fertiggestellt. Es trug den Titel *Der Mas'udi-Kanon* und war dem Ghaznawidensultan al-Mas'ud gewidmet. Danach und nach jahrelangen Reisen durch Indien vollendete er sein letztes großes Werk *Die Geschichte Indiens* (*Ta'rikh al-Hind*), das noch heute für die Indologen eine wichtige Quelle darstellt.[7] Unter anderem ist seine Analyse der Beziehung zwischen Islam und Hinduismus eine großartige erste Studie zur vergleichenden Religionswissenschaft.

Ibn Sina musste 1023 erneut seine Zelte abbrechen, dieses Mal aus politischen Gründen. Eilig verließ er Hamadan und begab sich nach Isfahan, wo er die letzten 15 Jahre seines Lebens unter der Schirmherrschaft des Sultans Ala' al-Daula arbeitete. Isfahan war zu jener Zeit ein Brennpunkt der persischen Gelehrsamkeit. Ein berühmter Ausspruch über diese noch heute wunderschöne Stadt, der ihre Stellung und Bedeutung vor 1000 Jahren deutlich macht, lautete: *»Isfahan nesf-e jahan«* (»Isfahan ist die halbe Welt«).

Wie steht es mit dem wissenschaftlichen Vermächtnis dieser beiden großen Persönlichkeiten? Im Fall der anderen Wissenschaftler, die wir bisher kennengelernt haben, konnte man ganz klar sagen, worin ihre wichtigsten Beiträge bestanden, obwohl sie alle Universalgelehrte waren: Jabir war der Chemiker, al-Khwarizmi der Algebraiker, al-Kindi der Philosoph, al-Razi der Arzt, Ibn al-Haytham der Physiker; wenn man aber die Errungenschaften von Ibn Sina und al-Biruni beschreiben will, kann man im besten Fall einige Glanzpunkte herausgreifen.

Als Arzt verdankt Ibn Sina seinen bis heute andauernden Ruhm dem *Kanon der Medizin*, der sowohl in der islamischen Welt als auch in Europa (wo er sogar weiter verbreitet war und häufiger benutzt wurde als al-Razis *Liber continens*) für die nächsten 600 Jahre als medizinisches Standardlehrbuch diente – eine außerordentliche lange Lebensdauer für einen wissenschaftlichen Text, insbesondere da er auch die Schriften von Galen und Hippokrates, den beiden Helden der griechischen Medizin, ersetzte. Bemerkenswert ist er, weil er eine Synthese aller medizinischen Kenntnisse aus Griechenland, Persien und Indien mit Ibn Sinas eigenen Arbeiten verbindet, so mit der Entdeckung und Erklärung ansteckender Krankheiten sowie einer detaillierten anatomischen Beschreibung des menschlichen Auges.

Ein Band des *Kanon* enthält einen Abschnitt über Knochenbrüche und ähnelt in manchen Aspekten einem modernen Lehrbuch: Er beschreibt Ursachen, Typen und Formen aller möglichen Brüche sowie Methoden zu ihrer Behandlung. Unter anderem setzte Ibn Sina sich als erster Arzt für die Theorie der verspäteten Schienung ein, wie wir sie heute kennen: Danach sollte man Brüche nicht sofort schienen, sondern erst nach einigen Tagen. Dies ist noch heute in der Medizin ein respektierter Gedanke. Außerdem erörterte er die Frage, wie man mit einem Bruch des ersten Mittelhandknochens im Daumen umgehen soll; dieser wird in modernen Lehrbüchern nach dem

Mann, der ihn 1882, fast 900 Jahre nach Ibn Sinas Beschreibung, »entdeckte«, als »Bennett-Fraktur« bezeichnet.

Der *Kanon* (vom arabischen *Qanun* – das Wort bedeutet »Gesetz« und stammt seinerseits vom griechischen *kanon* ab) ist zwar Ibn Sinas berühmtestes Werk, aber nicht sein größter Beitrag zur Wissenschaft. Dieser Ruhm gebührt zweifellos dem *Kitab al-Shifa*, was üblicherweise mit *Buch vom Heilen* übersetzt wird. Im Gegensatz zum *Kanon* ist dies aber kein medizinischer Text; das Wort *shifa* bedeutet hier »Heilung« in dem Sinn, dass das Buch als allgemeines Nachschlagewerk des Wissens verfasst wurde, weil der Autor die Welt damit von der Krankheit der Unwissenheit heilen wollte.

Al-Shifa umfasste insgesamt neun Bände über Logik und acht über Naturwissenschaften. Weitere Bände behandeln Arithmetik, Geometrie, Astronomie, Musik und natürlich die Metaphysik. In einem Abschnitt über Psychologie treffen wir beispielsweise auf eine von Ibn Sinas berühmtesten Überlegungen: das Gedankenexperiment mit dem »schwebenden Mann«. Darin widerlegt Ibn Sina den moralistischen Glauben früherer muslimischer Theologen, wonach unser physischer Körper das Einzige ist, was existiert. Zu diesem Zweck beschreibt er ein Szenario, das nach seiner Auffassung den immateriellen Charakter der menschlichen Seele beweist:

> Angenommen, ein Mensch ist auf einmal erschaffen, vollständig entwickelt und vollkommen geformt, aber seinem Blick ist die Wahrnehmung aller äußeren Objekte verwehrt – er ist in der Luft oder im Raum schwebend erschaffen und wird nicht von wahrnehmbaren Strömungen der Luft getroffen, die ihn trägt. Seine Gliedmaßen sind getrennt und berühren sich nicht, so dass sie sich gegenseitig nicht spüren. Dann lassen wir den Betreffenden überlegen, ob er die Existenz seiner selbst bestätigen würde. Es besteht kein Zweifel, dass er seine eigene Existenz bestätigen würde, nicht aber die Realität irgendwelcher Gliedmaßen oder innerer Organe.

> Wer dies also bestätigt, hat ein Mittel, welches ihn auf die Existenz seiner Seele als etwas anderes als den Körper aufmerksam macht, aber auch darauf, dass er unmittelbar mit seiner Existenz vertraut und sich ihrer bewusst ist.[8]

Über die Frage, in welchem Umfang diese Idee spätere Denker beeinflussen sollte, beispielsweise im 17. Jahrhundert den frühneuzeitlichen Philosophen René Descartes, kann man nur spekulieren. Descartes' unsterbliche Worte *Cogito, ergo sum* (»Ich denke, also bin ich«) über den Leib / Seele-Dualismus kommen jedoch Ibn Sinas Überlegungen bemerkenswert nahe; und wie allgemein bekannt ist, bauten andere, unter ihnen David Hume, ihre Argumentation auf dem schwebenden Mann auf.

Einfacher gesagt, unternahm Ibn Sina den Versuch, ein allumfassendes metaphysisches Modell der Realität aufzubauen, das ihn in die Lage versetzen sollte, die Existenz Gottes mit logischen Mitteln zu beweisen. Er hatte zwar die Werke von Aristoteles und Platon studiert, war aber zweifellos der originellste Philosoph des Mittelalters. Moderne Historiker teilen die mittelalterliche Philosophie sogar in zwei Epochen ein: Die eine vor Ibn Sina, mit islamischen Philosophen wie al-Kindi, al-Razi und al-Farabi, beschäftigte sich im Wesentlichen mit der Abwandlung und Erweiterung der aristotelischen Lehre sowie mit der Kritik an ihr; nach Ibn Sina gingen Philosophen wie al-Ghazali und Ibn Rushd dann daran, den Avicennismus (die Philosophie Ibn Sinas) abzuwandeln, zu erweitern und zu kritisieren. Ich würde behaupten: So wie man Ibn al-Haytham als den größten Physiker der Welt in der Zeit zwischen Archimedes und Newton betrachten sollte, so war Ibn Sina der herausragende Philosoph zwischen Aristoteles und Descartes. Seine Synthese aus Philosophie und islamischer Theologie beeinflusste spätere jüdische und christliche Gelehrte wie Maimonides im 12. Jahrhundert sowie Roger Bacon und Thomas von Aquin im 13. Jahrhundert.

Ibn Sinas härtester Kritiker war der Theologe al-Ghazali (1058–1111), der in seinem berühmten Werk *Die Inkohärenz der Philosophen* (*Tahafut al-Falasifa*) die aristotelische Vorgehensweise von Ibn Sina als Islamfeindlichkeit angegriffen hatte. Sein Werk sollte aber nicht das letzte Wort zu dem Thema sein: Der andalusische Philosoph Ibn Rushd schrieb eine ausgezeichnete Verteidigung Ibn Sinas und der aristotelischen Philosophie; seiner ätzenden Entgegnung auf al-Ghazali gab er den Titel *Die Inkohärenz der Inkohärenz* (*Tahafut al-Tahafut*).

Es ist nicht verwunderlich, dass Ibn Sina heute im Iran als Nationalheld verehrt wird, und in vielen Ländern auf der ganzen Welt findet man unzählige Schulen und Krankenhäuser, die nach ihm benannt sind. Sein Vermächtnis erstreckt sich aber noch weiter: Auf dem Mond gibt es einen Krater namens Avicenna, und 1980 feierten alle Mitgliedsstaaten der Unesco Ibn Sinas 1000. Geburtstag. Als Philosoph wird er als Aristoteles des Islam bezeichnet; als Arzt ist er der islamische Galen.

Aber al-Biruni war der bessere Naturwissenschaftler. Er nahm gegenüber Aristoteles einen kritischen Standpunkt ein und vertrat die Ansicht, der Grieche sei häufig zu falschen Schlussfolgerungen gelangt, weil er sich ausschließlich auf reines Denken und Vernunft verlassen hatte. Al-Biruni setzte sich stattdessen für eingehende Beobachtungen und wissenschaftliche Experimente ein, mit denen er Aristoteles' Überlegungen überprüfen wollte. Mit dieser sorgfältigen empirischen Vorgehensweise gelangte er in Physik und Astronomie zu zahlreichen eindrucksvollen Entdeckungen. Er war auch ein außergewöhnlich guter Mathematiker und entwickelte Verfahren zur Lösung kubischer Gleichungen sowie zum Ziehen kubischer und höherer Wurzeln. Auch die Trigonometrie brachte er, ausgehend von den früheren Arbeiten des hervorragenden persischen Mathematikers Abu al-Wafa' (940–998), weiter voran.

Eine wichtige Anwendung seiner mathematischen Erkenntnisse war die Lösung des *qibla*-Problems, das heißt die Bestimmung der Richtung nach Mekka. Sie war jedes Mal erforderlich, wenn irgendwo im islamischen Großreich eine neue Moschee gebaut wurde. Man musste dazu die genauen Längen- und Breitengrade aller Städte kennen und außerdem die sphärische Geometrie beherrschen. In allen diesen Bereichen hatte al-Biruni nicht seinesgleichen.

In seinem berühmten, um 1031 vollendeten *Mas'udi-Kanon* wandte al-Biruni mathematische Verfahren an, die zuvor noch nie jemand benutzt hatte; unter anderem entwickelte er erste, einfache Methoden der Infinitesimalrechnung, um damit die Bewegung und Beschleunigung der Himmelskörper zu beschreiben. Auf diese Weise schuf er die Voraussetzungen für die Bewegungsgesetze, die Newton mehr als 600 Jahre später in den *Principia Mathematica* formulierte.

Obwohl al-Biruni überragendes Vertrauen in seine eigenen Fähigkeiten hatte und angenehme Beziehungen mit verschiedenen Herrschern pflegte, die ihm ihre Schirmherrschaft angedeihen ließen, mochte er sich nicht mit dem Establishment anlegen: Er schloss sich bereitwillig der orthodox-religiösen Linie seiner Herren an. Unter anderem schwärzte er al-Razi wegen dessen Religionskritik an und ging sogar so weit zu behaupten, die Erblindung des alternden Arztes sei eine göttliche Strafe für seine Ketzerei. Ob es sich dabei um die Äußerung eines rationalen Genies handelte, das sich hinter einer konservativ-religiösen Maske verbarg, oder ob al-Biruni schlicht ein gläubigerer Muslim war als al-Razi (was nicht allzu schwierig gewesen sein dürfte), werden wir vermutlich nie erfahren. Ebenso war al-Biruni kein begeisterter Politiker, aber die Notwendigkeiten seines unruhigen Lebens zwangen ihn, sich in Staatsangelegenheiten einzumischen. Berühmt wurde seine Äußerung darüber, wie man von ihm verlangte, bei Meinungsverschiedenheiten zwischen verschiedenen Herrschern zu vermitteln: »Ich wurde gezwungen, mich an weltlichen Angelegenheiten zu beteiligen, was den Neid der Toren erregte, während die Weisen mich deswegen bedauerten.«

Ein weiteres Beispiel ist seine faszinierende Haltung in der Frage des helio- oder geozentrischen Weltbildes. Es besteht kein Zweifel, dass al-Biruni sich wie die große Mehrzahl aller islamischen Gelehrten aus voller Überzeugung zum geozentrischen Modell des Universums bekannte. Er ging sogar noch einen Schritt weiter und diskutierte über die Reihenfolge der Sonnen- und Planetenumlaufbahnen um die Erde. Einer seiner Zeitgenossen jedoch, der Astronom al-Sijzi aus Bagdad (ca. 950–ca. 1020), hatte ein heliozentrisches Universum vorgeschlagen. Al-Biruni kannte diese Überlegungen und arbeitete sogar mit al-Sijzi zusammen; er tat dessen Vorstellungen also nicht kurzerhand zugunsten des geozentrischen Weltbildes ab, sondern verhielt sich in der Frage anfangs neutral. Berühmt wurde seine Aussage, man könne alle astronomischen Beobachtungen nicht nur mit einer stationären Erde erklären, sondern ebenso gut auch mit der Annahme, dass die Erde sich einmal am Tag um ihre Achse dreht und einmal im Jahr um die Sonne kreist. Obwohl al-Biruni mit dem heliozentrischen Weltbild philosophische Schwierigkeiten hatte, war er offenbar intelligent genug, um wie Ibn al-Haytham anzuerkennen, dass man eine wissenschaftliche Theorie nur aufgrund empirischer Belege akzeptieren kann. Und da die Belege keine Entscheidung zwischen helio- und geozentrischem Weltbild zuließen, war es nicht an ihm, ein Urteil zu fällen. Tatsächlich war viel später auch das richtige heliozentrische Modell von Kopernikus eigentlich nicht mehr als eine Vermutung. Es galt zwar als erstes Anzeichen für die Geburt der modernen europäischen Naturwissenschaft, aber es existierte bereits, bevor Galilei sein Teleskop in den Himmel richtete und bevor Newton sein Gravitationsgesetz der umgekehrten Quadrate ableitete (die beiden Faktoren, die notwendig waren, um zu *beweisen*, dass Kopernikus recht hatte).[9]

Al-Birunis Einstellungen zur Kosmologie kann man mit einer anderen wissenschaftlichen Diskussion aus neuerer Zeit vergleichen: mit der Frage nach der richtigen Interpretation der Quantenmechanik, jener Theorie über die subatomare Welt, die in den ersten Jahrzehnten des 20. Jahrhunderts entwickelt wurde. In diesem Fall – und das ist eine Frage, die bis heute nicht befriedigend beantwortet ist – dreht sich die Diskussion um die physikalische Realität bestimmter Aspekte des Mikrokosmos, beispielsweise die scheinbare Fähigkeit subatomarer Teilchen, an zwei Orten zur gleichen Zeit zu sein. Auch hier konnte uns kein Experiment, dessen Entwicklung wir in Angriff genommen haben, einen Hinweis auf die Richtigkeit einer von mehreren möglichen Interpretationen geben. Der dänische Physiker und Vater der Quantenmechanik Niels Bohr (der mich aus irgendeinem Grund stark an einen ins Kopenhagen der 1920er Jahre verpflanzten al-Biruni denken lässt) vertrat die Ansicht, man könne die Frage mit Experimenten nicht beantworten; deshalb sei sie rein metaphysischer Natur und eine Sache des philosophischen Geschmacks. Al-Birunis Haltung gegenüber der Kosmologie scheint mir dieser modernen, »positivistischen« Position zu ähneln: Wenn man mit experimentellen Belegen nicht zwischen zwei Konkurrenztheorien unterscheiden kann, sind beide zwangsläufig gleichermaßen gültig, und sich darüber Sorgen zu machen ist Zeitverschwendung. Was das Modell des Sonnensystems anging, wurde die Frage viele Jahrhunderte nach al-Biruni beantwortet. Die Quantenmechanik wartet noch heute auf ihren Kopernikus, Galilei oder Newton. Ich sollte hinzufügen, dass man eine solche positivistische Einstellung auch Ibn al-Haytham zugeschrieben hat: Dieser erklärt in seinem *Buch der Optik* ganz eindeutig, metaphysische Spekulationen seien kein wahres Wissen, es sei denn, sie würden durch empirische Beweise gestützt.

In der Theologie vertrat al-Biruni eine Ansicht, die noch in unserer heutigen Welt umstritten ist: Er erklärte, der Koran sei »keine Beeinträchtigung für die wissenschaftliche Betätigung, und er tastet den Bereich der Wissenschaft nicht an«. Wie frühere Gelehrte im Bagdad al-Ma'muns, so war auch al-Biruni offensichtlich ausgezeichnet in der Lage, seinen rationalistischen Ansatz in der wissenschaftlichen Forschung von seinen religiösen Überzeugungen zu trennen.

Al-Birunis bekannteste – allerdings nicht wichtigste – wissenschaftliche Leistung war seine berühmte Bestimmung des Erdumfangs mit Hilfe einer phantasievollen Messung der Höhe eines Berges. (Die Methode war schon zwei Jahrhunderte zuvor von al-Ma'muns Astronom Sanad erörtert worden – wir haben aber nur al-Birunis Bericht über ihre Anwendung.) Das Experiment wurde zwischen 1020 und 1025 ausgeführt, als er mit dem Ghaznawidensultan Mahmud im Nordwesten Indiens auf Reisen war. Während dieser Zeit beobachtete er von einer Festung in dem Ort Nandna aus – er liegt im heutigen Pakistan ungefähr 100 Kilometer südlich von Islamabad – einen hohen Berg im Westen.[10] Dieser war genau das, was er gesucht hatte: Man konnte von dort die flachen Ebenen des Punjab überblicken, die sich erstreckten, so weit das Auge reichte; deshalb konnte er den Winkel der Blicklinie zum Horizont sehr genau ermitteln, wenn er vom Gipfel des Berges aus Ausschau hielt.

Ich möchte seine Methode im Einzelnen beschreiben, denn sie erfordert nur elementare geometrische Kenntnisse und ist erstaunlich erfindungsreich. In seiner *Bestimmung der Koordinaten von Städten* nimmt al-Biruni zu Beginn seiner Beschreibung Bezug auf die berühmten Messungen, die zuerst von Eratosthenes ausgeführt und später von al-Ma'muns Astronomen wiederholt wurden. Dann schreibt er mit seinem legendären, scharfen Verstand folgende unsterblichen Zeilen: »Hier ist eine andere Methode zur Bestimmung des Erdumfangs. Sie erfordert nicht, dass man durch Wüsten wandert.«[11] Sein erster Schritt besteht

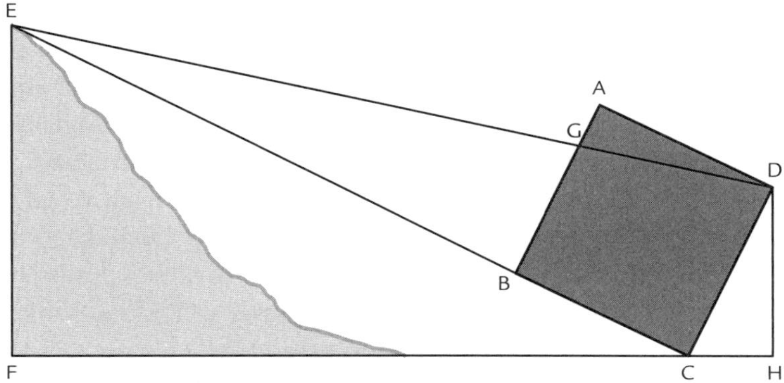

Al-Birunis Methode zur Messung der Höhe eines Berges mit geometrischen Mitteln (Vergleich der Seitenverhältnisse ähnlicher Dreiecke).

darin, genau die Höhe des Berges zu messen, während er in der Nähe von dessen Fuß in der flachen Ebene steht. Er hat ein quadratisches Brett mit einer Kantenlänge von einem Kubit (ungefähr 50 Zentimeter), das an den Kanten eine Einteilung in gleich große Abschnitte trägt. (Wer keine mathematischen Neigungen verspürt, kann die nächsten Absätze bei der Lektüre auslassen.)

Wir bezeichnen das quadratische Brett als ABCD und stellen es wie in der Zeichnung senkrecht auf die Ecke C. Von der Ecke D lassen wir ein Lineal frei beweglich herabhängen. Zunächst sorgen wir dafür, dass die Seite BC mit der Blickrichtung zum Berggipfel (Punkt E) übereinstimmt, dann befestigen wir das Quadrat in dieser Position. Jetzt drehen wir das Lineal so, dass es ebenfalls in gerader Linie zum Berggipfel zeigt und demnach die Seite AB an einem Punkt G schneidet. Jetzt haben wir die beiden ähnlichen Dreiecke ADG und CED (da die Linien CE und DA parallel verlaufen, haben beide bei A und C einen rechten Winkel, und die Winkel ADG und CEG sind gleich). Demnach können wir die Seitenverhältnisse gleichsetzen, so dass AG:AD = CD:CE. Da drei dieser Seiten bekannt sind, können wir die Länge der vierten (CE) berechnen.

Als Nächstes lassen wir einen kleinen Stein ungehindert von der Ecke D zu Boden fallen und markieren die Stelle H, an der er landet. Dann messen wir mit dem Lineal, das wir vom Quadrat gelöst haben, am Boden die Entfernung von H nach C. Jetzt können wir die beiden anderen rechtwinkligen Dreiecke DCH und CEF vergleichen: Dabei ist F der (unzugängliche) Punkt an der Unterseite des Berges unmittelbar unter E. Da die Winkel DCH und ECF sich zu 90 Grad summieren (weil CDE ein rechter Winkel ist), muss der Winkel DCH gleich dem Winkel CEF sein (weil die Winkel EDF und CEF sich ebenfalls zu 90 Grad summieren). Die beiden Dreiecke DCH und CEF sind sich also ebenfalls ähnlich, und wir können wiederum die Seitenverhältnisse vergleichen: CH : CD = EF : EC. Damit haben wir wiederum nur eine unbekannte Seite, nämlich EF, die Höhe des Berges.

In der Praxis ist die Strecke AG sehr klein, weil die Blicklinien zum Berggipfel entlang von CBE und DGE nahezu parallel verlaufen. Aber al-Biruni versichert uns, diese heikle Messung sei ihm gelungen.

Nachdem nun die Höhe des Berges bekannt ist, kann er mit Hilfe dieses Wertes den Radius der Erde ermitteln. Dazu muss er aber zuerst auf den Berggipfel klettern und ein ausreichend präzises Astrolabium mitnehmen, mit dem man sehr kleine Winkel messen kann. In seinen Aufzeichnungen beschreibt al-Biruni zwei mathematische Wege, um den Radius zu ermitteln. Ich werde hier eine dritte Methode erläutern, die aber auf das Gleiche hinausläuft.

Vom Berggipfel aus misst man den Winkel TAH, um den der Horizont tiefer liegt als die Horizontale AH. (Die Horizontale legt al-Bruni mit Hilfe eines Lotfadens fest, der die Vertikale darstellt.) Der Winkel beträgt nach seinen Feststellungen 34 Bogenminuten (etwas mehr als ein halbes Grad). Da es sich bei ATO um einen rechten Winkel handelt (weil die Gerade AT eine Tangente des Kreises ist – ein geometrisches Theorem, das Euklid seit zwei Jahrtausenden zahlreichen Generationen von Schulkindern beibringt), sind die Winkel TAH und TOA gleich. Jetzt braucht man nur noch ein wenig elementare Trigonometrie. Der Kosinus des Winkels TOA ist das Verhältnis OT : OA, wobei OT der Radius der Erde ist. Aber OA = OB + BA, wobei OB = OT = der Erdradius, und BA ist die bekannte Höhe des Berges. Die einzige Unbekannte ist hier also der Radius der Erde, dessen Größe wir nun mit einigen Umstellungen ermitteln können. Al-Biruni war mit dem Gebrauch trigonometrischer Tabellen vertraut. Er berechnete den Erdradius auf 12 803 337 Kubit, und wenn man diese Zahl mit 2 Pi multipliziert, erhält man für den Umfang der Erde einen Wert, der bis auf ein Prozent mit der heute bekannten Zahl übereinstimmt – knapp unter 40 000 Kilometer.

Häufig wurde angemerkt, zu was für einem erstaunlich genauen Wert al-Biruni gelangte – er kam der Wahrheit näher als irgendjemand vor ihm. In Wirklichkeit bestehen allerdings eine Reihe von Unsicherheiten wie die genaue Definition des Kubit und der arabischen *mil*; außerdem gehen alle diese Berechnungen davon aus, dass die Erde genau kugelförmig ist (während wir heute wissen, dass der Umfang am Äquator größer ist als wenn man ihn über die Pole misst). Bemerkenswert ist demnach an al-Birunis Methode nicht, dass er dem modernen Wert so nahe kam, sondern dass sie so erfindungsreich war und dass er die Werte – insbesondere die sehr kleinen Winkel – mit einer solchen Sorgfalt und Genauigkeit messen musste.

Al-Birunis zahlreiche Beiträge zu anderen Wissenschaftsgebieten möchte ich hier nicht genauer erörtern, aber ich halte es für wichtig, kurz seine Beschäftigung mit der Geowissenschaft zu erwähnen. Auf seinen ausgedehnten Reisen in Indien stellte al-Biruni nicht nur detaillierte geographische, historische und kulturelle Studien an, sondern er verfasste auch aufschlussrei-

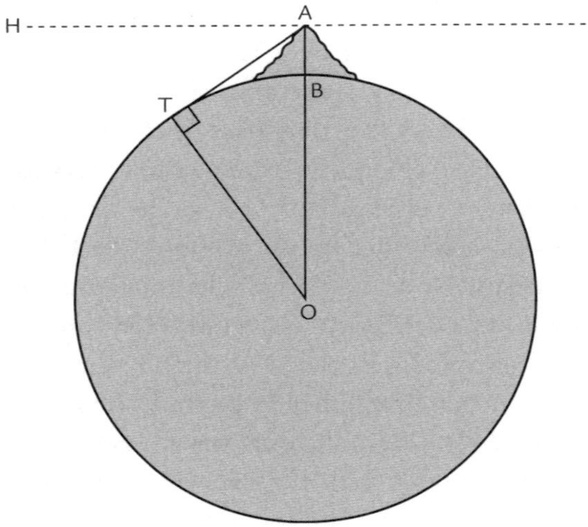

Al-Birunis Methode zur Berechnung des Erdumfangs.

che Aufzeichnungen über die geologischen Verhältnisse. Unter anderem entdeckte er, dass der Subkontinent früher von einem Meer bedeckt war und erst später zu trockenem Land wurde,[12] aber er glaubte, dies sei auf die allmähliche Anhäufung von Ablagerungen zurückzuführen und nicht auf die tatsächliche, weitaus dramatischere Kontinentalverschiebung:

> Wenn man aber den Boden Indiens mit eigenen Augen sieht und über sein Wesen nachdenkt, wenn man die rundlichen Steine betrachtet, die man in der Erde findet, ganz gleich, wie tief man gräbt, Steine, die in der Nähe der Gebirge und da, wo die Flüsse eine heftige Strömung hatten, groß sind: Steine, die in größerem Abstand von den Gebirgen und da, wo die Wasserläufe langsamer fließen, kleiner sind: Steine, die in Gestalt von Sand pulverisiert sind, wo die Wasserläufe in der Nähe ihrer Mündung und nahe beim Meer fast zum Stillstand kommen – wenn man dies alles betrachtet, kann man sich kaum des Gedankens erwehren, dass Indien einst ein Meer war, welches nach und nach durch die Ablagerungen der Ströme aufgefüllt wurde.[13]

Er wurde auch als erster Anthropologe bezeichnet, denn er schrieb detaillierte, vergleichende Untersuchungen über Religionen und Kulturen der Menschen, denen er in weiten Teilen Asiens begegnete.

Wäre man gezwungen, zwischen den drei herausragenden Gestalten der mittelalterlichen Wissenschaft – Ibn al-Haytham, al-Biruni und Ibn Sina – zu wählen und einen von ihnen zum Größten von allen zu erklären, kann ich nichts anderes tun als auf den Historiker George Sarton und seine maßgebliche *Introduction to the History of Science* zu verweisen. Angesichts der Tatsache, dass alle drei zur gleichen Zeit lebten, definiert er die erste Hälfte des 11. Jahrhunderts als »Zeitalter von al-Biruni«.

Ich möchte dieses Kapitel beschließen, wie ich es begonnen habe: mit einem Zitat von al-Biruni. Darin verteidigt er die Gewinnung wissenschaftlicher Kenntnisse gegen wissenschaftsfeindliche Bestrebungen in den Gesellschaften, auf die er traf – ein Thema, das auch heute in vielen Teilen der Welt aktuell ist:

> Der Extremist unter ihnen würde die Wissenschaften als atheistisch abstempeln und behaupten, sie würden die Menschen in die Irre führen. Damit würde er Unwissende dazu bringen, wie er selbst die Wissenschaft zu hassen. Das nämlich wird ihm helfen, seine Unkenntnis zu verbergen, und es öffnet Tür und Tor für die vollständige Zerstörung von Wissenschaften und Wissenschaftlern.[14]

Wenn solche Empfindungen, die so beredt für den Rationalismus sprechen, das wichtigste Erbe der arabischen Wissenschaft sind, dann war dieses unterschätzte und wenig bekannte persische Genie sicher ihr größter Fürsprecher.

13

Andalusien

In der Glanzzeit des islamischen Spanien galt Unwissenheit als so beschämend, dass diejenigen, die keine Bildung besaßen, diese Tatsache so weit wie möglich verborgen hielten, genau wie sie ein begangenes Verbrechen geheim gehalten hätten.
S. P. Scott, ›History of the Moorish Empire in Europe‹

Die Straße von Gibraltar, die zwischen der Südwestecke Europas und dem afrikanischen Kontinent liegt, ist nach dem Felsen von Gibraltar benannt, einem großen Vorgebirge aus Kalkstein, das ins Mittelmeer ragt. Der Name kommt von dem arabischen *Jebel Tariq* (»Tariqs Berg«). Tariq ibn Ziyad war der Umayyadengeneral, der 711 u. Z. nach Spanien übersetzte und damit das islamische Herrschaftsgebiet nach Europa erweiterte. Als er an Land gegangen war und sich mit den Streitkräften der christlichen Westgoten auseinandersetzen musste, soll er die Schiffe seiner Armee im Hafen verbrannt haben, damit seine Leute nicht zurück nach Afrika flüchteten. In seiner Ansprache an die Soldaten, die in der arabischsprechenden Welt bis heute berühmt ist, soll er gesagt haben: »Männer, wohin könnt ihr flüchten? Hinter euch ist das Meer, und vor euch ist der Feind. Es gibt für euch bei Gott nichts außer Wahrheit und Charakterstärke.« Der Sieg von Tariqs Armee war der Beginn der muslimischen Eroberung Spaniens und eines fast 800 Jahre andauernden religiösen und kulturellen Einflusses des Islam in der Region Andalusien.

Aber dieser Einfluss ging weit über den einer einfachen Besatzungsmacht hinaus. Die Stadt Córdoba in Zentralspanien reichte auf dem Höhepunkt ihres Goldenen Zeitalters in Reichtum, Kultur und Größe, ja selbst mit ihrer Bibliothek an Bagdad heran. In der relativ kurzen Phase des sogenannten andalusischen Umayyadenkalifats (929–1031) wurde Córdoba zur wichtigsten Stadt Europas; sie brachte wissenschaftliche Errungenschaften hervor, die in jeder Hinsicht ebenso reichhaltig und vielfältig waren wie die unter den islamischen Dynastien des Ostens.

Bevor ich einige dieser Errungenschaften genauer erörtere und die dafür verantwortlichen führenden Gestalten vorstelle, beispielsweise den Erfinder Ibn Firnas im 9. Jahrhundert, den Chirurgen al-Zahrawi im 10. und den Philosophen Ibn Rushd im 12., möchte ich einen kurzen Abriss über die Geschichte Andalusiens geben. Eigentlich kann ich ihr auf wenigen Seiten nicht gerecht werden, und ich möchte mich auch nicht dafür entschuldigen, dass ich die großartige Kunst und Kultur jener Periode übergehe: Meine Geschichte handelt von Wissenschaft, und diese Geschichte zu erzählen ist einfacher. Das liegt daran, dass das Goldene Zeitalter der arabischen Wissenschaft in Spanien nicht lange dauerte. Es war zeitlich sogar so dicht gedrängt, dass die meisten führenden Wissenschaftler, Ärzte und Philosophen, deren Erwähnung sich lohnt, Zeitgenossen waren. Alle waren natürlich die Produkte einer etwas anderen islamischen Kultur, die weit von den Abassiden des Mittleren Ostens und Persiens entfernt war.

Betrachtet man die wissenschaftlichen Errungenschaften des mittelalterlichen Islam in einem größeren Rahmen, so war es vielleicht am wichtigsten, dass die arabische Wissenschaft über Spanien nach Europa gelangte – ein Vorgang, der länger dauerte als die zwei Jahrhunderte der Übersetzungsbewegung, durch die die Wissenschaft der Griechen bei den Arabern bekannt wurde.

Im Osten war die Herrschaft des Umayyadenkalifats am 25. Januar 750 u. Z. durch die Abassiden in der berühmten

Schlacht am Ufer des Flusses Zab nicht weit von der irakischen Stadt Mosul beendet worden. Damit die Unterlegenen nicht versuchten, die Macht zurückzugewinnen, befahlen die Abassiden, die gesamte Königsfamilie der Umayyaden zu ermorden. Dabei gingen sie aber nicht so gründlich vor wie geplant. Der junge Umayyadenprinz Abd al-Rahman, ein Enkel eines früheren Kalifen, konnte entkommen. Zusammen mit seinem engen Gefährten Bedr entging der 16-jährige Prinz den Wächtern der Abassiden, indem er durch den Euphrat schwamm. Mit der Hilfe von Stämmen, die noch zu den Umayyaden hielten, kam Abd al-Rahman nach Ägypten und von dort schließlich quer durch Nordafrika bis nach Spanien. Bis 756 hatte er sich mit Mut und Intelligenz allmählich eine Machtbasis aufgebaut. Er nahm zuerst Sevilla und dann Córdoba ein, wobei er den Gouverneur der Abassiden besiegte und Letzteres zu seiner neuen Hauptstadt machte. Sofort erklärte er sich zu Abd al-Rahman I., dem ersten Umayyaden-*amir* Andalusiens. Das Abassidenkalifat in Bagdad erkannte er nicht an. Anfangs herrschte bei den Arabern in Spanien offene, weitverbreitete Feindseligkeit gegenüber allem, was aus der Hauptstadt der Abassiden kam: Diese, so glaubte man, werde von degenerierten Nicht-Arabern (Persern) beherrscht, die demnach auch keine echten Muslime seien.

Erst während der Herrschaftszeit von Abd al-Rahmans Urenkel Abd al-Rahman II. (Regierung 822–852) setzten sich Frieden und Wohlstand durch, und mit ihnen kam es auch zu einem intellektuellen Erwachen. Zur gleichen Zeit, als al-Ma'mun in Bagdad sein Haus der Weisheit einrichtete, sprossen also auch in Córdoba die ersten zarten Pflänzchen der Gelehrsamkeit. Abd al-Rahman II. setzte es sich zum Ziel, mit großzügiger finanzieller Förderung die allerbesten Gelehrten anzulocken und damit Bagdad als Zentrum der Gelehrsamkeit Konkurrenz zu machen. Die Modernisierung kam aber nur langsam voran, und Abd al-Rahman II. musste mit dem von ihm beabsichtigten Wandel vorsichtig agieren.

Kulturell versuchte man in Córdoba zunächst, Bagdad nachzuahmen; die Bewohner der spanischen Stadt ließen sich gern von Reisenden, die aus dem Osten eintrafen, über die neuesten Geschichten, Moden und Musikstücke in Kenntnis setzen. Einer der Ersten, die an Abd al-Rahmans Hof kamen, war der irakische Musiker Ziryab (»Amsel«) – den Spitznamen verdankte er seinem dunklen Teint, seiner schönen Singstimme und seinem hübschen Äußeren. Ziryab war von einem neidischen Musiklehrer aus Bagdad vertrieben worden und reiste 822 nach Córdoba, wo Abd al-Rahman ihn zu einem attraktiven Gehalt einstellte. Ziryab eroberte das islamische Spanien im Nu und wurde schnell zu einem kulturellen Idol; er machte die Bewohner Córdobas mit den neuesten Gedanken aus dem Großraum Bagdad bekannt, von Musik und Tischsitten bis zu Haarmode, Parfüms und Deodorants – er ist sogar verantwortlich für die Entwicklung der Zahnpasta, die sich schon wenig später in ganz Spanien großer Beliebtheit erfreute. Auf diese Weise wurde er im Andalusien des 9. Jahrhunderts nicht nur zum Schiedsrichter in Geschmacksfragen, sondern auch zum Urgestein spanischer Musik und Kunst; außerdem war er ein großzügiger Mäzen der Wissenschaften.[1]

Gegen Ende des 9. Jahrhunderts besaß man in Andalusien arabischsprachige Abschriften mehrerer übersetzter griechischer Texte und auch die Werke einiger großer Gestalten aus dem Bagdad des 9. Jahrhunderts, so von al-Khwarizmi und al-Kindi. Auch die Philosophie der Mu'tazilitenbewegung war während der Regierungszeit von Abd al-Rahman II. aus dem Osten nach Spanien vorgedrungen, hatte aber dort zunächst wenig bewirkt. In der zweiten Hälfte des 9. Jahrhunderts jedoch fielen die Reisenden aus dem Osten stärker auf. Das ging so weit, dass sie sogar zum Gegenstand der Verfolgung durch das immer noch konservative andalusische Establishment wurden.

Das eigentliche Goldene Zeitalter Andalusiens begann nach allgemeiner Einschätzung 929 mit der Regierungszeit von Abd al-Rahman III.[2] Dieser Herrscher gab sich nicht mit dem Titel eines *amir* zufrieden, sondern beförderte sich selbst zu einem richtigen Kalifen, womit er in Macht und Prestige auf Augenhöhe und in direkter Konkurrenz zum Kalifat in Bagdad stand. In den ersten Jahren seiner Regierungszeit war er damit beschäftigt, die vielen Nachfolgekriege, Aufstände und Stammesrevolten niederzuschlagen, die bereits seit Jahrzehnten tobten. Am Ende waren alle Widersacher besiegt, und er konnte ganz Spanien vereinigen. Abd al-Rahman III. war in vielerlei Hinsicht ein Herrscher nach dem Vorbild des großen Harun al-Rashid, der ein Jahrhundert zuvor in Bagdad geherrscht hatte. Wie die Metropole im Osten, so war auch Córdoba jetzt eine riesige, prachtvolle Stadt – die größte, reichste und mit Sicherheit kultivierteste in ganz Europa.

Noch stärker vergleichbar mit seinem Gegenstück aufseiten der Abassiden, in diesem Fall al-Rashids Sohn, dem großen al-Ma'mun, war sicher Abd al-Rahmans Sohn al-Hakam (Regierungszeit 961–976). Wie al-Rashid und al-Ma'mun, so genossen auch diese andalusischen Herrscher jetzt den Luxus von Frieden und Wohlstand, und Gelehrte erfreuten sich ihrer großzügigen Schirmherrschaft. Al-Hakam, der wie al-Ma'mun auf Bücher versessen war, wandte zur Befriedigung dieses Bedürfnisses die riesigen Geldsummen auf, die ihm zur Verfügung standen. Er schickte Abgesandte in den Osten, damit sie Abschriften aller Bücher besorgten, deren sie habhaft werden konnten; auf diese Weise baute er in dem Königspalast neben der großen Moschee von Córdoba eine gewaltige Bibliothek auf, die schon bald fast eine halbe Million Bücher enthielt – die größte Bibliothek des christlichen Europa dagegen besaß zu jener Zeit nicht mehr als einige hundert Manuskripte. Al-Hakam beschäftigte viele Schreiber, die von allen mitgebrachten Büchern Abschriften anfertigten. Nach einem Bericht des Philosophen Ibn Hazm füllte allein der Bibliothekskatalog 45 Bände zu jeweils 50 Folioseiten.[3] Im Unterschied zu Bagdad gab es natürlich in Córdoba kaum so etwas wie die Übersetzungsbewegung, denn die meisten Bücher, die al-Hakam erwarb, lagen bereits auf Arabisch vor.

Die berühmteste Hinterlassenschaft aus dieser Herrschaftszeit von Vater und Sohn war die *Medinat al-Zahra'*, ein Palast- und Stadtkomplex, den sie wenige Kilometer außerhalb von Córdoba errichten ließen (das Wort *medina* heißt »Stadt«; siehe Farbtafel 12). Die Bauarbeiten wurden von Abd al-Rahman III. 936 begonnen, die Herkunft des Namens liegt aber im Dunkel der Vergangenheit. Manchmal wurde behauptet, der Herrscher habe damit seiner Geliebten Zahra', deren Statue über dem Haupteingang stand, einen Gefallen tun wollen; nach anderen Angaben wurde der Palast nach Fatimat al-Zahra' benannt, der Tochter des Propheten. Diese zweite Erklärung erscheint plausibler, denn der neue, selbsternannte Kalif war erpicht darauf, seinen Untertanen und der ganzen Welt seine Macht und sein religiöses Bekenntnis zu demonstrieren. Der Bau der Palaststadt begann zu einer Zeit, als Abd al-Rahman seine Aufmerksamkeit stärker der Expansion nach Nordafrika zuwandte, das damals unter der Herrschaft der schiitischen, ebenfalls nach der Tochter des Propheten benannten Fatimidendynastie stand. Eine weitere mögliche Erklärung für den Namen ist also der Wunsch der sunnitischen Umayyaden, ein Gegengewicht zu den Fatimiden zu bilden.

Al-Zahra' wurde als »vergessenes Versailles des Mittelalters« bezeichnet, es war aber nicht die erste derartige Palaststadt, die in der islamischen Welt errichtet wurde: Der Abassidenkalif al-Mu'tasim (al-Ma'muns jüngerer Bruder) hatte 836 rund 130 Kilometer nördlich von Bagdad die Stadt Samarra gegründet, nachdem er die Hauptstadt verlassen hatte, weil deren Bevölkerung gegen seine verhasste türkische Leibgarde revoltiert hatte. Zu jener Zeit wurde Samarra als *Surra man ra'a* (»Erfreut wer sie sah«) bezeichnet.[4] Das berühmte Spiralkegelminarett (*malwiyya*) der großen Moschee von Samarra ist bis heute eine der denkwürdigsten Hinterlassenschaften des Mittelalters (siehe Farbtafel 14). Die Moschee selbst war zu jener Zeit die größte der Welt.

Die Stadt al-Zahra' in Andalusien muss den Besuchern aus dem christlichen Norden, die der Kalif regelmäßig freundlich empfing, atemberaubend üppig erschienen sein. Wie die Palaststadt von Samarra hundert Jahre zuvor, so war auch al-Zahra' mehr als nur eine Sommerresidenz des Kalifen außerhalb seiner Hauptstadt Córdoba. Es wurde zum neuen Regierungssitz: Nur zehn Jahre, nachdem Abd al-Rahman mit dem Bau begonnen hatte, verlegte er seine Verwaltung dorthin. Es ist ein trauriger Gedanke, dass diese prächtige Stadt, wie wir noch genauer erfahren werden, nur 60 Jahre später völlig zerstört wurde. Dies geschah während eines blutigen Bürgerkrieges, der das Ende des Umayyadenkalifats und sogar der muslimischen Herrschaft in Andalusien einleitete.

Als al-Hakam 976 starb, folgte ihm sein zehnjähriger Sohn Hisham auf den Thron; die Macht riss aber sehr schnell sein Wesir Abu Amir al-Mansur (ca. 938–1002) an sich, der nun zum eigentlichen Herrscher wurde. Im Westen ist er besser als Almansor bekannt, und seine Regierungszeit stellte den Höhepunkt der muslimischen Macht in Spanien dar. Er war nach Córdoba gekommen, um Gesetzeskunde und Literatur zu studieren, war aber von erbarmungslosem Ehrgeiz und hatte sich hochgearbeitet, bis er zum Verwalter der Ländereien des jungen Prinzen Hisham ernannt wurde. Innerhalb weniger Jahre beseitigte er seine politischen Konkurrenten, und als al-Hakam starb, verfügte er über ausreichende Macht, um seine eigenen Interessen zu sichern: Er sorgte dafür, dass der junge Hisham und nicht dessen Bruder auf den Thron kam. In den folgenden drei

Jahren festigte er seine Macht, wobei er Hishams Jugend und Unerfahrenheit ausnutzte, um sich die absolute Regierungsgewalt zu verschaffen. Der junge Kalif war de facto in Medinat al-Zahra' eingesperrt – al-Mansur ließ die Residenz für alle Außenstehenden sperren und isolierte ihn damit völlig. Anschließend baute al-Mansur auf der anderen Seite von Córdoba einen neuen Palast, in den er alle Regierungsstellen verlagerte. Damit war das Umayyadenkalifat auf wenig mehr als eine zeremonielle Rolle beschränkt, ein ganz ähnlicher Vorgang, wie er sich auch in Bagdad mit dem Abassidenkalifat abspielte.

Al-Mansur hielt nichts von Wissenschaft; seine Abneigung ging so weit, dass viele Bücher, die al-Hakam mit großem finanziellem Aufwand gesammelt und instand gehalten hatte, öffentlich verbrannt wurden – verschont blieben nur Werke über Medizin und Mathematik. Nach seinem Tod im Jahr 1002 lebte das Interesse an Themen wie der Philosophie wieder auf, aber dieser Optimismus hielt nicht lange an. Al-Mansurs Sohn Sanjul (Sanchuelo) hatte versucht, den Titel des Kalifen für sich selbst anstelle des schwachen, machtlosen Hisham zu beanspruchen. Dies führte jedoch bei der Bevölkerung Córdobas, die noch zur Umayyadenfamilie hielt, zu einem gewalttätigen Aufstand. Zur gleichen Zeit gewannen in Nordafrika die Berber an Macht, auf die al-Mansur sich unklugerweise zunehmend gestützt hatte. Sie entschlossen sich 1009, einen Nachkommen von Abd al-Rahman III. als konkurrierenden Kalifen zu unterstützen, und nach einem kurzen Machtkampf spitzte sich der Konflikt zu: Zwischen 1010 und 1013 wurde Córdoba von Streitkräften der Berber belagert. Dabei wurde Medinat al-Zahra' zerstört. Viele Bücher aus al-Hakams großartiger Bibliothek, die der Zerstörung durch al-Mansur entgangen waren, wurden nun entweder versteigert, weil man Mittel für die belagerte Stadt brauchte, oder von den Berbersoldaten geplündert. Medinat al-Zahra' geriet schnell in Vergessenheit und blieb 900 Jahre im Boden begraben, bevor man seine Ruinen 1911 wiederentdeckte.

Mit dem Niedergang von Córdoba wurde das Kalifat 1031 schließlich abgeschafft. Andalusien zerfiel in eine Reihe von Stadtstaaten, deren Herrscher *muluk al-tawa'if* (»Könige der Regionen«) genannt wurden. Im Westen waren sie allgemein als Taifa-Könige bekannt. Diese Königreiche führten untereinander ständig Krieg um Land und Bodenschätze, aber alle waren militärisch schwach. Als die Muslime 711 erstmals nach Spanien kamen, waren sie eine mächtige Streitmacht, aber die hatte im Laufe der Jahre an Biss verloren. Im 10. Jahrhundert stellte der Geograph Ibn Hawkal fest, die Andalusier hätten keine Lust mehr auf Krieg.[5] Ihre Armeen bestanden jetzt aus europäischen Sklaven und nordafrikanischen Berbern.

Angesichts der zunehmend erfolgreichen Überfälle und Eroberungen aus dem christlichen Norden und Westen (Portugal) baten die Taifa-Könige schließlich die Herrscher der islamischen Berber aus dem Mahgreb um Hilfe. Als Alfonso VI. von Kastilien 1085 Toledo einnahm, marschierten die Berber ein, um die verbliebenen islamischen Besitzungen zu sichern. Von 1085 bis 1145 herrschten die Almoraviden (*al-Murabitun* – »Die Kampfbereiten«), dann folgten als weitere Dynastie die Almohaden (*al-Muwahhidun* – »Die Bekenner der Einheit«), die bis 1238 an der Macht blieben. Beide waren mächtige Dynastien, die in ihrer Blütezeit große Teile Nordwestafrikas beherrscht hatten, und beide verfolgten unerbittlich die großen jüdischen Gemeinden in den Städten, was weithin eine anti-intellektuelle Atmosphäre entstehen ließ. Gleichzeitig setzte sich die christliche *Reconquista* unvermindert fort, so dass die muslimisch beherrschten Regionen schrumpften. Mitte des 13. Jahrhunderts stand nur noch das Königreich von Granada unter Kontrolle der Berber. Die letzte Niederlage fügten ihnen Ferdinand von Aragon und Isabella von Kastilien zu: 1492 fiel der befestigte Palast der Alhambra, womit die islamische Herrschaft in Spanien und eine nahezu 800-jährige arabische Kultur zu Ende gingen; ihre Spuren sind noch heute im Südteil Spaniens überall zu sehen.

Bevor der Islam nach Spanien kam, hatte das christliche Land so gut wie keine wissenschaftliche Tradition. Die Araber, die sich im 8. Jahrhundert dort niederließen, trafen also auf eine ganz andere Situation als die ersten Abassiden in Bagdad, die bereits auf die reichhaltige Kultur der Perser sowie in geringerem Umfang auch auf die griechische Philosophie und das medizinische Wissen der christlichen, ehemals byzantinisch beherrschten Nestorianer zurückgreifen konnten. In Spanien waren die ersten Muslime eine Art Pioniere in einer Provinz, die weit von der Heimat und damit auch weit vom Zentrum des Geschehens entfernt war. Deshalb hinkten sie hinter den Abassiden her, und als Gelehrsamkeit und kulturelle Aktivität schließlich in Gang kamen, waren sie häufig ein Abklatsch: Man kopierte das, was in Bagdad geschah. Hinzu kam noch, dass die Gelehrsamkeit hier nicht den Impuls bekam, den die Übersetzungsbewegung in Bagdad lieferte; deshalb bleibt festzuhalten, dass die eigenständige Wissenschaft in Andalusien nur einen sehr langsamen Aufschwung nahm.

Am Ende jedoch blühte und gedieh sie. Auf ihrem Höhepunkt dominierten in der andalusischen Wissenschaft nicht die exakten Wissenschaften der Mathematik und Astronomie, sondern Medizin und Philosophie. Wie im Osten, so waren die ersten Ärzte auch im muslimischen Spanien in ihrer Mehrzahl Christen. Sie studierten jetzt aber nicht mehr die Texte von Galen, sondern hatten Zugang zum Besten, was der islamische Osten ihnen bieten konnte, darunter die Übersetzungen von Hunayn ibn Ishaq. Einer der Ersten, die diesen Austausch erleichterten, war ein Kaufmann aus der Stadt Jaen östlich von Córdoba, der nach Bagdad gereist war. Dort lernte er um 920 den großen al-Razi kennen und brachte einige Abschriften von dessen Büchern mit nach Spanien.

Der allererste große andalusische Wissenschaftler ist vermutlich auch der bekannteste. Er war sogar der einzige mittelalterliche Wissenschaftler, von dem ich schon in meiner Jugend im Irak hörte: Abbas ibn Firnas (810–887), der legendäre Erfinder und Leonardo da Vinci des islamischen Spanien, der auch als erster Luftfahrer der Welt gilt. Er wird auf arabischen Briefmarken geehrt, und nach ihm sind Flughäfen sowie ein Krater auf dem Mond benannt. Ich persönlich bringe ihn aber immer mit meinen aufregenden Sommerferien in Verbindung. Seine Statue mit dem berühmten Flugapparat steht majestätisch auf dem Mittelstreifen der Straße zum internationalen Flughafen von Bagdad. Wenn wir an Ibn Firnas vorüberkamen, wusste ich jedes Mal, dass wir am Flughafen angekommen waren und eine spannende Reise nach England unternehmen würden. Er lebte während der Regierungszeit von Abd al-Rahman II. und war eine schillernde Persönlichkeit sowie ein bemerkenswerter Universalgelehrter und Erfinder. Nachdem er zum Studieren nach Bagdad gereist war, kam er nach Córdoba, um Mathematik und Musik zu unterrichten.

Ibn Firnas besaß eine unstillbare Neugier und einen Mut, der an Tollkühnheit grenzte. Im Alter von 65 Jahren machte er seine berühmten Flugversuche: Dazu baute er einen primitiven Hängegleiter und ließ sich von der Steilwand eines Berges in Rusafa (spanisch Arruzafa) einige Kilometer nordwestlich von Córdoba fallen. Manchen Berichten zufolge blieb er mehrere Minuten in der Luft, bevor er hart landete und sich am Rücken verletzte. Er konnte zwar Höhe und Flugrichtung steuern, um seinen angepeilten Landeplatz zu erreichen, aber er hatte nicht berücksichtigt, wie wichtig bei Vögeln der Schwanz für das Fliegen ist; später erklärte er, die Landung wäre mit einem Schwanzapparat besser verlaufen. Die Geschichte stammt zum größten Teil aus unbestätigten Berichten, und es ist auch nicht geklärt, ob er ursprünglich auf die Idee kam, nachdem er einen anderen Sensationsdarsteller namens Armen Firman gesehen hatte, oder ob dies nur die latinisierte Form seines eigenen Namens Ibn Firnas war.

Eine frühe Blütezeit erlebte Andalusien in der Medizin. Mitte des 10. Jahrhunderts reisten viele Gelehrte von dort nach Bagdad, um bei führenden Ärzten wie al-Razi zu lernen und die arabischen Übersetzungen der Texte von Galen zu studieren. Einer dieser Ärzte war Abu al-Qasim al-Zahrawi (Abulcasis, ca. 936–ca. 1013), der berühmteste Chirurg des Mittelalters. Er praktizierte in al-Zahra' – daher der Name – als Leibarzt des Kalifen al-Hakam. Die Liste seiner medizinischen Neuerungen ist bemerkenswert: Er erfand mehr als 100 chirurgische Instrumente, von denen viele (beispielsweise die Geburtszange) noch heute in Gebrauch sind, und verwendete als Erster Katzendarm für innere Nähte; auch die chirurgischen Haken, Löffel, Stäbe, Speculum und Knochensäge, die chirurgische Nadel, die Spritze und das Skalpell zum Steinschneiden gehen auf ihn zurück. Er leistete Pionierarbeit in der Inhalationsanästhesie mit Schwämmen, die mit einer Mischung aus Betäubungsmitteln, darunter Cannabis und Opium, getränkt waren. Fortschritte erzielte er auch in der Zahnheilkunde, und er vervollkommnete die Technik des Luftröhrenschnitts.

Al-Zahrawis Arbeiten hatten ungeheure Auswirkungen auf Europa und auf die Lehre der Medizin während der Renaissance. Sein Erbe auf diesem Gebiet ist mit dem von al-Razi und Ibn Sina zu vergleichen. Der berühmteste Text, den er verfasste, war eine umfangreiche Enzyklopädie über Medizin und Chirurgie mit dem Titel *Kitab al-Tasrif* (*Die Methode der Medizin*). Ihr prachtvoller vollständiger Titel lautet übersetzt *Die Anordnung des Medizinischen Wissens für den, welcher nicht fähig ist, selbst ein Buch zusammenzustellen.* Das dreißigbändige Werk, das um 1000

u. Z. entstand, enthält anatomische Beschreibungen, eine Klassifikation von Krankheiten sowie Abschnitte über Orthopädie, Augenheilkunde, Pharmakologie, Ernährung und – am wichtigsten – Chirurgie. Während des europäischen Mittelalters war das *Tasrif* vielleicht 500 Jahre lang zusammen mit al-Razis *al-Hawi* und dem *Kanon* von Ibn Sina eine der wichtigsten Quellen für medizinische Kenntnisse und ein Werk, das allen Chirurgen und sonstigen Ärzten als Nachschlagewerk diente. Manche Abhandlungen aus dem *Tasrif* wurden wenig später ins Lateinische übersetzt und im 15. und 16. Jahrhundert auch gedruckt.[6]

Die Bände über Chirurgie gliedern sich in drei Abschnitte: über Kauterisieren, über Operationen und über die Behandlung von Brüchen und Verrenkungen. Überall in dem Werk finden sich zahlreiche Abbildungen chirurgischer Instrumente, die al-Zahrawi ursprünglich selbst gezeichnet hatte (siehe Farbtafel 18). Seine Beschreibung der Spritze gilt als die allererste genaue Beschreibung dieses Instruments in der Medizingeschichte:

> Wenn ein Geschwür in der Blase auftritt oder wenn sich darin ein Blutgerinnsel oder eine Ablagerung von Eiter befindet, und wenn man dann Lotionen und Arzneien hineinbringen will, so tut man dies mit Hilfe eines Instruments, das man Spritze nennt. Es besteht aus Silber oder Elfenbein, ist hohl und hat ein langes, dünnes Rohr, dünn wie eine Sonde ... Der hohle Teil, welcher den Kolben enthält, ist genau von der notwendigen Größe, damit er davon verschlossen wird, so dass eine Flüssigkeit hochgesaugt wird, wenn man ihn hochzieht; und wenn man ihn herunterdrückt, wird sie in einem Strahl herausgetrieben.[7]

Der zweite berühmte andalusische Arzt war Ibn Zahur (Avenzoar). Er wurde ungefähr 1091 in Sevilla geboren und zu einem weiteren großen Mediziner, der in der gesamten islamischen Welt gleich nach al-Razi kam. Seine Schriften sollten wie die von al-Zahrawi großen Einfluss auf die medizinische Praxis im christlichen Europa haben.

Im 11. und 12. Jahrhundert machten sich Astronomen in Andalusien an die Aufgabe, die Ibn al-Haytham sich schon früher gestellt hatte: Sie stellten Ptolemäus' Methoden in Frage und wollten seine Fehler korrigieren. Ein anonymer Astronom schrieb im 11. Jahrhundert bekanntermaßen ein Buch mit dem Titel *Wiederholung hinsichtlich Ptolemäus* (*al-Istidrak ala Batlamyus*), das bis heute nicht wiederentdeckt wurde. Angeblich enthielt es eine Liste von Einwänden gegen Ptolemäus' astronomische Aussagen, und berühmte wurde es, weil es zur sogenannten »andalusischen Revolte« führte, einer Bewegung, der sich nicht nur Astronomen anschlossen, sondern auch die besten andalusischen Philosophen wie Ibn Tufayl und Ibn Rushd.

Ende des 11. Jahrhunderts baute al-Zarqali (Arzachel) das erste universelle Astrolabium, das man an jedem Ort der Welt benutzen konnte, während seine Vorgänger jeweils für einen bestimmten Breitengrad konstruiert worden waren. Das Instrument wurde in Europa unter dem Namen *saphaea* (vom arabischen *safiha*) bekannt. Al-Zarqali stellte damit eine Reihe wichtiger Messungen an und gelangte sogar zu der Erkenntnis, dass die Umlaufbahn des Merkurs nicht kreisförmig, sondern oval ist. Manche Autoren stellten naiverweise die falsche Behauptung auf, er habe mit dieser Entdeckung in irgendeiner Form Keplers elliptische Umlaufbahnen vorweggenommen. In Wirklichkeit war er immer noch überzeugt, der Merkur kreise um die Erde. Dennoch war al-Zarqali einer von nur zwei islamischen Astronomen, die Kopernikus in seinem Werk *De revolutionibus* erwähnte (der zweite war al-Battani).

Einen anderen andalusischen Gelehrten, nämlich Ibn Bajja (Avempace, gest. 1139), haben wir bereits kennengelernt, weil er Ibn al-Haythams Kritik an Ptolemäus angegriffen hatte. Er äußerte die berühmte Vermutung, die Milchstraße bestehe aus vielen einzelnen Sternen und scheine nur deshalb milchig-nebelhaft zu leuchten, weil das Licht von der Erdatmosphäre gebrochen wird (allerdings wurde behauptet, dies habe al-Biruni schon ein Jahrhundert früher gewusst).

Anscheinend stellte eine Gruppe arabischer und jüdischer Astronomen um 1060 auch in Toledo Beobachtungen an. Diese Gruppe verfasste ein *zij*, das sich auf die Tabellen al-Khwarizmis und des syrischen Astronomen al-Battani stützte. Es sieht so aus, als seien die »Tabellen von Toledo« bei weitem nicht die besten oder genauesten Beispiele für Messungen in der islamischen Astronomie gewesen, aber sie hatten den Vorteil, dass man sie in Toledo aufgestellt hatte, der wichtigsten Stadt für die Übermittlung arabischer Wissenschaft in den Westen. Deshalb wurden die Tabellen von Toledo später von vielen einflussreichen europäischen Astronomen zitiert, unter anderem auch von Kopernikus. Sie fanden sogar Eingang in Chaucers *Franklin's Tale* und beweisen damit, dass es oft mehr vom Zufall und weniger von der Qualität abhängt, wenn bestimmte Teile der arabischen Wissenschaft heute bekannter sind als andere.

Viele andalusische Philosophen ließen sich von den Arbeiten al-Kindis, al-Farabis und al-Razis inspirieren, die in Spanien schon frühzeitig bekannt waren. Viele dieser Philosophen verdienen mehr als nur eine beiläufige Erwähnung. Der erste unter ihnen ist Ibn Hazm (994–1064), ein Zeitgenosse der drei großen Gelehrten im Osten, die uns in den beiden vorangegangenen Kapiteln begegnet sind: Ibn al-Haytham, Ibn Sina und al-Biruni. Er stand zwangsläufig ein wenig in ihrem Schatten, und deshalb wurde ihm nicht die Anerkennung zuteil, die er vermutlich verdient hätte; viele Historiker sind aber der Ansicht, dass er als Denker – wenn auch vielleicht nicht als Wissenschaftler – an sie heranreichte.[8] Er war als Philosoph, Theologe und Historiker einer der originellsten Denker im muslimischen Spanien. Am bekanntesten wurde er vielleicht mit seinen Arbeiten zu Rechtswissenschaft und Theologie, er entwickelte sich aber auch zu einem umstrittenen Autor und politischen Aktivisten, der noch in den ersten Jahrzehnten des 11. Jahrhunderts weiterhin die zusammenbrechende Umayyadendynastie unterstützte.

Der berühmteste unter den andalusischen Philosophen war zweifellos Abu al-Walid Muhammad ibn Ahmed ibn Rushd (Averroës, 1126–1198), der vielfach als Vater des säkularen Denkens in Europa und als einer der wichtigsten Philosophen aller Zeiten gilt. Bekannt wurde er, weil er die Arbeiten früherer islamischer Philosophen (die *ulama*) wie al-Kindi, al-Razi, al-Farabi und Ibn Sina erweiterte und die aristotelische Philosophie mit islamischer Theologie vereinigte. Da er in dieser Reihe der islamischen Denker der letzte war und gleichzeitig an der Schwelle Europas stand, sollten seine Arbeiten auf dem ganzen Kontinent allgemein bekannt werden. Zeigt man einem durchschnittlich gebildeten Europäer die lange Liste islamischer Philosophen aus dem Mittelalter, dann wird er in der Regel höchstens zwei Namen schon einmal gehört haben: Avicenna und Averroës. Betrachtet man im Vatikan Raffaels wunderbares Gemälde *Die Schule von Athen* (1510), auf dem die größten Philosophen der Welt dargestellt sind, so findet man nur einen Muslim, und das ist Ibn Rushd. Für Raffael waren natürlich – wie eigentlich für jeden Europäer – Platon und Aristoteles die beiden zentralen Figuren auf dem Gemälde, was nicht weiter verwunderlich ist. Aber dass kein anderer muslimischer Philosoph in diesen Rang erhoben wurde, lag nicht daran, dass sie dessen nicht würdig gewesen wären, sondern Raffael kannte sie einfach nicht. Thomas von Aquin hielt Ibn Rushd für so wichtig, dass er ihn als den »Kommentator« bezeichnete, im Unterschied zu Aristoteles, dem anderen großen Meister, der einfach als »der Philosoph« bekannt war.

Ibn Rushd wurde zum Richter (*qadi*) ausgebildet und arbeitete zunächst in Sevilla, der damaligen Hauptstadt Andalusiens, später dann in Córdoba. Die biographischen Berichte aus der fraglichen Zeit bezeichnen ihn nicht als Philosophen, sondern als Juristen, aber dass er so großen Einfluss auf die europäischen Gelehrten hatte, lag an seinen philosophischen Gedanken. Seine Interpretation der aristotelischen Philosophie, der Averroismus, entwickelte sich zu einer Denkschule, die einen dauerhaften Effekt auf die christlichen Theologen ausübte: Diese wollten untersuchen, ob man Aristoteles' Philosophie mit dem Christentum ebenso verbinden oder in Einklang bringen kann wie mit dem Islam.

Im Goldenen Zeitalter Andalusiens gab es große, wohlhabende jüdische Gemeinden, die meist friedlich neben den Muslimen lebten und in den größeren Städten eine Blütezeit erlebten. Mit dem allmählichen Niedergang des Goldenen Zeitalters verschlechterten sich aber die Beziehungen zwischen den beiden Glaubensgemeinschaften; im 11. Jahrhundert kam es zu mehreren Pogromen und entsetzlichen Massakern an Juden, die meist von den Berberdynastien verübt wurden. Viele Juden flüchteten aus ihren Häusern in Córdoba, Toledo und Granada und ließen sich in toleranteren Teilen der islamischen und christlichen Welt nieder. Einer von ihnen war der berühmte jüdische Gelehrte Musa ibn Maymun, besser bekannt als Moses Maimonides, der als großer Philosoph und Arzt Hervorragendes leistete.

Maimonides wurde 1135 in Córdoba geboren und musste 1148 mit seiner Familie flüchten, als die Stadt von den Almohaden eingenommen wurde. Nach vielen Jahren der Wanderschaft ließ sich die Familie schließlich in Ägypten nieder. Sein berühmtestes philosophisches Werk war der *Führer der Unschlüssigen*, in dem er die Grundlagen für große Teile des späteren jüdisch-philosophischen Denkens legte. Er war ein großer Bewunderer muslimischer Philosophen aus Andalusien wie Ibn Bajja und Ibn Rushd, war aber auch mit früheren Philosophen aus dem Osten wie al-Farabi und Ibn Sina vertraut.[9] Die drei großen monotheistischen Religionen unterscheiden sich zwar in einer ganzen Reihe von Themen, alle stellen aber die gleichen großen Fragen, beispielsweise nach der Bedeutung von Gut und Böse, nach der Existenz eines freien Willens und nach dem Wesen des Jenseits. Und alle mittelalterlichen Philosophen schlugen sich mit widersprüchlichen Vorstellungen von Offenbarung und Vernunft herum. So betrachtet, unterschied sich das, was Maimonides von den islamischen Philosophen übernahm und auf die jüdische Theologie anwandte, nicht von dem, was Thomas von Aquin für die christliche Theologie tat.

Damit sind wir nun endlich beim wichtigsten Erbe Andalusiens: Ein großer Teil der arabischen Wissenschaft gelangte über Spanien nach Europa. Es gab zwar auch andere Wege der Weitergabe und Übersetzung, beispielsweise über Sizilien und entlang der Handelswege, die zu Stadtstaaten wie Venedig führten, aber auch über christliche Reisende im Osten wie den Engländer Adelard von Bath (1080–1152). Zu allererst jedoch lag es an der Rückeroberung des islamischen Spanien durch die Christen, dass Europa Zugang zu der Wissensfülle erhielt, die in der islamischen Welt gewonnen worden war. Wie Bagdad, das zum Zentrum einer blühenden Übersetzungsbewegung aus dem Griechischen ins Arabische wurde, so entwickelten sich Städte wie Toledo zu Zentren, in denen die großen arabischen Texte ins Lateinische übersetzt wurden.

Die allerersten Übersetzungen entstanden schon im 10. Jahrhundert. Es handelte sich dabei um eine Sammlung von Abhandlungen über das Astrolabium, Texte, die man in dem Kloster Ripoll in Katalonien entdeckt hat.[10] Dieses Benediktinerkloster in Nordspanien wurde 879 von dem vermutlich zutreffend benannten Grafen Wilfred der Haarige (katalanisch Guifré el Pilós) gegründet. Es diente ihm als Zentrum zur Wiederbesiedelung einer Region, die eine Pufferzone zwischen dem islamischen Reich im Süden und den christlichen Franken im Norden bildete. Das Kloster wurde zu einem großen Zentrum der Gelehrsamkeit und hatte eine beeindruckende Bibliothek vorzuweisen.[11]

Einer der ersten Gelehrten, die diese frühen Übersetzungen studierten, war Gerbert d'Aurillac (ca. 945–1003), ein französischer Mönch, der eine große Liebe zur arabischen Kultur und Wissenschaft entwickelt hatte. Er hatte von ihren vielen großartigen Errungenschaften in Mathematik und Astronomie gehört, unter anderem auch von der Einführung der hinduistisch-arabischen Zahlen. Mit den Arbeiten der großen islamischen Gelehrten machte ihn Atto bekannt, ein Bischof aus Barcelona, der in Córdoba gewesen war und dort al-Hakam kennengelernt hatte; bei seiner Rückkehr war er von der andalusischen Kultur begeistert. Gerbert brachte später als erster christlicher Gelehrter die arabische Wissenschaft über die Pyrenäen nach Europa.[12] Faszinierend ist diese Geschichte vor allem deshalb, weil er später in der katholischen Kirche Karriere machte und zum Papst Sylvester II. wurde. Es erscheint passend: Das christliche Europa wurde zum ersten Mal durch einen Papst mit der Wissenschaft des islamischen Großreiches bekannt gemacht!

Der vielleicht produktivste Übersetzer arabischer wissenschaftlicher Schriften ins Lateinische war der italienische Gelehrte Gerard von Cremona (1114–1187); er war für die Geschichte der Wissenschaftsübermittlung in jeder Hinsicht ebenso bedeutsam wie sein christlicher Kollege Hunayn ibn Ishaq in Bagdad drei Jahrhunderte zuvor. Er war nach Toledo gereist, um Arabisch zu lernen, und wurde berühmt, weil er als Erster das *Almagest* von Ptolemäus ins Lateinische übersetzte. Außerdem gab er die Tabellen von Toledo auf Lateinisch heraus; sie waren trotz ihrer Schwächen zu jener Zeit die genaueste Sammlung astronomischer Daten, die in Europa zur Verfügung stand. Gerard übersetzte zahlreiche Bücher aus den meisten Wissenschaftsgebieten, darunter die Werke großer Gelehrter wie al-Khwarizmi, al-Kindi, al-Razi, Ibn al-Haytham, Thabit ibn Qurra, Hunayn ibn Ishaq und die Brüder Banu Musa. Ebenso übersetzte er al-Zahrawis medizinische Enzyklopädie, wobei er die chirurgischen Abbildungen peinlich genau kopierte. Es ist Gerard zu verdanken, dass al-Zahrawi genau wie der große Abulcasis[13] in Europa lange Zeit in höherem Ansehen stand als in seiner Heimat.

Immer noch habe ich den Eindruck, als hätte ich der andalusischen Gelehrsamkeit in diesem kurzen Kapitel nicht ausreichend Gerechtigkeit widerfahren lassen. Ich habe weder den Reiseschriftsteller Ibn Jubayr (1145–1217) noch den Historiker und Philosophen Ibn al-Khatib (1313–1374) erwähnt. Ein wenig möchte ich aber noch über den Geographen al-Idrisi (ca. 1100–1166) berichten. Er wurde in Córdoba ausgebildet, unternahm weite Reisen und ließ sich schließlich in Sizilien nieder, wo er in die Dienste des Normannenkönigs Roger II. trat, um einen neuen Weltatlas zu erstellen. Dieser wurde 1154 vollendet und trug den Titel *Das Roger-Buch* (*al-Kitab al-Rujari*); besser bekannt wurde es als *Tabula Rogeriana*. Es gilt als ausführlichste und vollständigste Beschreibung der Welt aus dem Mittelalter und wurde über mehrere Jahrhunderte weg von Reisenden in großem Umfang genutzt; es enthielt detaillierte Beschreibungen über den christlichen Norden wie auch über die islamische Welt, Afrika und den Fernen Osten (siehe Farbtafel 20). Der Atlas beschreibt die Welt als Kugel mit einem Umfang von 37 000 Kilometern und kartiert sie in 70 rechteckigen Abschnitten. Vor 100 Jahren schrieb der Historiker S. P. Scott:

> Die Zusammenstellung von al-Idrisi kennzeichnet eine ganze Epoche der Wissenschaftsgeschichte. Nicht nur die darin enthaltenen historischen Informationen sind höchst interessant und wertvoll, sondern auch die Beschreibungen vieler Teile der Erde sind bis heute maßgeblich. Über drei Jahrhunderte hinweg kopierten Geographen seine Landkarten, ohne sie zu verändern. Die in seinem

Werk wiedergegebene relative Lage der Seen, die den Nil bilden, unterscheidet sich nicht stark von der, die Baker und Stanley mehr als 700 Jahre danach ermittelten, und ihre Zahl ist die gleiche.[14]

Al-Idrisis Karte hat wie alle arabischen Karten aus dem Mittelalter das interessante Merkmal, dass sie auf dem Kopf stehend gezeichnet ist: Der Norden befindet sich unten.

Im nächsten Kapitel möchte ich mich auf die Astronomie konzentrieren und ihre Entwicklung im Mittelalter nachzeichnen. Mehr als jedes andere Fachgebiet macht sie mit ihrer Geschichte deutlich, dass wissenschaftlicher Fortschritt ein ununterbrochener Prozess ist. Er kann sich zwar beschleunigen und verlangsamen und je nach Aufstieg und Fall der Kulturen Höhen und Tiefen durchmachen, ja er kann sogar wie das Holz in einem Staffellauf der Entdeckungen weitergegeben werden, aber ihre Geschichte macht mehr als jede andere exemplarisch deutlich, wie viel die europäischen Gelehrten den herausragenden Persönlichkeiten der islamischen Welt verdankten. Immer wieder habe ich in diesem Buch darauf hingewiesen, welche Leistungen die Astronomen des islamischen Großreiches in der Zeit zwischen Ptolemäus und Kopernikus vollbrachten. Aber wie wichtig war das eigentlich? Immerhin glaubten sie nahezu ohne Ausnahme, dass die Sonne um die Erde kreist, und sie verfügten nicht über Teleskope, mit denen sie sich vom Gegenteil hätten überzeugen können. Stellen wir uns nun also darauf ein, einige neue Gestalten kennenzulernen, ohne die Kopernikus, der Vater der modernen Astronomie, der letztendlich das heliozentrische Modell des Sonnensystems formulierte, vielleicht wie sein Vater dem Kupferhandel nachgegangen wäre, dem er seinen Namen verdankte.

14

Die Revolution von Maragha

Da also der Beweglichkeit der Erde nichts im Wege steht: so, glaube ich, muss nun untersucht werden, ob ihr auch mehrere Bewegungen zukommen, so dass sie für einen der Planeten gehalten werden könnte. Sie ist nämlich nicht der Mittelpunkt aller Kreisbewegungen.
Nikolaus Kopernikus

Nachdem wir nun schon so weit gekommen sind, sollte kein Zweifel mehr daran bestehen, dass die wissenschaftliche Revolution im 16. und 17. Jahrhundert in Europa nicht hätte stattfinden können, wenn die islamische Welt des Mittelalters nicht zuvor schon so viele Fortschritte in Philosophie, Medizin, Mathematik, Chemie und Physik gemacht hätte. Insbesondere ein Fachgebiet verdient jedoch eine noch genauere Betrachtung und Analyse. Während ich im Jahr 2009 diese Zeilen schreibe, feiert die wissenschaftliche Welt einen wichtigen Jahrestag, der an der Welt insgesamt vielleicht vorbeigegangen wäre. Inmitten der öffentlichen Aufmerksamkeit für Charles Darwin – im Jahr 2009 feierte man den 200. Geburtstag dieses großen Wissenschaftlers und das 150-jährige Jubiläum der Veröffentlichung seiner *Entstehung der Arten* – blieb es nahezu unbemerkt, dass 2009 auch zum Internationalen Jahr der Astronomie erklärt wurde. Es kennzeichnet nämlich auch den 400. Jahrestag eines Ereignisses, das mehr als jedes andere die Geburt der modernen Astronomie ankündigte. Im Sommer 1609 richtete Galilei sein neues Teleskop erstmals in den Himmel, um die Wunder des Kosmos zu offenbaren (genau wie Robert Hooke, der ein halbes

Jahrhundert später erstmals mit dem Mikroskop die Wunder in der Welt des Allerkleinsten offenbarte).

Aber Galileis Teleskop holte nicht nur die weit entfernten Himmelskörper näher heran, sondern es hatte weit größere Wirkungen: Es beseitigte eine jahrtausendealte Verwirrung und Spekulation über unseren Platz im Universum. Nach der traditionellen historischen Überlieferung verdient jedoch nicht Galilei den Titel eines Gründers der modernen Astronomie, sondern der polnische Astronom Nikolaus Kopernikus (1473–1543).

Es ist eine unausweichliche Tatsache, dass man den Bericht über wissenschaftliche Entwicklungen in der Lehre oftmals übermäßig vereinfachen muss. Wissenschaftlicher Fortschritt ist in der Regel ein chaotischer, komplizierter, langsamer Vorgang; erst im Rückblick, wenn man ein Phänomen umfassend verstanden hat, kann man eine Geschichte nicht nur chronologisch, sondern auch anschaulich erzählen. Dies setzt voraus, dass man bestimmte Ereignisse und Personen aus dem Mischmasch herausgreift: nämlich jene, die der eigenen Einschätzung zufolge die wichtigsten Beiträge geleistet haben. Deshalb ist es unvermeidlich, dass die vielen kleineren oder weniger wichtigen Fortschritte, die sich wahllos über Jahrhunderte der Wissenschaftsgeschichte verteilen, wie Blätter im Herbst auf einen hübschen Haufen gefegt werden, und obenauf sitzen jene überlebensgroßen Persönlichkeiten, denen man das Verdienst zuschreibt, ein Fachgebiet mit einem Schlag vorangebracht zu haben. Manchmal stimmt das voll und ganz – die Genialität eines Aristoteles, Newton, Darwin oder Einstein ist nicht zu leugnen. Oft bleiben dabei aber vergessene Genies und unbesungene Helden zurück.

Besonders verlockend erscheint eine solche »grobkörnige« Vorgehensweise auf den ersten Blick in der Astronomie zu sein. Ptolemäus' *Almagest* hatte als Höhepunkt des altgriechischen astronomischen Denkens so großen Einfluss, dass es einer allgemeinen Vorstellung zufolge nicht völlig verdrängt wurde, bis

16. Ein Quacksalber »schröpft« im 11. Jahrhundert in Bagdad vor einer neugierigen Menge einen Patienten. Gemälde aus dem 13. Jahrhundert. Die Szene wird in dem beliebten *Maqamat (Die Versammlungen)* von al-Hariri beschrieben.

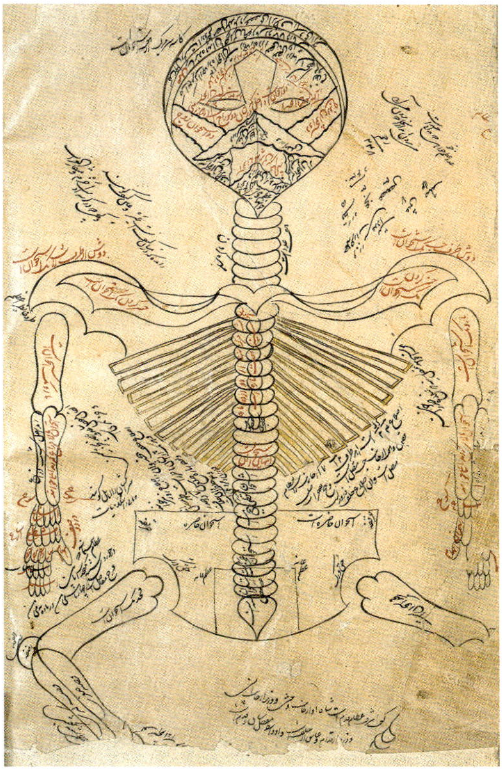

17. Eine Seite aus Ibn Sinas *Kanon der Medizin* mit einer Beschreibung des menschlichen Skeletts.

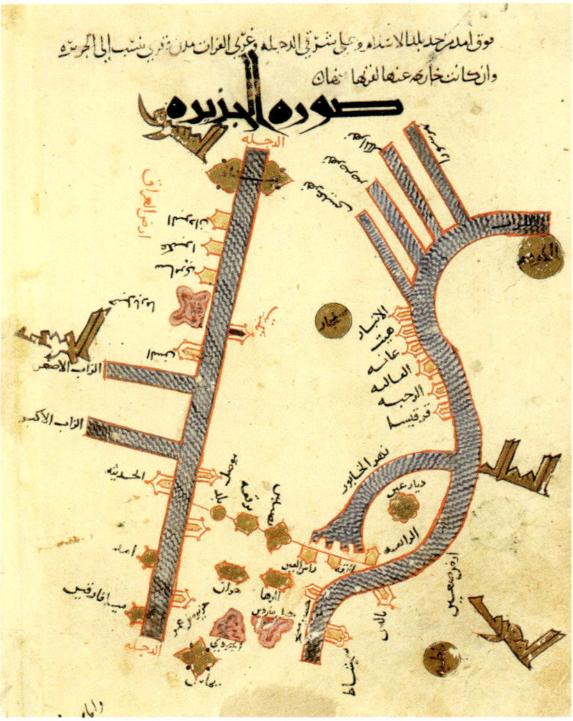

19. Eine Karte des Nordirak im Balkhi-Stil mit Städten entlang der Flüsse Euphrat und Tigris. Aus dem *Kitab al-Masalik wa al-Mamalik (Buch der Straßen und Provinzen)*, das Abu Ishaq Ibrahim al-Istakhri im 11. Jahrhundert verfasste.

18. Chirurgische Instrumente aus dem muslimischen Mittelalter; aus einem im 15. Jahrhundert entstandenen Exemplar des *Kitab al-Tasrif*, das al-Zahrawi ursprünglich im 11. Jahrhundert verfasste.

20. Al-Idrisis Weltkarte aus dem 12. Jahrhundert. Sie zeigt entsprechend der damaligen Konvention den Norden unten; umgedreht sieht sie vertrauter aus.

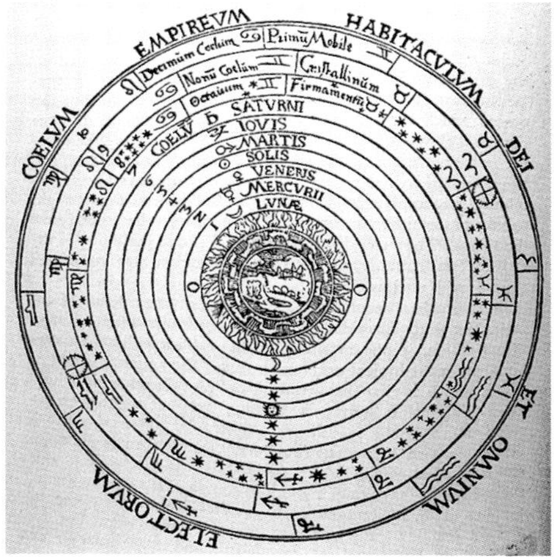

21. Ptolemäus' geozentrisches Universum in einer lateinischen Übersetzung des *Almagest*. In der Mitte steht die Erde; um sie herum sind Sonne, Planeten und Sterne außerhalb der Mondbahn in kreisförmigen Umlaufbahnen angeordnet.

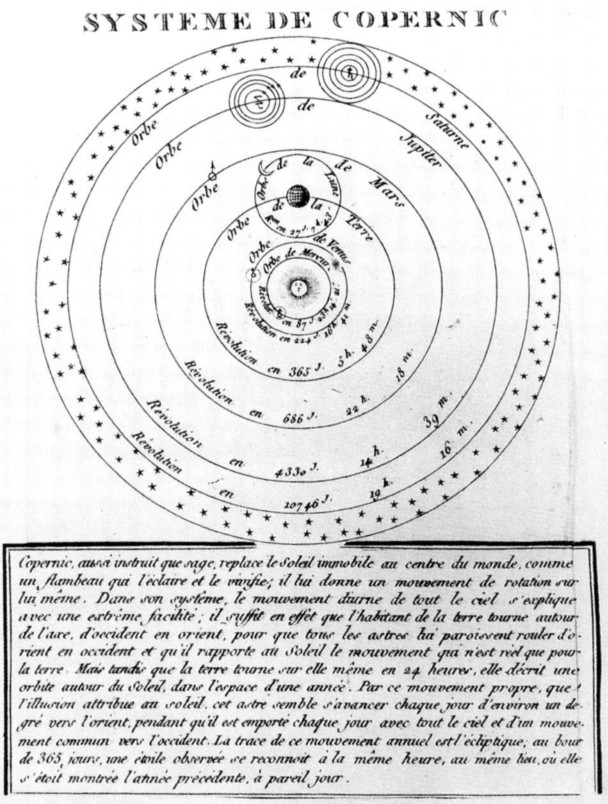

22. Das heliozentrische Universum nach Kopernikus. An Stelle der Erde steht nun die Sonne im Mittelpunkt. Der Mond umkreist die Erde, wie es den Tatsachen entspricht, die äußersten Bahnen um die Sonne sind aber immer noch von den Sternen besetzt.

23. Darstellung einer Sonnenfinsternis in einem Manuskript von al-Karkhi (auch al-Karaji genannt) aus dem 11. Jahrhundert.

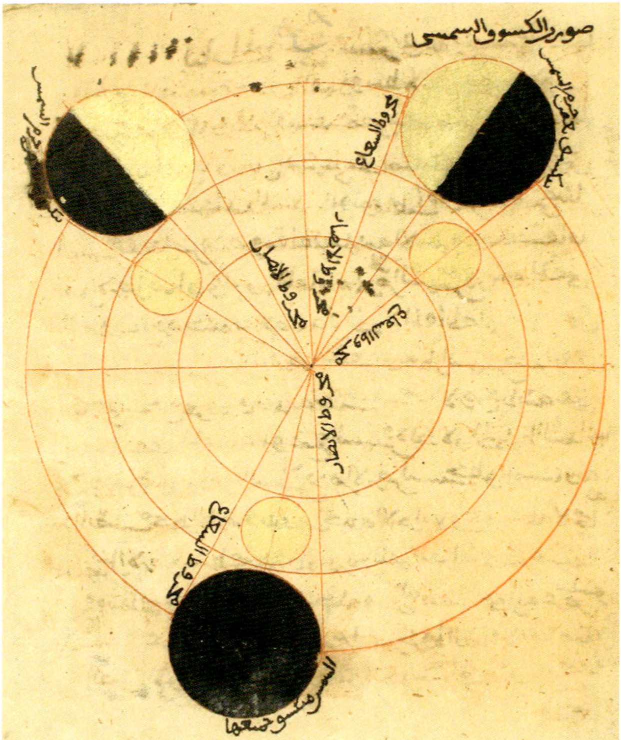

24. Der weitgehend unbekannte Aufstellungsort von Ibn al-Shatirs Sonnenuhr auf einer vorgebauten Plattform an einem Minarett der Umayyadenmoschee in Damaskus.

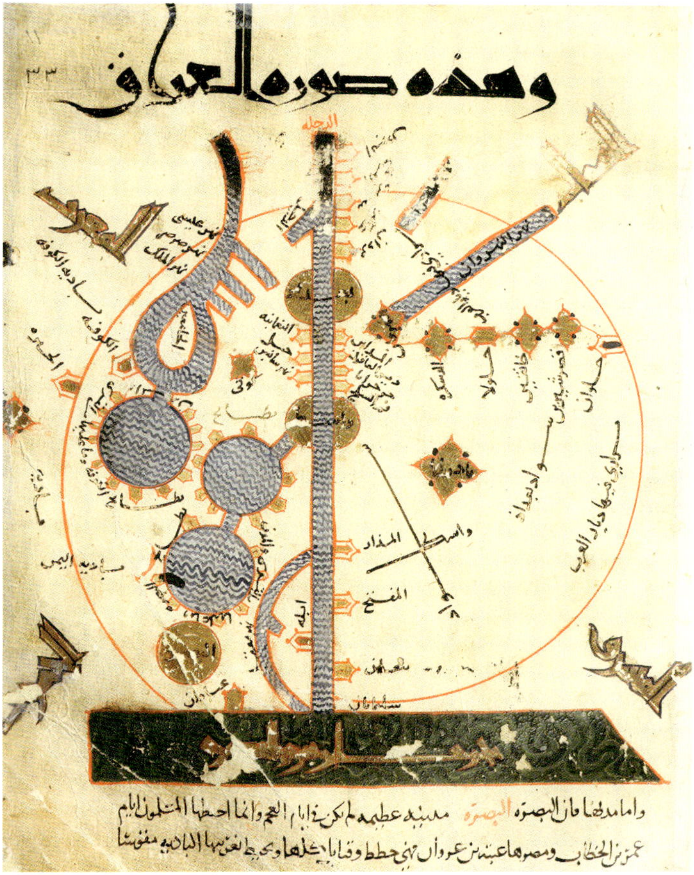

25. Karte aus dem *Buch der Straßen und Provinzen* von Abu Ishaq Ibrahim al-Istakhri. Man erkennt den Irak, den Tigris, Kufa, Bagdad und den Persischen Golf.

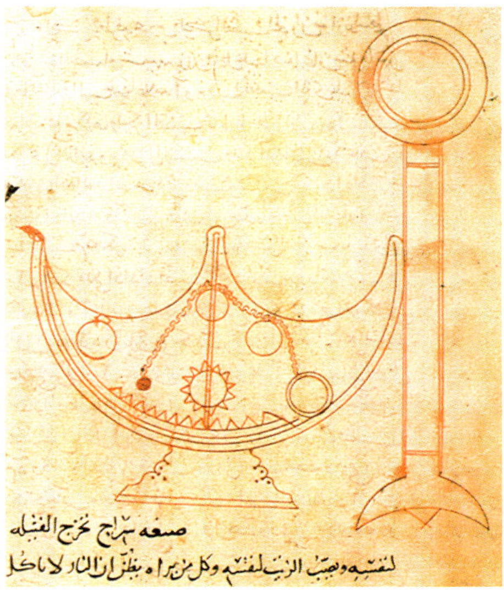

26. Die von den Brüdern Banu Musa konstruierte, sich selbst regulierende Lampe, beschrieben in ihrem *Buch erfindungsreicher Apparate*.

27. Al-Jazaris berühmte Elefantenuhr.

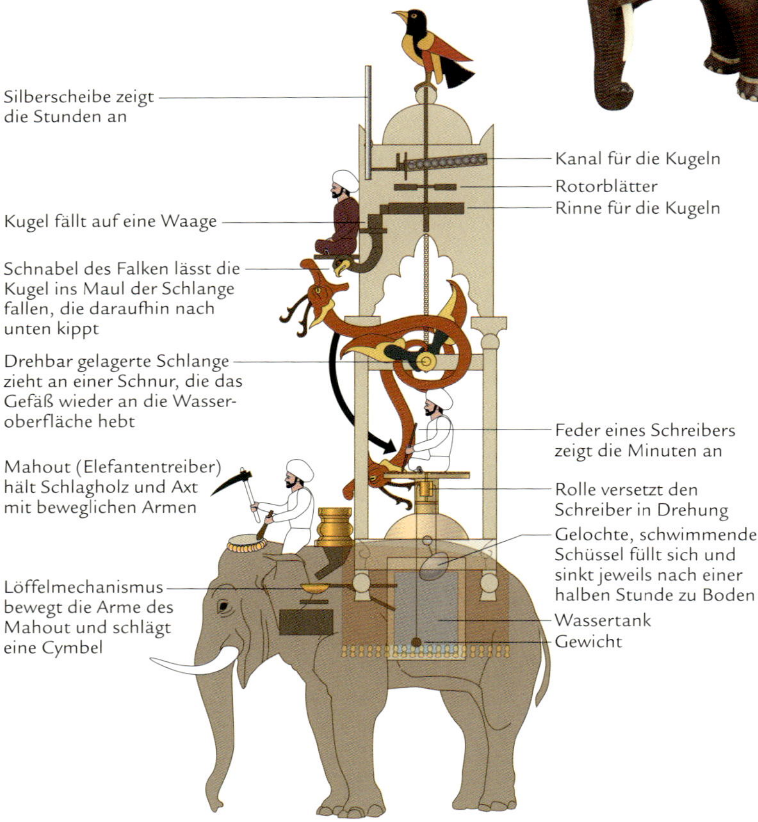

28. Das Innenleben der Elefantenuhr.

29. Schematische Darstellung eines Systems,
mit dem Wasser in ein Becken gepumpt werden kann.
Aus dem *Buch der Kenntnisse über erfindungsreiche mechanische Apparate* von al-Jazari, 1206.

30. Der Berg, von dem aus al-Biruni den Erdumfang maß.

31. Das neu eröffnete Gelände der King Abdullah University of Science and Technology (KAUST) in Jiddah.

Kopernikus 1300 Jahre später sein Werk *De revolutionibus* verfasste. Dieses Werk kennzeichnete einen echten Paradigmenwechsel, wie er so dramatisch in der Menschheitsgeschichte nur wenige Male vorkam. Es war der Augenblick, in dem die Menschheit nicht mehr im Mittelpunkt des Universums stand, wie Ptolemäus es in seiner geozentrischen Kosmologie beschrieben hatte. Kopernikus zeigte, dass die Erde in Wirklichkeit um die Sonne kreist und nicht anders herum.

Manch einer fragt sich vielleicht, ob er jetzt tatsächlich diese seit langem eingefahrene Vorstellung aufgeben soll. Wird selbst der großen kopernikanischen Revolution die Schande zuteil, dass sie in einer verborgenen Schuld der arabischen Astronomen steht, die als Erste zu solchen Vorstellungen gelangten? Die Geschichte der Astronomie, die zu Kopernikus hinführt, ist reichhaltig und kompliziert; sie hat es verdient, dass man sie sorgfältig analysiert. Wie überall in diesem Buch, so werde ich mich auch hier bemühen, sie so objektiv und deutlich wie möglich zu beschreiben, und ich überlasse es dem Leser, sich am Ende selbst die Frage – ja – nach einer unvermeidlichen, verborgenen Schuld zu stellen.

*

Sehen wir uns zunächst einmal an, warum die Astronomie eigentlich im Islam so wichtig war. Die Religion spielte für die islamische Astronomie des Mittelalters in zweifacher Hinsicht eine wichtige Rolle. Die erste liegt auf der Hand. Astronomie galt von Anfang an als Wissenschaft »im Dienst des Islam«. Sorgfältige astronomische Messungen konnten den Gläubigen zu Tabellen, Karten und Methoden verhelfen, die von entscheidender Bedeutung waren, um Gebetszeiten, Anfang und Ende des Fastenmonats Ramadan sowie die ungeheuer wichtige *qibla* (die Richtung nach Mekka für das Gebet) festzulegen. Dieser

Zusammenhang erwies sich als nützlich für beide Seiten: Der Islam verschaffte der Astronomie eindeutig eine gesellschaftliche Legitimität, und die ersten Astronomen hatten damit eine Entschuldigung und Gelegenheit, um interessante wissenschaftliche Fragestellungen zu bearbeiten, die nicht zwangsläufig zu diesem »Dienst« gehörten.[1]

Der zweite Aspekt, in dem der Islam eine wichtige Rolle spielte, war seine klare Unterscheidung zwischen der Astronomie als exakter Naturwissenschaft und dem Aberglauben, der sich mit der Astrologie verband; Letzterer galt als unmittelbare Bedrohung für die islamische Lehre, weil er den Sternen Kräfte zuschrieb, die Gott vorbehalten bleiben sollten. Deshalb trug er dazu bei, dass die Astronomie »metaphysisch neutral« wurde.[2] Man kann also feststellen, dass die Astrologie da, wo sie weiterhin betrieben wurde, einen Gegensatz zur exakten Wissenschaft der Astronomie als Teil der Naturphilosophie bildete. Trotz dieser Trennung konnten aber Angriffe auf Astronomie und Astronomen nicht ausbleiben, weil orthodox-religiöse Kreise sie nach wie vor mit den »alten Wissenschaften« der Griechen in Verbindung brachten und deshalb für unislamisch hielten.

Dennoch blühte die Astronomie auf. Sie erschöpfte sich bei weitem nicht darin, die in griechischen Texten wie dem *Almagest* vorgefundenen Messungen zu wiederholen und zu überprüfen. Anfangs beschränkte sie sich wohl tatsächlich darauf, wobei al-Ma'muns Astronomen neue, verbesserte Sternenkarten und Tabellen zusammenstellten. Auf diese Pioniere folgte eine lange Reihe großartiger Astronomen, deren peinlich genaue Messungen weitaus präziser waren als alles, wozu die Griechen in der Lage gewesen wären. Zu den größten unter ihnen gehörten der syrische Astronom al-Battani (Albatenius, ca. 858–929) und der Ägypter Ibn Yunus (ca. 950–1009); beide gelten allgemein als die größten beobachtenden Astronomen des Islam.

Zu den vielen Verbesserungen und Korrekturen der astronomischen Messungen von Ptolemäus gehörten jene, die seine Werte für die Länge des Jahres, die Neigung der Ekliptik (die Schrägstellung der Erdachse im Verhältnis zur Ebene ihrer Umlaufbahn), die Präzession der Fixsterne (von der wir heute wissen, dass sie auf die allmähliche Verschiebung der Erdachse zurückzuführen ist) und das Sonnenapogäum (die größte Entfernung der Sonne von der Erde) betrafen.[3] Diese neuen Messungen waren so umfangreich und wichtig, dass ich versucht bin, sie ausführlicher zu beschreiben, aber ich möchte hier nur festhalten, dass auch Kopernikus die Arbeiten von al-Battani insbesondere in dieser Hinsicht kannte und ihn in seinen *De revolutionibus* regelmäßig zitierte.

Ich möchte aber noch einmal zu Ptolemäus und dem kosmologischen Modell, das die muslimischen Astronomen von ihm erbten, zurückkehren. Wenn wir seine Erfolge und Fehler nicht verstehen, werden wir uns auch nicht in der jahrhundertelangen islamischen Astronomie zurechtfinden, die schließlich zu Kopernikus führte. Wie bereits erwähnt wurde, kann man zunächst einmal die wichtigste Unterscheidung zwischen Ptolemäus und Kopernikus treffen: Sie liegt im historischen Wechsel vom geozentrischen zum heliozentrischen Modell des Universums. Aber Kopernikus war nicht der Erste, der die Vermutung äußerte, die Erde kreise um die Sonne.

Der allererste Astronom, der bekanntermaßen ein heliozentrisches Modell vorschlug, war der Grieche Aristarchus von Samos (ca. 310–230 v. u. Z.). Er behauptete zu Recht, die Erde rotiere um ihre eigene Achse und bewege sich auf einer Umlaufbahn um die Sonne. Wie sein Zeitgenosse Eratosthenes, so hatte auch Aristarchus die Größe der Erde berechnet und die Größe sowie den Abstand von Sonne und Mond abgeschätzt. Aufgrund solcher Überlegungen war er zu dem Schluss gelangt, dass die Sonne einen sechs- bis siebenmal größeren Durchmesser als die Erde und demnach ein mehrere hundertmal größeres

Volumen haben müsse. Manche Autoren haben die Vermutung geäußert, diese Berechnung der Größenverhältnisse von Erde und Sonne habe Aristarchus zu dem Schluss veranlasst, es sei sinnvoller, dass die Erde sich um die viel größere Sonne bewege als andersherum. Seine Schriften über das heliozentrische System sind verlorengegangen, gewisse Kenntnisse können wir jedoch aus den erhalten gebliebenen Beschreibungen und kritischen Kommentaren seiner Zeitgenossen wie Archimedes ableiten. In einer berühmten Passage seines Werkes *Die Sandrechnung* schreibt Archimedes:

> Du weißt, dass die meisten Astronomen mit dem Wort Kosmos die Sphäre bezeichnen, deren Mittelpunkt mit dem Mittelpunkt der Erde zusammenfällt ... aber Aristarchus von Samos hat in schriftlicher Form gewisse Hypothesen veröffentlicht, in denen aus den Annahmen folgt, dass der Kosmos viele Male größer sein muss als der zuvor erwähnte. Er nimmt nämlich an, dass die Fixsterne und die Sonne am gleichen Ort bleiben, während die Erde sich auf dem Umfang eines Kreises um die Sonne bewegt.[4]

Leider wusste Archimedes nicht, dass Aristarchus mit seiner Beschreibung den Nagel auf den Kopf getroffen hatte. Aristarchus glaubte auch, die Sterne seien sehr weit entfernt, und hielt dies für den Grund, warum es keine sichtbare Parallaxe gibt.

Der einzige andere Astronom, von dem man weiß, dass er Aristarchus' heliozentrische Theorie unterstützte und vertrat, war der Babylonier Seleucus (ca. 190 v. u. Z.). Aristarchus und Seleucus waren wahrscheinlich in der Antike die einzigen Astronomen, die sich den Gedanken, dass die Erde um die Sonne kreist, zu eigen machten.[5] Nach Angaben des griechischen Historikers Plutarch führte Seleucus als Erster mit logischen Überlegungen einen Beweis für das heliozentrische System, aber welcher Argumente er sich dabei bediente, ist nicht bekannt; außerdem ist diese Interpretation von Plutarchs Schriften ihrerseits umstritten,[6] denn Seleucus' »Beweis« für die heliozentrische Theorie bestand in Wirklichkeit vielleicht nur darin, dass er auf der Grundlage seiner Theorie eine Zahlentabelle berechnet hatte.

Das heliozentrische Modell wurde aber sehr schnell von einigen der größten Denker der griechischen Antike zugunsten des geozentrischen Weltbildes verworfen. Selbst Hipparchus (Blütezeit ca. 162–127 v. u. Z.), der beste beobachtende Astronom der Antike, lehnte Aristarchus' heliozentrisches Modell völlig ab. Hipparchus war auf der Insel Rhodos tätig, stand aber in engem Kontakt mit anderen Astronomen in Alexandria und Babylon. Er legte Wert auf sorgfältige Messungen, war bereit, seine eigenen Überzeugungen angesichts neuer Belege zu revidieren, und wurde berühmt mit seiner erbarmungslosen Kritik an nachlässigen Überlegungen anderer Gelehrter wie Eratosthenes. Damit war er nahezu als Einziger unter den Griechen einer der ersten Anhänger der naturwissenschaftlichen Methode, und er hätte auch unter großen islamischen Astronomen wie al-Battani, Ibn al-Haytham und al-Biruni nicht deplatziert gewirkt. Hipparchus' wichtigsten astronomischen Untersuchungen beschäftigten sich mit den Umlaufbahnen von Sonne und Mond (in einem geozentrischen Modell) sowie ihrer Entfernung von der Erde. Berühmt wurde er mit einer Berechnung, wonach die mittlere Entfernung des Mondes von der Erde das Dreiundsechzigfache des Erdradius beträgt, womit er nur wenige Prozentpunkte über dem tatsächlichen Wert lag. Außerdem entdeckte er die Präzession der Tagundnachtgleiche (das heißt den Weg, den die Erdachse zurücklegt wie ein wackelnder Kinderkreisel).

Den größten Einfluss auf die antike Astronomie hatte jedoch kein Geringerer als Aristoteles selbst, der fast ein Jahrhundert vor Aristarchus lebte. Und Aristoteles bleibt eine Menge Antworten schuldig. Sein Modell des Kosmos, das er in seinem großen Werk *Über die Himmel* beschrieb, sollte die Vorstellungen der

Menschen über das Wesen des Universums für fast 2000 Jahre prägen und formen. Aber er setzte auf das falsche kosmische Pferd; nicht Ptolemäus, sondern Aristoteles hat die Menschheit ihr langes, fälschliches Festhalten am geozentrischen Universum zu verdanken. Unter allen Fehlurteilen, Verwirrungen, falschen Wendungen und Sackgassen in der Geschichte der Wissenschaft war das aristotelische Universum der folgenschwerste Fehler.

Aristoteles' Grundidee lautete: Die Erde besetzt den privilegierten Mittelpunkt der sogenannten Himmelssphären, und alle anderen Himmelskörper (Mond, Sonne, Merkur, Venus, Mars, Jupiter, Saturn – man kannte nur fünf Planeten – und die »Fixsterne«) bewegen sich in vollkommenen Kreisen um sie herum. Dieses kosmologische Modell erforderte ein sehr kompliziertes System aus 55 Sphären, mit denen sich die beobachteten Bewegungen all dieser Körper am Himmel recht gut voraussagen ließen. Man kann sogar so weit gehen, Aristoteles' Vorstellung fast als wissenschaftliche Theorie im eigentlichen Sinn zu bezeichnen.[7] Anscheinend war sie schon kurz nach ihrer Entstehung allgemein anerkannt, obwohl neue Beobachtungen von Hipparchus und anderen gewisse Modifikationen notwendig machten.

Eine der auffälligsten Anomalien betraf die Bewegung der Planeten, insbesondere des Mars. Man wusste, dass die Planeten sich schneller als die Fixsterne von Osten nach Westen über den Himmel bewegen. Aber ihre Geschwindigkeit ist nicht konstant. Relativ zu den Sternen bewegen sie sich einmal langsamer, dann wieder schneller und manchmal sogar rückwärts. Diese »retrograde« Bewegung passte nicht in das aristotelische Modell; Hipparchus entwickelte dafür eine Lösung, die später von Ptolemäus vervollkommnet wurde.

Um 150 u. Z., als Ptolemäus seine *Mathematische Abhandlung* veröffentlichte, die später unter ihrem arabischen Titel *Almagest* bekannt wurde, hatte man Aristoteles' Modell erweitert, verfeinert und abgewandelt, um es mit den beobachteten Bewegungen der Himmelskörper in Einklang zu bringen. Damit hatte es sich aber von dem Ideal der vollkommenen konzentrischen Sphären, das Aristoteles formuliert hatte, entfernt. Selbst die einfachste Bewegung, die der Sonne, war nicht geradlinig. In einem Modell für ihre »Umlaufbahn« um die Erde bewegte sie sich in einem Kreis, der »exzentrisch« genannt wurde, weil sein Mittelpunkt sich von der Erde entfernte. Auf diese Weise konnten die Griechen das erklären, was nach unserer heutigen Kenntnis die elliptische Umlaufbahn der Erde um die Sonne ist. Nach einem anderen Modell, das dem »exzentrischen« Gedanken entsprach, bewegte sich die Sonne in einem sogenannten Epizyklus, einem kleinen Kreis, dessen Mittelpunkt sich seinerseits auf einer Kreisbahn mit der Erde als Mittelpunkt bewegte. Wie Ptolemäus zeigen konnte, sind beide Modelle, die Epizyklen und die exzentrische Bahn, gleichbedeutend (siehe Farbtafel 21).

Ptolemäus' größte Errungenschaft war seine Theorie der Planetenbewegungen. Vor dem *Almagest* gab es offenbar kein befriedigendes theoretisches Modell, mit dem sich die recht komplizierten Bewegungen der fünf anderen bekannten Planeten erklären ließen. Ptolemäus kombinierte die beiden verschiedenen Methoden, mit denen die Bewegung der Sonne beschrieben wurde. Die Bahn eines Planeten bestand demnach aus einer Kreisbewegung auf einem Epizyklus, und der Mittelpunkt dieses Epizyklus wanderte wiederum auf einem Kreis, dessen Mittelpunkt ein wenig von der Erde entfernt war. Auch das funktionierte aber nicht ganz; Ptolemäus' Neuerung bestand darin, dass er einen weiteren Schritt vollzog: Er führte den Begriff des *Äquanten* ein; das bedarf einer kurzen Erklärung.

Der Äquant ist ein imaginärer Punkt im Raum, der das Spiegelbild der Erde darstellt: Er ist ebenso weit nach der anderen Seite des Mittelpunkts des Deferenten verschoben, um den der Epizyklus eines Planeten rotiert. Das Entscheidende dabei: Er ist der Punkt, um den sich das Zentrum des Epizyklus mit *einheitlicher Winkelgeschwindigkeit* bewegt. Nach Ptolemäus ist der Äquant der Punkt im Raum, an dem man »sieht«, wie das Zentrum des Epizyklus eines Planeten sich mit konstanter Winkelgeschwindigkeit herumbewegt, selbst wenn es sich nicht im Mittelpunkt dieser Bahn befindet. Vom wirklichen Mittelpunkt des Deferenten aus gesehen, bewegt sich das Zentrum des Epizyklus also in einem Kreis, wobei es aber schneller und langsamer wird. Das ist alles. Wirklich einfach!

Wirklich chaotisch wurde es, als man ein Modell für die Bewegung des Mondes und die unterschiedlichen Positionen der Mondfinsternisse aufstellen wollte. Ich möchte hier nicht genauer darauf eingehen. Am Ende postulierte Ptolemäus noch mehr Kreise, die sich im Kreis bewegen. Das Ganze wurde kompliziert und unhandlich. Aber es funktionierte.

Kaum besser ging es der indischen Astronomie in der Zeit zwischen Ptolemäus und der Entstehung des Islam. Die ersten indischen Astronomen hatten ebenfalls ein heliozentrisches Modell postuliert. Aber die beiden herausragenden Gestalten der mittelalterlichen indischen Wissenschaft, Aryabhata und Brahmagupta, gaben es offenbar nach eingehender Überlegung zugunsten eines geozentrischen Modells auf; sie hatten allerdings richtigerweise eine kugelförmige Erde postuliert, die um ihre Achse rotiert. Insgesamt betrachtet, entwickelte sich die indische Astronomie auf der Grundlage griechischer Gedanken aus der Zeit vor Ptolemäus,[8] was höchstwahrscheinlich den viel früheren Kontakten mit griechischem Wissen zur Zeit Alexanders des Großen und des nachfolgenden indisch-griechischen Reiches zu verdanken war. Aryabhata und Brahmagupta hatten auch in der Frühzeit des Islam großen Einfluss auf die Astronomie, aber letztlich war es vor allem Ptolemäus, der die Fundamente für die mittelalterliche Astronomie legte.

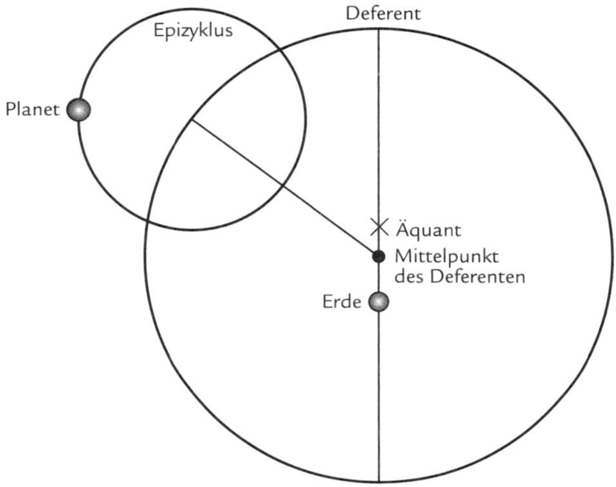

Das ptolemäische Modell für die Bewegung der Planeten um die Erde.

Machen wir also jetzt einen Sprung ins 11. Jahrhundert. Wie wir bereits erfahren haben, brachte Ibn al-Haytham den *shukuk*-Ball ins Rollen, indem er Zweifel an Ptolemäus' Astronomie anmeldete. Er trennte die beobachtende Astronomie von der Kosmologie und tat damit in einem gewissen Sinn das, wofür Newton berühmt wurde, als er über 600 Jahre später die Physik von der Philosophie trennte. Aber auch wenn viele Gelehrte von Zentralasien bis nach Spanien sich durch Ibn al-Haythams *shukuk*-Bewegung dazu anregen ließen, die mathematischen Modelle der Griechen ernsthaft in Frage zu stellen, hatte sie doch eine wichtige Schwäche: Sie hielt unverbrüchlich am geozentrischen Modell fest. Die Gelehrten bemühten sich zwar darum, komplizierte Äquanten und Epizyklen loszuwerden, aber das taten sie ausschließlich zu dem Zweck, zum aristotelischen Ideal der vollkommenen, konzentrischen Sphären zurückzukehren, in dem die Erde genau im Zentrum aller Drehbewegungen stand.

Ibn al-Haytham vertrat die Ansicht, Ptolemäus' kosmologisches Modell sei physikalisch einfach nicht möglich: Es kann keine Kugel geben, deren Rotationsachse nicht durch ihren Mittelpunkt verläuft – dies hätte eine »Wackelbewegung« zur Folge, für die man mit Sicherheit eine Erklärung finden müsste. Natürlich wusste Ibn al-Haytham nichts über Gravitationsgesetze oder den Begriff des Schwerpunktes, aber als er darauf beharrte, ein mathematisches Modell solle die physikalische Realität widerspiegeln, war er intuitiv auf der richtigen Fährte. Die Grundlage der gesamten *shukuk*-Bewegung, die er in der Astronomie anstieß, lässt sich in einem Satz zusammenfassen: Erkenne kein kosmologisches Modell an, das physikalisch unmöglich ist.

Ganz leise waren einige einsame Stimmen zu vernehmen, die sich für eine echte Revolution in der Astronomie aussprachen – das heliozentrische Modell war nicht völlig von der Bildfläche verschwunden. Eine interessante Gestalt, die ich bisher nicht erwähnt habe, war Abu Ma'shar al-Balkhi (Albumansar, ca. 787–886), ein persischer Gelehrter, der die Texte von Ptolemäus und Aristoteles studiert hatte. Er ist aus zwei Gründen bemerkenswert. Erstens wurden viele seiner Werke bereits in der ersten Hälfte des 12. Jahrhunderts ins Lateinische übersetzt, also zu einer Zeit, als große Teile Europas noch keine Bekanntschaft mit der aristotelischen Kosmologie gemacht hatten. Durch al-Balkhi begegneten den Europäern also viele philosophische Gedanken von Aristoteles zum ersten Mal. Und zweitens hatte al-Balkhi ein schlaues kosmologisches »Mittelweg-Modell« postuliert, in dem alle Planeten mit Ausnahme der Erde um die Sonne kreisten; die Erde dagegen befand sich nach wie vor in ihrer Sonderstellung genau im Mittelpunkt des Universums, und die Sonne kreiste um sie. Al-Balkhis Arbeiten waren auch al-Biruni bekannt, der sie offenbar sehr ernst nahm – allerdings nur als philosophisches, nicht aber als wissenschaftliches Thema. Amüsant ist dabei die Feststellung, dass al-Balkhis Hauptmotiv seine Begeisterung nicht für Astronomie, sondern für Astrologie war. Dies ist der wichtigste Grund, warum seine Arbeiten für die mittelalterlichen Gelehrten in Europa von so großem Interesse waren: Auch bei ihnen war das Interesse für Astrologie das Motiv, das die Astronomie vorantrieb.

Auch einen anderen Astronomen sollte man nicht vergessen: al-Sijzi, der wie sein bekannterer Zeitgenosse al-Biruni von al-Balkhis Arbeiten beeinflusst wurde. Auch al-Sijzi schlug offenbar ein heliozentrisches Modell vor, aber abgesehen davon, dass er (nach Angaben von al-Biruni) ein heliozentrisches Astrolabium konstruierte, sind über seine Tätigkeit kaum Einzelheiten bekannt.

Hier gilt es allerdings, eine wichtige Einschränkung zu machen: Alle diese heliozentrischen Modelle aus der Zeit vor Kopernikus waren nicht mathematischer, sondern metaphysischer Natur. Die wahren Fortschritte erzielte man in der theoretischen Astronomie, insbesondere bei den mathematischen Modellen der Himmelsmechanik, die von Ibn al-Haytham propagiert wurden. Einige dieser Fortschritte müssen wir uns näher ansehen, denn dass Kopernikus den muslimischen Astronomen so viel verdankte - was bisher kaum bekannt ist -, kann nicht nur daran liegen, dass er nicht als Erster ein heliozentrisches Modell postulierte.

Aber im 11. und 12. Jahrhunderts schwanden das Goldene Zeitalter des Islam und seine großartigen wissenschaftlichen Errungenschaften allmählich dahin. Man könnte die Ansicht vertreten, dies sei vor allem eine Gegenbewegung gewesen - es fand sich einfach niemand mehr, der in seiner Intelligenz mit Ibn al-Haytham, Ibn Sina und al-Biruni hätte mithalten können. Aber das ist ein wenig unfair: Ebenso gut könnte man behaupten, die griechische Wissenschaft sei mit Aristoteles im 4. Jahrhundert v. u. Z. zu Ende gewesen. Man kann durchaus einräumen, dass im islamischen Großreich ein wissenschaftlicher Niedergang stattfand, aber man darf nicht vergessen, dass es sich dabei um einen langsamen Prozess handelte, der von den Höhen des frühen 11. Jahrhunderts ausging – und von dort war es ein langer Weg nach unten. In der Astronomie dagegen sollte das Beste erst noch kommen. Obwohl der Osten des muslimischen Reiches im 13. Jahrhundert von Mongolen erobert wurde, betraten dort unerwartet zwei große Gestalten der Astronomie die Bildfläche: im 13. Jahrhundert ein persischer Universalgelehrter, der einer religiösen Sekte namens Assassinen beitrat, und im 14. Jahrhundert der Zeitmesser einer Moschee in Damaskus. Diese beiden trugen mehr als jeder andere dazu bei, dass der von Ibn al-Haytham angestoßene Prozess sich fortsetzte.

Nasr al-Din al-Tusi wurde 1201 in der Stadt Tus (auf die schon sein Name hinweist) im ostpersischen Khurasan geboren. Die Stadt war zu jener Zeit eine der größten und wichtigsten ganz Persiens und auch der Geburtsort anderer bemerkenswerter Persönlichkeiten, unter ihnen Jabir ibn Hayyan und des Dichters al-Firdawsi. Selbst im Vergleich mit einigen der schillernden Gestalten, die uns bisher bereits begegnet sind, war al-Tusi eine faszinierende Persönlichkeit. Bei seinem Vater, einem angesehenen schiitischen Geistlichen, studierte er Theologie, von seinem Onkel lernte er aber auch Logik, Philosophie und Mathematik. Er beendete seine Ausbildung in der Stadt Nishapur und erwarb sich schnell einen Ruf als ausgezeichneter Gelehrter. Aber in Khurasan herrschten unruhige Zeiten: Von Osten rückten die Mongolen näher, und angesichts dieser Bedrohung konnte al-Tusi sich nicht im akademischen Leben einrichten. Also nahm er die Einladung an, sich einer religiösen Geheimsekte namens *Hashashin* oder Assassinen anzuschließen und sich in deren relativ sichere Gebirgsfestung zurückzuziehen.

Die Assassinen waren ein Ableger der ismailitischen Schiiten, die sich von der Fatimidendynastie abgespalten hatten und anfangs östlich der Fatimidenhauptstadt Kairo, im heutigen Syrien, Irak und Iran, verbreiteten Zuspruch fanden. Wenig später jedoch waren sie isoliert und an den Rand gedrängt. Im Jahr 1090 zogen sie sich unter Leitung ihres charismatischen Anführers Hassan-i-Sabbah in das Alborz-Gebirge im Nordiran zurück, wo sie die Kontrolle über eine Reihe strategisch wichtiger Festungen übernahmen und ihr Hauptquartier in dem auf einem Berggipfel gelegenen Schloss Alamut (»Adlernest«) einrichteten.

In Alamut ließ sich auch al-Tusi nieder. Nach Angaben mancher Autoren wurde er gefangen genommen: Ob er den Ort hätte verlassen können, wenn er es gewollt hätte, ist nicht geklärt. Der Name Assassinen leitet sich vermutlich von dem arabisch/persischen Wort *hashish* ab, das »Gras« bedeutet: Sie bauten auf dem fruchtbaren Ackerland rund um ihre Befestigungen eine Vielzahl verschiedener Kräuter an (und zwar im Gegensatz zu einer verbreiteten Geschichte nicht deshalb, weil sie von den Bergen herunterkamen und im Marihuanarausch gegen ihre Feinde kämpften, woher das Wort »Haschisch« stammt). Da sie nicht über eine konventionelle Armee verfügten, mit der sie das gegnerische Abassidenkalifat hätten bekämpfen können, verlegten sie sich auf heimliche Überfälle und Anschläge, womit sie unter der Bevölkerung Angst und Schrecken verbreiteten. Nachdem sie ihre politische Macht verloren hatten, wurden sie von der Dynastie der Mamelucken als Auftragsmörder zu festgelegten Honoraren beschäftigt.

Al-Tusi hatte Glück. Er entging nicht nur einmal, sondern sogar zweimal dem Schicksal der vielen hunderttausend Menschen, die von den Mongolen getötet wurden. Um 1220 wurden die Städte Tus und Nishapur von der Mongolenarmee unter Hulagu Khan (ca. 1217–1265), einem Enkel von Dschingis Khan, vollständig zerstört. In Alamut dagegen konnte al-Tusi seine Studien fast 30 Jahre lang in einer relativ friedlichen Atmosphäre fortsetzen. Er baute eine Sternwarte sowie eine Bibliothek und konnte sogar andere Gelehrte anlocken, die mit ihm arbeiteten. Die Ruhe wurde erst 1256 gestört, als Hulagus Armee zum Vorgebirge von Alamut vordrang. Wenn man heute die Ruinen der Festung besucht, kann man sich kaum vorstellen, wie eine Armee ihre Mauern überwinden konnte, so abgelegen und unzugänglich thronen sie auf den zerklüfteten Felsen. Aber es gelang den Mongolen, die Festung einzunehmen und die Assassinen zu besiegen. Al-Tusi hatte natürlich seine eigenen Pläne und konnte den Anführer der Mongolen sehr schnell überzeugen, dass es sich lohnte, ihn zu verschonen. Je nachdem, welcher Seite man in der Geschichte glaubt, wurde er von den Mongolen entweder entführt oder gerettet. Manche Autoren beschuldigen ihn sogar, er habe sich verkauft und seinen ismailitischen Glauben allzu bereitwillig verraten.

Was seine Motive auch waren, die Welt sollte al-Tusi für seinen Überlebensinstinkt dankbar sein. Er konnte Hulagu dazu veranlassen, ihn als wissenschaftlichen Berater anzustellen und sich von ihm die astrologischen Aussichten voraussagen zu lassen. Zu diesem Zweck brauchte er aber die Mittel, um eine neue Sternwarte zu bauen und dort ein breites Spektrum astronomischer Messungen anzustellen. Der Bau des Observatoriums von Maragha begann 1259 östlich von Teheran, und wenig später war der Ort das weltweit größte Zentrum für Astronomie. Sein Kernstück – anstelle der heutigen riesigen Teleskope – war ein gewaltiges Bauwerk aus Ziegelsteinen mit einem daran befestigten Bogen aus Metall, der in Richtung des Meridians verlief. Dieser sogenannte Mauersextant (oder Fakhri-Sextant) war mehrere Meter hoch und trug eine Skala mit Gradeinteilung, Bogenminuten und sogar Bogensekunden. Die Astronomen stellten mit einem Zeigerarm (Dioptra), der hier als Alidade bezeichnet wurde (vom arabischen *al-'idada* = »markiertes Lineal«), eine gerade Blicklinie zu dem untersuchten Himmelskörper her und lasen dann die Gradeinteilung ab, womit sie die genaue

Position des Objekts am Himmel eindeutig ermittelt hatten. Zur Handhabung des riesigen Zeigerarmes diente ein System von Gegengewichten und Flaschenzügen.[9]

Al-Tusi sammelte um sich eine große Gruppe begabter Astronomen. Sein Ruf hatte sich mittlerweile weit verbreitet, und er zog sogar Gelehrte aus China an, die bei ihm arbeiten wollten. Seine vollendete *zij*, die »Tafel von Ilchane«, war ein Meisterwerk. Aber das Gleiche kann man über viele Arbeiten von al-Tusi sagen. In seinem Buch *Die Transversalfigur* (*Shakl al-Qita'*) vervollständigte und erweiterte er die Arbeiten der islamischen Mathematiker über Trigonometrie; das Werk gilt als das erste, das der Trigonometrie als unabhängigem Teilgebiet der Mathematik gewidmet war und nicht nur bestimmte »Methoden« im Dienste der Astronomie behandelte. Er erweiterte darin zum ersten Mal den »Sinussatz«, ein allgemein bekanntes Theorem, von Ebenen auf sphärische Dreiecke und führte in der Zahlentheorie die Arbeiten von Mathematikern wie Omar Khayyam fort. Außerdem schrieb er viel über Philosophie und Logik, und er trug entscheidend dazu bei, den wissenschaftlichen Forschergeist in der islamischen Welt am Leben zu erhalten, nachdem die Mongolen so viele große Zentren der Gelehrsamkeit, darunter auch die großen Bibliotheken in Bagdad, zerstört hatten.

Maragha wurde unter al-Tusi zu viel mehr als nur einer Sternwarte: Es sollte für die Wiederbelebung vieler Wissenschaften eine wichtige Rolle spielen. Am wichtigsten war, dass die Revolution von Maragha ihm ihren Namen verdankt. Die Denkschule, die von den Historikern heute so genannt wird, stellte sich einer Herausforderung, die Ibn al-Hayytham als Erster formuliert hatte: die Astronomie des Ptolemäus zu korrigieren.

Al-Tusis einflussreichstes Buch, die *Denkschrift über Astronomie* (*al-Tadhkira fi 'Ilm al-Hay'a*), gilt allgemein als das wichtigste und originellste Werk über Astronomie aus dem Mittelalter. Darin beschreibt al-Tusi eine geometrische Konstruktion, die heute als

Tusi-Paare[10] bezeichnet wird: Ein kleiner Kreis rotiert entlang der Innenseite eines zweiten Kreises mit doppeltem Durchmesser. Der kluge Aspekt dabei: Ein Punkt auf dem kleineren Kreis scheint in einer gradlinigen Bewegung entlang eines Durchmessers des größeren Kreises hin und her zu schwanken. Mit Hilfe dieser Konstruktion gelang es al-Tusi, die ptolemäischen Modelle für die Planetenbahnen zu reformieren, wobei er völlig ohne die unangenehmen Äquanten auskam.

Das Einzige, was man heute an den Ruinen des Komplexes von Maragha noch sehen kann, ist das Fundament eines riesigen Zeigerarmes, der das Kernstück der Anlage darstellte. Früher gab es aber auch Arbeitsräume, Bibliotheken und sogar eine Moschee; das Ganze summierte sich zu einer vollständigen Forschungsinstitution, wie es sie in ähnlicher Form auch heute gibt. Neben al-Tusi war dort eine Reihe anderer bemerkenswerter Astronomen tätig, unter ihnen al-'Urdi und al-Shirazi, die sich ebenfalls mit den mathematischen Modellen der ptolemäischen Astronomie auseinandersetzten. Wenn wir aber heute die Astronomen der Schule von Maragha erwähnen, beschränken wir uns nicht auf jene, die in der Sternwarte selbst arbeiteten. Damit bin ich bei der zweiten Persönlichkeit, die ich vorstellen muss, bevor ich zu Kopernikus zurückkehren kann.

Im 12. und 13. Jahrhundert kam es zu einer interessanten Neuorientierung im Hinblick darauf, wie die Astronomie aufgenommen und von den islamischen Herrschern finanziert wurde. Diese betrachteten ihre Verbindungen zur Astrologie zunehmend mit Misstrauen. Anders als al-Tusi, der sich die Finanzierung für ein neues Observatorium nur durch die Erstellung astrologischer Diagramme für den Mongolenherrscher Hulagu sichern konnte, wehrten sich viele islamische Astronomen zunehmend gegen religiöses Mäzenatentum, das Arbeiten forderte, die ausschließlich im Dienste der Religion standen.

Damit befreiten sie sich von dem Druck, ihre politischen Schirmherren mit unwissenschaftlichen, von Aberglauben geprägten Tätigkeiten wohlgesonnen zu stimmen (insbesondere al-Biruni war bekanntermaßen überhaupt nicht glücklich darüber, dass er sein Einkommen mit astrologischen Arbeiten aufstocken musste). Deshalb kann man feststellen, dass die meisten astrologischen Arbeiten außerhalb von Maragha durch die *muwaqqits* ausgeführt wurden, die Zeitmesser der Moscheen, deren Aufgabe es war, anhand astronomischer Messungen und der Ablesung von Sonnenuhren die genauen Gebetszeiten festzulegen.

Der berühmteste *muwaqqit* war in der großen Umayyadenmoschee in Damaskus tätig. Er hieß Ibn al-Shatir (1304–1375) und gilt als größter Astronom des 14. Jahrhunderts. In der Volkskultur wurde er berühmt, weil er die genaueste und raffinierteste Sonnenuhr seiner Zeit konstruierte. Als sie fertig war, wurde ihre zeremonielle Aufstellung auf einem Mauervorsprung knapp unterhalb der Spitze eines Minaretts der Moschee den Berichten zufolge zu einem Ereignis, das von den Einwohnern von Damaskus mit großem Pomp gefeiert wurde. Auf diese Weise konnte Ibn al-Shatir seine Messungen anstellen und dann dem *mu'azzin* oben im Minarett den genauen Zeitpunkt angeben, zu dem er mit seinem Gebetsruf beginnen sollte. Die ursprüngliche Sonnenuhr, die sich heute im Nationalmuseum von Damaskus befindet, wurde im 19. Jahrhundert beschädigt, als ein *muwaqqit* namens al-Tantawi sie bewegen wollte, nachdem er zu Unrecht behauptet hatte, sie sei nicht richtig ausgerichtet. Anschließend ersetzte er sie durch eine minderwertige Kopie, die bis heute erhalten geblieben ist (siehe Farbtafel 24).

Ibn al-Shatirs wichtigstes Vermächtnis für die Astronomie bestand aber darin, dass er mit Hilfe von al-Tusis mathematischem Kunstgriff die schwerfälligen Modelle von Ptolemäus überarbeitete: Er setzte neue, weitaus höher entwickelte Theorien über Sonne und Mond an ihre Stelle. In diesem Sinn gilt Ibn al-Shatir als der letzte große Astronom aus der Schule von Maragha.

Zu Kopernikus' Zeit war die ptolemäische Astronomie den europäischen Gelehrten bereits geläufig. Insbesondere zwei von ihnen, der Österreicher Georg von Peuerbach (1423–1461) und der Deutsche Regiomontanus (1436–1476), verfassten mehrere Texte, die als wichtigste Quellen für Kopernikus' Ausbildung dienten. Insbesondere die von ihnen gemeinsam geschriebenen *Epitome zum Almagest* gelten als bestes Lehrbuch aller Zeiten über die ptolemäische Astronomie.[11] Kopernikus studierte das Werk eingehend zusammen mit seinem lateinischen Exemplar des *Almagest* (die 1515 in Venedig gedruckte Übersetzung von Gerard von Cremona). Kopernikus interessierte sich aber nicht nur für griechische Astronomie. Aus den *Epitomen* erfuhr er etwas über die Arbeiten früher arabischer Astronomen wie Thabit ibn Qurra und al-Battani; er konnte auch die Tafeln von Toledo studieren und nahm später in seinem Buch *De revolutionibus* auf einige dieser Arbeiten Bezug.

Das alles ist nicht sonderlich überraschend. Viel aufschlussreicher ist ein flüchtiger Vergleich der geometrischen Darstellung von Planetenmodellen, die das Tusi-Paar in *De revolutionibus* und der *Denkschrift über Astronomie* von al-Tusi zeigen: Sie sehen sich bis hin zur Beschriftung der einzelnen Punkte auf den Kreisen außerordentlich ähnlich: Al-Tusis arabische Buchstaben, mit denen die einzelnen Punkte bezeichnet werden, wurden nur durch ihre lateinische Entsprechung ersetzt.[12] Am auffälligsten ist, dass Kopernikus' Modelle für Sonne und Mond sowie für die Bewegung des Merkur genau diejenigen sind, die von Ibn al-Shatir und al-Tusi entwickelt wurden.

Wie ist das möglich? War es bei Kopernikus' großem Fortschritt nicht gerade der springende Punkt, dass das heliozen-

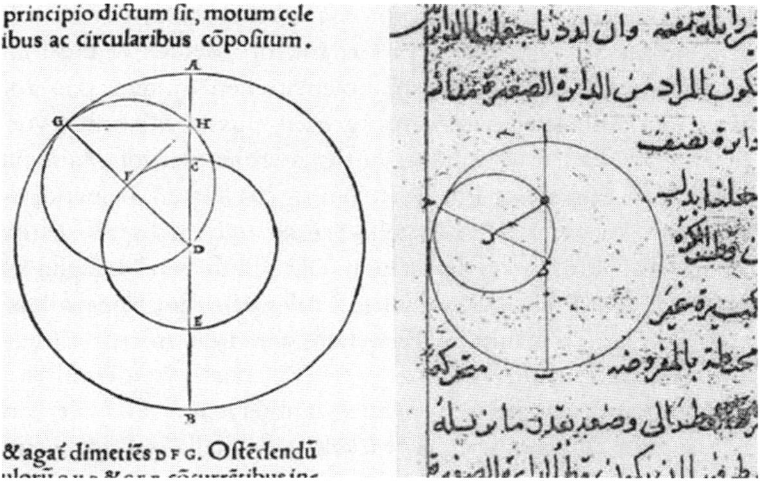

Der berühmte Vergleich zwischen Zeichnungen der Tusi-Paare in den Werken von al-Tusi (1261, rechts) und Kopernikus (1543). Bemerkenswert ist nicht nur die Ähnlichkeit der Formen, sondern auch die Übereinstimmung der Buchstaben, mit denen die Punkte gekennzeichnet wurden. Wo bei al-Tusi ein alif steht, schreibt Kopernikus ein A, einem ba entspricht ein B, jim wird zu G, dal zu D und so weiter in der Reihenfolge der Buchstaben des arabischen Alphabets.

trische Modell sich von den »Reparaturen« des ptolemäischen Modells befreite, so schlau sie mathematisch auch sein mochten? Keiner der Astronomen von Maragha, auch nicht Ibn al-Shatir, hatte den revolutionären Schritt getan und sich vom geozentrischen Modell losgesagt (allerdings spielt der Unterschied zwischen helio- und geozentrisch für Ibn al-Shatirs Modell der Mondbahn keine Rolle, weil der Mond tatsächlich die Erde umkreist). Hier geht es um etwas Komplizierteres: Entscheidend ist nicht nur, dass Kopernikus sich der mathematischen Kunstgriffe bediente, die von der Schule von Maragha entwickelt worden waren, sondern dass er ohne sie auch nicht zu seinem endgültigen heliozentrischen Modell hätte gelangen können. Wie die Astronomen von Maragha, so machte sich auch Kopernikus anfangs viel mehr Gedanken über den Mangel an einheitlichen Bewegungen im ptolemäischen System, das auf Äquanten und Deferenten zurückgreifen musste. Mit seiner Vorgehensweise kam er so nahe an die der Astronomen von Maragha heran, dass Historiker ihn heute häufig als letzten, bemerkenswertesten Vertreter der Maragha-Schule und nicht als ersten modernen Astronomen betrachten. Die Schule von Maragha ist demnach das Bindeglied zwischen Ptolemäus und Kopernikus, und ohne sie ist kaum zu verstehen, wie die kopernikanische Revolution stattfinden konnte.

Heute sind die meisten Historiker überzeugt, dass die von al-Tusi und Ibn al-Shatir entwickelten Modelle der Planetenbahnen ihren Weg (vielleicht über Konstantinopel) nach Europa fanden und Kopernikus die Anregung für seine astronomischen Modelle lieferten. Die Idee der Tusi-Paare könnte auch ohne die lateinische Übersetzung arabischer Texte nach Europa gelangt sein, eine genaue Übermittlungskette hat man aber bisher nicht nachgewiesen. Mehrere Manuskripte, in denen vom Tusi-Paar die Rede ist, haben sich in Italien, wo Kopernikus zwischen 1496 und 1503 studierte und die Theorien von Maragha kennengelernt haben könnte, bis heute erhalten.

Aber ist das alles fair? Setzen wir in irgendeiner Form Kopernikus' große Leistung herab, indem wir ihn ans Ende einer langen Kette von »Geozentrikern« stellen? Dass er die Hypothese des heliozentrischen Modells wieder einführte, war sicher ein Akt von großem intellektuellem Wagemut. Im Vorwort zu *De revolutionibus* erklärte Kopernikus Papst Paul III., dem er das Buch widmet, es habe ihn aus Angst vor Hohn und Spott große Überwindung gekostet, seine Theorie von der Bewegung der Erde um die Sonne zu veröffentlichen. Im weiteren Verlauf berichtet er, er sei fast geneigt gewesen, das Werk völlig aufzugeben, und nur die ständigen Beschwörungen seiner engen Freunde hätten ihn veranlasst weiterzumachen.[13]

Was die Idee des heliozentrischen Weltbildes angeht, so ist heute klar, dass die Europäer im 16. und 17. Jahrhundert, auch Kopernikus selbst, über Aristarchus und sein früheres heliozentrisches Modell Bescheid wussten; Kopernikus war offenbar etwas enttäuscht, dass der Grieche ihm zuvorgekommen war. Er verschwieg den Namen Aristarchus sogar in seinen Schriften, abgesehen von einer Fußnote in einer frühen Fassung von *De revolutionibus*, die er später strich.[14]

Die Mathematik, deren Kopernikus sich zur Entwicklung seines Modells der Planetenbahnen bediente, war also nicht das Einzige, was er aus der islamischen Welt übernommen hatte. Auch das heliozentrische System, auf das er sie anwandte, war bereits seit fast zwei Jahrtausenden bekannt (allerdings hatte man es im Wesentlichen ignoriert). Trotz alledem möchte ich George Sarton zitieren, einen der weltweit führenden Experten für islamische Astronomie. Er formuliert es so:

> Es besteht sicher kein Zweifel an der Originalität oder genialen Leistung von Kopernikus; man sollte nicht unterstellen, dass er weniger klug war, weil er sich grundlegender Theoreme bediente, die man in der arabischen Astronomie schon zwei oder drei Jahrhunderte zuvor entdeckt und genutzt hatte. Ebenso besteht kein Zweifel, dass niemand anderes Anspruch auf die Theorie des heliozentrischen Weltbildes erheben kann, mit dem Kopernikus in so enge Verbindung gebracht wird. Wenn man unter der kopernikanischen Revolution versteht, dass durch sie das geozentrische Weltbild aufgegeben und das heliozentrische übernommen wurde, was Kopernikus' Meisterstück war, dann ist klar, dass er der unangefochtene Vorreiter dieser Revolution bleibt und dass es in der arabischen Astronomie kein Vorbild gibt, das in irgendeiner Form dem heliozentrischen Weltbild ähnelt.[15]

Man kann hier einen hübschen Vergleich mit der Entwicklung von Einsteins Spezieller Relativitätstheorie zu Beginn des 20. Jahrhunderts anstellen. Ich möchte deshalb kurz abschweifen und Einsteins Ideen beschreiben, um damit deutlich zu machen, um welche Analogie es mir geht.

Die Relativitätstheorie besagt, dass verschiedene Beobachter, die sich relativ zueinander bewegen, zu unterschiedlichen Ansichten über Entfernungen und zeitliche Abstände zwischen zwei Ereignissen gelangen. Da aber keiner von sich behaupten kann, sich in einem bevorrechtigten Bezugsrahmen zu befinden, löst sich die Vorstellung von absoluten Längen und Zeiträumen auf. Dies ist nur zu verstehen, wenn man die Begriffe von Raum und Zeit vereinigt, die mathematisch durch eine Reihe von Gleichungen verflochten sind, die Lorentz-Transformationen (nach dem Niederländer Hendrik Lorentz, der sie ein Jahr vor der Veröffentlichung von Einsteins Arbeit erstmals zu Papier brachte). Viele Voraussetzungen für die Relativitätstheorie waren bereits vor Einstein geschaffen worden, und eine frühere Form der Gleichungen hatten Lorentz und der irische Physiker George Fitzgerald unabhängig voneinander bereits in den 1890er Jahren formuliert, um damit ein berühmtes Experiment zur Fortpflanzung des Lichtes zu erklären.

Das Problem dabei: Lorentz und Fitzgerald hatten zwar die richtigen Gleichungen und waren zu der richtigen Antwort gelangt, aber aus dem falschen Grund. Sie interpretierten die tatsächlichen Abläufe falsch, weil sie an der weitverbreiteten Vorstellung von einem alles durchdringenden »Äther« festhielten, von dem man glaubte, er trage die Lichtwellen durch den Raum. Einsteins große Leistung war ein einfaches Postulat, mit dem er die richtige Interpretation für die physikalischen Befunde liefern konnte. Die Vorstellung, Licht brauche eine Art Medium, von dem es weitergetragen wird – ganz ähnlich wie eine Wasserwelle sich nur im Wasser fortpflanzen kann – ist, wie

Einstein zeigen konnte, unnötig. Als er die kluge Vermutung äußerte, ein Lichtstrahl könne nicht nur durch den leeren Raum wandern, sondern man werde bei einer Messung seiner Geschwindigkeit auch immer zu dem gleichen Ergebnis gelangen, ganz gleich, wie schnell man sich selbst relativ zu ihm bewegt, passten die Puzzleteile plötzlich zusammen.

Dieses entscheidende Konzept und die nachfolgenden Gedanken zur Vereinheitlichung von Raum und Zeit verschaffen uns ein viel tiefergehendes Verständnis für unsere Welt. Die Gleichungen von Lorentz und Fitzgerald erwiesen sich zwar mathematisch als richtig, aber erst Einstein sorgte für ihre richtige Interpretation. Wie man daran erkennt, kommt man mit einer guten Interpretation wissenschaftlicher Theorien der Wahrheit näher, denn ohne stichhaltige Interpretation würde man nach wie vor im Dunkeln tappen, ganz gleich, wie gut die Theorie mit den Experimenten übereinstimmt.

Das Gleiche kann man auch über Kopernikus sagen. Die Astronomen von Maragha mochten die richtigen mathematischen Methoden entwickelt haben, aber erst Kopernikus wandte sie vor dem Hintergrund der richtigen Interpretation an. Alle, die vor ihm kamen, hatten entweder die richtige heliozentrische Kosmologie vorgeschlagen, ohne die mathematisch-theoretischen Grundlagen zu liefern, oder sie hatten eine mathematische Theorie formuliert, diese aber auf das falsche physikalische System angewandt. Erst Kopernikus führte beides mit seiner Kombination aus Mut und Erkenntnis zusammen. Kurz gesagt, machte er die philosophische Idee eines heliozentrischen Weltbildes zu einer mathematischen Theorie mit Voraussagekraft.

Bevor wir diesen Teil der Geschichte verlassen, muss ich noch eine abschließende Bemerkung machen. Kopernikus lieferte uns natürlich keine richtige wissenschaftliche Theorie. Sein mathematisches Modell gründete sich auf ein hypothetisches Bild des physikalischen Universums, denn das Gravitationsgesetz kannte er noch nicht. Er verbesserte zwar Ptolemäus' Kosmologie, indem er die Erde aus dem Zentrum des Universums rückte und die Sonne an ihre Stelle setzte, heute wissen wir aber, dass er auch damit nicht ganz recht hatte. Für Kopernikus stand die Sonne auch im Mittelpunkt der äußeren Sphäre mit den weit entfernten Fixsternen. Wie wir aber mittlerweile gelernt haben, befindet sich unsere Sonne in Wirklichkeit im äußeren Arm einer durchschnittlichen, spiralförmigen Galaxie in einem unscheinbaren Teil des Universums, aber sicherlich nicht in seinem Zentrum. Wie hätte der arme Kopernikus das vor der Erfindung des Teleskops wissen sollen? Die moderne, von Einsteins Theorie ausgehende Kosmologie und die über Jahrhunderte gesammelten, immer umfassenderen und präziseren astronomischen Befunde haben uns davon überzeugt, dass das Universum überhaupt keinen Mittelpunkt hat, genau wie es auf der *Oberfläche* der Erde keinen Mittelpunkt gibt. Was Kopernikus richtig beschrieb (abgesehen von den elliptischen Umlaufbahnen, die noch auf die Arbeiten Keplers warten mussten), war unser Sonnensystem mit der Sonne in der Mitte. Trotz seiner unbezweifelbaren Genialität bleibe ich deshalb bei meiner Überzeugung, dass Kopernikus in Wirklichkeit der letzte Astronom der Schule von Maragha war. Der Titel eines Vaters der modernen Astronomie sollte an Galilei gehen, denn die eigentliche Revolution fand erst statt, als er mit Hilfe seines Teleskops endgültig bewies, dass Kopernikus – und Aristarchus – recht hatten.

15

Niedergang und Renaissance

Die Geschichte der Wissenschaft hat wie die Geschichte der gesamten Zivilisation ihre Zyklen durchgemacht.
Abdus Salam, Nobelpreisträger

Wenn wir die erste große Übersetzungsbewegung aus dem Griechischen ins Arabische mit der zweiten aus dem Arabischen ins Lateinische vergleichen und dazu aus dem islamischen Bagdad des 9. Jahrhunderts um 300 Jahre ins 12. Jahrhundert nach Toledo im christlichen Spanien springen, fallen sofort mehrere Parallelen auf. Die Klassiker der griechischen Wissenschaft, darunter Euklids *Elemente* und das *Almagest* von Ptolemäus, wurden mehrmals von verschiedenen Personen übersetzt und verfeinert, und das Gleiche geschah auch mit arabischen Klassikern wie al-Khwarizmis *al-Jebr* und Ibn al-Haythams *Optik*. Die prominentesten Mitglieder dieser zweiten Übersetzungsbewegung, die einen großen Teil der Arbeit leisteten, kann man sogar in einer Liste zusammenstellen. Am bekanntesten sind vermutlich die Engländer Adelard von Bath und Robert von Chester sowie der Italiener Gerard von Cremona. Alle drei arbeiteten an der Übersetzung von al-Khwarizmis Werken über Mathematik. Weitere herausragende Namen sind Daniel von Morley, Johannes von Sevilla, Hermann von Carinthia und Plato von Tivoli. Ihren Höhepunkt erreichte die Übersetzungstätigkeit um die Mitte des 12. Jahrhunderts, als der Bischof Raimund von Toledo in seiner Heimatstadt ein Übersetzerzentrum einrichtete. Einige Übersetzer waren wie ihre früheren Kollegen in Bagdad auch selbst begabte Wissenschaftler, man kann aber mit Fug und Recht behaupten, dass es unter ihnen keine wirklich originellen Denker vom Format eines al-Khwarizmi, al-Kindi, Hunayn ibn Ishaq oder Thabit ibn Qurra gab. Außerdem war die Schule von Toledo nicht annähernd so produktiv wie das Haus der Weisheit in Bagdad.

Einer der wichtigsten arabischen Texte, die man schon frühzeitig studierte, war al-Khwarizmis *al-Jebr*, das 1145 von Robert von Chester erstmals ins Lateinische übersetzt wurde (einige Jahre später folgte die Version von Gerard von Cremona).[1] Demnach führte Robert als Erster in Europa das Wort »Algebra« ein. Von ihm stammt auch das Wort »Sinus« für das trigonometrische Verhältnis zweier Seiten in einem rechtwinkligen Dreieck.[2] Der Weg, auf dem er zu diesem Wort mit seinen ursprünglich hinduistischen Ursprüngen gelangte, hat es verdient, erwähnt zu werden, nicht zuletzt, weil die meisten Historiker ihn ein wenig falsch darstellen.

Etymologisch müssen wir bei dem Sanskrit-Wort *jya-ardha* beginnen, das »die halbe Bogensehne« (oder geometrisch die Hälfte der Sehne in einem Kreis – siehe Diagramm) bedeutet. Dieser Begriff wurde von hinduistischen Mathematikern zu *jiva* abgekürzt, und später lautete er in arabischer Umschrift *jiba* (einen Buchstaben, der wie »v« klingt, gibt es im arabischen Alphabet nicht). Dies wiederum wurde nur noch mit den beiden Buchstaben *j* (*jim*) und *b* (*ba'*) geschrieben. Ob es sich dabei um eine absichtliche Abkürzung handelte oder ob es an den beiden Vokalen in dem Wort lag, die kurze Laute sind und deshalb im Arabischen nicht geschrieben werden, ist mir nicht klar. Als Robert von Chester nun beim Übersetzen auf dieses Wort stieß, las er es fälschlich als *jayb*, was auf Arabisch »Tasche« bedeutet (und nicht, wie viele Fachleute behauptet haben, »Falte«, »Busen«, »Bündel« oder »Bucht«). Also benutzte er einfach das lateinische Wort für »Tasche«: *sinus*. Die Abkürzung »sin« findet

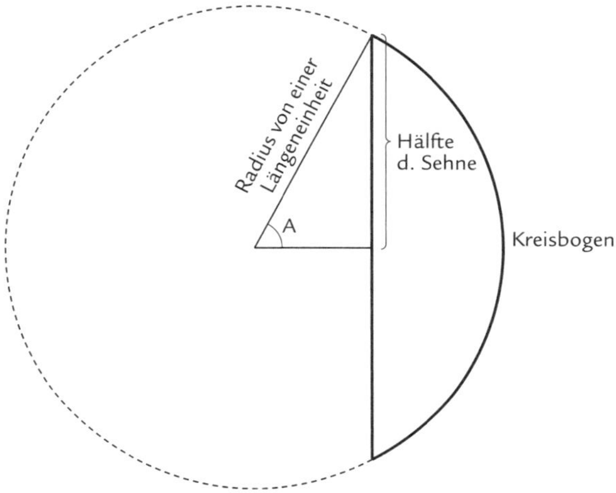

Die Entstehung des trigonometrischen Sinus eines Winkels, beschrieben von hinduistischen Mathematikern.

sich zusammen mit »cos« und »tan« erstmals im 16. Jahrhundert in einer Veröffentlichung des französischen Mathematikers Albert Girard. Interessanterweise wird das Wort für Sinus im heutigen Arabisch tatsächlich *jayb* ausgesprochen.

Nach und nach sickerte die arabische Wissenschaft also nach Europa ein. Im Vergleich zum islamischen Großreich war Westeuropa zwar immer noch tief im dunklen Mittelalter gefangen, hier und da gab es aber aufgeklärtere Herrscher, die eine begrenzte Form von Gelehrsamkeit förderten. Ein Beispiel ist der Wikingerkönig Knut von England, Norwegen und Dänemark (Regierungszeit 1016–1035): Er lockte eine Reihe von Gelehrten aus Nordfrankreich nach England. Später förderte auch der Normannenkönig Wilhelm der Eroberer die Gelehrsamkeit, und wir können beobachten, dass gegen Ende des 11. Jahrhunderts der Mathematiker Robert von Lothringen und der Astronom Walcher von Malvern nach England kamen. Walcher gilt als der erste englische Astronom; bekannt wurde er, weil er mit Hilfe eines Astrolabiums die Dauer mehrerer Sonnen- und Mondfinsternisse bestimmte und eine Reihe von Tabellen für den Zeitpunkt des Neumondes berechnete. Er war auch der erste englische Gelehrte, der das Arabische beherrschte, und übersetzte als einer der Ersten arabische Abhandlungen ins Lateinische.

Wie wir bereits erfahren haben, begann die Vermittlung der arabischen Wissenschaft nach Europa im 10. Jahrhundert mit Männern wie Gerbert d'Aurillac. Diese Entwicklung gewann in den folgenden Jahrhunderten an Tempo, insbesondere nachdem immer mehr andalusische Zentren durch die *Reconquista* wieder unter christliche Herrschaft kamen. Aber Spanien war nicht der einzige Ort der Vermittlung. Zwei andere bedeutsame Städte waren Venedig, das Handel mit vielen Dynastien der muslimischen Welt trieb, und Palermo, die Hauptstadt Siziliens.

Im Jahr 1061 landete der normannische Herzog Roger Guiskard mit seiner Armee an der Küste Siziliens. Im Laufe der folgenden 30 Jahre entriss er den muslimischen Herrschern der Insel nach und nach die Macht. Er regierte unter dem Titel eines Großherzogs Roger I. und war dabei so pragmatisch, den Regierungsapparat der Araber zum größten Teil zu übernehmen. Wie die muslimischen Herrscher vor ihm, so waren auch die Normannen anfangs sehr tolerant gegenüber anderen Religionen, und Sizilien blieb ein Land der religiösen Freiheit: Hier lebten Muslime und Juden friedlich mit katholischen und orthodoxen Christen zusammen, und Hebräisch, Arabisch, Latein und Griechisch waren als Amtssprachen anerkannt. Sein Sohn Roger II. regierte 42 Jahre (1112–1154), die meiste Zeit davon als König; unter seiner Herrschaft wurde Sizilien zu einem mächtigen, wohlhabenden Königreich, zu dem die ganze Südhälfte Italiens gehörte; die Hauptstadt Palermo entwickelte sich zu einem der wichtigsten kulturellen Zentren Europas. Roger II. ist uns zuvor bereits begegnet: Für ihn schrieb der große andalusische Geograph al-Idrisi sein berühmtes *Buch Rogers*.

Inwieweit stand Europa eigentlich tatsächlich im Schatten des islamischen Großreiches? Jede Form origineller wissenschaftlicher Gelehrsamkeit in Europa während des Goldenen Zeitalters des Islam zu leugnen wäre falsch: Wohin und in welche Phase der Weltgeschichte man auch blickt, immer gab es an einzelnen Stellen intellektuelle Aktivität und hervorragende Leistungen. Zwei leuchtende Beispiele und originelle Denker, die im Dunkel des Mittelalters leuchteten, waren der Italiener Thomas von Aquin (ca. 1225–1274) und der Engländer William von Ockham (ca. 1288–1347). Ansonsten gab es aber bis zum Ende des 15. Jahrhunderts, als Renaissance-Genies wie Leonardo da Vinci auf der Bildfläche erschienen, kaum christliche Gelehrte, die mit ihren Leistungen an ihre muslimischen Zeitgenossen heranreichen. In der Renaissance schließlich besaßen europäische Universitäten die lateinischen Übersetzungen der Werke aller großen Gestalten des Islam, darunter Ibn Sina, Ibn al-Haytham, Ibn Rushd, al-Razi, al-Khwarizmi und viele andere. Insbesondere in der Medizin wurden Übersetzungen arabischer Bücher bis ins 18. Jahrhundert hinein gelesen und gedruckt.

Zu den europäischen Gelehrten, die von ihren islamischen Kollegen beeinflusst wurden, gehörten Roger Bacon, der sich mit seinen Arbeiten über Linsen in großem Umfang auf Ibn al-Haythams *Optik* stützte, und Leonardo von Pisa (Fibonacci), der die Algebra und die arabischen Zahlzeichen einführte, nachdem er sich intensiv mit den Werken al-Khwarizmis beschäftigt hatte. Manche Historiker haben sogar die Ansicht vertreten, der große deutsche Astronom Johannes Kepler habe sich zur Entwicklung seiner bahnbrechenden Arbeiten über elliptische Umlaufbahnen anregen lassen, nachdem er die Arbeiten des andalusischen Astronomen al-Bitruji (Alpetragius) studiert hatte, der im 12. Jahrhundert vergeblich versucht hatte, das ptolemäische Modell abzuwandeln. Al-Bitruji war zwar weit von den wichtigsten islamischen Astronomen entfernt, seine *Prinzipien der Astronomie* (*Kitab al-Hay'a*) erfreuten sich aber in Europa großer Beliebtheit.[3]

Natürlich ging der Einfluss der arabischen Wissenschaftler auf die übrige Welt und insbesondere auf das mittelalterliche Westeuropa weit über ihre rein wissenschaftlichen Errungenschaften hinaus. Ich habe hier beispielsweise nicht im Einzelnen beschrieben, welchen Beitrag sie zur islamischen landwirtschaftlichen Revolution mit ihren neuen Bewässerungsmethoden leisteten oder wie sie ganz neue chemische Industriezweige wie Glasherstellung, Keramik oder Zuckerproduktion entstehen ließen. Ihre technischen Leistungen beim Bau von Dämmen, Kanälen, Wasserrädern und Pumpen, aber auch die technischen Fortschritte im Uhrenbau – alle diese Entwicklungen veränderten auf vielerlei Weise direkt und unmittelbar das Leben von Millionen einfachen Menschen.

Statt hier eine lange, trockene Liste aufzustellen, möchte ich nur nebenbei ein Geschenk erwähnen, das von den Arabern stammt und für das ich sehr dankbar bin: den Kaffee – insbesondere da er ursprünglich in Europa als »Türkengetränk« verboten war. Seine Nutzung kann man bis ins 9. Jahrhundert und nach Äthiopien zurückverfolgen: Dort beobachtete der Legende zufolge ein arabischer Ziegenhirte namens Khalid, wie seine Ziegen lebhafter wurden, nachdem sie die Beeren der Kaffeepflanze gefressen hatten. Aufmerksam geworden, kochte er die Beeren in Wasser und bereitete so die erste Tasse Kaffee. Von Äthiopien verbreitete sich das Getränk nach Ägypten und in den Jemen, aber erst in Arabien wurden Kaffeebohnen zum ersten Mal geröstet und aufgebrüht, wie wir es heute tun. Bis zum 15. Jahrhundert hatte der Kaffee auch den übrigen Mittleren Osten, Persien, die Türkei und Nordafrika erobert.

Der deutsche Arzt Leonhard Rauwolf verfasste 1583, kurz

nach seiner Rückkehr von einer zehnjährigen Reise durch den Nahen Osten, folgende Beschreibung über den Kaffee:

> Ein Getränk, schwarz wie Tinte, nützlich gegen zahlreiche Krankheiten, insbesondere gegen solche des Magens. Die ihn verzehren, tun es morgens ganz freimütig aus einer Porzellantasse, die herumgereicht wird und aus der jeder eine Tasse voll trinkt. Es besteht aus Wasser und der Frucht eines Strauches, der Bunnu genannt wird.

Aus der muslimischen Welt verbreitete sich der Kaffee zunächst über Venedig nach Italien und von dort schnell über das ganze übrige Europa. Das erste Kaffeehaus des Kontinents wurde Mitte des 17. Jahrhunderts in Italien eröffnet. Die niederländischen Kolonialherren bauten Kaffee dann auch in Indonesien an, und im 18. Jahrhundert wurde er durch die Bemühungen der britischen Ostindien-Kompanie schließlich auch in England populär.

Im Jahr 2007 schließlich schloss sich in der Geschichte des Kaffees ein Kreis: Nach gerichtlichen Auseinandersetzungen auf höchster Ebene gelangten die Regierung Äthiopiens, des Heimatlandes des Kaffees, und der Kaffeekonzern Starbucks zu einer Einigung über die Markennamen für bestimmte äthiopische Kaffeesorten.

Was die ingenieurtechnischen Leistungen im islamischen Großreich angeht, so kann ich nichts Besseres tun, als den berühmtesten Ingenieur Ibn Isma'il al-Jazari (1136–1206) zu erwähnen und seine bekannteste Erfindung zu beschreiben. Er stammte ursprünglich aus al-Jazira, einer Region im Norden Mesopotamiens, und wurde zu einem der großartigsten Uhrmacher aller Zeiten. Seine fast zwei Meter hohe, wasserbetriebene »Elefantenuhr« gehört zu den technischen Wunderwerken des Mittelalters; sie ist ein Objekt von künstlerischer Schönheit wie auch von technischer Meisterschaft (siehe Farbtafeln 27 und 28). Er bediente sich darin der von Archimedes gefundenen Gesetzmäßigkeiten des Wassers in Verbindung mit indischen, wasserbetriebenen Zeitmessvorrichtungen: Die Uhr bestand aus einem hohlen Modell eines indischen Elefanten mit zwei arabischen Reitern, die auf einem persischen Teppich mit chinesischen Drachen und einem ägyptischen Phönix sitzen. Die Uhr ruht auf einem perforierten Schwimmer, der für alle Teile als Antrieb und Zeitmesser dient. Im Bauch des hohlen Elefanten befindet sich ein Wassertank, und in diesem schwimmt eine Schüssel mit einem kleinen Loch im Boden. Das Loch wurde so gebohrt, dass das Wasser mit genau geplanter Geschwindigkeit in die Schüssel dringt; diese füllt sich innerhalb einer halben Stunde und sinkt dann zu Boden. Eine kleine Kette, die sich nur aufwärts und abwärts biegen kann, hält die Schüssel in der Nähe einer Seite des Tanks fest, so dass sie sich nur senkrecht bewegt.

Wenn die Schüssel sich füllt, sinkt sie in dem Tank allmählich zu Boden und zieht dabei an einem Draht, der mit einem Hebel oberhalb des Elefanten verbunden ist. Dieser sorgt dafür, dass der Schreiber langsam rotiert und so die Minuten anzeigt. Wenn die Schüssel gefüllt ist, sinkt sie schneller ab und löst dabei mehrere Mechanismen aus: Der Schwimmer drückt Luft durch eine Flöte in einem getrennten Hohlraum, so dass ein Ton entsteht und die Illusion vermittelt, der Phönix ganz oben auf der Uhr würde singen. Gleichzeitig zieht er an einem Korb auf der Oberseite der Uhr, der mehrere Metallkugeln enthält. Der Korb kippt und gibt einen Ball frei, der abwärts rollt – zuerst auf Rotorblätter, die den Phönix in Drehung versetzen, dann in das Maul eines Drachen, der daraufhin nach vorn kippt. Dabei hebt sich sein Schwanz und zieht den Schwimmer im Bauch des Elefanten wieder nach oben. Der Schwimmer steigt an die Oberfläche, kippt und entleert sich, womit der ganze halbstündige Vorgang von vorn beginnt. Gleichzeitig fällt die Kugel aus dem Maul des Drachen auf eine Platte, welche die

Arme des Elefantentreibers bewegt, als würde er ein im Inneren des Elefanten verborgenes Schlaginstrument betätigen. Nachdem die Kugel aus dem Drachen freigegeben wurde, kippt dieser wieder zurück, so dass er eine Stunde später (da die beiden Drachen sich in ihrer Tätigkeit mit der Kugel abwechseln) eine weitere Kugel aufnehmen kann. Damit die Uhr ununterbrochen arbeitet, muss der Korb mit den Kugeln natürlich ständig nachgefüllt werden.

Würde man zur Messung der wissenschaftlichen Produktivität die Zahl der praktizierenden Wissenschaftler in Europa und im islamischen Großreich entlang einer Zeitachse von 1000 Jahren aufzeichnen, so würde man erkennen, dass die Kurve in der islamischen Welt ungefähr ab 700 u. Z. ansteigt. Am schnellsten ist der Anstieg zur Zeit von al-Ma'muns Haus der Weisheit, das heißt in der ersten Hälfte des 9. Jahrhunderts. Der Höhepunkt ist um 1000 u. Z. erreicht, danach beginnt über 500 Jahre hinweg ein langer, langsamer Niedergang. In Europa dagegen gab es bis zum Beginn des 15. Jahrhunderts keine nennenswerte wissenschaftliche Tätigkeit, dann aber erwachte sie plötzlich zum Leben. Ungefähr Mitte des 15. Jahrhunderts hatte Europa die islamische Welt überholt, und der Anstieg ging weiter – bis heute. Bevor ich mich also mit dem Niedergang der Wissenschaft in der islamischen Welt beschäftige, möchte ich kurz untersuchen, wie und warum sie in Europa einen so spektakulären Aufschwung nahm.

Die kulturelle Strömung der Renaissance erstreckte sich ungefähr vom 14. bis ins 16. Jahrhundert. Sie begann in Florenz, verbreitete sich später auf das übrige Europa und umfasste Entwicklungen in allen Geistesrichtungen: Literatur, Philosophie, Politik, Wissenschaft und Religion. Ihre Anfänge sind vielleicht am besten bekannt durch die Leistungen von Männern wie Leonardo da Vinci und Michelangelo.

Im 19. Jahrhundert betonten Historiker gern, die Renaissance stelle einen klaren »Bruch« mit dem Denken und den Lebensweisen des Mittelalters dar; insbesondere, so hieß es, habe die »wissenschaftliche Revolution«, die Mitte des 16. Jahrhunderts begann, den Anfang der Neuzeit angekündigt. Heute sieht man darin richtigerweise eher die Beschleunigung eines Prozesses, der bis in die Antike zurückreicht. Wie ich zuvor ausführlich dargelegt habe, ist es sicher falsch, die Entstehung der Wissenschaft oder der naturwissenschaftlichen Methode in die Renaissance zu verlegen. Man kann in ihr vielmehr die »Wiedergeburt« einer europäischen Gelehrsamkeit sehen, die lange verlorengegangen war; ihre Ursache hatte die Wiederbelebung zu einem nicht geringen Teil in der Entdeckung griechischer und arabischer Texte sowie ihrer Übersetzung ins Lateinische, genau wie islamische Gelehrte vorher die Werke der griechischen Antike, die in Vergessenheit geraten waren, wiederentdeckt hatten. Von Bedeutung ist natürlich vor allem, dass die Wissenschaftler der Renaissance durch die Eroberung Spaniens Zugang zu Reichtümern wie den Bibliotheken von Toledo, Córdoba und Granada erhielten.

Interessant ist die Frage, warum die Renaissance in Florenz und nicht anderswo in Europa oder auch in einer anderen Stadt Italiens ihren Anfang nahm. Manche Historiker vermuten, es sei einfach Glück gewesen, dass Florenz zum Geburtsort der Renaissance wurde – große Gestalten wie Leonardo da Vinci, Sandro Botticelli und Michelangelo wurden zufällig ungefähr zur gleichen Zeit in der Toskana geboren. Aber diese Männer konnten nur wegen des allgemeinen kulturellen Umfeldes so berühmt werden, genau wie Bagdad im 9. Jahrhundert den Aufschwung einer wissenschaftlichen Strömung unter Leitung von Personen wie al-Kindi und al-Khwarizmi ermöglichte. Viele Historiker haben auf die wichtige Rolle der Familie Medici hingewiesen: Diese finanzierte und stimulierte die Künste auf eine Weise, die an die Rolle der frühen Abassidenkalifen denken lässt.

Wenn wir uns noch einmal in Erinnerung rufen, wie al-Ma'mun dafür sorgte, dass das Haus der Weisheit von einer Palastbibliothek zu einem der vielleicht größten Zentren der Gelehrsamkeit in der Geschichte wurde, so können wir einschätzen, welche entscheidende Rolle der Kalif als Mäzen der Gelehrten spielte und wie stark eine längere Phase mit Frieden und Wohlstand dazu beitrug, dass die wichtigsten Köpfe mit ihrer ansteckenden Begeisterung, Leidenschaft und Motivation zusammentreffen konnten. Wie man ebenfalls erkennt, waren spätere, schwächere Kalifen selbst im Bagdad des 9. Jahrhunderts weniger geneigt, wissenschaftliche Tätigkeit zu fördern und zu finanzieren, und dies war zwangsläufig mit einer Verlangsamung des wissenschaftlichen Fortschritts verbunden.

In neuerer Zeit, nämlich in den ersten Jahrzehnten des 20. Jahrhunderts, setzte erneut eine Phase schneller wissenschaftlicher Fortschritte ein. Auch hier war es nach meiner Überzeugung kein Zufall, dass in dem neugegründeten Institut von Niels Bohr in Kopenhagen Genies wie Werner Heisenberg, Paul Dirac und Wolfgang Pauli zusammentrafen, die alle zur Entwicklung der neuen Atomtheorie beitrugen. Immer ist es in der Geschichte irgendwann so weit, dass sich Gelegenheiten bieten und die soziopolitischen Voraussetzungen günstig sind, und dann gibt es Persönlichkeiten, die sich der Herausforderung stellen.

Eine weitere Parallele zwischen dem Goldenen Zeitalter des Islam und der europäischen Renaissance ist die zwischen den rationalistischen Mu'taziliten in Bagdad und der humanistischen Bewegung in Italien, die sich in Gestalten wie Niccolò de Niccoli (1364–1437) und Poggio Bracciolini (1380–1459) verkörperte. Wie die Mu'taziliten, so betonten auch die Humanisten die außerordentlich große Fähigkeit des menschlichen Geistes, seine Umwelt rational zu betrachten und zu verstehen. In der Renaissance wandelten sich zweifellos sowohl unsere Sicht auf das Universum als auch die Methoden, mit denen die Wissenschaft sich um die Erklärung natürlicher Phänomene bemühte. Während sich in der Abassidenzeit Wissenschaft und Religion vermischten, kam es in der Frührenaissance zu einer Überschneidung von Wissenschaft und Kunst: Leonardo da Vinci und andere fertigten Zeichnungen ihrer Beobachtungen von Anatomie und Natur an.

Aber die Kernthese des vorliegenden Buches lautet ja: Die am häufigsten genannte, bedeutsamste Entwicklung jener Epoche, die Geburt der modernen naturwissenschaftlichen Methode, fand überhaupt nicht während dieser Zeit statt. Dieser revolutionäre neue Weg, etwas über die Welt in Erfahrung zu bringen, wie er sich in den Arbeiten von Kopernikus und Galilei verkörpert, die sich auf empirische Belege anstelle einer aristotelischen »letzten Ursache« konzentrierten, war, wie wir heute wissen, bereits im 10. und 11. Jahrhundert von al-Razi, Ibn al-Haytham und al-Biruni beschritten worden.

In der europäischen Renaissance gab es zahlreiche Faktoren, die sich zweifellos auf das Tempo des wissenschaftlichen Fortschritts auswirkten, beispielsweise die Erfindung der Druckerpresse, die nun eine viel schnellere Übermittlung neuer Gedanken ermöglichte, wie es die Papiermühle bei den Abassiden getan hatte. Andere, spätere Erfindungen wie Teleskop und Mikroskop brachten Umwälzungen in Astronomie, Biologie und Medizin.

Vom 13. bis zum 16. Jahrhundert beobachten wir tatsächlich in der gesamten islamischen Welt einen deutlich rückläufigen Umfang der originellen wissenschaftlichen Produktion. Im Vergleich zum Europa der Renaissancezeit, das von Reichtümern aus der großen neuen Welt überschwemmt wurde, ein neugefundenes Selbstbewusstsein an den Tag legte und damit stark an al-Ma'muns Bagdad erinnerte, hatten die vielen Dynastien der islamischen Welt mit Zerstückelung und konservativ-religiösen Bestrebungen zu kämpfen, ja sogar mit Gleichgültigkeit gegenüber einer rein wissenschaftlichen Forschung, die nicht im Dienste von Religion, militärischer Stärke oder wirtschaftlichem Wohlergehen stand. Lange nachdem die Sonne über Bagdad untergegangen war, hatten neue Zentren wie das Kairo der Fatimiden, das Córdoba der Umayyaden und das Gurganj der Ma'muniden ihren Aufstieg und Untergang erlebt.

Was war schiefgegangen? Wo lagen die Gründe dafür, dass wissenschaftlicher Fortschritt und Produktivität in der islamischen Welt langsam, aber sicher zurückgingen? Ich möchte mich zuerst mit den beiden am häufigsten genannten Gründen beschäftigen. Beide nennen für das Goldene Zeitalter der arabischen Wissenschaft einen relativ abrupten Endpunkt.

In der westlichen Welt wurde vielfach die Ansicht vertreten, der Konflikt zwischen dem orthodoxen Islam und der rationalistischen Strömung der Mu'tazila, der seinen Höhepunkt letztlich in den Arbeiten des Theologen al-Ghazali (1058–1111) fand, sei im Mittleren Osten der Anfang vom Ende des wissenschaftlichen Zeitalters gewesen. Al-Ghazali kritisierte in seinem Werk *Inkohärenz der Philosophen* die Philosophie Ibn Sinas und anderer: Er warf ihnen vor, dass sie so von Aristoteles fasziniert waren und dessen Gedanken in ihre Philosophie eingebaut hatten. Damit ist al-Ghazali der Vertreter einer Hinwendung zu einer eher konservativen und sogar mystischen Interpretation der islamischen Theologie.

Al-Ghazali ist bis heute einer der angesehensten Denker der islamischen Geschichte, und die Wirkung seiner Gedanken auf die orthodoxe Hauptrichtung des Islam kann man nicht hoch genug einschätzen. Er beeinflusste sogar noch 200 Jahre später Thomas von Aquin und andere Europäer. Aber die tiefverwurzelte, religiös-konservative Haltung der Denkschule, die sich rund um seine Arbeiten bildete, fügte dem Geist des Rationalismus bleibenden Schaden zu und kennzeichnete einen Wendepunkt in der islamischen Philosophie. Bis heute sind viele Muslime überzeugt, er habe eine Art intellektuelle Diskussion gewonnen, in deren Verlauf eine ganze Reihe großartiger Denker von al-Kindi über al-Farabi und Ibn Sina bis zu Ibn Rushd als Ketzer gebrandmarkt wurden. Damit werden die großartigen, reichhaltigen Gedanken, die diese Männer der Welt schenkten, schlechtgemacht und herabgewürdigt. Und das ist noch nicht alles: Eine solche Haltung ist auch ungerecht gegenüber al-Ghazali selbst, der ebenfalls ein eigenständiger, höchst begabter Wissenschaftler war.

Warum wird er dennoch nach wie vor als eine der wichtigsten Ursachen für den Niedergang der rationalen wissenschaftlichen Forschung genannt? Al-Ghazali griff vor allem eine theologische und metaphysische Sichtweise an, die sich auf die platonische und aristotelische Logik stützte: Ein solches Zurückgreifen auf philosophische Gedanken der Griechen war nach seiner Ansicht islamfeindlich. Die ganze Diskussion wurde auf einen Konflikt zwischen irrationaler Religion und rationaler Wissenschaft reduziert, was sowohl naiv als auch töricht ist. Ein solcher rein philosophischer Streit hätte ohnehin andere Fachgebiete wie die Mathematik, Astronomie und Medizin eigentlich nicht beeinflussen dürfen – und größtenteils geschah das auch nicht.[4]

Noch weniger durchdacht ist das zweite Argument, mit dem häufig versucht wird, den Niedergang des originellen wissenschaftlichen Denkens in der islamischen Welt zu erklären. Es besagt, das Goldene Zeitalter sei 1258 mit der Zerstörung Bagdads durch die Mongolen ganz plötzlich abgebrochen; in diesem Jahr wurden die meisten Bücher im Haus der Weisheit von der mongolischen Armee unter Hulagu vernichtet. Die Berichte unterscheiden sich im Einzelnen, nach der Schätzung vieler Historiker wurde aber ein großer Teil der Stadtbevölkerung, die damals bei fast einer Million Menschen gelegen haben könnte, im Februar dieses Jahres innerhalb von nur einer Woche von den Mongolen ermordet. Der Angriff war so heftig, dass Bagdad sich nie mehr davon erholte: Nach 500 Jahren war die Herrschaft der Abassiden mit einem Schlag vorüber.

Dass das Goldene Zeitalter der islamischen Wissenschaft ein so tragisches, abruptes Ende fand, war sicherlich die Version, an die ich mich auch aus meinem eigenen Geschichtsunterricht damals in der Schule im Irak dunkel erinnere. Sie wird noch heute von vielen Bewohnern Bagdads vertreten, die sich nicht vorstellen können, dass anderswo im Großreich etwas Nennenswertes vorging. Aber Bagdad war Mitte des 13. Jahrhunderts in der arabischsprechenden Welt bei weitem nicht das einzige Zentrum der Gelehrsamkeit. Es gab zu dieser Zeit in ganz Nordafrika und Spanien, aber auch im Osten – in Persien und Zentralasien – mehrere Dutzend blühende wissenschaftliche Zentren. Gelehrte wie Ibn Sina und al-Biruni setzten vermutlich nie einen Fuß in die Stadt Bagdad. Die Zerstörung der Stadt im Jahr 1258 versetzte zwar dem Islam als Ganzem sicher einen entsetzlichen psychologischen Schlag, man kann aber dieses einzelne Ereignis nicht für alles verantwortlich machen.

Wenn es also weder an al-Ghazalis konservativer Haltung noch an der Eroberung Bagdads durch die Mongolen lag, wohin müssen wir dann blicken? Manche modernen Historiker aus der muslimischen Welt haben die Ansicht vertreten, der Hauptgrund für den Niedergang sei der Kolonialismus des Westens gewesen, andere dagegen behaupten, es habe eigentlich kaum einen Niedergang gegeben. Wie es zu dem zuletzt genannten Standpunkt kommt, kann ich verstehen: Er tritt zumindest der Ansicht entgegen, in dieser Region der Welt sei nach dem 12. Jahrhundert nichts Nennenswertes mehr geschehen – wie wir bereits erfahren haben, setzten sich wichtige astronomische Arbeiten an Orten wie Maragh und Damaskus noch bis weit ins

14. Jahrhundert hinein fort. Wenn überhaupt, setzte der Niedergang also langsamer und später ein, als üblicherweise behauptet wird. Und was politische Faktoren wie den Kolonialismus angeht, so spielten sie eher eine unterschwellige Rolle. Die Kolonialherren, die seit dem 18. Jahrhundert über viele Teile der islamischen Welt herrschten, hielten es für notwendig, die Errungenschaften der großen wissenschaftlichen Zentren, beispielsweise des Bagdads der Abassiden und des Córdoba der Umayyaden, herabzusetzen und herunterzuspielen. Nur so konnten sie ihr imperialistisches Überlegenheitsgefühl gegenüber vielen Teilen Afrikas und Asiens rational begründen und rechtfertigen. Dennoch kann niemand behaupten, sie hätten damit einen echten rationalen Forschergeist behindert oder die geniale Kreativität eines Ibn al-Haytham oder al-Biruni eingeschränkt. In Wirklichkeit waren diese glanzvollen Tage längst vorüber.

Ein gewichtiger Faktor war der Widerwille der muslimischen Welt und insbesondere des Osmanischen Reiches, die Druckerpresse schnell genug einzuführen. Besonders schmerzlich ist das, wenn man bedenkt, dass das erste in England gedruckte Buch, die *Dictes and Sayings of the Philosophers* (1477)[5] die englische (über das Lateinische und Französische) Übersetzung eines arabischen Textes war, der Ende des 11. oder Anfang des 12. Jahrhunderts entstand.[6] Wie kam es dazu, dass die Druckerpresse im islamischen Großreich alles andere als begeistert aufgenommen wurde?

Der Druck arabischer Buchstaben stellte die ersten Schriftsetzer vor weit größere Probleme als das Lateinische: Die arabische Schrift ist von ihrem Wesen her »kursiv«, und zusätzliche Komplikationen ergeben sich durch die Buchstabenverbindungen, wobei die Buchstaben je nach ihrer Stellung in einem Wort eine unterschiedliche Gestalt haben. Gestaltung und Guss der vielen verschiedenen Lettern und die Zusammenstellung des

Textes waren also komplizierter als bei anderen Alphabeten. Die ersten arabischen Schriftsetzer versuchten, die Kalligraphen nachzuahmen: Sie benutzten zusätzlich kürzer klingende Vokale (die keine eigenständigen Buchstaben sind, sondern Punkte und Schnörkel über oder unter den Konsonanten) und andere Symbole wie die *shadda*, die eine andere Betonung mancher Buchstaben andeuten. Heute kommt nichts davon im gedruckten Arabisch vor, denn die Aussprache der Worte ist entweder offensichtlich oder ergibt sich aus der Grammatik.

Noch bis ins 17. Jahrhundert hinein hegten die Muslime eine heftige Abneigung gegenüber dem Buchdruck. Die Kalligraphie war – und ist bis heute – in der islamischen Welt weit mehr als nur eine Kunstform oder ein ästhetischer Stil; sie war ein Zeichen der kulturellen Identität. Der Druck mit beweglichen Lettern bedeutete, dass die fließende Harmonie dieser wunderschönen Tradition auf einen mechanistischen Prozess reduziert wurde, und das führte zu heftigen Widerständen.

Aber geschäftstüchtige europäische Drucker erkannten hier das Potential eines nicht erschlossenen Marktes, und eines der ersten Bücher, das auf Arabisch gedruckt wurde – 1537 von den Paganinis aus Venedig – war der Koran selbst. Vor einigen Jahren hatte ich die Gelegenheit, das einzige noch erhaltene Exemplar dieser ehrgeizigen Ausgabe zu studieren. Es wurde in den 1980er Jahren von der italienischen Historikerin Angela Nuovo in der Bibliothek der Franziskanerbrüder von San Michele in Isola in Venedig entdeckt,[7] und anscheinend hatten bis dahin höchstens einige wenige arabische Muttersprachler die Gelegenheit gehabt, es sich anzusehen. Deshalb war es für mich faszinierend, einen näheren Blick darauf zu werfen, insbesondere weil es seit langem von einer Aura des Geheimnisvollen umgeben war.

Bei der Durchsicht fielen mir sehr schnell mehrere typographische Fehler auf. Das arabische Wort für »dieses« zum Beispiel lautet *dhalika*. Es taucht im Text fälschlich mit dem Vokal

»a« anstelle des »i« auf: eine schräge, gestrichelten Linie über dem »l« statt darunter, was *dhalaka* ausgesprochen wird – ein sinnloses Wort. Dieser scheinbar triviale Rechtschreibfehler im heiligen Buch der Muslime wäre als Sakrileg betrachtet worden, und deshalb ist es nicht verwunderlich, dass die Osmanen, denen der kühne venezianische Verleger mehrere hundert Exemplare anbot, ablehnten.

Da die venezianischen Kaufleute also die Osmanen nicht von den Vorteilen der Druckerpresse überzeugen konnten, breitete diese sich auch nicht über Istanbul hinaus auf andere Teile der islamischen Welt aus. Als in der Türkei 1727 schließlich der arabische Buchdruck eingeführt wurde, verlegte man nur Bücher über Geographie, Geschichte und Sprache. Religiöse Werke waren von der Genehmigung ausdrücklich ausgeschlossen.

Aber ein Rückgang im Umfang der wissenschaftlichen Produktion lässt nicht zwangsläufig darauf schließen, dass die Gelehrsamkeit da, wo sie sich fortsetzte, von schlechter Qualität war. Deshalb möchte ich zum Schluss die Leistungen dreier weiterer großer Gestalten erörtern. Dies waren ein Arzt im 13. Jahrhundert, ein Historiker und Sozialwissenschaftler im 14. und ein Mathematiker im 15. Damit möchte ich nicht nur deutlich machen, dass die islamische Astronomie nicht als einziges Fachgebiet auch im Mittelalter weiterhin florierte, sondern ich habe auch schlicht und einfach das Gefühl, dass ich diese drei Männer in meinem Bericht über die arabische Wissenschaft nicht auslassen darf.

Eine beliebte Quizfrage zum Allgemeinwissen lautet: »Welcher Wissenschaftler erklärte als Erster den Blutkreislauf?« Nach der traditionellen, »richtigen« Antwort war dies der englische Arzt William Harvey im Jahr 1616. Aber wie so häufig in der Wissenschaft, so ist auch diese Geschichte in Wirklichkeit nicht so einfach. Aus Quellen, die man 1924 in einer Berliner Bibliothek entdeckte, geht eindeutig hervor, dass die Grundlagen für die Entdeckung von dem syrischen Arzt (der zwangsläufig auch Universalgelehrter war) Ibn al-Nafis (1213–1288) gelegt wurden: Er lieferte die erste richtige Beschreibung des Lungendurchganges, wie man ihn heute nennt, weil das Blut durch ihn aus der rechten Herzhälfte über die Lunge in die linke gelangt. Galen glaubte, das Blut fließe durch winzige Öffnungen in der dicken Wand, die beide Herzhälften trennt, von der rechten in die linke Herzkammer. Ibn al-Nafis, einer der besten Anatomen des Mittelalters, stellte diese Vorstellung als Erster in Frage und lieferte die richtige Erklärung. In seinem Manuskript *Sharh Tasrih al-Qanun* (*Kommentar zur Anatomie in Ibn Sinas Kanon*) stellt er fest:

> Das Blut aus der rechten Herzkammer muss in der linken ankommen, aber zwischen ihnen gibt es keinen direkten Weg. Die dicke Herzscheidewand ist nicht durchlöchert und hat weder sichtbare Öffnungen, wie manche Menschen glaubten, noch unsichtbare Poren, wie Galen dachte. Das Blut aus der rechten Herzkammer muss durch die Vena arteriosa (die Lungenarterie) in die Lunge fließen, sich in ihrer Substanz ausbreiten und mit Luft mischen, und durch die Arteria venosa (Lungenvene) in die rechte Kammer des Herzens gelangen ...

So eindrucksvoll dieser Fortschritt der medizinischen Kenntnisse auch ist, die Vorstellung vom »Lungendurchgang« ist nicht mit einem Lungenkreislauf gleichzusetzen; Ibn al-Nafis erklärt nicht, wie das Blut im Kreislauf von der linken Herzkammer in die rechte zurückkehrt; deshalb sollte man vorsichtig sein und ihm nicht das Verdienst zuschreiben, den Blutkreislauf vollständig entdeckt zu haben.[8] Es gibt aber Anhaltspunkte, dass seine Arbeiten in lateinischer Übersetzung im 16. Jahrhundert manchen europäischen Ärzten bekannt waren, unter ihnen Michael Servetus, Andreas Vesalius und Renaldus Colombo. Sie alle könnten ihrerseits Harvey beeinflusst haben. Dieser beschrieb schließlich korrekt, wie das Blut zirkuliert und vom Herzen gepumpt wird. (Aber selbst Harvey verstand die physiologischen Vorgänge in der Lunge nicht, durch die Kohlendioxid aus dem Blut entfernt und durch Sauerstoff ersetzt wird – dies wurde erst im 18. Jahrhundert durch die Arbeiten des Chemikers Antoine Lavoisier klar.) Das alles zeigt einfach wieder einmal, was für ein allmählicher, additiver Prozess der wissenschaftliche Fortschritt ist.

Ibn al-Nafis wurde in Damaskus geboren, seine Karriere spielte sich aber zum größten Teil in Kairo ab. Auch er war ein Universalgelehrter, der lange nach dem Goldenen Zeitalter Bagdads eine ganze Reihe von Beiträgen auf vielen Fachgebieten lieferte. Er war ein angesehener Historiker, Sprachforscher, Astronom, Philosoph, Logiker und Romanautor. In der Medizin entwickelte er als Erster die Vorstellung von einem Stoffwechsel; viele Wissenschaftshistoriker halten ihn für den größten Physiologen des Mittelalters und einen der größten Anatomen aller Zeiten.

Der einzige unter allen großen Denkern der islamischen Welt, der nach meiner Einschätzung meinem Triumvirat von Genies aus dem 11. Jahrhundert – Ibn al-Haytham, Ibn Sina und al-Biruni – ebenbürtig war, ist der tunesische Universalgelehrte Ibn Khaldun (1332–1406). Dass ich zuvor noch nicht über ihn berichtet habe, liegt einerseits daran, dass er lange nach der Zeit lebte, die im Allgemeinen als Goldenes Zeitalter angesehen wird, andererseits vollbrachte er aber seine größten Leistungen auch nicht in den Naturwissenschaften, sondern in Geschichtsforschung und Sozialwissenschaft. Was aber die Anzahl der Fachgebiete angeht, in denen er Hervorragendes leistete, so kann er in jeder Hinsicht mit al-Biruni mithalten.

Der Wirtschafts- und Politikwissenschaftler Joseph Schumpeter untersuchte im 20. Jahrhundert sehr eingehend die Geschichte der Wirtschaftstheorie bis zurück zu Aristoteles. Nach seiner Ansicht war Ibn Khaldun zweifellos der wahre Vater der Wirtschaftswissenschaft. Es lohnt sich sogar, ihn mit Adam Smith zu vergleichen, den viele Fachleute für den Vater der modernen Wirtschaftstheorie halten. Betrachtet man nämlich die schiere Anzahl origineller Ideen und Beiträge aus vielen Bereichen der Wirtschaft, die auf Ibn Khaldun zurückgehen, so besteht absolut kein Zweifel, dass er den Titel eher verdient.[9] Ibn Khaldun entdeckte eine Reihe entscheidender wirtschaftlicher Zusammenhänge schon mehrere hundert Jahre vor ihrer »offiziellen« Geburt; dazu gehören die Vorteile und die Notwendigkeit der Arbeitsteilung (vor Smith), das Prinzip des Wertes von Arbeit (vor David Ricardo), eine Bevölkerungstheorie (vor Thomas Malthus) und die Rolle des Staates in der Wirtschaft (vor John Maynard Keynes). Auf der Grundlage solcher Konzepte baute er dann ein zusammenhängendes, dynamisches System der Wirtschaftstheorie auf.[10]

Damit war er nicht nur ein Vorläufer der europäischen Wirtschaftswissenschaftler, sondern er verfügte über einen so überragenden Verstand, dass er auch als unumstrittener Gründer und Vater der Sozialwissenschaft gilt. Sein bekanntestes Werk ist die *Muqaddima*, was in wörtlicher Übersetzung »Einleitung« oder »Prolog« bedeutet. Beide Worte werden dem Inhalt aber eigentlich nicht gerecht; richtiger müsste man den Titel mit *Die Grundlagen* übersetzen. In dieser Abhandlung über die Zivilisation der Menschen erörtert Ibn Khaldun ausführlich das Wesen von Staat und Gesellschaft. Es ist eigentlich der erste Band einer größeren Abhandlung, die sich mit der Geschichte der Araber beschäftigt, aber auch jene Staaten und Menschen behandelt, die nach Ibn Khalduns Ansicht eine historisch bedeutsame Rolle gespielt hatten. Der Historiker Arnold Toynbee erklärte, die *Muqaddina* sei zweifellos »das größte Werk seiner Art, das jemals zu irgendeiner Zeit oder an irgendeinem Ort erdacht wurde«.[11]

Meine letzte Persönlichkeit ist ein Mathematiker aus dem 15. Jahrhundert, der in einem blühenden Zentrum der Wissenschaft arbeitete. Dies straft die Vorstellung Lügen, zu jener Zeit seien alle Reste des Goldenen Zeitalters ein für alle Mal verschwunden gewesen. Er hieß Jamshid al-Kashi (ca. 1380–1429) und ist mit weitem Abstand der größte Mathematiker des 15. Jahrhunderts. Er war in der Stadt Samarkand unter dem großen Ulugh Beg tätig, dem Enkel des Mongolen Tamerlan, der die zentralasiatische Herrscherdynastie der Timuriden begründete (die später in Indien das Mogulreich schufen, das bis ins 19. Jahrhundert erhalten blieb). Ulugh Beg war selbst als Mathematiker und Astronom alles andere als eine Niete, und so gelang es ihm, viele große Denker in die Stadt Samarkand zu locken, zu jener Zeit eines der wenigen echten Zentren weltweiter Gelehrsamkeit. Er erbaute eine beeindruckende Sternwarte, die zur natürlichen Nachfolgerin von Maragha wurde, und seine Astronomen stellten 1437 das *Zij-al-Sultani* fertig, ein *zij*, das in den Augen vieler Autoren noch bedeutsamer ist als al-Tusis Ilkhani-Tafeln. Es führt nahezu 1000 Sterne auf und war der umfassendste Sternenkatalog, der in der Zeit zwischen Ptolemäus und Tycho Brahe erstellt wurde.

Al-Kashi kam um 1417 nach Samarkand. In Kapitel 7 habe ich bereits sein Werk *Schlüssel des Rechnens* erwähnt, das maßgebliche Buch über Dezimalbrüche. Mit Hilfe von Dezimalbrüchen nannte er auch einen Wert für Pi, den er bis auf 16 Stellen genau berechnet hatte. Besonders eindrucksvoll ist an dieser Leistung, dass er im Voraus genau erklärt, welche Anforderungen er an die Genauigkeit seines Ergebnisses stellt und mit welcher Präzision er deshalb in den einzelnen Stadien seiner langwierigen Berechnung vorgehen muss, um das gewünschte Endergebnis zu erhalten. Er erklärt sogar, der Wert solle so genau sein, dass man den Umfang des Universums (nach den damals geschätzten Abmessungen) mit seiner Hilfe auf die Dicke eines Pferdehaares genau berechnen könne.[12]

Al-Kashis bekanntester Beitrag zur Mathematik ist jedoch die erste Ableitung der Kosinusregel in der Trigonometrie: Mit ihrer Hilfe kann man die Länge einer Seite jedes Dreiecks berechnen, wenn man einen Winkel und die Länge der beiden anderen Seiten kennt. Im Französischen ist diese Regel noch heute als *théorème d'al-Kashi* bekannt.

Vor einigen Jahren beteiligte ich mich bei der Londoner Royal Society an einer fröhlichen Diskussion über die Frage, ob Isaac Newton oder Albert Einstein den Titel des größten Wissenschaftlers aller Zeiten verdient hat. Ich wurde gebeten, die Position für Einstein zu vertreten. Mit meiner Argumentation ging ich von der Voraussetzung aus, dass Einstein gezeigt hatte, warum Newtons Bild des Universums falsch war und durch eine umfassendere, genauere Beschreibung der physikalischen Realität ersetzt werden musste. Einsteins Spezielle Relativitätstheorie aus dem Jahr 1905 enthält weit mehr als nur die allgemein bekannte Gleichung $E=mc^2$. Wie er zeigen konnte, muss man die drei Dimensionen des Raumes in einem einheitlichen Bild zusammen mit der Dimension der Zeit betrachten, und so etwas wie einen absoluten Raum oder eine absolute Zeit gibt es nicht. Zehn Jahre später wies er in seiner Allgemeinen Relativitätstheorie nach, dass auch Newtons Bild von der Gravitation, die als unsichtbarer Klebstoff alle Körper im Universum zusammenhält, nicht genau zutrifft. Einstein formulierte damals die bis heute schönste wissenschaftliche Theorie aller Zeiten: Sie besagt, dass die Gravitationskraft sich aus der Krümmung der Raumzeit rund um einen Körper ergibt – ein geometrisches Bild der Realität. Wohin Newton auch gelangt war, Einstein drang weiter und tiefer vor. So betrachtet, stellte er Newtons Leistungen eindeutig in den Schatten.

Aber ist das fair? Muss man nicht die Leistungen jedes Menschen vor dem Hintergrund dessen beurteilen, was man zu der jeweiligen Zeit bereits wusste? Weder Einstein noch Newton lebte im luftleeren Raum, und beide standen auf den Schultern früherer großer Gestalten, so dass sie weiter blicken konnten als andere vor ihnen. Angesichts der Umstände und der bereits vorhandenen Kenntnisse können wir deshalb Newtons bemerkenswerte Leistungen und seine Größe nicht leugnen.

Im Zusammenhang mit Kopernikus' Leistungen habe ich bereits geschildert, wie Einsteins Aufsätze über die Spezielle Relativitätstheorie 1905 eine Revolution der Physik ankündigten. Sein Durchbruch und nicht die vorbereitende Arbeit älterer Wissenschaftler führte dazu, dass es in unserem Verständnis für die Realität zu einem Paradigmenwechsel kam. Es stimmt aber auch, dass es ohne die einige Jahre älteren Arbeiten von Jules Henri Poincaré und Lorentz keine Relativitätstheorie gegeben hätte.

Auf ganz ähnliche Weise wird häufig auch der Konflikt zwischen Newton und seinem deutschen Zeitgenossen, dem Mathematiker Gottfried Leibniz hochgespielt, wenn es darum geht, wem das Verdienst für die Erfindung der Infinitesimalrechnung gebührt. In Wahrheit gelangten beide unabhängig voneinander zu ihren Entdeckungen. Aber keiner der beiden fing bei null an; die Grundlagen hatte vielmehr der große französische Mathematiker Fermat schon ein halbes Jahrhundert früher gelegt, nicht zu vergessen die Beiträge von Männern wie Thabit ibn Qurra, Ibn al-Haytham und al-Biruni oder auch der Griechen wie Archimedes sowie chinesischer und indischer Mathematiker (insbesondere Aryabhata im 6. Jahrhundert u. Z.). Das Entscheidende dabei: Wenn man das Verdienst für wissenschaftliche Entdeckungen zurechnet, ist es natürlich und richtig, wenn man sich auch mit Fragen der historischen Zufälligkeiten sowie mit politischen und sozialen Faktoren beschäftigt. Fast immer sind wir gegenüber jenen, die in einem Fachgebiet die neuesten Schritte getan haben, zu großzügig: Sie reißen dann zwangsläufig den Lohn für alle vorangegangenen Entdeckungen an sich, während das Verdienst derer, die die ersten und am wenigsten gewinnbringenden Schritte unternommen haben, nicht ausreichend gewürdigt wird, selbst wenn diese Schritte oftmals die wichtigsten waren.

Manch einer vertritt die Ansicht, die moderne Wissenschaft habe mit der europäischen Renaissance begonnen, und behauptet gleichzeitig, Newton sei angesichts dessen, was zu jener Zeit bekannt war, ein größerer Wissenschaftler gewesen als Einstein. Man kann aber nicht beides haben. Wenn beispielsweise Newtons Erkenntnisse auf dem Gebiet der Optik im 17. Jahrhundert bemerkenswert waren, wie steht es dann mit denen von Ibn al-Haytham 600 Jahre zuvor? Ibn al-Haytham stellte die Optik sicher nicht auf die gleiche sichere mathematische Grundlage wie Newton, aber sein Beitrag war nicht weniger wichtig, genau wie Newtons Beitrag zum Verständnis der Gravitation nicht weniger folgenschwer war als der von Einstein.

16

Wissenschaft und Islam heute

Die islamische Welt umfasst weit mehr als eine Milliarde Menschen und verfügt über umfangreiche materielle Ressourcen. Warum ist sie von der Wissenschaft und dem Prozess, neues Wissen zu erwerben, abgeschnitten? ... Der gesunde Menschenverstand und die Prinzipien von Logik und Vernunft sind die einzigen vernünftigen Mittel der Staatsführung und des Fortschritts. Als Wissenschaftler verstehen wir das sofort. Es ist unsere Aufgabe, diejenigen zu überzeugen, die es nicht begreifen.
Pervez Hoodbhoy

Nachdem wir nun am Ende unseres Weges angelangt sind, ist es an der Zeit, in diesem letzten Kapitel einen genaueren Blick auf den Zustand der Wissenschaft und den Geist der rationalen Untersuchungen in der heutigen islamischen Welt zu werfen. Hat sie sich von den Jahrhunderten mit Niedergang, Missachtung, konservativer Religion, Stagnation, Kolonialherrschaft und allen anderen Fortschrittshindernissen, die man sich ausdenken kann, erholt?

Nach Ansicht vieler Autoren kann der ständige Rückblick auf den vergangenen Glanz der wissenschaftlichen Errungenschaften in der islamischen Welt tatsächlich den heutigen Fortschritt der muslimischen Länder behindern; danach übersieht man mit solchen Erinnerungen den entscheidenden Unterschied zwischen der modernen Wissenschaft, die definitionsgemäß mit der wissenschaftlichen Revolution im Europa der Renaissance begann, und der mittelalterlichen Denkweise in der islamischen Welt, die, so die Behauptung, nicht mehr war als eine Art »Protowissenschaft«, ein grober Versuch, einen Sinn in einer Welt zu finden, die durch Theologie und Okkultismus verunklart war. Wäre es demnach nicht viel sinnvoller, wenn die muslimische Welt sich einen modernen, säkularen Rationalismus zu eigen machen würde, der sich auf die wissenschaftlichen Kenntnisse des 21. Jahrhunderts und eine moderne Einstellung gegenüber dem wissenschaftlichen Fortschritt gründet? Schließlich bin ich selbst praktizierender Wissenschaftler und unverfrorener Atheist – warum sollte ich die Ansicht vertreten, dass Muslime in der modernen Welt nur dann wissenschaftlich vorankommen können, wenn sie sich die Denkweise der Zeit vor 1000 Jahren zu eigen machen?

Ich hoffe, ich habe hier überzeugend dargelegt, dass die Abgrenzung zwischen der mittelalterlichen Wissenschaft der islamischen Welt und der modernen Wissenschaft von überholten Vorstellungen ausgeht, in denen die Errungenschaften der islamischen Gelehrten in einer ganzen Reihe wissenschaftlicher Fachgebiete entweder heruntergespielt oder nicht in vollem Umfang gewürdigt werden. Es stimmt zwar, dass der Fortschritt der Wissenschaft in der Geschichte häufig nur schubweise und mit langen Zwischenphasen der Stagnation verläuft, dieser Eindruck wird aber übermäßig verstärkt, wenn wir uns nur auf einen Teil der Welt konzentrieren. Der Fortschritt und die Entwicklung wissenschaftlicher Gedanken werden zu einem kontinuierlichen Prozess, wenn Gedanken sich entwickeln und verbreiten, weil Gelehrte aus unterschiedlichen Kulturkreisen und Zivilisationen ihre Ideen austauschen und Texte übersetzen und kommentieren. Neue Ideen und Durchbrüche bleiben häufig unbekannt, so dass mehrere Personen unabhängig voneinander und manchmal sogar gleichzeitig darauf stoßen.

Natürlich stimmt es, dass die meisten wissenschaftlichen Fortschritte letztlich einzelnen Genies zu verdanken sind: Persönlichkeiten wie Newton und Einstein sorgten in unseren Vorstellungen von der Welt für Paradigmenwechsel. Das war aber nur möglich, weil sich zuvor viele kleinere Erweiterungen des Wissens angesammelt hatten, bis sie nicht mehr ignoriert werden konnten: Jetzt konnte man die bestehenden Ideen und Theorien nicht mehr aufrechterhalten, was eine revolutionäre Denkweise möglich machte. Mir geht es aber nicht um die wissenschaftlichen Errungenschaften als solche, sondern um die Kultur, die solche Errungenschaften möglich macht - eine Kultur, die das Wissen und Lernen ersehnt und respektiert.

In diesem Buch habe ich mich stets darum bemüht, nicht zu predigen, sondern einen vergessenen Teil der Geschichte - oder zumindest einen Teil, der nicht genügend bekannt ist - ans Licht zu holen. Ich weiß noch, wie ich als Junge im Irak nur im Geschichtsunterricht von al-Kindi, al-Khwarizmi, ibn Sina und ibn al-Haytham hörte, nicht aber in den naturwissenschaftlichen Fächern. Außerdem möchte ich die Menschen in der heutigen muslimischen Welt an ihr reiches wissenschaftliches und gelehrtes Erbe erinnern und deutlich machen, dass unsere heutigen Kenntnisse über die Natur zu einem nicht geringen Teil den Beiträgen der arabischen Wissenschaft zu verdanken sind; damit möchte ich ein Gefühl des Stolzes wecken und der wissenschaftlichen Forschung wieder die Bedeutung verschaffen, die ihr gebührt: Sie ist ein Kernstück dessen, was eine zivilisierte, aufgeklärte Gesellschaft ausmacht.

Heute gibt es auf der Welt weit mehr als eine Milliarde Muslime. Sie machen ungefähr ein Viertel der Weltbevölkerung aus und verteilen sich über viel mehr Länder als nur die 57 Mitgliedsstaaten der OIC (Organisation der islamischen Konferenz), in denen der Islam die offizielle Religion ist. Dazu gehören einige der reichsten Nationen der Welt, beispielsweise Saudi-Arabien und Kuwait, aber auch einige der ärmsten wie Somalia und der Sudan. In muslimischen Ländern wie den Golfstaaten, dem Iran, der Türkei, Ägypten, Marokko, Malaysia, Indonesien und Pakistan wächst die Wirtschaft seit etlichen Jahren stetig. Dennoch ist die islamische Welt anscheinend im Vergleich zum Westen nach wie vor fast von der modernen Wissenschaft abgekoppelt.

In vielen dieser Staaten wissen die politischen Führungspersönlichkeiten ganz genau, dass ihr Wirtschaftswachstum, ihre militärische Macht und ihre nationale Sicherheit stark vom technologischen Fortschritt abhängig sind. Deshalb hört man häufig, dass sie eine gemeinsame Anstrengung in der wissenschaftlichen Forschung und eine schnelle wissenschaftliche Entwicklung brauchen, um mit den anderen wissensbasierten Gesellschaften der Welt mithalten zu können. Tatsächlich ist die staatliche Finanzierung von Wissenschaft und Bildung in den letzten Jahren in vielen dieser Länder stark gestiegen, und einige haben auch ihre nationale wissenschaftliche Infrastruktur verbessert und modernisiert. Was meine ich also damit, wenn ich sage, die meisten von ihnen seien immer noch von der Wissenschaft abgekoppelt?

Dies wird deutlich, wenn man einige Statistiken betrachtet. Ende der 1990er Jahre stellte sich in einer Studie[1] heraus, dass die muslimischen Staaten im Durchschnitt weniger als ein halbes Prozent ihres Bruttoinlandsprodukts für Forschung und Entwicklung ausgeben, in den Industrieländern dagegen liegt dieser Anteil fünfmal so hoch. Noch aussagekräftiger sind Daten der UNESCO und der Weltbank: Danach wandte eine Gruppe von 20 repräsentativen OIC-Staaten zwischen 1996 und 2003 insgesamt 0,34 Prozent ihres gesamten BIP für wissenschaftliche Forschung auf – nur ein Siebtel des weltweiten Durchschnitts von 2,36 Prozent. Bestätigt wurden diese Studien durch einen dritten Bericht, der 2005 von COMSTECH erstellt wurde, einem OIC-Gremium auf Ministerebene, das 1981 gegründet wurde und Möglichkeiten einer verstärkten Kooperation zwischen den OIC-Mitgliedsstaaten sondieren sollte. In den muslimischen Ländern kommen weniger als zehn Wissenschaftler, Ingenieure und Techniker auf 1000 Einwohner, der weltweite Durchschnitt liegt hier bei 40 und der Durchschnitt in den Industrieländern bei 140. Insgesamt steuern die OIC-Staaten nur rund ein Prozent zu den weltweit veröffentlichten wissenschaftlichen Fachartikeln bei. Wie man dem *Atlas of Islamic-World Science and Innovation* der Royal Society entnehmen kann, verfassten Wissenschaftler aus der arabischen Welt (zu der 17 OIC-Staaten gehören) im Jahr 2005 insgesamt 13 444 wissenschaftliche Veröffentlichungen – rund 2000 weniger als die 15 455, die allein von der Harvard University publiziert wurden.[2]

Von Bedeutung ist allerdings weniger die Menge als vielmehr die Qualität der wissenschaftlichen Grundlagenforschung. Eine Methode, um die internationale Bedeutung der veröffentlichten wissenschaftlichen Literatur aus einem Land zu messen, bedient sich des *relative citation index* (RCI): Er gibt an, welchen Anteil die zitierten Veröffentlichungen von Wissenschaftlern eines Landes an allen Zitaten ausmachen, dividiert durch den eigenen Anteil an der Gesamtzahl der Veröffentlichungen, wobei Zitate der eigenen Veröffentlichungen nicht gezählt werden, um Voreingenommenheiten zu vermeiden. Wenn also ein Land zehn Prozent der weltweiten wissenschaftlichen Literatur produziert, in der übrigen Welt aber nur mit fünf Prozent an der Gesamtzahl der Zitate beteiligt ist, beträgt sein Index 0,5. In einer Rangtabelle, die 2006 vom National Science Board der Vereinigten Staaten aufgestellt wurde und die 45 führenden Nationen in der Reihenfolge ihres RCI in Physik enthält, tauchen überhaupt nur zwei OIC-Staaten auf: die Türkei mit 0,344 und der Iran mit 0,484; nur der Iran lässt dabei in der Zeit zwischen 1995 und 2003 eine Steigerung erkennen. An der Spitze der Tabelle steht die Schweiz mit einem RCI von 1,304.

Kürzlich wies der angesehene pakistanische Physiker Pervez

Hoodbhoy nachdrücklich auf das derzeitige, bedrückende Problem hin.[3] Die Einschränkungen, denen er an seinem Arbeitsplatz an der Qaid-i-Azam University in Islamabad ausgesetzt ist, sind nach seiner Ansicht typisch für viele staatliche Institutionen in Pakistan. Wie er uns erklärt, gibt es auf dem Gelände der Qaid-i-Azam University mehrere Moscheen, aber keine Buchhandlung. Und dabei ist sie eine der führenden Forschungsinstitutionen der muslimischen Welt.[4] Man vergleiche dies mit al-Ma'muns leidenschaftlicher Liebe für Bücher und den vielen großartigen Bibliotheken im mittelalterlichen Bagdad, Kairo und Córdoba.

Handelt es sich hier nur um die Klagen eines missmutigen Einzelnen? Nun, viel aufschlussreicher ist die Geschichte eines anderen Physikers aus Pakistan, des größten muslimischen Wissenschaftlers im 20. Jahrhundert. Er hieß Abdus Salam (1926–1996) und erhielt 1979 gemeinsam mit zwei Amerikanern (Sheldon Glashow und Steven Weinberg) den Nobelpreis für Physik; geehrt wurde er für seinen Anteil an der Entwicklung einer Theorie der elektroschwachen Wechselwirkung, einer der schönsten und einflussreichsten wissenschaftlichen Theorien; sie beschreibt, wie zwei der vier grundlegenden Kräfte der Natur (die elektromagnetische Kraft und die Kraft des radioaktiven Atomkernzerfalls) zusammenhängen. Nach meiner Überzeugung gibt es keinen Zweifel, dass diese Arbeiten ihn zum größten Physiker der islamischen Welt seit 1000 Jahren machen. Eine einflussreichere Gestalt als ihn gab es auf dem Fachgebiet seit Ibn al-Haytham und al-Biruni nicht mehr.

Abdus Salam wurde 1926 im Punjab geboren; sein Name ist eigentlich eine westliche Verballhornung (die er aus Gründen der Bequemlichkeit bereitwillig akzeptierte) des Vornamens Abd al-Salam. Sein Leben als Muslim stand immer unter dem Schatten seiner Zugehörigkeit zur Ahmadiyya, einer relativ obskuren Sekte, die vermutlich weltweit rund zehn Millionen Mitglieder hat, davon die Hälfte in Pakistan. Obwohl Salam ein gläubiger Muslim war, wurde er wegen seiner unorthodoxen religiösen Überzeugungen in den 1970er Jahren aus der muslimischen Gemeinschaft Pakistans ausgeschlossen. Dennoch bewahrte er sich die Loyalität zu seinem Land und arbeitete unermüdlich, um die Wissenschaft zu fördern. Aber Salams Traum von einer Renaissance der Wissenschaft in der islamischen Welt verwirklichte sich nie, und er hinterließ die folgende vernichtende Anklage: »In allen Zivilisationen auf diesem Planeten ist die Wissenschaft in den Staaten des Islam am schlechtesten. Die Gefahren dieser Schwäche kann man nicht deutlich genug betonen, denn das ehrenvolle Überleben einer Gesellschaft hängt unter den Umständen der gegenwärtigen Zeit unmittelbar von ihrer Wissenschaft und Technologie ab.«[5]

Dennoch wäre es ein gewaltiger Fehler, den religiösen Konservativismus allein für den Mangel an wissenschaftlichem Fortschritt in der muslimischen Welt verantwortlich zu machen. Viel bedeutsamer sind die veralteten Verwaltungs- und Bürokratiesysteme, die viele muslimische Staaten vor langer Zeit von ihren Kolonialherren geerbt und bis heute nicht modernisiert haben, aber auch der Mangel an politischem Willen, Reformen in Angriff zu nehmen, die Korruption zu bekämpfen und die versagenden Bildungssysteme, Institutionen und Einstellungen zu verbessern. Glücklicherweise hat hier mittlerweile ein schneller Wandel eingesetzt.

Wenn religiös-konservative Einstellungen in der muslimischen Welt die Hauptschuld an einer rückwärtsgewandten Haltung gegenüber der Wissenschaft tragen, sollten wir auch in der übrigen Welt wachsam sein: Wir müssen feststellen, dass die Wissenschaft heute von vielen Religionen und Glaubensgemeinschaften unter Beschuss genommen wird. Selbst in den sogenannten »aufgeklärten« Industrieländern begegnet uns ein beunruhigend großer Anteil der Bevölkerung, der Wissenschaft mit Misstrauen oder sogar mit Angst betrachtet. Verstärkt wird dies dadurch, dass Wissenschaft eine immer wichtigere Rolle in unserem Leben spielt, sei es in der Technik, der Medizin, dem Umgang mit Klimawandel und schwindenden Ressourcen oder der Untersuchung grundsätzlicher Fragen nach dem Universum und unserem Platz darin. Nirgendwo ist die Gegenreaktion auf die rationale Wissenschaft deutlicher zu erkennen als im Aufstieg des Kreationismus in den Vereinigten Staaten und Teilen Westeuropas. Der gegenwärtige Streit zwischen Evolutionsbiologen und den Vertretern des »Intelligent Design« zeigt, dass die Spannungen zwischen Wissenschaft und Religion sich bei weitem nicht nur auf die muslimische Welt beschränken.

Viele Menschen fürchten sich vor der Wissenschaft und machen sie sogar für die Probleme der Welt verantwortlich. Lässt man einmal die echten, rationalen Sorgen beiseite, die viele Menschen wegen der globalen Katastrophe des Klimawandels, wegen Krankheitsepidemien oder wegen schwindender Energie- und Wasservorräte hegen – alles Probleme, die sich nur mit verantwortungsbewussten wissenschaftlichen Lösungen beheben lassen –, so bleiben viele andere Bedenken: wegen gentechnisch veränderter Nutzpflanzen zur Herstellung von »Frankenstein-Lebensmitteln«, wegen Hybrid-Embryonenforschung zur Herstellung von »Frankenstein-Babys« oder wegen der Kernenergie, die zukünftigen Generationen ein Erbe aus giftigem, radioaktivem Abfall hinterlässt; solche Sorgen beruhen in den meisten Fällen auf unbegründeten Ängsten, die aus einem falschen Verständnis für die jeweils beteiligte Wissenschaft erwachsen. Nimmt man dazu noch den Glauben an Übernatürliches und Paranormales, New-Age-Therapien, Horoskope, UFOs und Entführungen durch Außerirdische oder sogar Verschwörungstheoretiker, welche die Apollo-Mondlandungen leugnen, so bleibt das Gefühl, dass die Diskussion zwischen »Vernunft und Offenbarung«, die sich in der Frühzeit des Islam abspielte, im Vergleich relativ harmlos und sogar von intellektueller Strenge geprägt war.

Dennoch bestehen in manchen Teilen der muslimischen Welt zweifellos Spannungen zwischen Wissenschaft und Religion, um die man sich kümmern muss. Wissenschaftsfeindliche Einstellungen sind in muslimischen Gesellschaften leicht zu finden und blühen heute mit Hilfe des Internets auf: Tausende von raffiniert gestalteten islamischen Websites führen angeblich den Beweis, dass der Koran den Urknall, schwarze Löcher, die Quantenmechanik und sogar die Vorstellung von der relativistischen Zeitdilatation voraussagt. Wenn ich mich darüber mit muslimischen Kollegen unterhalte, erzähle ich ihnen immer von einer faszinierenden Begegnung mit zwei Imamen, die ich vor einigen Jahren bei einer religiösen *madrasa* in Isfahan im Iran hatte. Beide erklärten mir das Gleiche: Der Koran ist kein Lehrbuch über Mathematik oder Physik, über Medizin oder Astronomie. Er ist ein Buch, das einer Milliarde Muslimen erklärt, wie sie leben und Gottes Wunder der Schöpfung suchen sollen, indem sie die Welt um sich herum beobachten und Wissen durch wissenschaftliche Untersuchungen erlangen. Diese Notwendigkeit steht nie im Konflikt zu ihren spirituellen Überzeugungen und bedroht sie auch nicht.

Problematisch ist, dass viele Muslime die moderne Wissenschaft für ein säkulares und sogar atheistisches Konstrukt des Westens halten; sie haben vergessen, wie viele großartige Beiträge muslimische Wissenschaftler vor 1000 Jahren leisteten. Außerdem sind sie nicht in der Lage, Wissenschaft von Religion zu trennen, und deshalb erkennen sie nicht, dass die (moderne) Wissenschaft gegenüber der islamischen Lehre gleichgültig oder neutral ist. Manche prominente islamische Autoren haben sogar die Ansicht geäußert, wissenschaftliche Fachgebiete wie die Kosmologie würden den islamischen Glauben untergraben.[6] Wissenschaft wird also angegriffen, weil sie »sich darum bemüht, natürliche Phänomene ohne Rückgriff auf spirituelle oder metaphysische Ursachen ausschließlich mit natürlichen oder materiellen Ursachen zu erklären«. Nun ja, genau darum geht es tatsächlich in der Wissenschaft, und darum sollte es auch gehen; ich kann nichts Besseres tun, als noch einmal auf den großartigen Kommentar von al-Biruni zu verweisen, den ich zu Beginn von Kapitel 12 zitiert habe.

Glücklicherweise sind solche Ansichten keineswegs allgemein verbreitet. Viele Muslime lehnen heute die Vorstellung, Wissenschaft und Religion seien unvereinbar, völlig ab. Angesichts des derzeitigen Klimas der Spannungen und Polarisierung zwischen der islamischen Welt und dem Westen ist es nicht einmal verwunderlich, dass viele Muslime ungehalten reagieren, wenn man ihnen vorwirft, sie besäßen nicht das kulturelle oder intellektuelle Rüstzeug, um mithalten zu können, wenn es um wissenschaftliche Errungenschaften geht.

Es ist entscheidend, dass Muslime wie Nichtmuslime sich an eine Zeit erinnern, in der Islam und Wissenschaft – wenn auch in einer völlig anderen Welt – nicht im Widerspruch zueinander standen. Dies ist nicht nur wichtig, damit die Wissenschaft auch in diesem Teil der Welt wieder aufblühen kann. Es ist auch einer von vielen Wegen in eine Zukunft, in der Muslime sich von der Wissenschaft nicht mehr bedroht fühlen, sondern wieder so empfinden können wie vor 1000 Jahren.

Wie ist das zu erreichen? Der erste naheliegende Schritt sind ernsthafte finanzielle Investitionen. Größere Wissenschaftsetats fordern natürlich eine größere wissenschaftliche Aktivität, und wie man nachweisen konnte, besteht in den muslimischen Staaten ein enger Zusammenhang zwischen der Zahl führender Universitäten und dem Bruttoinlandsprodukt. Viele muslimische Regierungen von Malaysia bis Nigeria investieren derzeit tatsächlich ganz erstaunliche Summen in neue, spannende Projekte, weil sie Forschungsinstitutionen von Weltniveau schaffen wollen. Die Herrscher mehrerer Golfstaaten bauen beispielsweise neue Universitäten, wobei Arbeitskräfte sowohl für den Bau als auch für das spätere Personal aus dem Westen importiert werden.

Mit Geld allein lässt sich das Problem allerdings nicht beheben. Noch wichtiger ist der politische Wille, Reformen durchzusetzen und echte Gedankenfreiheit zu gewährleisten. Nader Fergany, der Direktor des Almishkat Centre for Research in Ägypten, ist der leitende Autor des *Report on Arab Human Development*. In dem Bericht wird ganz deutlich darauf hingewiesen, was am allerwichtigsten ist: eine Reform der wissenschaftlichen Institutionen, Respekt für Meinungs- und Entfaltungsfreiheit, die Sicherung hochwertiger Bildung für alle und ein beschleunigter Übergang zu einer wissensbasierten Gesellschaft und dem Informationszeitalter.[7]

Ich möchte aber mit einer positiven Anmerkung schließen und kurz drei spannende neue Projekte erwähnen, die im Mittleren Osten beträchtliche öffentliche Aufmerksamkeit erregt haben. Das erste ist ein neuer Wissenschaftspark, der im Frühjahr 2009 in Education City errichtet wurde, einer wachsenden Metropole am Rand von Doha, der Hauptstadt von Qatar. Dort ist eine Reihe von Filialen einiger führender Universitäten der Welt beheimatet. Der Qatar Science and Technology Park soll zu einer Drehscheibe für Technologieunternehmen aus der ganzen Welt werden, die, so zumindest die Vorstellung, den Erfolg des kalifornischen Silicon Valley wiederholen sollen.

Ebenso ehrgeizig ist die KAUST (King Abdullah University of Science and Technology), eine zehn Milliarden Dollar teure Forschungsuniversität, die kürzlich an der Westküste Saudi-Arabiens in der Nähe der Stadt Jiddah fertiggestellt wurde. Die internationale Forschungsinstitution wurde 2009 eröffnet. Den Ankündigungen zufolge ist sie nicht nur das »lebende Zeugnis für die Inspirations- und Wandlungskraft von Wissenschaft und Technologie, das die große, edle Tugend des Lernens verbreiten wird«, sondern – interessant – auch »das neue Haus der Weisheit, welches das große arabische Erbe der wissenschaftlichen Forschung wieder zum Leben erwecken wird«.[8] Unglaublich, aber wahr: Der riesige Gebäudekomplex dieser internationalen Forschungsuniversität mit hochmodernen Labors und einem Etat von 1,5 Milliarden Dollar für die Forschungsinstitute in den ersten fünf Jahren wurde in weniger als drei Jahren aus dem Boden gestampft. Eine Pionierinstitution ist sie auch, weil sie als erste Bildungseinrichtung Saudi-Arabiens vollständig koedukativ ist: Frauen und Männer sitzen in den Hörsälen nebeneinander und nicht in getrennten Räumen. Sie verspricht den Forschern die Freiheit, kreativ zu sein und die höchsten internationalen Maßstäbe für Gelehrsamkeit, Forschung und Bildung anzulegen. Die Forschung konzentriert sich auf vier Fachgebiete, die für die Pläne Saudi-Arabiens, die Sonnenenergie zu nutzen und Nutzpflanzen für das heiße, trockene Land zu entwickeln, entscheidend sind. Viele führende Universitäten in Europa und den Vereinigten Staaten haben sich um Verbindungen zu ihr bemüht, und das – so kann man hoffen – nicht aus finanziellen, sondern aus wissenschaftlichen Gründen.

Das letzte positive Beispiel ist ein Projekt namens SESAME: das erste wichtige internationale Forschungszentrum des Mittleren Ostens, das als Gemeinschaftsunternehmen von Wissenschaftlern und Staaten der Region betrieben wird. Die Abkürzung steht für »Synchrotron-light for Experimental Science and Applications in the Middle East« (»Synchrotron-Licht für Experimentelle und Angewandte Wissenschaft im Mittleren Osten«). Synchrotronstrahlung ist eine Art energiereiches Licht, das von elektrisch geladenen subatomaren Teilchen ausgesandt wird, wenn man sie in einem Magnetfeld nahezu auf Lichtgeschwindigkeit beschleunigt. Man hat auf der Welt eine ganze Reihe von Synchrotronlabors gebaut, die einem breiten Spektrum hochaktueller Forschungsarbeiten dienen.

Als man sich 1997 in Deutschland entschloss, die Synchrotron-Forschungseinrichtung BESSY stillzulegen, kam man überein, die Bauteile dem SESAME-Projekt zu stiften, das sich unter der Schirmherrschaft der UNESCO schnell entwickelte. Es wird heute in Jordanien gebaut, nachdem das Land sich gegen harte Konkurrenz anderer Staaten in der Region durchsetzen konnte. Die Forschungsarbeiten, die bei SESAME stattfinden sollen, gehören in die Fachgebiete von Materialforschung, Molekularbiologie, Nanotechnologie, Röntgenbildgebung, archäologischer Analyse und klinischer Medizin. Zu den derzeitigen Mitgliedern gehören neben den Gastgebern auch Israel, die Palästinenserbehörde, Ägypten, die Türkei, der Iran, Pakistan, Bahrain und Zypern; die Gruppe wird sich voraussichtlich noch um mehrere andere Länder erweitern. Der Beginn der wissenschaftlichen Arbeit ist für 2012 vorgesehen.

Hat also die Wissenschaft in der islamischen Welt eine bessere Zukunft vor sich? Natürlich erfordert wissenschaftliche Forschung mehr als nur die neueste funkelnde Ausrüstung und politische Rhetorik. Man muss sich um die gesamte Infrastruktur des wissenschaftlichen Umfeldes kümmern, von technischen Assistenten, die wissen, wie man die Gerätschaften benutzt und instand hält, über die Entfaltung wahrer intellektueller Freiheit und einer gesunden Skepsis bis hin zu dem Mut, experimentelle Befunde in Frage zu stellen – Eigenschaften, die wir im Haus der Weisheit von Bagdad im Überfluss gefunden haben und die von Ibn al-Haytham vorbehaltlos gepredigt wurden.

Einfach nur große Geldsummen aufzuwenden wird nicht ausreichen, um in der muslimischen Welt wieder eine wissenschaftliche Kultur ins Leben zu rufen und aufzubauen. Zusätzlich muss eine klare Trennung von Wissenschaft und Theologie gewährleistet sein. Als ich kürzlich im Iran war, besichtigte ich das Royan Institute in Teheran. Dort betreibt man Forschung in den Bereichen Genetik, Behandlung von Unfruchtbarkeit, Stammzellenforschung und Klonen von Tieren in einer Atmosphäre der Aufgeschlossenheit, die in geradezu dramatischem Gegensatz zu meinen Erwartungen stand. Zu einem großen Teil sind die Arbeiten am Royan Institute therapeutisch ausgerichtet, wobei die Behandlung der Unfruchtbarkeit im Mittelpunkt steht, es war aber klar, dass auch die genetische Grundlagenforschung ein hohes Niveau hatte.

Insbesondere fiel mir auf, wie die Behörden, die über die Forschungsarbeiten wachten, offenbar mit dem ethischen Minenfeld umgingen, das sich mit Teilen der Arbeiten verband. Ich unterhielt mich mit einem Imam, der in der »Ethikkommission« des Instituts saß. Er erklärte, jedes vorgeschlagene Forschungsprojekt müsse vor seinem Komitee erläutert werden, damit gewährleistet sei, dass es nicht im Konflikt zu den Lehren des Islam steht. Deshalb unterliegen Themen wie die Abtreibung nach wie vor engen Beschränkungen (sie ist nur erlaubt, wenn das Leben der Mutter gefährdet ist), Forschung an menschlichen Embryonen ist aber gestattet.

Nach der islamischen Lehre verwandelt sich der Fötus erst dann in einen vollständigen Menschen, wenn er »beseelt« wird, was zwischen dem 40. und dem 120. Tag nach der Befruchtung stattfindet. Wenn am Royan Institute an menschlichen embryonalen Stammzellen geforscht wird, spielen die Wissenschaftler also nach eigener Einschätzung nicht Gott, weil die Stammzellen aus einem viel früheren Embryonalstadium stammen. Natürlich ist es vollkommen verständlich, dass wissenschaftliche Arbeiten, die ethische Fragen berühren, sorgfältig und sensibel überdacht werden müssen, und in einem islamischen Staat wie dem Iran orientieren sich ethische Werte und moralische

Fragen an der religiösen Lehre. Für uns im säkularen Westen jedoch erweckt es böse Vorahnungen, wenn die Religion darüber entscheidet, ob wissenschaftliche Arbeiten stattfinden dürfen oder nicht. Religion sollte nicht zum Leitfaden der Wissenschaft werden, und mit Sicherheit sollte sie kein Monopol auf Ethik und Moral haben. Wir haben erfahren, wie die astronomische Forschung in der islamischen Welt trotz Ibn al-Shatir allmählich im Sande verlief, nachdem sie kein Gegenstand der Wissenschaft um ihrer selbst willen mehr war, sondern nur noch eine Dienstleistung für den Islam. Das ist nicht der richtige Weg.

Der iranische Philosoph Abdolkarim Soroush, heute in der islamischen Welt einer der einflussreichsten Intellektuellen,[9] wies nachdrücklich darauf hin, dass die Zensur in den muslimischen Ländern heute stärker ist als in jeder anderen historischen Epoche. Eine kulturelle Renaissance, die zu einer wissensbasierten Gesellschaft führt, ist dringend notwendig, wenn die muslimische Gesellschaft nicht nur Steine und Mörtel der modernen Forschungslabors und die darin aufgestellten blitzenden Teilchenbeschleuniger und Elektronenmikroskope akzeptieren und sich zu eigen machen soll, sondern auch jenen Geist der Neugier, der die Menschen dazu treibt, die Natur zu verstehen – ganz gleich, ob man dabei über die göttliche Schöpfung staunt oder nur wissen will, wie die Dinge sind und warum sie so sind und nicht anders.

Das Goldene Zeitalter der arabischen Wissenschaft dauerte nicht nur 200 Jahre. Es begann im 8. Jahrhundert mit Jabir ibn Hayyan und setzte sich bis zu al-Kashi im 15. Jahrhundert fort – 700 Jahre des Aufstiegs und Niederganges, in denen verschiedene Zentren auf drei Kontinenten nacheinander ins Rampenlicht traten und hell wie Supernovae leuchteten, bevor sie verglimmten und verloschen. Eine wissenschaftliche Renaissance wird nicht über Nacht eintreten, und sie erfordert nicht nur den politischen Willen, sondern auch das Verständnis dafür, was akademische Freiheit und die naturwissenschaftliche Methode eigentlich sind. Aber wenn das in der islamischen Welt schon einmal gelungen ist, kann es auch wieder gelingen.

Anmerkungen

Kapitel 1: Ein Traum von Aristoteles

1 Anthony Cutler, »Gifts and Gift Exchange as Aspects of the Byzantine, Arab, and Related Economies«, *Dumbarton Oaks Papers*, 55 (2001), S. 260.
2 Michael F. Hendy, *Studies in the Byzantine Monetary Economy c. 300–1450* (Cambridge University Press, 2008).
3 Der Silberdirham war eine islamische Münze und ist als Währungseinheit noch heute in mehreren arabischen Ländern in Gebrauch; sein Wert ist geringer als der des Golddinar.
4 Berichte über eine Volkszählung gibt es nicht, aber mehrere arabische Autoren aus dem Mittelalter stellten grobe Schätzungen zur Bevölkerungszahl Bagdads an. In der Regel untersuchten sie dazu Faktoren wie den Lebensmittelverbrauch, die Zahl der Menschen mit spezialisierten Berufen oder die Zahl der Häuser und Moscheen. Zur Hochrechung dieser Zahlen wählten sie dann Multiplikatoren, die nach ihrem subjektiven Eindruck zutreffend waren. Das lächerlichste Extrem ist eine Schätzung von 96 Millionen, die dem Autor Hilal al-Sabi zugeschrieben wird: Er berechnete die Bevölkerungszahl im 11. Jahrhundert nach der Zahl der Badehäuser in der Stadt. Vorsichtige Schätzungen vergleichen Bagdad mit Konstantinopel, das mindestens 150 000 Einwohner hatte; danach hätte die Bevölkerungszahl Bagdads bei rund einer halben Million gelegen (siehe Jacob Lassner, »Massignon and Baghdad: The Complexities of Growth in an Imperial City«, *Journal of the Economic*

and Social History of the Orient, 9 / 1–2 (1966), S. 1–27). Viele Historiker vertreten allerdings die Ansicht, Bagdad sei die erste Stadt der Welt mit über einer Million Einwohnern gewesen.

5 Das berühmteste noch erhaltene Bauwerk aus der frühen Abassidenzeit ist zweifellos die große Moschee von Samarra nördlich von Bagdad. Das 851 errichtete, 50 Meter hohe Gebäude mit seinem charakteristischen Spiralkegelminarett (*malwiyya*) hat heute Symbolcharakter; es gehört zu der einstmals größten Moschee der Welt. Die wenigen Gebäude aus der Abassidenzeit, die in Bagdad selbst erhalten geblieben sind, stammen aus späteren Epochen: der Nasiriyya-Palast (heute meist einfach Abassidenpalast genannt) wurde vom Kalifen al-Nasir (Regierungszeit 1180–1225) errichtet, die Mustansiriyya-Schule stammt aus der Herrschaftszeit von al-Mustansir (1226–1242). Beide Kalifen lebten in der Zeit zwischen den Eroberungen der Seldschuken und der Mongolen, als Bagdad noch einmal für kurze Zeit seine alte Pracht wiedererlangte.

6 Michael Cooperson, *Al-Ma'mūn* (OneWorld, 2005), S. 21.

7 Tayeb El-Hibri, »Harūn al-Rashīd and the Mecca Protocol of 802: A Plan for Division or Succession?«, *International Journal of Middle East Studies*, 24 / 3 (1992), S. 461–80.

8 Dies war vermutlich nicht der wahre Grund für Ja'far al-Barmakis Hinrichtung. Einem Bericht zufolge hatte Ja'far ein Verhältnis mit al-Rashids Schwester; der Kalif hatte zwar einer Eheschließung der beiden zugestimmt, aber nur unter der Bedingung, dass die Ehe nie vollzogen würde. Ein anderer Grund könnte gewesen sein, dass al-Rashid einfach neidisch auf die Macht und den angehäuften Reichtum der Familie Barmaki war.

9 Michael Cooperson, »Baghdad in Rhetoric and Narrative«, *Muqarnas*, 13 (1996), S. 99.

10 Sunna und Schia sind die beiden Hauptrichtungen des Islam. Insgesamt sind die Sunniten in der islamischen Welt bei weitem in der Überzahl, Schiiten stellen aber die Bevölkerungsmehrheit im Iran, Irak, Libanon, Bahrain und Aserbaidschan. Historischer Hintergrund der Aufteilung ist die Spaltung, die nach dem Tod des Propheten Mohammed im Jahr 632 stattfand. Die Meinungsverschiedenheiten betrafen die Nachfolge insbesondere im Zusam-

menhang mit den Rechten von Ali ibn abi Tahib, des vierten Kalifen und Schwiegersohns des Propheten. Das Verhältnis zwischen Sunniten und Schiiten war im Laufe der Jahre sowohl von Kooperation als auch von Konflikten geprägt; meist waren es jedoch Streitigkeiten, zuletzt im Irak nach dem Sturz Saddam Husseins.

11 Dimitri Gutas, *Greek Thought, Arabic Culture* (Routledge, 1998), S. 98.

Kapitel 2: Der Aufstieg des Islam

1 Eine gute Beschreibung findet sich in Albert Houranis ausgezeichnetem Buch *A History of the Arab Peoples* (Faber and Faber, 2005), S. 12–14.

2 In der Frage, ob Mekka in der Antike tatsächlich Macoraba hieß, sind sich die Historiker nicht einig. Der Name wird im 2. Jahrhundert u. Z. von dem Astronomen und Geographen Ptolemäus aus Alexandria erwähnt. Nach der islamischen Überlieferung wurde die Ka'aba, der heiligste aller muslimischen Tempel, um 2000 v. u. Z. von dem Propheten Abraham errichtet. Die erste belegte Erwähnung von Yathrib (Medina) findet sich in assyrischen Texten aus dem 6. Jahrhundert v. u. Z. Ptolemäus erwähnt die Stadt in seinen Schriften unter dem Namen *Lathrippa*.

3 Zum Islam konvertierte Nichtaraber, beispielsweise Ägypter, Perser und Türken, wurden *Mawali* genannt.

4 Häufig herrscht die falsche Ansicht, die Abassidendynastie habe ihren Namen von Abu al-Abbas, ihrem ersten Kalifen. In Wirklichkeit bezieht sich der Name auf einen Onkel des Propheten, der ebenfalls al-Abbas hieß. Der Kalif gleichen Namens war das Oberhaupt eines Zweiges aus dem Stamm Banu Hashim, der seine Abstammung über al-Abbas auf den Urgroßvater des Propheten zurückführte.

5 R. Coke, *Baghdad: The City of Peace* (Thornton Butterworth Ltd., London, 1927), S. 32.

6 Al-Tabari, *The Early Abbāsi Empire*, trans. J. A. William, 2 Bde., Bd 1: *The Reign of Abū Ja'far al-Mansūr* AD *754–775* (Cambridge University Press, 1998), S. 145.

7 Jacob Lassner, »Massignon and Baghdad: The Complexities of Growth in an Imperial City«, *Journal of the Economic and Social History of the Orient*, 9/1–2, (1966), S. 6.

Kapitel 3: Übersetzung

1 Dimitri Gutas, *Greek Thought, Arabic Culture* (Routledge, 1998), S. 2.

2 Wichtig ist dabei, dass Übersetzungen aus dem Pahlevi ins Arabische schon Jahrzehnte vor Beginn der Abassidenherrschaft angefertigt wurden, ihre Zahl war aber gering, und ihr Inhalt waren meist Verwaltungsangelegenheiten wie Finanz- und Steueraufzeichnungen der Sassaniden, die den Umayyaden zugänglich gemacht wurden (siehe z. B. M. Sprengling, »From Persian to Arabic«, *American Journal of Semitic Languages and Literatures*, 56/2 (1939), S. 175–224.)

3 Michael Cooperson, *Al-Ma'mùn* (OneWorld, 2005), S. 32.

4 David Pingree, »Classical and Byzantine Astrology in Sasanian Persia«, *Dumbarton Oaks Papers*, 43 (1989), S. 227–39.

5 David Pingree, »The Fragments of the Works of Al-Fazārī«, *Journal of Near Eastern Studies*, 29/2 (April 1970), S. 103–23.

6 Wie wichtig die Geometrie für das Ingenieurwesen ist, zeigt sich am besten an dem arabischen Wort *handasa*, das bis heute sowohl »Geometrie« als auch »Technik« bedeutet.

7 Martin Levey, »Mediaeval Arabic Bookmaking and its Relation to Early Chemistry and Pharmacology«, *Transactions of the American Philosophical Society*, new series, 52/4 (1962), S. 1–79.

8 Dies behauptet De Lacy O'Leary in *How Greek Science Passed on to the Arabs* (Routledge & Kegan Paul, 1949), S. 104–9. Seine Ansicht ist aber heute keineswegs allgemein anerkannt.

9 Das Astrolabium ist ein altes astronomisches Instrument, das von den Griechen erfunden wurde. Es besteht in der Regel aus Messing und hat die Größe eines kleinen Tellers, wesentlich größere und kleinere Exemplare wurden aber ebenfalls angefertigt. Astronomen, Seeleute und Astrologen lösten damit Probleme im Zusammenhang mit der Position und den Bahnen der Himmelskörper. Der mit Abstand beliebteste Typ war das Planisphärum,

auf dem das Himmelsgewölbe auf die Ebene des Äquators projiziert wurde. Bei der Benutzung des Instruments stellt man die beweglichen Teile auf ein bestimmtes Datum und einen Zeitpunkt ein. Derart justiert, zeigt das Instrument den gesamten sichtbaren und unsichtbaren Himmel.
Ein typisches Astrolabium besteht aus einer kreisförmigen Platte, der Mater, an der über einen im Mittelpunkt stehenden Stift mehrere kleine, entnehmbare Scheiben (Tympani) angebracht sind. Diese sind jeweils für einen bestimmten Breitengrad vorgesehen und tragen die eingravierte stereographische Projektion eines Himmelsabschnitts, wobei kartographische Punkte der Kugel auf der zweidimensionalen Fläche ihre Winkelverhältnisse beibehalten. Die Winkel sind am Rand der Mater markiert. Über dem obersten Tympanum befindet sich ein drehbares Gerüst, die Rete. Sie ist eigentlich eine Referenz-Sternenkarte: Auf ihr sind einige besonders wichtige Sternbilder eingraviert, die man mit den Sternen auf dem Tympanum darunter zur Deckung bringen kann. Noch darüber ist ein Zeiger befestigt, der sich ebenfalls um den Stift in der Mitte drehen lässt und eine Skala mit den Breitengraden am Himmel trägt.
Auf der anderen Seite des Astrolabiums befindet sich die Alidade, ein Zeigerarm, mit dessen Hilfe man den Inklinationswinkel des betrachteten Himmelskörpers misst, nachdem man das Astrolabium senkrecht aufgehängt hat.

10 Al-Mansurs Interesse an Euklids *Elementen* wird erwähnt in dem großen Werk des Historikers Ibn Khaldun (1332–1406): *Al-Muqaddima (Einführung in die Geschichte)*, engl. Übers. v. Franz Rosenthal (Princeton University Press, 2005), S. 374.

Kapitel 4: Der einsame Alchemist

1 Da es hier um meinen eigenen Namen geht, weiche ich von der »richtigeren« Art ab, arabische Familiennamen mit einem kleinen »a« im bestimmten Artikel zu schreiben.

2 Nicht zu verwechseln mit dem mathematischen Text *Die Elemente* von Euklid. In der Chemie ist ein Element definiert als eine Substanz, die sich mit chemischen Mitteln nicht mehr weiter in

andere Substanzen zerlegen lässt. Wie wir heute wissen, besteht die gesamte Materie aus etwas mehr als 100 Elementen; manche davon lassen sich nur künstlich herstellen und sind sehr instabil.

3 W. R. Newman und L. M. Principe, »Alchemy versus Chemistry: The Etymological Origins of a Historiographic Mistake«, *Early Science and Medicine*, 3/1 (1998), S. 32–65.

4 Zitiert in S. E. Al-Djazairi, *The Golden Age and Decline of Islamic Civilisation* (Bayt Al-Hikma Press, Manchester, 2006), S. 320.

5 Zitiert in E. J. Holmyard, *Makers of Chemistry* (Clarendon Press, 1931), S. 60.

6 Bayard Dodge (Hrsg. und Übers.), *The Fihrist of al-Nadīm* (Columbia University Press, 1970), Bd. 2, S. 855.

7 Newman und Principe, »Alchemy versus Chemistry«, S. 38.

8 Ebd., S. 40.

9 Siehe z. B. die Erörterung von al-Kindi in Lynn Thorndike, *Arabic Occult Science of the Ninth Century* (Kessinger Publishing, 2005), ein Auszug aus *History of Magic and Experimental Science*, Bd. 1, von derselben Autorin (Columbia University Press, 1923).

10 Dies ist ein wenig unfair gegenüber manchen griechischen Gelehrten wie Archimedes und Hipparchus, die sicher sorgfältige Experimente anstellten.

11 In W. R. Newman, *The »Summa Perfectionis« of Pseudo-Geber: A Critical Edition, Translation and Study*, Collection de Travaux de l'Académie Internationale d'Histoire des Sciences, 35 (Brill, annotated edn., 1997).

12 J. M. Stillman, »Falsifications in the History of Early Chemistry«, *Scientific Monthly*, 14/6 (1922), S. 560–67.

13 E. J. Holmyard, »A Critical Examination of Berthelot's Work upon Arabic Chemistry«, *Isis*, 6/4 (1924), S. 479–99.

14 S. N. Haq, *Names, Natures and Things: The Alchemist Jābir ibn Hayyān and his Book of Stones* (Kluwer Academic Publishers, 1994), S. 11.

15 P. Lory, *L'Élaboration de l'Élixir Suprême: Quatorze traités de Gābir ibn Hayyān sur l'oeuvre alchimique* (Bibliothèque Damas: Institut Français de Damas; Maisonneuve, Paris, 1988).

16 Haq, *Names, Natures and Things*, S. 25.

17 J. R. Partington, *A History of Greek Fire and Gunpowder* (Johns Hopkins University Press, 1998), S. 307.

18 V. Karpenko und J. A. Norris, »Vitriol in the History of Chemistry«, *Chemické Listy*, 96 (2002), S. 997–1005.
19 E. J. Holmyard, *Alchemy* (Penguin, 1957; repr. Dover Publications, 1991), S. 81; C. Singer, *The Earliest Chemical Industry* (Folio Society, 1958), S. 61.
20 Holmyard, *Alchemy*, S. 139.

Kapitel 5: Das Haus der Weisheit

1 Michael Cooperson, *Al-Ma'mūn* (OneWorld, 2005), S. 81.
2 Siehe z. B. Dimitri Gutas, *Greek Thought, Arabic Culture* (Routledge, 1998), S. 53, oder George Makdisi, *The Rise of Colleges: Institutions of Learning in Islam and the West* (Edinburgh University Press, 1981), S. 26.
3 Gutas, *Greek Thought, Arabic Culture*, S. 54.
4 S. E. Al-Djazairi, *The Golden Age and Decline of Islamic Civilisation* (Bayt Al-Hikma Press, Manchester, 2006), S. 187; Y. Eche, *Les Bibliothèques arabes* (Institut Français de Damas, Damaskus, 1967), S. 11.
5 Über diesen Mann gibt es zwei Berichte: Einer stammt von dem Historiker al-Nadīm (Bayard Dodge (Hrsg. und Übers.), *The Fihrist of al-Nadīm* (Columbia University Press, 1970), Bd. 2, S. 639), der andere von dem Gelehrten al-Jahiz aus Bagdad, einem Zeitgenossen von al-Ma'mūn (A. F. L. Beeston (Übers.), »On the Difference between Enmity and Envy, by al-Jāhiz«, *Journal of Arabic Literature*, 18 (1987), S. 31).
6 Gutas, *Greek Thought, Arabic Culture*, S. 57, und George Sarton, *Introduction to the History of Science*, Bd. 1 (Carnegie Institution of Washington, 1927), S. 531.
7 Dodge (Hrsg. und Übers.), *The Fihrist of al-Nadīm*, Bd. 2, S. 584.
8 Ebd., S. 19.
9 Man sollte erwähnen, dass Ishāq die arabische Form des Namens Isaak ist; »s« und »h« werden getrennt ausgesprochen (»Is-hak«).
10 Sarton, *Introduction to the History of Science*, Bd. 1. Hier gilt es festzustellen, dass die »Zeit al-Khwarizmis« zwischen den Epochen der beiden großen Pioniere der Chemie liegt: Das halbe Jahrhundert vor ihm (750–800 u. Z.) wird als »Zeit von Jabir ibn Hayyan«

bezeichnet, die zweite Hälfte des 9. Jahrhunderts heißt »Zeit von al-Razi«.

11 Natürlich wusste Muhammad ibn Musa nichts über die Gravitationsanziehung zwischen Körpern, ganz zu schweigen von ihrer mathematischen Proportionalität der umgekehrten Quadrate ihres Abstandes. Seine geistreiche Leistung lag darin, dass er eine erste Ahnung von der Allgemeingültigkeit der Naturgesetze hatte, die sich sowohl auf Himmelskörper als auch auf Objekte auf der Erde anwenden lassen.

12 Teun Koetsier, »On the Prehistory of Programmable Machines: Musical Automata, Looms, Calculators«, *Mechanism and Machine Theory*, 36 (2001), S. 589–603.

13 M. Mayerhof, »New Light on Hunayn ibn Ishāq and his Period«, *Isis*, 8 / 4 (1926), S. 685–724.

14 Peter E. Pormann und Emilie Savage-Smith, *Medieval Islamic Medicine* (Edinburgh University Press, 2007), S. 65.

15 Al-Jahiz, *Kitab al-Hayawān*, Bd. 4 (Al-Matba'ah al-Hamīdīyah al-Misrīyah, Kairo, 1909), S. 23 (in Arabisch).

16 Ebd., S. 24.

17 Ebd., S. 25.

Kapitel 6: Großforschung

1 Hugh Thurston, »Greek Mathematical Astronomy Reconsidered«, *Isis*, 93 / 1 (2002), S. 58–69.

2 Sonja Brentjes, in Thomas Hockey (Hrsg.), *The Biographical Encyclopedia of Astronomers* (Springer, 2007), S. 1011.

3 Benno van Dalen, in Hockey (Hrsg.), *The Biographical Encyclopedia of Astronomers*, S. 1249–1250.

4 Zum Beispiel E. S. Kennedy, »A Survey of Islamic Astronomical Tables«, *Transactions of the American Philosophical Society*, new series, 46 / 2 (1956), S. 123–77.

5 Gregg DeYoung, in Hockey (Hrsg.), *The Biographical Encyclopedia of Astronomers*, S. 357. Was die Theorie der Astrolabienkonstruktion angeht, so entwickelten die beiden Astronomen al-Battani und al-Biruni später die mathematischen Grundlagen bedeutend weiter als al-Farghani.

6 Gut belegt ist, dass das Wort *zij* wie eine Reihe anderer Fachausdrücke aus dem Persischen stammt und ursprünglich einen Faden bezeichnete. Später wurde es zum Begriff für die parallelen Kettfäden in einem Gewebe, und dann bezeichnete es eine Zahlentabelle, weil die senkrechten Zahlenspalten in einer solchen Tabelle den Kettfäden in einem Webstuhl ähneln. Am Ende stand es für ganze Gruppen astronomischer Tabellen, und in dieser Bedeutung wird es auch hier gebraucht.

7 Marvin Bolt, in Hockey (Hrsg.), *The Biographical Encyclopedia of Astronomers*, S. 740.

8 T. F. Glick, S. Livesey, F. Wallis (Hrsg.), *Medieval Science, Technology and Medicine: An Encyclopaedia*, Routledge Encyclopaedias of the Middle Ages (Routledge, 2005), S. 64. Siehe auch Aydin Sayili, *The Observatory in Islam and its Place in the General History of the Observatory*, Publications of the Turkish Historical Society, 7/38 (Ayer Co. Pub., Ankara, 1988).

9 Zitiert in David Woodward, »The Image of the Spherical Earth«, *Perspecta*, 25 (1989), S. 3. Deutsche Übersetzung: Platon, Sämtliche Werke, Bd. 1 (Berlin: Lambert Schneider, 1940), S. 1178.

10 Thurston, »Greek Mathematical Astronomy Reconsidered«, S. 66.

11 Posidonius hatte nach Eratosthenes' Methode eigene Messungen vorgenommen und war wie dieser zu Beginn zu einem Wert von 250 000 Stadien gelangt; später hatte er ihn aber nach unten auf 180 000 korrigiert, und diesen Wert nennt auch Ptolemäus.

12 Sonja Brentjes, in Hockey (Hrsg.), *The Biographical Encyclopedia of Astronomers*, S. 1011.

13 Mas'ūdi, aus *The Meadows of Gold*, übers. v. P. Lunde and C. Stone (Penguin, 2007), S. 48.

14 Michael Cooperson, *Al-Ma'mūn* (OneWorld, 2005), S. 2–3.

Kapitel 7: Zahlen

1 R. L. Goodstein, »The Arabic Numerals, Numbers and the Definition of Counting«, *Mathematical Gazette*, 40/332 (1956), S. 114–29.

2 Es war unabhängig davon auch den Chinesen als Gou-Gu-Theorem und den Indern als Bakhshali-Theorem bekannt.

3 Allerdings geht der indische iterative Algorithmus für die Berechnung von Quadratwurzeln höchstwahrscheinlich auf einen älteren babylonischen Algorithmus zurück.

4 Otto Neugebauer, *The Exact Sciences in Antiquity* (Brown University Press, 1957; Dover, 1969), S. 46.

5 J. D. Buddhue, »The Origin of our Numerals«, *Scientific Monthly*, 52/3 (1941), S. 265–2677.

6 D. E. Smith und L. C. Karpinski, *The Hindu-Arabic Numerals* (Ginn and Co., 1911).

7 G. Ifrah, *The Universal History of Numbers: From Prehistory to the Invention of the Computer* (Wiley, 2000).

8 G. Sarton, *Introduction to the History of Science* (Carnegie Institution of Washington, 1927), Bd. 1, S. 585.

9 G. Sarton, »Decimal Systems Early and Late«, *Osiris*, 9 (1950), S. 581–601.

10 Die Methode der Römer (die eigentlich viel älter ist und dem von den alten Ägyptern verwendeten Verfahren ähnelt) funktioniert folgendermaßen: man schreibt die Zahlen, die man multiplizieren möchte, nebeneinander und dann darunter jeweils die Hälfte der einen und das Doppelte der anderen. Dies lernten sie gut. Der gleiche Vorgang wird wiederholt, wobei man den Rest bei der Halbierung ungerader Zahlen außer Acht lässt, bis man mit dem Halbieren bei 1 angelangt ist. Anschließend streicht man in der Spalte mit den Verdoppelungen alle Zahlen, die einer geraden Zahl in der Spalte der Halbierungen entsprechen; was dann übrig bleibt, addiert man zu der Spalte mit den Verdoppelungen. Römische Zahlen zu addieren beherrschte man gut.
In unserem Beispiel habe ich neben die römischen Zahlen auch die hinduistisch-arabischen geschrieben, damit man den Vorgang leichter verfolgen kann:
Schritt 1 (Verdoppeln und Halbieren):

XI (11)	CXXIII (123)
V (5)	CCXLVI (246)
II (2)	CDXCII (492)
I (1)	CMLXXXIV (984)

Schritt 2 (Streichen von Zahlen, denen links eine gerade Zahl gegenübersteht):

XI (11)	CXXIII (123)
V (5)	CCXLVI (246)
II (2)	
I (1)	CMLXXXIV (984)

Schritt 3 (Addition):

MCCCLIII (1353)

11 Roshdi Rashed, *The Development of Arabic Mathematics: Between Arithmetic and Algebra* (Kluwer Academic Publishers, 1994), S. 55.

12 Heinrich Hermelink, »A Commentary upon Bīrūni's Kitab Tahdīd al-Amākin, an 11th Century Treatise on Mathematical Geography by E. S. Kennedy«, *Isis*, 67 / 4 (1976), S. 634–636.

13 Eine gute Darstellung zur Nutzung der Null bei den Babyloniern findet sich in Neugebauer, *The Exact Sciences in Antiquity*, S. 14–20.

14 C. B. Boyer, »An Early Reference to Division by Zero«, *American Mathematical Monthly*, 50 / 8 (1943), S. 487–491.

15 Bibhutibhusan Datta, »Early Literary Evidence of the Use of the Zero in India«, *American Mathematical Monthly*, 38 (1931), S. 566–572.

16 C. B. Boyer, »Zero: The Symbol, the Concept, the Number«, *National Mathematics Magazine*, 18 / 8 (1944), S. 323–330.

17 A. S. Sa'īdān, »The Earliest Extant Arabic Arithmetic: Kitab al-Fusūl fī al-Hisāb al-Hindī of Abū al-Hasan Ahmed ibn Ibrāhīm al-Uqlīdisī«, *Isis*, 57 / 4 (1966), S. 475–490.

18 J. L. Berggren, *Episodes in the Mathematics of Medieval Islam* (Springer-Verlag, 2000), S. 36. (dt. *Mathematik im mittelalterlichen Islam*, übers. v. Petra G. Schmidl, Berlin: Springer, 2011)

19 Die drei Beispiele, wie al-Uqlīdisi die Dezimalzahlen auf Einzelprobleme anwandte: (a) mehrfache Halbierung einer ungeraden Zahl, (b) mehrfache Vermehrung oder Verminderung einer Zahl um ein Zehntel ihres Wertes und (c) das Ziehen der Quadrat- und Kubikwurzel einer Zahl.

20 Rashed, *The Development of Arabic Mathematics*, S. 124.

21 Wie der Titel dieses großartigen Buches lautete, ist umstritten. Das Problem liegt in dem zweiten Wort *hussab*: Es bedeutet »Rechner« (Personen, die rechnen). Da aber der erste, kürzere Vokal in dem arabischen Wort fehlt, könnte es auch *hisab* lauten, was »Arithmetik« bedeutet. Deshalb nennen die beiden angesehenen Mathematikhistoriker Berggren und Rashed als Titel des Buches *Der Schlüssel des Rechners* beziehungsweise *Der Schlüssel zur Arithmetik.*

22 Der einzige andere Mathematiker, der sich offenbar angemessen mit dem Problem auseinandersetzte, war Abu Mansur al-Baghdadi (gest. 1037) in seinem Buch *Al-Takmila fi 'Ilm al-Hisab* (MS 2708, Lala-Li Bibliothek, Istanbul).

23 J. Needham, *Science and Civilisation in China* (Cambridge University Press, 1959), Bd. 3, S. 33–91.

24 Während im Englischen ein Dezimalpunkt verwendet wird (so dass 1.5 zum Beispiel eineinhalb bedeutet), erfüllt im Französischen und Deutschen wie im Arabischen ein Komma diese Funktion (z. B. 1,5).

25 A. S. Sa'īdān, »The Earliest Extant Arabic Arithmetic«, S. 487.

Kapitel 8: Algebra

1 Muhammad b. Mūsa al-Khwārizmi (Übers. F. Rosen), *The Algebra of Muhammad ibn Mūsa* (Oriental Translation Fund, London, 1831).

2 Fermats Exemplar der *Arithmetica* war die 1631 erschienene Version, aus dem Griechischen ins Lateinische übersetzt von Claude Gaspard Bachet de Méziriac.

3 Zum Beispiel Roshdi Rashed, *The Development of Arabic Mathematics: Between Arithmetic and Algebra* (Kluwer Academic Publishers, 1994), S. 13.

4 S. Gandz, »The Sources of al-Khwārizmi Algebra«, *Osiris*, 1 (1936), S. 263–277.

5 G. Sarfatti, *Mathematical Terminology in Hebrew Scientific Literature of the Middle Ages* (Magnus Press, Jerusalem, 1969).

6 Al-Khwarizmi, *The Algebra of Muhammad ibn Mūsa*, S. 3.

7 Als Kalender bezeichnet man jede Tabelle oder Aufstellung, in der die verstreichende Zeit durch gleichlange Einheiten (Wochen, Monate, Jahre) gegliedert wird, wobei man sich am natürlichen Kreislauf der Jahreszeiten sowie an den Bahnen von Sonne und Mond am Himmel orientiert.

8 A. Youschkevitch und B. A. Rosenfeld, »Al-Khayyāmī«, in Charles Coulston Gillispie (Hrsg.), Dictionary of Scientific Biography (Charles Scribner's Sons, 1973), Bd. 7, S. 323–334.

Kapitel 9: Der Philosoph

1 John A. Nawas, »A Reexamination of Three Current Explanations for Al-Ma'mun's Introduction of the Mihna«, *International Journal of Middle East Studies*, 26 / 4 (1994), S. 615–629.
2 Peter Adamson, *Al-Kindi*, Great Medieval Thinkers (Oxford University Press, 2006), S. 4.
3 Sokrates selbst hinterließ keine philosophischen Schriften. Seine Gedanken kennen wir nur aus den Aufzeichnungen seiner Zeitgenossen und Schüler, darunter vor allem Platon.
4 Zitiert in Richard Walzer, »The Rise of Islamic Philosophy«, *Oriens*, 3 / 1 (1950), S. 9.
5 Simon Singh, *The Code Book* (Fourth Estate, 2000), S. 14–20. [dt. *Codes: die Kunst der Verschlüsselung*, Übers. v. Klaus Fritz; München: Hanser, 2002]
6 Lynn Thorndike, *Arabic Occult Science of the Ninth Century* (Kessinger Publishing, 2005), S. 649.
7 Alfred L. Ivry, »Al-Kindi and the Mu'tazila: A Philosophical and Political Reevaluation«, *Oriens*, 25 (1976), S. 82.
8 Adamson, *Al-Kindi*, S. 5.
9 Seyyed Hossein Nasr und Oliver Leaman (Hrsg.), *History of Islamic Philosophy* (Routledge, 1996), S. 166.

Kapitel 10: Der Arzt

1 Der Autor dieser Abhandlung ist nicht zu verwechseln mit dem Philosophen Ya'qub ibn Ishaq al-Kindi; er war ein ägyptisch-jüdischer Arzt und schrieb diese Worte 1202 nach einem Besuch in Damaskus.
2 Die chinesische Medizin erwähne ich hier nicht, weil sie in der muslimischen Welt weniger Einfluss hatte als die Medizin aus Indien und Griechenland. Sie gehört deshalb nicht zu meiner Geschichte, ich möchte aber damit ihre Bedeutung und die Wirkungen, die sie bis heute hat, keineswegs herunterspielen.
3 Bayard Dodge (Hrsg. und Übers.), *The Fihrist of al-Nadīm* (Columbia University Press, 1970), Bd. 2, S. 702.

4 P. E. Pormann und E. Savage-Smith, *Medieval Islamic Medicine* (American University in Cairo Press, 2007), S. 96.

5 Später wurden viel größere Krankenhäuser gebaut, beispielsweise das Adudi-Hospital 982, das Nuri-Hospital in Damaskus Mitte des 12. Jahrhunderts und das gewaltige Mansuri-Hospital in Kairo 1284.

6 Ibn Jubayr, *Travels of Ibn Jubayr*, übers. v. J. C. Broadhurst (Goodword Books, New Delhi, 2004), S. 234.

7 Pormann und Savage-Smith, *Medieval Islamic Medicine*, S. 117.

8 Im Einzelnen beschrieben bei Albert Zaki Iskandar, »Al-Rāzi, the Clinical Physician«, in P. E. Pormann (Hrsg.), *Islamic Medical and Scientific Tradition* (Routledge, 2010).

9 P. E. Pormann, »Medical Methodology and Hospital Practice: The Case of Tenth-Century Baghdad«, in P. Adamson (Hrsg.), *In the Age of al-Farabi: Arabic Philosophy in the 4th / 10th Century*, Warburg Institute Colloquia, 12 (Warburg Institute, 2008), S. 95–118.

10 M. Dunlop, *Arab Civilisation, to* AD *1500* (Longman / Librairie du Liban, 1971), S. 235 (Auszug aus der Abhandlung über Pocken und Masern).

11 G. Wiet, V. Elisseeff, P. Wolff und J. Naudu, *History of Mankind*, Bd. 3: *The Great Medieval Civilizations*, Übers. a. d. Franz. (George Allen & Unwin / Unesco, 1975), S. 654.

12 Zitiert in Jennifer Michael Hecht, *Doubt: A History. The Great Doubters and their Legacy of Innovation from Socrates and Jesus to Thomas Jefferson and Emily Dickinson* (HarperOne, 2006), S. 227.

13 L. E. Goodman, »Al-Razi«, in C. E. Bosworth u. a. (Hrsg.), *The Encyclopedia of Islam* (Brill, 1995), S. 474–477.

14 Zitiert in Hecht, *Doubt*, S. 31.

15 Interessanterweise stammt »Zenit« ursprünglich von dem arabischen Wort *samt* (was »Weg« bedeutet und sich von *samt al-ra's* = »Weg über dem Kopf« ableitet). Es wurde aber falsch als *senit* ins mittelalterliche Latein transkribiert. Das Wort »Nadir« für das Gegenteil zum Zenit stammt vom arabischen *nadir al-samt*.

Kapitel 11: Der Physiker

1 Ich stelle diese Behauptung nicht leichtfertig auf, denn Newton folgte auf wahrhaft große Wissenschaftler wie Descartes, Galilei und Kepler.

2 Wie auch manche andere im Westen bekannte islamische Gelehrte, zum Beispiel al-Razi (Rhazes), Ibn Sina (Avicenna) und Ibn Rushd (Averroës), so ist auch Ibn al-Haytham vermutlich besser unter seinem lateinischen Namen Alhazen bekannt; dies merkte ich, als ich seine Arbeiten bei den Recherchen zu dem vorliegenden Buch in Bibliothekskatalogen nicht unter I oder H, sondern unter A nachschlagen musste.

3 Nach Ansicht mancher Autoren ist *Dar al-Hikma* analog zur »Hall of Fame« mit »Hall of Wisdom« zu übersetzen.

4 Roshdi Rashed, »A Pioneer of Anaclastics: Ibn Sahl on Burning Mirrors and Lenses«, *Isis*, 81/3 (September 1990), S. 465.

5 Kurt Bernardo Wolf und Guillermo Krötzsch, »Geometry and Dynamics in Refracting Systems«, *European Journal of Physics*, 16 (1995), S. 14–20.

6 D. C. Lindberg, *Theories of Vision from al-Kindi to Kepler* (University of Chicago Press, 1976), S. 209 [dt. *Auge und Licht im Mittelalter: die Entwicklung der Optik von Alkindi bis Kepler*. Übers. v. Matthias Althoff; Frankfurt: Suhrkamp, 1987].

7 David Lindberg, »Alhazen's Theory of Vision and its Reception in the West«, *Isis*, 58/3 (1967), S. 331.

8 Nader El-Bizri, »A Philosophical Perspective on Alhazen's Optics«, *Arabic Sciences and Philosophy*, 15/2 (2005), S. 189–218.

9 G. J. Holton und S. G. Brush, *Physics, the Human Adventure: From Copernicus to Einstein and Beyond* (Rutgers University Press, 2001), S. 32.

10 *Opticae Thesaurus*, vol. 1, sect. 1, p. 1, zitiert in Lindberg, »Alhazen's Theory of Vision and its Reception in the West«, S. 322.

11 Ebd.

12 Im Gegensatz zu einem beliebten Mythos war Ibn al-Haytham nicht der Erfinder der Camera obcura, und in seinen Schriften findet sich auch nicht ihre erste Erwähnung; grobe Kenntnisse über ihre Wirkungsweise besaßen vielmehr schon die alten Chine-

sen vor 300 v. u. Z. (was man in einem Absatz des *Mo Ching* nachlesen kann). Ibn al-Haytham lieferte allerdings die erste mathematische Beschreibung ihrer Funktionsweise.

13 W. H. Lehn und S. van der Werf, »Atmospheric Refraction: A History«, *Applied Optics*, 44 (2005), S. 5624–5636.

14 H. J. J. Winter, »The Optical Researches of Ibn al-Haitham', *Centaurus*, 3 (1954), S. 196.

15 Nader El-Bizri, »In Defence of the Sovereignty of Philosophy: Al-Baghdādī's Critique of Ibn al-Haytham's Geometrisation of Place«, *Arabic Sciences and Philosophy*, 17 / 1 (2007), S. 57–80.

16 A. I. Sabri, »The authorship of Liber de crepusculis, an Eleventh-century Work on Atmospheric Refraction«, *Isis*, 58 (1967), S. 77–85.

17 Die Bücher I bis IV sind in der griechischen Originalfassung erhalten, die Bücher V bis VII dagegen kennen wir nur in der arabischen Übersetzung, die im 9. Jahrhundert von den Brüdern Banu Musa angefertigt wurde.

18 Peter M. Neumann, »Reflections on Reflection in a Spherical Mirror«, *American Mathematical Monthly*, 105 (1998), S. 523–528.

19 Roshdi Rashed, »The Celestial Kinematics of Ibn al-Haytham«, *Arabic Sciences and Philosophy*, 17 (2007), S. 8.

20 Zitiert in ebd., S. 11.

21 Gerhard Endress, in J. P. Hogendijk und A. I. Sabra (Hrsg.), *The Enterprise of Science in Islam* (MIT Press, 2003), S. 148.

22 Bradley Steffens, *Ibn al-Haytham: First Scientist* (Morgan Reynolds Publishing, 2005), S. 62.

23 Robert Briffault, *The Making of Humanity* (The Macmillan Co., 1930), S. 141, zitiert in Mohaini Mohamed, *Great Muslim Mathematicians* (Penerbit UTM, 2000), S. 52.

Kapitel 12: Der Prinz und der Almosenempfänger

1 Als Vater der Atomtheorie gilt der Grieche Leukippos, der im 5. Jahrhundert v. u. Z. lebte. Erweitert und weiterentwickelt wurden seine Gedanken von seinem Schüler Demokrit (ca. 460–370 v. u. Z.). Nach ihrer Vorstellung besteht alle Materie – und damit das ganze Universum – aus Grundbausteinen (Atomen) und Leere. Aristoteles stand dieser Ansicht kritisch gegenüber.

2 H. M. Said und A. Z. Khan, *Al-Bīrūni: His Times, Life and Works* (Renaissance Publishing House, Delhi, 1990), S. 105.

3 Der vollständige Briefwechsel ist unter dem Titel *Al-As'ila wal-Ajwiba (Die Fragen und Antworten)* wiedergegeben in einer Reihe von acht Fachartikeln von Rafik Berjak und Muzaffar Iqbal in *Islam & Science*, 1/1 (2003), S. 91; 1/2 (2003), S. 253; 2/1 (2004), S. 57; 2/2 (2004), S. 181; 3/1 (2005), S. 57; 3/2 (2005), S. 166; 4/2 (2006), S. 165; 5/1 (2007), S. 53.

4 Der Fluss ist heute unter dem Namen Amu Darya bekannt und fließt vom Pamirgebirge im Westhimalaya auf gewundenen Wegen nach Westen und Norden durch die Region Khwarizm, bevor er in den nördlichsten Zipfel des Aralsees mündet.

5 Aisha Khan, *Avicenna* (The Rosen Publishing Group, New York, 2006), S. 39.

6 Wegen der unterschiedlichen Schreibweisen werden die Städte Gorgan (Jurjan) und Gurganj (Alt-Urganch, Kunya Urgench oder Jurjaniah) häufig verwechselt. Die erste ist heute eine blühende Stadt im Nordiran; die zweite, in ihrer Blütezeit eine der größten Städte Zentralasiens, wurde 1221 von Dschingis Khan dem Erdboden gleichgemacht.

7 Das heißt diejenigen, die sich mit Sprachen, Literatur, Geschichte und Kulturen des indischen Subkontinents beschäftigen.

8 Lenn E. Goodman, *Avicenna* (Cornell University Press, 2006), S. 155.

9 Nicht zu vergessen natürlich Tycho Brahes sorgfältige Beobachtungen und Johannes Keplers brillante Schlussfolgerungen.

10 Jamil Ali, *The Determination of the Coordinates of the Cities: Al-Bīrūni's Tahdīd al-Amākin* (Centennial Publications, The American University of Beirut, 1967), S. 188.

11 Ebd., S. 183.

12 Ich sollte allerdings darauf hinweisen, dass auch die alten Griechen eine gewisse Vorstellung davon hatten, wie Land aus dem Meer gewonnen wird: Auch sie hatten Fossilien von Meerestieren in großer Höhe entdeckt (siehe den Anfang des *Timaios* von Platon).

13 Abdus Salam, »Islam and Science«, in C. H. Lai und Azim Kidwai (Hrsg.), *Ideals and Realities: Selected Essays of Abdus Salam* (World Scientific, Singapore, 1987), S. 179–213.

14 Ali, *The Determination of the Coordinates of the Cities*, S. 2.

Kapitel 13: Andalusien

1 Ivan Van Sertima, *Golden Age of the Moor* (Transaction Publishers, 1991), S. 17.
2 Dass die drei berühmtesten andalusischen Herrscher alle Abd al-Rahman hießen, ist Zufall. Andere herrschten zwischen ihnen, und insgesamt gab es fünf Kalifen dieses Namens.
3 George F. Hourani, »The Early Growth of the Secular Sciences in Andalusia«, *Studia Islamica*, 32 (1970), S. 149.
4 Der heutige Name stammt allerdings höchstwahrscheinlich von der islamischen Ortsbezeichnung (syrisch Sumra), und der bekannte Name Surra man Ra'a geht selbst auf Samarra zurück.
5 Hugh Kennedy, in D. Luscombe und J. Riley-Smith (Hrsg.), *The New Cambridge Medieval History* (Cambridge University Press, 2004), Bd. 4, S. 601.
6 M. S. Spink und G. L. Lewis, *Albucasis on Surgery and Instruments* (Wellcome Institute of the History of Medicine, 1973), S. 8.
7 Ebd., S. 406.
8 G. Sarton, *Introduction to the History of Science* (Carnegie Institution of Washington, 1927), Bd. 1, S. 694.
9 Alexander Broadie, in Seyyed Hossein Nasr und Oliver Leaman (Hrsg.), *History of Islamic Philosophy* (Routledge, 1996), S. 725.
10 Hourani, »The Early Growth of the Secular Sciences in Andalusia«, S. 153.
11 R. W. Southern, *The Making of the Middle Ages* (Yale University Press, 1953), S. 121.
12 David C. Lindberg (Hrsg.), *Science in the Middle Ages* (University of Chicago Press, 1976), S. 60.
13 Er ist auch unter dem falsch geschriebenen Namen »Albucasis« bekannt.
14 S. P. Scott, *History of the Moorish Empire in Europe* (Lippincott, 1904), Bd. 3, S. 461–462.

Kapitel 14: Die Revolution von Maragha

1 F. Jamil Ragep, »Freeing Astronomy from Philosophy: An Aspect of Islamic Influence on Science«, *Osiris*, 16 (2001), S. 51.

2 Ebd., S. 50.
3 Im ptolemäischen Modell bewegt sich die Sonne auf einer Kreisbahn, wobei die Erde nicht im Mittelpunkt steht. Es gibt also in der Umlaufbahn einen Punkt, der am weitesten von der Erde entfernt ist: das Apogäum. Man kann sich zwei nahezu vollständig überlappende Kreise vorstellen, wobei die Erde im Mittelpunkt des einen steht und die Sonne sich auf dem anderen bewegt. Die Messungen der Griechen, die von den islamischen Astronomen korrigiert wurden, bezogen sich auf den Längengrad der Sonne am Himmel, wenn sie sich an diesem Punkt des Kreises befindet.
4 Rudolf von Erhardt und Erika von Erhardt-Siebold, »Archimedes' Sand-Reckoner: Aristarchos and Copernicus«, *Isis*, 33 / 5 (1942), S. 578–602; O. Neugebauer, »Archimedes and Aristarchus«, *Isis*, 34 / 1 (1942), S. 4–6.
5 William Harris Stahl, »The Greek Heliocentric Theory and Its Abandonment«, *Transactions and Proceedings of the American Philological Association*, 76 (1945), S. 321–332.
6 Noel Swerdlow, »A Lost Monument of Indian Astronomy«, *Isis*, 64 / 2 (1973), S. 239–43.
7 Jose Wudka, *Space-Time, Relativity and Cosmology* (Cambridge University Press, 2006), S. 46.
8 Hugh Thurston, *Early Astronomy* (Springer, 1994), S. 178.
9 Aydin Sayili, *The Observatory in Islam and its Place in the General History of the Observatory*, Publications of the Turkish Historical Society, 7 / 38 (Ayer Co. Pub., Ankara, 1988).
10 Den Begriff prägte der Historiker Edward Kennedy in seinem Artikel »Late Medieval Planetary Theory«, *Isis*, 57 (1966), S. 365–378.
11 Noel Swerdlow, »The Derivation and First Draft of Copernicus' Planetary Theory: A Translation of the Commentariolus with Commentary«, *Proceedings of the American Philosophical Society*, 117 (1973), S. 426.
12 Willy Hartner, »Copernicus, the Man, the Work, and its History«, *Proceedings of the American Philosophical Society*, 117 (1973), S. 413–422.
13 Swerdlow, »The Derivation and First Draft of Copernicus' Planetary Theory«, S. 423.

14 Stahl, »The Greek Heliocentric Theory and its Abandonment«, S. 322.

15 George Saliba, *A History of Arabic Astronomy* (New York University Press, 1994), S. 26.

Kapitel 15: Niedergang und Renaissance

1 Dorothee Metlitzki, *The Matter of Araby in Medieval England* (Yale University Press, 1977), S. 35.

2 George Sarton, *Introduction to the History of Science* (Carnegie Institution of Washington, 1927), Bd. 2, S. 126.

3 A. Gonzalez Palencia, »Islam and the Occident«, *Hispania*, 18 (1935), S. 245–276.

4 George Saliba, *Islamic Science and the Making of the European Renaissance* (MIT Press, 2007), S. 234.

5 Dieses Buch wird in der Regel nicht als das erste in England hergestellte Druckerzeugnis genannt (ein oder zwei andere kamen ihm möglicherweise um ein Jahr zuvor), mit Sicherheit ist es aber das erste, das sich zuverlässig bestätigen lässt: Es enthält nicht nur das Erscheinungsdatum, sondern ein Kolophon nennt auch zum ersten Mal in England den Namen des Druckers William Caxton (ca. 1422–1492) und den Erscheinungsort Westminster. Caxton hatte 1476 die erste Druckerei Englands eingerichtet. Zu den vielen Büchern, die er druckte, gehörten auch die *Canterbury Tales* von Chaucer.

6 Das Buch wurde von dem wenig bekannten ägyptischen Gelehrten Mubashit ibn Fatik verfasst. Siehe Bernard Lewis, »Translation from Arabic«, *Proceedings of the American Philosophical Society*, 124 (1980), S. 41–47.

7 Siehe Angela Nuovo, »A Lost Arabic Koran Rediscovered«, *The Library*, 6th series, 12 (1990), S. 17.

8 Peter E. Pormann und Emilie Savage-Smith, *Medieval Islamic Medicine* (Edinburgh University Press, 2007), S. 47.

9 Ibrahim M. Oweiss, *Arab Civilization: Challenges and Responses* (SUNY Press, 1988), S. 123.

10 Jean David C. Boulakia, »Ibn Khaldūn: A Fourteenth-Century Economist«, *Journal of Political Economy*, 79 (1971), S. 1105–1118.

11 Arnold J. Toynbee, A Study of History (London, 1935), Bd. 3, S. 322. [dt. *Der Gang der Weltgeschichte*, Übers. v. Jürgen von Kempski; Zürich: Europa-Verlag, 1979]

12 J. L. Berggren, *Episodes in the Mathematics of the Medieval World* (Springer, 1986), S. 21. [dt. *Mathematik im mittelalterlichen Islam*, übers. v. Petra G. Schmidl, Berlin: Springer, 2011]

Kapitel 16: Wissenschaft und Islam heute

1 M. A. Anwar und A. B. Abū Bakar, »Current State of Science and Technology in the Muslim World«, *Scientometrics*, 40 (1997), S. 23–44.

2 The Atlas of Islamic-World Science and Innovation project, Royal Society Science Policy Centre: http://royalsociety.org/aiwsi/.

3 Pervez Amirali Hoodbhoy, »Science and the Islamic World – The Quest for Rapprochement«, *Physics Today*, 49 (2007), S. 49–55.

4 Siehe auch Statistical, Economic and Social Research and Training Centre for Islamic Countries, Academic Rankings of Universities in the OIC Countries (April 2007): http://www.sesrtcic.org/files/article/232.pdf/.

5 Vortrag von Abdus Salam mit dem Titel »The Future of Science in Islam«, gehalten bei der islamischen Gipfelkonferenz in Kuwait im Januar 1987.

6 Siehe zum Beispiel Osman Bakar, »The History and Philosophy of Islamic Science«, *Islamic Texts Society* (1999), S. 232.

7 Nader Fergany, »Steps Towards Reform«, *Nature*, 444 (2006), S. 33–4.

8 Professor Choon Fong Shih und Präsident von KAUST: Eröffnungsansprache zum Discover KAUST Global Gathering, 5. Januar 2009, Jeddah, Saudi-Arabien.

9 In einer Umfrage der Zeitschrift *Prospect* aus dem Jahr 2008 wurde er unter den einflussreichsten Intellektuellen der Welt an die siebte Stelle gewählt. Bei solchen Statistiken ist allerdings Vorsicht geboten: Die ersten zehn Personen auf der Liste stammten ausnahmslos aus muslimischen Ländern oder waren muslimischer Herkunft; erst auf Rang 11 folgte Noam Chomsky (der in der vorherigen Umfrage von 2005 die Liste angeführt hatte). Dieses

Ergebnis hat eindeutig nicht nur mit echtem globalem Einfluss zu tun, sondern auch mit der stärkeren Vernetzung der muslimischen Welt durch das Internet und den Wirkungen organisierter Kampagnen der Anhänger bestimmter Personen, insbesondere in Staaten wie der Türkei, Ägypten und Iran.

Verzeichnis der Wissenschaftler

Die nachfolgende Liste von Gelehrten aus dem islamischen Großreich ist keineswegs vollständig. Neben den Namen, die im Haupttext vorkommen, enthält sie mehrere weitere Personen, die nicht erwähnt werden, aber so wichtig sind, dass man sie aufführen sollte. Die einzigen christlichen Europäer, die ich hier nenne, spielten in der Übersetzungsbewegung aus dem Arabischen ins Lateinische eine wichtige Rolle.

Eine Anmerkung zur alphabetischen Anordnung: Wenn ein Gelehrter einen *laqab* (Spitznamen oder Familiennamen) hatte, wird er entsprechend diesem Namen eingeordnet. Anderenfalls – wenn er einfach X, Sohn von Y heißt – wird der erste Name benutzt, auch wenn er vor allem unter dem Namen des Vaters bekannt ist. Manchmal ist es einfach eine Frage der Tradition; deshalb werden sowohl Ibn al-Haytham als auch al-Hajjaj ibn Yusuf unter H aufgeführt.

Adelard von Bath: englischer Philosoph, Mathematiker und Naturwissenschaftler (1080–1152). Wurde sowohl durch eigene Arbeiten als auch durch die Übersetzung vieler wichtiger arabischer Werke über Astrologie, Astronomie, Philosophie und Mathematik ins Lateinische bekannt, ebenso durch eine arabische

Fassung von Euklids *Elementen*, die im Abendland über Jahrhunderte als wichtigstes Geometrie-Lehrbuch diente. Er studierte und unterrichtete in Frankreich, unternahm dann lange Reisen und kehrte schließlich nach England zurück, wo er zum Lehrer des zukünftigen Königs Heinrich II. wurde. Seine Schriften über das Wesen des Menschen, aber auch über Meteorologie, Astronomie, Botanik und Zoologie basieren auf Ergebnissen der arabischen Wissenschaft. Er schrieb auch ein Werk über den Abakus und das Astrolabium. Damit wurde er zum größten englischen Gelehrten vor Roger Bacon.

Ali ibn Isa: erlebte in Bagdad in der ersten Hälfte des 11. Jahrhunderts seine Blütezeit; christlicher Gelehrter und der berühmteste arabische Augenarzt. Sein Buch *Tadhkirat al-Kahhalin*, das älteste arabische Werk über Augenheilkunde, beschäftigt sich mit Anatomie, Physiologie und Erkrankungen der Augen und beschreibt mehr als 100 verschiedene Medikamente.

Ali ibn Sahl (ca. 838–870), Sohn von Sahl al-Tabari; als Arzt und zum Islam konvertierter Jude erlebte er während des Kalifats von al-Mutawakkil (847–861) seine Blütezeit; Lehrer des großen al-Razi. Sein berühmtestes, 850 fertiggestelltes Werk trug den Titel *Firdaws al-Hikma* (*Das Paradies der Weisheit*); er beschäftigte sich vorwiegend mit Medizin, behandelte aber auch Philosophie, Astronomie, Meteorologie, Zoologie und Psychologie. In großen Teilen war es keine eigenständige Arbeit, sondern stützte sich auf griechische und hinduistische Quellen.

Al-Ash'ari: Abu al-Hassan Ali ibn Isma'il al-Ash'ari (873–935); arabischer Theologe, der seine Blütezeit in Bagdad erlebte. Er wird hier nicht wegen wissenschaftlicher Leistungen genannt, sondern weil seine theologischen Lehren nach allgemeiner Ansicht einen negativen Einfluss auf den Geist der freien wissenschaftlichen Entfaltung hatten (er war Mu'tazilit und später zum orthodoxen Sunnitentum konvertiert). Er gilt als Begründer der muslimischen Scholastik und als größter islamischer Theologe vor al-Ghazali.

Ibn Bajja: Abu Bakr Muhammad ibn Yahya, bekannt als Ibn Bajja oder latinisiert Avempace; muslimischer Philosoph, Wissenschaftler und Arzt aus Andalusien; er wurde vor 1106 in Saragossa geboren, lebte in Granada und starb – möglicherweise durch Vergiftung – 1139 in Fez. Er stand dem ptolemäischen Modell kritisch gegenüber, griff aber auch Ibn al-Haythams Kritik an Ptolemäus an und bezeichnete sie als zu einfach. Selbst wurde er allgemein wegen seines »Atheismus« kritisiert. Er hatte großen Einfluss auf die Arbeiten anderer andalusischer Gelehrter wie Ibn Tufayl, al-Bitruji und Ibn Rushd.

Abi Ma'shar al-Balkhi: Abu Ma'shar Ja'far ibn Muhammad ibn Umar al-Balkhi (ca. 787–886), latinisiert Albumasar. Persischer Astrologe, der im 12. Jahrhundert großen Einfluss in Europa gewann. Er studierte die Werke von Ptolemäus und Aristoteles. Viele seiner Arbeiten wurden in der ersten Hälfte des 12. Jahrhunderts ins Lateinische übersetzt, so dass zahlreiche europäische Gelehrte durch ihn erstmals Bekanntschaft mit Aristoteles' Philosophie machten.

Ibn Sahl al-Balkhi: Abu Zaid Ahmed ibn Sahl al-Balkhi (850–934) wurde in der persischen Stadt Balh (heute in Nordafghanistan) geboren; Geograph und Mathematiker. Sein Werk *Suwar al-Aqalim* (*Bilder der Klimata*) besteht vorwiegend aus Landkarten und machte ihn zum Begründer der »Balkhi-Schule«. Außerdem schrieb er Werke über Medizin und Psychologie.

Banu Musa: Muhammad, Ahmed und Hassan, die drei Söhne von Musa ibn Shakir, wurden im ersten Jahrzehnt des 9. Jahrhunderts geboren; sie waren Mathematiker, Ingenieure, Astronomen und reiche Mäzene der Übersetzungsbewegung. Zu den berühmten Übersetzern, die auf ihrer Gehaltsliste standen, gehörten Hunayn ibn Ishaq und Thabit ibn Qurra. Die vielen wissenschaftlichen Beiträge der drei Brüder auseinanderzuhalten ist schwierig, am wichtigsten war aber offenbar Muhammad (gest. 872/73).

al-Battani: Abu Abdallah Muhammad ibn Jabir ibn Sinan al-Battani (ca. 858–929), latinisiert Albatenius oder Albategnius. Die Herkunft des Namens al-Battani ist nicht bekannt. Er war ein zum Islam konvertierter Sabier, er wurde in Harran geboren, erlebte seine Blütezeit im syrischen Ar-Raqqa und starb in Samarra. Er gehörte zu den größten Astronomen des Mittelalters und stellte astronomische Beobachtungen und Messungen von bemerkenswerter Vielseitigkeit und Genauigkeit an. Unter anderem verbesserte er viele Messungen der alten Griechen, und er wurde auch von Europäern, z. B. von Kopernikus, in großem Umfang zitiert. Außerdem erzielte er in der Trigonometrie viele eigenständige Fortschritte.

al-Biruni: Abu Rayhan Muhammad ibn Ahmed al-Biruni, geboren 973 in Kath (Usbekistan), gestorben 1048 vermutlich in Ghazna, Sijistan (Afghanistan); persischer Muslim (vermutlich aber Agnostiker) und einer der größten Wissenschaftler und Universalgelehrten aller Zeiten; Philosoph, Mathematiker, Astronom, Geograph, Anthropologe und Enzyklopädist. Er unternahm in Zentralasien weite Reisen, schrieb auf Arabisch und Persisch. Seine wichtigsten Werke waren *Die Hinterlassenschaften der alten Nationen*, der *Mas'udi-Kanon* und *Die Geschichte Indiens*. Er leistete viele eigenständige Beiträge zur Astronomie und Mathematik; berühmt wurde er, weil er die Größe der Erde genauer vermaß als alle seine Vorgänger.

al-Bitruji: Abu Ishaq Nur al-Din al-Bitruji (gest. ca. 1204), latinisiert Alpetragius; arabischer Astronom und Philosoph aus der Stadt Pedroche nördlich von Córdoba; erlebte seine Blütezeit in Sevilla; Schüler von Ibn Tufayl und Zeitgenosse von Ibn Rushd. Er vertrat eine Theorie der Planetenbewegungen, mit der sowohl die Epizyklen als auch exzentrische Bewegungen durch gekoppelte Drehungen von Affären mit gleichem Mittelpunkt vermieden wurden. Es handelte sich zwar immer noch um ein geozentrisches Modell, galt aber zu seiner Zeit als Revolution für die ptolemäische Kosmologie.

al-Fadl ibn Nawbakht: Abu Sahl al-Fadl ibn Nawbakht (gest. ca. 815); persisch-muslimischer Astronom/Astrologe und Chefbibliothekar bei Harun al-Rashid; Sohn von Nawbakht, dem Astrologen von al-Mansur. Übersetzte eine Reihe astrologischer Texte aus dem Persischen ins Arabische.

al-Farabi: Abu Nasr Muhammad ibn Muhammad ibn Tarkhan ibn Uzlagh al-Farabi, latinisiert Alpharabius; geboren als Sohn einer türkischen Familie in Farab in Turkestan; studierte in Bagdad, erlebte seine Blütezeit in Aleppo und starb 950 mit rund 80 Jahren in Damaskus; muslimischer Enzyklopädist und einer der größten Philosophen des Mittelalters. Er setzte die Arbeiten al-Kindis fort, die später von Gelehrten wie Ibn Sina und Ibn Rushd weiterentwickelt wurden, um die griechische Philosophie mit der islamischen Theologie zu vereinbaren und in Einklang zu bringen. Er war als »der zweite Lehrer« bekannt – der erste war Aristoteles.

al-Farghani: Abu al-Abbas Ahmed ibn Muhammad ibn Kathir al-Farghani, latinisiert Alfraganus, geboren in Farghana in Transoxianien; gestorben nach 861; muslimischer Astronom, Blütezeit unter al-Ma'mun. Sein berühmtester Text trug den Titel *Kitab fi Harakat Samawiyya wa Jawwāmi' 'ilm al-Nujum* (im *Buch von den Bewegungen der Himmelskörper und der Elemente der Astronomie*). Er wurde im 12. Jahrhundert ins Lateinische übersetzt und hatte in Europa großen Einfluss. Im Jahre 861 leitete er in Kairo den Bau des Nilometers.

al-Farisi: Kamal al-Din al-Hassan ibn Ali ibn al-Hassan al-Farisi (1267–1318); persisch-muslimischer Physiker und Mathematiker, geboren in Täbris; Schüler von al-Shirazi. In seinem *Kitab Tanqih al-Manathir (Die Revision der Optik)* überarbeitete und erweiterte er die *Optik* von Ibn al-Haytham. Er lieferte die erste mathematisch zufriedenstellende Erklärung für den Regenbogen, nachdem er mit einer wassergefüllten Glaskugel experimentierte und damit einen Regentropfen nachgeahmt hatte. Auch zur Zahlentheorie leistete er eine Reihe wichtiger Beiträge.

al-Fazari: Muhammad ibn Ibrahim al-Fazari; arabischer (nach manchen Quellen persischer) Astronom/Astrologe und Mathematiker – einer der ersten im Islam; Blütezeit in Bagdad in der zweiten Hälfte des 8. Jahrhunderts; nicht zu verwechseln mit seinem Vater Ibrahim al-Fazari, der ebenfalls Astronom/Astrologe und Übersetzer war. Er unterstützte al-Masur 762 beim Bau der Runden Stadt und konstruierte als erster Muslim ein Astrolabium. Außerdem übersetzte er eine Reihe von Texten ins Arabische, darunter – möglicherweise in Zusammenarbeit mit seinem Vater – das *Siddhanta* von Brahmagupta.

Abbas ibn Firnas: Abu al-Qasim Abbas Ibn Firnas; Berber und Universalgelehrter, geboren in Ronda in Spanien; Blütezeit in Córdoba in der zweiten Hälfte des 9. Jahrhunderts; Erfinder, Ingenieur, Arzt, Dichter und Musiker. Berühmt wurde er mit einem angeblichen ersten Flugversuch mit Flügeln, die er konstruiert und sich auf den Rücken gebunden hatte; er entwickelte ein Verfahren zur Herstellung farblosen Glases und stellte Linsen zur Korrektur von Fehlsichtigkeit (»Lesesteine«) her.

Gerard von Cremona: italienischer Gelehrter (1114–1187) und der größte aller arabisch-lateinischen Übersetzer. Angeregt durch seinen Wunsch, das noch nicht auf Lateinisch vorliegende *Almagest* zu lesen, studierte er in Toledo Arabisch und blieb dann dort, um die Werke der meisten großen muslimischen Gelehrten sowie die arabischen Versionen vieler griechischer Texte zu übersetzen. Manche anderen Übersetzer wurden nur durch ein oder zwei Bücher bekannt, Gerards Liste dagegen umfasst fast 100 Titel, womit er möglicherweise zum produktivsten Übersetzer aller Zeiten wurde.

Gerbert d'Aurillac: geboren ca. 945 in der Nähe von Aurillac in der Auvergne; gestorben 1003 in Rom; unter dem Namen Sylvester II. der erste französische Papst; verbrachte mehrere Jahre in Barcelona, wo er arabische Texte studierte und übersetzte. Er schrieb über den Abakus und das Astrolabium, außerdem machte er als einer der Ersten die hinduistisch-arabischen Zahlen (allerdings nicht die Null) im christlichen Europa bekannt.

al-Ghazali: Abu Hamid Muhammad ibn Muhammad al-Tusi al-Shafi'i al-Ghazali, latinisiert Algazel; geboren 1058 in Tus, Blütezeit in Nishapur und Bagdad; reiste nach Alexandria und kehrte schließlich nach Tus zurück, wo er 1111 starb. Er war der größte und berühmteste Theologe der islamischen Geschichte und ein origineller Denker, der auch Beiträge zur Wissenschaft leistete; am bekanntesten wurde er durch seine Angriffe auf die aristotelische Philosophie und ihre Vertreter wie Ibn Sina, die er in seinem Buch *Tahafut al-Falasifa* (*Die Inkohärenz der Philosophen*) formulierte. Er wurde (ungerechterweise) für den Niedergang des Goldenen Zeitalters in der arabischen Wissenschaft verantwortlich gemacht.

al-Hajjaj ibn Yusuf: Al-Hajjaj ibn Yusuf ibn Matar, Blütezeit zwischen 786 und 833, vermutlich in Bagdad; einer der ersten muslimischen Übersetzer. Er war von Bedeutung, weil er sowohl Euklids *Elemente* als auch das *Almagest* von Ptolemäus als Erster ins Arabische übertrug. Die *Elemente* übersetzte er sogar zweimal: zuerst für al-Rashid und dann noch einmal für al-Ma'mun. Seine Übersetzung des *Almagest*, bei der er von einer syrischen Version ausging, wurde um 830 fertiggestellt.

Ibn al-Haytham: Abu Ali al-Hassan ibn al-Hassan (oder al-Hussein) ibn al-Haytham, latinisiert Alhazen; geboren ca. 965 in Basra, Blütezeit in Ägypten unter al-Hakim, gestorben 1039 (vermutlich) in Kairo; der größte Physiker im Mittelalter und vermutlich während der gesamten 2000 Jahre zwischen Archimedes und Newton. Er leistete viele Beiträge zu Optik und Astronomie. Sein *Kitab al-Manazir* (*Buch der Optik*) hatte großen Einfluss auf die Entwicklung der abendländischen Wissenschaft. Er gilt als einer der ersten Vertreter der naturwissenschaftlichen Methode und wird deshalb häufig als »erster echter Wissenschaftler« bezeichnet. Als Erster erklärte er richtig und mit Begriffen der geometrischen Optik den Sehvorgang. Er erzielte Fortschritte in der »Mathematisierung« der Astronomie und schrieb Werke über Himmelsmechanik. Zusammen mit seinen Zeitgenossen al-Biruni und Ibn Sina war er einer der drei größten islamischen Wissenschaftler.

Ibn Hazm: Abu Muhammad Ali ibn Ahmed ibn Hazm (994–1064); muslimischer Philosoph, Theologe, Historiker und Staatsmann; geboren in Córdoba und einer der wichtigsten, originellsten Gelehrten des muslimischen Spanien. Er verfasste das *Buch der Religionen und Sekten*, einen genauen Bericht über die verschiedenen Sekten des Islam, in dem er aber auch das Christentum, das Judentum und den Zoroastrismus beschrieb.

Hunayn ibn Ishaq: Abu Zaid Hunayn ibn Ishaq al-Ibadi (809–877), latinisiert Joannitius; geboren in Hira, Blütezeit in Gondeshapur und später in Bagdad; nestorianisch-christlicher Arzt und der größte Übersetzer Bagdads. Er wurde von den Brüdern Banu Musa angestellt, um griechische Werke und insbesondere die Texte Galens ins Arabische zu übersetzen. Ob er im Haus der Weisheit selbst beschäftigt war, ist nicht geklärt, einem Bericht zufolge setzte der Kalif al-Mutawakkil ihn als Leiter einer neugegründeten Übersetzerschule ein. Er übersetzte im Laufe eines halben Jahrhunderts eine große Zahl von Büchern.

al-Idrisi: Abu Abdallah Muhammad ibn Muhammad al-Idrisi; muslimischer Geograph und einer der größten Kartographen des Mittelalters; geboren ca. 100 in Ceuta; studierte in Córdoba und erlebte später in Palermo seine Blütezeit; gestorben 1166. In seinem *Kitab al-Rujari* (*Das Buch Rogers*) beschrieb er die gesamte damals bekannte Welt.

Ishaq ibn Hunayn: Abu Ya'qub Ishaq ibn Hunayn ibn Ishaq al-Ibadi, gestorben 910 in Bagdad; christlicher Übersetzer und Sohn des bekannteren Hunayn ibn Ishaq. Er war Physiker und Mathematiker, und ihm wird die Übersetzung einiger der größten griechischen Texte, darunter solche von Aristoteles, Euklid, Archimedes und Ptolemäus ins Arabische und Syrische zugeschrieben.

Jabir ibn Hayyan: Abu Musa Jabir ibn Hayyan al-Azdi (ca. 721 – ca. 815); arabischer Biochemiker und eine der ersten großen islamischen Wissenschaftler; Blütezeit ca. 776 in Kufa. In Europa war er als Geber der Alchemist bekannt (allerdings hatte er bemerkenswert gutbegründete Ansichten über die Methoden der chemischen Forschung und ihre Vorgehensweise). Er vertrat die sogenannte Schwefel-Quecksilber-Theorie der Metalle, wonach alle Metalle aus Schwefel und Quecksilber in unterschiedlichen Anteilen bestehen.

al-Jahiz: Abu Uthman Amr ibn Bahr al-Jahiz (»der Glubschäugige«, ca. 776 – ca. 869), Blütezeit in Basra und Bagdad; ein belesener Mann mit Interesse für biologische Wissenschaft und eine Führungsgestalt der Mu'tazilitenbewegung. Sein berühmtestes wissenschaftliches Werk ist das *Kitab al-Hayawan* (*Buch der Tiere*), in dem er sich zwar auf die Arbeiten von Aristoteles stützte, das aber weniger wissenschaftlich als vielmehr ideologisch und folkloristisch ausgerichtet war. Es enthielt aber erste Ansätze für wichtige Gedanken wie Evolution, Anpassung und Tierpsychologie.

al-Jawhari: Al-Abbas ibn Sa'id al-Jauhari; Astronom, Blütezeit unter al-Ma'mun. Er gehörte zu den *Ayshab al-Mumtahan* (»Gefährten in der bestätigten Tabellen«), einer Gruppe von Astronomen, die in den Sternwarten von Bagdad (829–830) und

Damaskus (832–833) wichtige astronomische Messungen vornahmen.

Ibn Isma'il al-Jazari: Abu al-'Iz ibn Isma'il ibn al-Razaz al-Jazari (1136–1206); bekannter arabischer Ingenieur, Handwerker, Künstler und Erfinder aus Al-Jazira, einer Region im Norden Mesopotamiens zwischen Tigris und Euphrat. Am bekanntesten wurde er mit seinem Werk *Kitab fi Ma'rifat al-Hiyal al-Handasiyya* (*Buch der Erkenntnisse über erfindungsreiche mechanische Apparate*). Darin beschreibt er 50 mechanische Vorrichtungen und gibt Anweisungen zu ihrer Konstruktion im Stil einer modernen »Do-it-yourself«-Bauanleitung.

Ibn Jubayr: Ibn Jubayr (1145–1217); arabischer Geograph, Reisender und Dichter aus Andalusien; geboren in Valencia, Nachkomme eines Stammes mit andalusischem (westgotischem) Ursprung; studierte in Granada. Er unternahm in der muslimischen Welt weite Reisen und beschrieb Menschen und Sitten ausführlich in seinem *Rihlat Ibn Jubayr (Die Reise des Ibn Jubayr).*

Abu Kamil: Abu Kamil Shuja al-Hasib al-Masri (»der ägyptische Rechner«); ägyptischer Mathematiker, der Ende des 9. und Anfang des 10. Jahrhunderts seine Blütezeit erlebte. Er entwickelte al-Khwarizmis Arbeiten zur Algebra weiter und studierte geometrische Formen mit algebraischen Methoden. Seinerseits hatte er mit seinen Arbeiten Einfluss auf al-Karkhi und Leonardo von Pisa (Fibonacci).

al-Karkhi: Abu Bakr Muhammad ibn Hassan al-Hasib (»der Rechner«) al-Karkhi (aus Karkh, einem Vorort von Bagdad); auch bekannt unter dem Namen al-Karaji (weil seine Familie aus der persischen Stadt Karaj stammte); Blütezeit in Bagdad während der ersten Jahrzehnte des 10. Jahrhunderts; gestorben ca. 1029; muslimischer Mathematiker, der in Arithmetik und Algebra wichtige Fortschritte erzielte. Da die ursprünglichen arabischen Manuskripte verlorengegangen sind, weiß man über sein Leben nur wenig. Sein bedeutendster Beitrag ist eine Tabelle mit Binominalkoeffizienten (eine mathematische Funktion, mit der sich eine der Grundaufgaben der Kombinatorik lösen lässt). Auch die Algebra brachte er über die Arbeiten al-Khwarizmis hinaus voran, indem er sie weiter von den Fesseln der griechischen geometrischen Lösungen befreite.

al-Kashi: Ghiyath al-Din Jamshid ibn Mas'ud al-Kashi, geboren in Kashan (Zentraliran), ca. 1380; gestorben circa 1429 in Samarkand; persischer Astronom und Mathematiker und einer der letzten großen Gelehrten der arabischen Wissenschaft. Er arbeitete in Samarkand am wissenschaftlichen Institut von Ulugh Beg, verfasste eine *zij* mit dem Titel *Khaqani Zij* und Texte über die Ermittlung der Entfernung und Größe von Himmelskörpern. Er schrieb eine Abhandlung über astronomische Beobachtungsinstrumente und erfand selbst mehrere neue Apparaturen, mit denen sich Fragen zu den Planeten beantworten ließen. Am bekanntesten wurde er, weil er als Erster ausdrücklich den Kosinussatz formulierte (der in Frankreich noch heute als *théorème d'al-Kashi* bekannt ist).

Ibn Khaldun: Abu Zayd 'Abd al-Rahman ibn Muhammad ibn Khaldun al-Hathrami (1332–1406); arabischer Universalgelehrter: Wirtschaftswissenschaftler, Historiker, Jurist, Theologe, Mathematiker, Astronom, Philosoph, Sozialwissenschaftler und Staatsmann; geboren in Tunis als Sohn der andalusischen Oberschichtfamilie Banu Khaldun, die nach Tunesien ausgewandert war, nachdem die Christen Sevilla erobert hatten. Er begründete mehrere Teilgebiete der Gesellschaftswissenschaft: Demographie, Kulturgeschichte, Historiographie und Soziologie. Allgemein gilt er als Vater der Wirtschaftswissenschaft. Am bekanntesten wurde er mit seinem Werk *Muqaddina* (*Die Vorrede*).

Ibn al-Khatib: Lisan al-Din ibn al-Khatib, geboren 1313 in der Nähe von Granada; gestorben 1374; andalusischer Dichter,

Schriftsteller, Historiker, Philosoph, Arzt und Politiker. Den größten Teil seines Lebens war er Wesir des Nasridensultans Muhammad V. von Granada, später wurde er jedoch nach Marokko ins Exil geschickt.

Omar Khayyam: Abu al-Fatah Umar ibn Ibrahim al-Khayyami, geboren und gestorben in Nishapur (1048–1131); al-Khayyami, sein *laqab*, bedeutet »Zeltmacher«; persischer Mathematiker, Astronom und Dichter; einer der größten Mathematiker des Mittelalters. Er leistete Beiträge zur geometrischen Lösung kubischer Gleichungen und spielte eine wichtige Rolle für die Entwicklung des persischen Jalali-Kalenders, der auf seiner sehr genauen Messung der Jahreslänge basierte.

al-Khwarizmi: Abu Abdullah Muhammad ibn Musa al-Khwarizmi, latinisiert Algorithmus; muslimischer Mathematiker, Astronom und Geograph, einer der größten Wissenschaftler des Mittelalters; geboren ca. 780 in Khwarizm südlich des Aralsees, Blütezeit in Bagdad unter al-Ma'mun; gestorben ca. 850. Er führte die griechische Geometrie mit der hinduistischen Arithmetik zusammen und wurde vor allem dadurch berühmt, dass er das *Kitab al-Jebr* schrieb, das erste Buch über Algebra. Er war maßgeblich daran beteiligt, das hinduistische Dezimalsystem sowohl in der islamischen Welt als auch in Europa bekannt zu machen. Darüber hinaus erstellte er eine berühmte Sternenkarte mit den dazugehörigen trigonometrischen Tabellen sowie einen geographischen Text, mit dem er die Arbeiten von Ptolemäus verbesserte.

al-Kindi: Abu Yusuf Ya'qub ibn Ishaq ibn al-Sabbah al-Kindi, latinisiert Alkindus; geboren in Basra zu Beginn des 9. Jahrhunderts, Blütezeit in Bagdad unter al-Ma'mun und al-Mu'tasim (813–842); gestorben ca. 873; wurde als »Philosoph der Araber« bekannt. In seinen zahlreichen Werken behandelte er Mathematik, Physik, Astronomie, Musik, Medizin, Pharmazie und Geographie. Er schrieb mehrere Bücher über hinduistische Zahlen (die er damit gemeinsam mit al-Khwarizmi in der muslimischen Welt bekannt machte). Auch zahlreiche Übersetzungen aus dem Griechischen ins Arabische wurden von ihm oder unter seiner Leitung angefertigt.

Kushyar ibn Labban: Abu al-Hassan Kushyar ibn Labban ibn Bashahri al-Jili (aus Jilan südlich des Kaspischen Meeres); Blütezeit ca. 971–1029. Persischer Mathematiker und Astronom, der Beiträge zur Trigonometrie leistete und astronomische Tabellen zusammenstellte: *al-Zij al-Jami' wal-Baligh* (*Die umfassenden und reifen Tabellen*).

Maimonides (Musa ibn Maymun): Arabisch Abu 'Imran Musa ibn Maymun ibn Abdallah al-Qurtubi al-Isra'ili; Hebräisch Moses ben Maimon; spanisch-jüdischer Philosoph, Theologe und Astronom; geboren 1135 in Córdoba, gestorben 1204 in Kairo. Zeitgenosse von Ibn Rushd und ein ebenso großer Gelehrter, der aber unabhängig arbeitete; verfasste nahezu alle seine Werke auf Arabisch, diese wurden jedoch sehr schnell ins Hebräische übersetzt und hatten in dieser Form größeren Einfluss. Sein berühmtester Text war das *Dalalat al Ha'irun* (*der Führer der Unschlüssigen*). Er war von Ibn Sina und dessen aristotelischen Ansichten beeinflusst und bemühte sich darum, diese mit der jüdischen Theologie in Einklang zu bringen, genau wie andere es mit der islamischen Theologie getan hatten, indem sie Glauben mit Vernunft kombinierten.

al-Marwarrudhi: Khalid ibn abd al-Malik al-Marwarrudhi; muslimischer Astronom, Blütezeit unter al-Ma'mun. War 832/33 in Damaskus an der Sonnenbeobachtung beteiligt.

Masha'allah: Der Name bedeutet (auf Arabisch) »Was Gott wollte«, in Wirklichkeit hieß er aber vermutlich Manasseh; ägyptischer Jude, der in Bagdad unter al-Mansur in der zweiten Hälfte des 8. Jahrhunderts seine Blütezeit erlebte. Er war einer der ersten Astronomen/Astrologen der arabischen Welt und beteiligte sich an der anfänglichen Vermessung des Bauplatzes für Bagdad. Heute kennt man nur noch eine seiner Schriften auf Arabisch, erhalten sind aber zahlreiche Übersetzungen ins Hebräische und Lateinische. Sein im Mittelalter bekanntestes Werk trug den Titel *De scientia motus orbis* und wurde von Gerard von Cremona übersetzt.

Ibn al-Nadim: Abu al-Faraj Muhammad ibn Ishaq ibn abi Ya'qub al-Nadim al-Warraq al-Baghdadi (»der Buchhändler von Bagdad«); gestorben 995; Historiker und Biograph, Verfasser des berühmten *Fihrist al-Ulum* (*Verzeichnis der Wissenschaften*), oft einfach *al-Fihrist* genannt. Dieses unschätzbar wertvolle Nachschlagewerk (das 988 in Konstantinopel fertiggestellt wurde) war nach al-Nadims eigenen Worten »ein Verzeichnis aller Bücher aller Menschen unter den Arabern und Nicht-Arabern, von denen etwas in der Sprache und Schrift der Araber aus allen Zweigen des Wissens vorhanden ist«. Das Werk enthält auch nützliche Biographien aller Autoren. Nur ein winziger Bruchteil der Bücher, die im *Fihrist* erwähnt werden, überlebten die Plünderung Bagdads im Jahr 1258.

Ibn al-Nafis: Ala' al-Din Abu al-Hassan Ali ibn Abi al-Hazm al-Nafis al-Qurashi al-Dimashqi; geboren 1213 in Damaskus, gestorben 1288 in Kairo; arabisch-muslimischer Universalgelehrter: Allgemeinarzt, Anatom, Physiologe, Chirurg, Augenarzt, Anwalt, sunnitischer Theologe, Philosoph, Logiker und Astronom. Sein berühmtestes Werk *Sharh Tasrih al-Qanun* (*Kommentar über die Anatomie in Ibn Sinas Kanon*) beschreibt viele neue anatomische Entdeckungen; am wichtigsten ist dabei die Entdeckung des Lungenkreislaufs und der Herzkranzgefäße. Sein gewaltiges *Umfassendes Buch über Medizin* ist bis heute eine der größten medizinischen Enzyklopädien aller Zeiten. Er befürwortete Obduktionen und das Sezieren von Menschen.

Nawbakht: Persischer Astronom/Astrologe und Ingenieur. Blütezeit in Bagdad unter al-Mansur, gestorben ca. 777. Zusammen mit Masha'allah stellte er erste Vermessungsarbeiten für den Bauplatz der Runden Stadt von Bagdad an.

al-Qalasadi: Abu al-Hassan ibn 'Ali al-Qalasadi; geboren 1412 in Baza (Spanien), gestorben 1486 in Tunesien; arabisch-muslimischer Mathematiker; verfasste zahlreiche Bücher über Arithmetik und Algebra, darunter *al-Tafsir fi 'Ilm al-Hisab* (*Klarstellung über die Wissenschaft der Arithmetik*). Er entwickelte die symbolische Algebra über die frühen Schreibweisen von Diophantus und Brahmagupta hinaus weiter und nutzte zum ersten Mal Symbole nicht nur für Zahlen, sondern auch für mathematische Operationen.

Qusta ibn Luqqa: Qusta ibn Luqqa al-Ba'labakki (d. h. aus Baalbek oder Heliopolis); gestorben ca. 912; Christ griechischer Abstammung, der in Bagdad als Arzt, Philosoph, Mathematiker und Astronom seine Blütezeit erlebte. Er übersetzte eine Reihe griechischer Texte ins Arabische und verfasste viele eigene Werke über Medizin und Geometrie, darunter eine Abhandlung über das Astrolabium.

Fakhr al-Din al-Razi: Abu Abdallah Muhammad ibn Umar Fakhr al-Din al-Razi (1149–1210), häufig Imam al-Razi genannt; geboren in Rayy; persischer Philosoph, Historiker, Mathematiker, Astronom, Arzt und Theologe. Er verfasste zahlreiche Werke auf Arabisch und Persisch. Darin behandelte er die Physik und die Kosmologie aus islamischer Perspektive; wie sein Vorbild al-Ghazali stand er Ibn Sina und Aristoteles kritisch gegenüber.

Ibn Zakariyya al-Razi: Abu Bakr Muhammad ibn Zakariyya al-Razi, latinisiert Rhazes (ca. 854–ca. 925); geboren in Rayy; Arzt, Philosoph, Chemiker und der größte klinische Mediziner im Islam und im gesamten Mittelalter. Erlebte seine Blütezeit in Rayy und Bagdad, wo er den Betrieb mehrerer Krankenhäuser beaufsichtigte. In der Medizin kombinierte er die Theorie Galens mit der Weisheit eines Hippokrates. Sein *Kitab al-Hawi* (*Liber continens*) sowie das *Kitab al-Judari wal-Hasba,* seine Monographie über Pocken und Masern, gehörten über viele Jahrhunderte zu den wichtigsten medizinischen Werken in Europa. Als einer der Ersten unternahm er einen ernsthaften Versuch, die chemischen Elemente zu klassifizieren; er war ein früher Vertreter der naturwissenschaftlichen Methode und er führte sogar eine der ersten klinischen Studien durch.

Robert von Chester: englischer Mathematiker, Astronom, Alchemist und Übersetzer aus dem Arabischen ins Lateinische; erlebte seine Blütezeit in der ersten Hälfte des 12. Jahrhunderts in Spanien, kehrte aber später nach London zurück. Er vollendete 1143 die erste lateinische Übersetzung des Korans und fertigte auch die erste lateinische Übersetzung des *Kitab al-Jebr* von al-Khwarizmi an. Deshalb gilt er als der Erste, der die Algebra in Europa einführte.

Ibn Rushd: Abu al-Walid Muhammad ibn Ahmed ibn Muhammad ibn Rushd, latinisiert Averroës (1126–1198); einer der größten und sicher bekanntesten Philosophen des Mittelalters. Er trug mehr als jeder andere dazu bei, die aristotelische Philosophie in Europa bekannt zu machen. In Córdoba geboren, studierte er Jura und Medizin, und in Marrakesch war er sogar als Leibarzt des Almohadenkalifen tätig. Er war der letzte große muslimische Philosoph und hatte weitreichenden Einfluss sowohl auf das christliche als auch auf das jüdische Denken.

Ibn Sahl: Abu Sa'ad al-'Ala' ibn Sahl (ca. 940–1000); muslimischer Mathematiker und Arzt, erlebte seine Blütezeit in Bagdad. In seiner Abhandlung *Über die Brenninstrumente* legte er seine Erkenntnisse über die Lichtbrechung dar und übte damit wenig später großen Einfluss auf Ibn al-Haytham aus. Berühmt wurde er durch die Entdeckung des Brechungsgesetzes, das heute als Snellius-Gesetz bezeichnet wird, obwohl er es mehr als sechs Jahrhunderte vor Snell formulierte.

Sahl al-Tabari: jüdischer Astronom und Arzt (ca. 786–845), auch bekannt als Rabban al-Tabari (»Rabbi von Tarabistan«).

Erlebte seine Blütezeit in Bagdad und soll als einer der Ersten das *Almagest* von Ptolemäus ins Arabische übersetzt haben.

Al-Samaw'al: Al-Samaw'al Ibn Yahya al-Maghribi; geboren ca. 1130 in Bagdad, gestorben ca. 1180 in Maragha. Arabischer Mathematiker und Astronom; zum Islam konvertierter Sohn eines jüdischen Rabbiners aus Marokko. Mit 19 Jahren schrieb er die Abhandlung *al-Bahir fi al-Jebr (Der Brillant in der Algebra)*; später entwickelte er das Konzept des Beweises durch mathematische Induktion, mit dessen Hilfe er die Arbeiten von al-Karkhi über den Binominalsatz erweiterte.

Sanad ibn Ali: Abu al-Tayyib Sanad ibn Ali al-Yahudi; muslimischer Astronom, Sohn eines jüdischen Astrologen; erlebte seine Blütezeit unter al-Ma'mun und starb nach 864. Er baute in Bagdad die Shammasiyya-Sternwarte, um damit in al-Ma'muns Auftrag viele astronomische Beobachtungen der Griechen zu überprüfen und zu verbessern.

Ibn al-Shatir: Ala' al-Din Abu'l-Hassan Ali ibn Ibrahim ibn al-Shatir (1304–1375); einer der größten arabischen Astronomen; war als *muwaqqit* (Zeitmesser) an der Umayyadenmoschee in Damaskus tätig. Er reformierte und verbesserte das ptolemäische System, indem er die schwerfälligen Exzentrizitäten und Äquanten aus den Modellen für Mond- und Planetenbahnen beseitigte. Seine mathematischen Modelle stimmten mit den Beobachtungen besser überein als die von Ptolemäus und wurden 150 Jahre später auch von Kopernikus genutzt. Er konstruierte für eines der Minarette an der Umayyadenmoschee eine großartige Sonnenuhr, deren Reste noch heute in einem Museum in Damaskus zu sehen sind; damit ist sie die älteste noch erhaltene, auf die Polarachse ausgerichtete Sonnenuhr.

al-Shirazi: Qutb al-Din Shirazi (1236–1311); persisch-muslimischer Universalgelehrter; leistete wichtige Beiträge in Astronomie, Mathematik, Medizin, Physik, Musiktheorie und Philosophie. Er wurde 1236 in Shiraz geboren, studierte Medizin bei seinem Vater und seinem Onkel, die beide Ärzte waren, und Astronomie bei al-Tusi in Maragha. Später lebte er nacheinander in Khurasan, Qazwin, Isfahan und Bagdad. Er verfasste wichtige Abhandlungen über Astronomie und Optik und begann die Arbeiten, durch die sein Schüler al-Farisi zu seiner Erklärung für den Regenbogen gelangte.

al-Sijzi: Abu Sa'id Ahmed ibn Muhammad al-Sijzi (al-Sijistani) (ca. 950 – ca. 1020); Astronom und Mathematiker, entwickelte geometrische Lösungen für algebraische Gleichungen. Zeitgenosse von al-Biruni; über sein Leben ist wenig bekannt, al-Biruni berichtete aber, er habe ein heliozentrisches Astrolabium konstruiert.

Ibn Sina: Abu Ali al-Hussein ibn Abdullah ibn Sina, latinisiert Avicenna; geboren 980 in Afshana bei Buchara, gestorben 1037 in Hamadan. Mit Abstand der berühmteste und einflussreichste Gelehrte des Islam und einer der wichtigsten Denker in der gesamten Geschichte. Bekannt wurde er vor allem als Philosoph und Arzt, und in beiden Disziplinen hatte er in Europa über Jahrhunderte hinweg großen Einfluss. Seine beiden größten Werke waren der *Qanun fi al-Tibb* (*Kanon der Medizin*), in dem er alle medizinischen Kenntnisse aufzeichnete, und die philosophische Enzyklopädie *Kitab al-Shifa'* (*Buch des Heilens*). In der westlichen Philosophie gilt er als nahezu ebenso einflussreich wie Aristoteles. Seine Gedanken in Mathematik und Physik waren (im Gegensatz zu denen seiner Zeitgenossen al-Biruni und Ibn al-Haytham) eher philosophischer als technischer Natur. Dennoch untersuchte er sehr gründlich Begriffe wie Licht, Wärme, Kraft, Bewegung, Vakuum und Unendlichkeit, wobei er sich stark von Aristoteles beeinflussen ließ. In einem gewissen Sinn waren seine Beiträge zur Wissenschaft so umfassend, dass sie weitere eigenständige Untersuchungen hemmten und das Geistesleben in der muslimischen Welt unfruchtbar machten.

Sinan ibn Thabit: Abu Sa'id Sinan ibn Thabit ibn Qurra;

muslimischer Arzt, Mathematiker und Astronom; erlebte seine Blütezeit in Bagdad; gestorben 943; Sohn des berühmteren Thabit ibn Qurra. Als hervorragender Verwalter mehrerer Krankenhäuser in Bagdad arbeitete er unermüdlich daran, das wissenschaftliche Niveau im Medizinerberuf zu steigern.

al-Tabari: Abu Ja'far Muhammad ibn Jarir al-Tabari; geboren ca. 839 in Tabaristan; erlebte seine Blütezeit in Bagdad, wo er 923 auch starb; persischer Historiker und Theologe, einer der wichtigsten Historiker des Islam. Sein berühmtestes Werk mit dem Titel *Akhbar al-Rusul wal-Muluk* (*Annalen der Propheten und Könige*) ist eine auf Arabisch verfasste Weltgeschichte von der Schöpfung bis zum Jahr 915.

Ibn Tahir al-Baghdadi: Abu Mansur 'Abd al-Qahir ibn Tahir ibn Muhammad al-Baghdadi; Historiker, Philosoph, Theologe und Mathematiker; in Bagdad geboren und aufgewachsen, erlebte er seine Blütezeit in Nishapur (gestorben 1037). Er verfasste Werke über Philosophie und Theologie, am berühmtesten wurde aber das *Kitab al-Takmil* (*Die Vervollständigung*) über Algebra.

Thabit ibn Qurra: Abu al-Hassan Thabit ibn Qurra ibn Marwan al-Harrani (ca. 836–901); heidnischer Araber aus Harran im Nordwesten Mesopotamiens, der seine Blütezeit in Bagdad erlebte; Mathematiker, Astronom, Arzt und einer der größten Übersetzer aus dem Griechischen und Syrischen ins Arabische. Erzielte eine Reihe beeindruckender Fortschritte in der Zahlentheorie.

Ibn Tufayl: Abu Bakr Muhammad ibn abd al-Malik ibn Muhammad ibn Muhammad ibn Tufayl, latinisiert Abubacer; andalusisch-muslimischer Philosoph und Arzt; geboren im ersten Jahrzehnt des 12. Jahrhunderts in der Nähe von Granada; gestorben 1185. Er schrieb mit dem *Asrar al-Hikma al-Ishraqiyya* (*Geheimnisse der erleuchtenden Philosophie*) eines der originellsten und bekanntesten Bücher des Mittelalters; es war ein ideologischer Roman und wurde häufig als metaphysische Form des *Robinson Crusoe* bezeichnet.

Nasr al-Din al-Tusi: Muhammad ibn Muhammad ibn Hasan al-Tusi, besser bekannt als Nasr al-Din al-Tusi; geboren 1201 in Tus (Khurasan), gestorben 1274 in Bagdad. Persischer Universalgelehrter und einer der großen Gelehrten des Mittelalters. Er war Astronom, Biologe, Chemiker, Mathematiker, Philosoph, Arzt, Physiker und Theologe. Flüchtete vor den Mongolen zu den Assasinen, einem Ableger der Ismailiten, in die Bergfestung Alamut, wo er seine wichtigsten wissenschaftlichen Beiträge verfasste. Später schloss er sich dem Gefolge von Hulagu Khan an und veranlasste den mongolischen Herrscher, ihm in Maragha eine neue Sternwarte zu bauen, die über mehrere Jahrhunderte hinweg zum wichtigsten astronomischen Zentrum der Welt wurde. Er erfand das geometrische Verfahren der Tusi-Paare und verbesserte damit die problematischen Äquanten von Ptolemäus. Als Erster lieferte er durch Beobachtung gewonnene Belege für die Erddrehung. Außerdem schrieb er umfangreiche Werke über Biologie, und er behandelte die Trigonometrie erstmals als eigenständiges, von der Astronomie getrenntes Teilgebiet der Mathematik.

al-Uqlidisi: Abu al-Hassan Ahmad ibn Ibrahim al-Uqlidisi; arabischer Mathematiker, der seine Blütezeit in Damaskus und Bagdad erlebte; der Name stammt von *Uqlidis* (arabisch »Euklid«) und lässt darauf schließen, dass seine Hauptbeschäftigung das Übersetzen von Texten des griechischen Mathematikers war. Berühmt wurde er als Autor des ersten bekannten Textes über Dezimalbrüche, den er Mitte des 10. Jahrhunderts verfasste, 500 Jahre vor al-Kashi in Samarkand, von dem man allgemein glaubte, er habe sich als Erster der Dezimalbrüche bedient.

al-'Urdi: Mu'ayyad al-Din al-'Urdi (gestorben 1266); arabischer Astronom, Mathematiker, Architekt und Ingenieur; geboren in Aleppo, erlebte seine Blütezeit an der Maragha-Sternwarte unter Leitung von al-Tusi; als Erster aus der Schule von Maragha entwickelte er ein nicht-ptolemäisches Modell für die Planetenbewegungen. Die von ihm entwickelten Methoden nutzte Ibn al-Shatir im 14. Jahrhundert und Kopernikus für sein heliozentrisches Modell im 16. Jahrhundert.

Abu al-Wafa': Abu al-Wafa' Muhammad ibn Muhammad al-Buzjani (940–998); Astronom und Mathematiker, geboren in Buzja (Khuhistan); er war einer der letzten arabischen Übersetzer und Kommentatoren griechischer Werke, schrieb aber auch (vermutlich auf Grundlage des *Almagest*) einen eigenen astronomischen Text mit dem Titel *al-Kitab al-Kamil* (*Das vollständige Buch*); er leistete Beiträge zur Trigonometrie und zeigte vermutlich als Erster, wie man den Sinussatz auf sphärische Dreiecke verallgemeinern kann.

Ibn Wahshiyya: Abu Bakr Ahmed ibn Ali ibn Wahshiyya al-Kaldani; im Irak in einer Familie von Chaldäern/Nabatäern (Nachkommen der Babylonier) geboren; Alchemist, erlebte seine Blütezeit Ende des 9. und Anfang des 10. Jahrhunderts. Es gelang ihm, ägyptische Hieroglyphen und babylonische Keilschrifttexte teilweise zu entschlüsseln.

Yahya ibn abi Mansur: Abu Ali Yahya ibn abi Mansur; persisch-muslimischer Astronom, der in Bagdad unter al-Ma'muns Schirmherrschaft seine Blütezeit erlebte; gestorben ca. 831. Er gehörte zu den *Ashab al-Mumtahan* (»Gefährten in den bestätigten Tafeln«), einer Gruppe von Astronomen in Bagdad, zu der auch al-Khwarizmi und Sanad gehörten und die 829/30 ihre berühmten Beobachtungen anstellte.

Yuhanna ibn Masawayh: Abu Zakariyya Yuhanna ibn Masawayh, latinisiert Mesuë (oder Mesuë der Ältere); persischer Arzt, geboren in Gondeshapur; erlebte seine Blütezeit in Bagdad; gestorben 857. Er schrieb auf Arabisch, übersetzte aber auch medizinische Werke aus dem Griechischen ins Syrische. Lehrer von Hunayn ibn Ishaq. Berühmt wurde er während der Regierungszeit von al-Mu'tasim (ca. 836) durch seine anatomischen Studien und das Sezieren von Menschenaffen.

Ibn Yunus: Abu al-Hassan Ali ibn Sa'id ibn Ahmed ibn Yunus (ca. 950–1009); gilt vielfach als der größte muslimische Astronom; arbeitete in Kairo in einem gutausgestatteten Laboratorium, wo er die als Hakimitentafeln bezeichneten astronomischen Tabellen zusammenstellte (die dem Fatimidenkalifen al-Hakim gewidmet waren). Er leistete mehrere Beiträge zur Trigonometrie, diese sind aber nicht so bedeutsam wie die von Abu al-Wafa' und al-Biruni.

Abu al-Qasim al-Zahrawi: Abu al-Qasim Khalaf ibn Abbas al-Zahrawi, latinisiert Abulcasis (oder Albucasis, ca. 936 – ca. 1013); erlebte seine Blütezeit in Madinat al-Zahra' bei Córdoba; größter Chirurg des Islam und des Mittelalters. Er verfasste eine medizinische Enzyklopädie, deren wichtigste Abschnitte von Chirurgie handelten, und beschrieb viele neue chirurgische Instrumente. Das Werk wurde von Gerard von Cremona ins Lateinische übersetzt und machte al-Zahrawi in ganz Europa berühmt. Er war stark von dem Arzt Paulos Aegineta beeinflusst, einem Griechen aus Alexandria, der um 640 seine Blütezeit erlebte.

al-Zarqali: Abu Ishaq Ibrahim ibn Yahya al-Naqqash al-Zarqali, latinisiert Arzachel (ca. 1029–1087); beobachtender Astronom, der in Córdoba tätig war. Er stellte wichtige astronomische Messungen an und gab die Tafeln von Toledo heraus, die die Planetenbewegungen beschrieben und in Europa sehr beliebt wurden. Außerdem erfand er ein verbessertes Astrolabium, das als *safiha* oder *saphaea Arzachelis* bezeichnet wurde.

Ziryab: Abu al-Hassan Ali ibn Nafi' (ca. 789–857), Spitzname Ziryab (»Amsel«); irakischer (möglicherweise kurdischer) Dichter, Musiker, Sänger, Modeschöpfer, Prominenter und Trendsetter, aber auch Astronom, Botaniker und Geograph. In seiner

Geburtsstadt Bagdad wurde er zunächst als ausführender Künstler und Student des großen Musikers und Komponisten al-Mausili bekannt. Seine Blütezeit erlebte er in Córdoba, wo er zu einer zentralen Gestalt des kulturellen Lebens wurde. Er schuf einen einzigartigen, einflussreichen musikalischen Aufführungsstil und schrieb Lieder, die über Generationen hinweg in Andalusien beliebt waren. Außerdem führte er die persische Laute ein, aus der sich die spanische Gitarre entwickelte.

Ibn Zuhr: Abu Marwan Abd al-Malik ibn abi-l-'Ala' Zuhr, latinisiert Avenzoar; geboren ca. 1091 in Sevilla, gestorben 1161; berühmtestes Mitglied der größten Ärztefamilie des muslimischen Spanien und der weltweit berühmteste Arzt seinerzeit. Wie al-Razi war er vorwiegend praktisch tätig und hatte starke empirische Neigungen, er besaß aber nicht ganz die Originalität des Persers.

Zeittafel: Die islamische Welt von der Antike bis zur Moderne

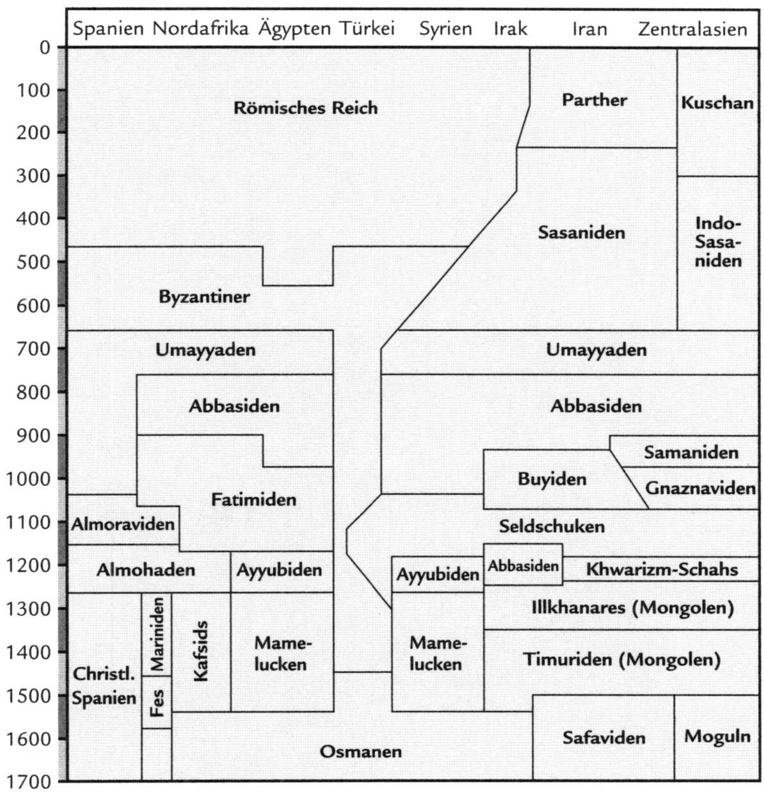

Bildnachweis

1. Der Abassidenkalif Harun al-Rashid und Karl der Große; Ölgemälde von Julius Köckert (1827–1918). (Stiftung Maximilianeum, München)
2. Harun al-Rashid und der Barbier im türkischen Bad; Ölgemälde aus dem 15. Jahrhundert. (British Library, London, UK/© British Library Board. All Rights reserved / The Bridgeman Art Library)
3. Muhammad al-Khalili, der Ururgroßonkel des Autors, im 19. Jahrhundert Leibarzt des reformorientierten Schah Nasr al-Din Qajar.
4. Der Dichter und Schriftsteller Merza Muhammad Sadiq al-Khalili, Großvater väterlicherseits des Autors (*Jiddu*).
5. Einige Mitglieder der Familie al-Khalili 1950 in Najaf.
6. Die al-Rashid Street in Bagdad während des Tigrishochwassers 1950.
7. Der Bezirk Karradat Merriam in Bagdad.
8. Der Autor und sein Bruder Mitte der 1960er Jahre.
9. Der Autor als Kind mit seiner Familie, 1971.
10. Der Autor auf einem Klassenfoto im letzten Grundschuljahr in Saddat al-Hindiyya.
11. Der im 8. Jahrhundert entstandene Abassidenpalast von Ukhaidir südlich von Bagdad. (alimdi.net/photographersdirect.com)
12. Die Ruinen des im 10. Jahrhundert entstandenen Palast- und Stadtkomplexes Medinat al-Zahra' bei Córdoba. (Medjai)
13. Ein Messingastrolabium aus Saragossa, ca. 1079 / 80. (Germanisches Nationalmuseum Nürnberg / The Bridgeman Art Library)

14. Das berühmte Spiralkegelminarett (*malwiyyah*) der großen Moschee von Samarra. (Thomas J. Abercrombie / Getty Images)

15. Beschreibung des Auges in den *Zehn Abhandlungen über das Auge* von Hunayn ibn Ishaq. (The Art Archive / Kharbine-Tapabor / Boistesselin)

16. Ein Quacksalber »schröpft« im 11. Jahrhundert in Bagdad vor einer neugierigen Menge einen Patienten. Gemälde aus dem 13. Jahrhundert. (Orientalisches Institut St. Petersburg / The Bridgeman Art Library)

17. Eine Seite aus Ibn Sinas *Kanon der Medizin*. (Wellcome Library, London)

18. Chirurgische Instrumente aus dem muslimischen Mittelalter; aus einem im 15. Jahrhundert entstandenen Exemplar des *Kitab al-Tasrif*.

19. Eine Karte des Nordirak im Balkhi-Stil. (The Art Archive / National Library Cairo / Gianni Dagli Orti)

20. Al-Idrisis Weltkarte aus dem 12. Jahrhundert.

21. Ptolemäus' geozentrisches Universum in einer lateinischen Übersetzung des *Almagest*.

22. Das heliozentrische Universum nach Kopernikus. (Mansell / Getty Images)

23. Darstellung einer Sonnenfinsternis in einem Manuskript von al-Karkhi aus dem 11. Jahrhundert. (The Art Archive / Kharbine-Tapabor / Boistesselin

24. Der weitgehend unbekannte Aufstellungsort von Ibn al-Shatirs Sonnenuhr, Damaskus. (Billbl)

25. Karte aus dem *Buch der Straßen und Provinzen* von Abu Ishaq Ibrahim al-Istakhri.

26. Die von den Brüdern Banu Musa konstruierte, sich selbst regulierende Lampe. (The Art Archive / National Library Cairo / Gianni Dagli Orti)

27. Al-Jazaris berühmte Elefantenuhr.

28. Das Innenleben der Elefantenuhr.

29. Schematische Darstellung eines Systems, mit dem Wasser in ein Becken gepumpt werden kann. Aus dem *Buch der Kenntnisse über erfindungsreiche mechanische Apparate* von al-Jazari, 1206. (Topkapi Palast, Museum, Istanbul, Türkei / The Bridgeman Art Library)

30. Der Berg, von dem aus al-Biruni den Erdumfang maß.
31. Das neu eröffnete Gelände der King Abdullah University of Science and Technology (KAUST) in Jiddah. (Martin Durrani / Buying success, Saudi style', Physik World, November 2009)

Register